普通高等教育双一流课程精品教材系列
高等职业本科及应用型本科精品教材系列

立体化
教材

酒店人力资源管理

主　编 ◎ 张馨元　吴雁彬
副主编 ◎ 张　超　王延玲　毛　雨　王信洋

中国旅游出版社

前　言

酒店业是劳动密集型行业，员工是酒店的核心资源。酒店的服务质量、客流量和利润水平都与员工的素质、技能和服务态度息息相关。因此，人力资源管理对酒店的整体运营和发展有深远影响，它是酒店管理的重要内容。中国酒店业在20世纪80年代开始引入人力资源管理，经过几代人的发展已日渐成熟。但随着酒店业的竞争加剧，酒店人力资源管理面临的挑战日趋严峻。此外，数字经济时代下企业的人力资源管理正面临巨大变革，人工智能、大数据、云计算等先进技术的应用以及组织扁平化等管理趋势正颠覆传统的人力资源管理，深刻影响着企业的降本增效和创新发展。因此，酒店业的人力资源管理必须与时俱进，本教材也与时俱进地回应了行业需求、反映了时代发展趋势。

本教材由长期从事酒店人力资源管理的专业人士与从事相关课程教学的老师共同组成编写团队，结合酒店行业发展的实际情况以及人力资源管理领域的学术前沿成果撰写而成。本教材既可作为高等职业本科及应用型本科院校的酒店管理专业师生用书，也可作为酒店人力资源管理实践者的参考用书。本教材突出以下三个特点：

前沿性。本教材融入了人力资源管理领域的最新研究成果，反映了该领域的高质量发展要求和趋势。本教材回应了数字经济时代下人力资源管理面临的数字化转型变革需求，融入了数字化人力资源管理的研究成果。每章均专门设一节数字化相关内容，并配有本土酒店的数字化转型案例，以帮助读者理解数字化技术给人力资源管理带来的颠覆性改变，并呈现本土酒店企业利用科技创新实现高质量发展的管理实践。特别是在酒店业的人力资源管理正面临严峻挑战的今天，实施数字化可能是其谋求新发展的关键，本教材提供了在酒店业情境下实施数字化人力资源管理变革的理论和经验参考。此外，传统酒店人力资源管理体系均以六大职能为中心，而本教材新增了"新趋势：业务伙伴式人力资源管理"一章，将"人力资源三支柱"等管理新理念融入酒店业情境中，以期给行业一些管理变革新启发。

探究性。本教材以成果导向理念和问题导向式教学理念为指导，基于"工作过程系统化思维"设计理实一体的项目化教学章节及内容。每章都设置了校企联合开发的基于管理情境的实践项目任务，以问题为导向，以案例驱动教学，引导学生在项目任务中探究学习。此外，在每个教学单元都设置了清晰的教学目标、导入案例讨论、课堂实践任务、拓展阅读、管理案例分析训练和课后练习测试等环节，让每个单元的教学既独立又完整。这极大地提升了教师开展项目化教学和"以学生为中心"教学改革等的便利性。

实用性。本教材系统构建了课程思政体系，便于教师有针对性地开展课程思政教学，培养学生的德育素养。每章均设置德育目标，并根据成果导向理念设计了有助于目标达成的教学内容和考核环节。例如，在绪论中阐述"旅游强国战略"下的酒店业发展趋势，将党的二十大精神中的"人才观"融入"绩效管理"模块，将"共同富裕"和"社会公平正义"等精神融入"薪酬福利管理"模块，将"人才强国"的号召融入"职业生涯规划与管理"模块，将"建设法治社会，构建和谐劳动关系"精神融入"劳动关系管理"模块中，等等。此外，本教材利用数字技术开发互动式新形态教材，实用性进一步增强。在前期已建设完成的题库、试卷库、系列微课、拓展阅读材料等教学资源基础上，开发成可听、可视、可练、可互动的数字化教材，便于学生自主学习和拓展延伸。

总之，本教材以"赓续经典、挖掘本土、融入前沿、反映趋势、技术赋能"为特色，以"便于教师开展教学，促进学生自主学习"为目标，力图让教材适用于新时期我国酒店管理人才培养的需要。

本教材由昆明理工大学张馨元和韩山师范学院吴雁彬共同担任主编，与其他四位副主编共同完成编写工作。具体分工如下：张馨元统筹设计、统稿并负责编写第一、二、六、七、十章，开发12个微课；吴雁彬编写第三、四章并开发11个微课；昆明理工大学张超负责大纲拟订、图表制作和第五章的编写；云南财经大学王延玲负责编写数字化人力资源管理相关内容；红河学院毛雨编写第八、九章，修订第六、七章，并编写以上四章的课程思政内容；上海亚湾酒店管理公司王信洋负责教材编写中涉及的校企合作，协调多家酒店和多位人力资源总监为教材提供了大量案例及素材。

本教材的构架与内容凝结了笔者多年的教学积累和研究心得，融会了学术界的理论前沿和业界的实践感知。教材编写过程中得到了许多业内人士的支持和帮助，特别鸣谢华住酒店集团、凯悦酒店集团、昆明君乐酒店、玉溪抚仙湖希尔顿酒店、上海亚湾酒店管理有限公司、上海复旦皇冠假日酒店、上海前滩香格里拉酒店、上海JW万豪侯爵酒店等企业。昆明理工大学酒店管理专业的李雨霞、代兴怡和粟渝茜以及云南财经大学的林沁和李凤等同学参与了资料收集和图表制作等工作。本教材也参阅和借鉴了许多同行的相关著作、教材及文献，在此向他们表示由衷的感谢！

教材中有不妥之处，敬请专家和广大读者批评指正，也欢迎用书院校及读者对本教材提出意见和建议，使本教材日臻完善（主编邮箱：626018826@qq.com）。

编者
2023 年 12 月

课程思政设计方案说明

党的二十大报告明确提出，高质量发展是全面建设社会主义现代化国家的首要任务，并强调"实施科教兴国战略，强化现代化建设人才支撑""推进文化自信自强""推动绿色发展"等战略方向。酒店业作为旅游业的核心支柱产业，其高质量发展离不开高素质人才的支撑，其人力资源管理水平直接关系到服务品质提升、行业转型升级及国家"旅游强国战略"的落地成效。本教材从党的二十大精神出发，结合酒店业人力资源管理特点，探讨《酒店人力资源管理》课程思政的教学实践设计。

一、党的二十大精神指引下的酒店业人力资源管理新定位

1. 以"人才强国"战略赋能行业高质量发展

党的二十大提出"人才是第一资源"，酒店业需从传统劳动密集型模式向知识型、技能型方向转型。酒店人力资源管理应注重培养具有创新意识、服务精神和管理能力的复合型人才，推动行业从"量"的增长向"质"的提升转变。例如：

【高端人才引育】针对酒店数字化转型需求，培养精通大数据分析、智能系统运营的技术管理复合型人才。

【技能升级计划】通过"校企合作+职业培训"模式，提升一线员工在绿色服务、文化传播等领域的专业能力。酒店企业应建立涵盖技能培训、文化培训、管理培训等多层次的培训体系，帮助员工提升综合素质，适应行业发展的新要求。

2. 践行"以人民为中心"的服务理念和管理理念

酒店业需将"员工幸福感"纳入管理核心，构建和谐劳动关系。例如：

【员工关怀体系】酒店应建立科学的绩效考核和激励机制，激发员工的工作积极性，优化薪酬福利、职业发展通道及心理健康支持，减少员工流动率；通过关注员工的心理健康和工作生活平衡，提升员工的幸福感和忠诚度。

【服务价值升华】酒店业是幸福产业，为人民提供幸福，自然应该提倡

"以人民为中心"的服务理念，强调服务的人性化。酒店应引导员工从"标准化服务执行者"转变为"文化体验设计者"，助力旅游强国战略中的文化传播使命。

3. 响应"双碳"目标，推动绿色人力资源管理

【绿色技能培训】将节能减排、可持续运营知识纳入员工培训体系。

【绩效激励创新】设立"绿色服务标兵"等考核指标，鼓励员工参与低碳实践。

二、"旅游强国战略"背景下酒店业人力资源管理的实践新方向

1. 文化赋能

党的二十大提出"推进文化自信自强，铸就社会主义文化新辉煌"，这与"旅游强国战略"密切相关。酒店业作为旅游业的重要支撑，应服务国家战略，通过人力资源管理提升文化服务水平。例如，培养具有文化传播能力和文化产品设计能力的员工，将中国传统文化融入酒店服务中，增强游客的文化体验，彰显文化大国的服务魅力。

【文化认同教育】在员工培训中融入中国传统文化、地域特色文化，培养"讲好中国故事"的服务团队；

【场景化服务设计】在酒店中嵌入非遗体验、红色旅游主题服务，以文旅融合来提升酒店的附加值，打造具有中国特色的酒店服务品牌。

2. 国际化与本土化协同发展

过去的四十年，中国酒店努力学习西方酒店品牌的服务和管理体系，并结合自身的文化情境不断总结和创新，在诸多方面实现赶超，发展出华住、锦江、首旅如家、亚朵等有影响力的酒店集团。并且，越来越多的本土酒店集团正在加速"出海"布局。因此，国际化与本土化协同发展将是未来酒店业的趋势，也是未来酒店人力资源管理必须做出的变革回应。例如：

【语言与跨文化能力】通过人力资源管理，提升员工的外语能力、跨文化沟通能力，同时注重本土文化的传承与创新；

【本土化管理创新】借鉴国际酒店集团经验的同时，总结中国管理经验，探索符合中国国情的管理创新模式，例如"共享员工"等灵活用工模式。

3. 数字化驱动的管理效能提升

党的二十大提出加快实施创新驱动发展战略。酒店业应借助数字化技术，优化人力资源管理模式，例如通过大数据分析员工绩效、利用智能系统进行培训管理，以及通过数字化平台提升招聘效率和人力资源管理精准度。

三、《酒店人力资源管理》课程思政的教学设计探索

1. 教学目标重构：德育素养与专业能力并重

【价值引领】本教材在每章均设计德育目标，将"工匠精神""家国情怀""职业使命""终身学习""积极心理"等融入课程，例如通过"新冠疫情下酒店人的社会担当"和"中国酒店业助力乡村振兴"等案例，让学生理解行业的社会责任。

【能力培养】设计"旅游强国战略下的酒店人才需求分析"等实践课题，强化学生的战略思维与问题解决能力。

2. 教学内容创新：党的二十大精神及中国管理哲学与行业实践深度融合

【党的二十大精神解读】结合党的二十大精神，引导学生树立正确的价值观和职业观，通过案例分析，让学生理解以人民为中心的发展思想在酒店管理中的实践意义，培养学生的社会责任感和服务意识。解读党的二十大报告中"高质量发展""绿色发展""促进社会公平正义""共同富裕"等与酒店业的关联，使学生理解党的二十大精神指导下酒店业的薪酬福利体系设计逻辑以及行业发展趋势；组织学生分析酒店人力资源管理数字化转型案例，调研酒店低碳管理案例，撰写改进方案，培养创新意识。

【本土企业管理创新实践】本教材穿插了华住、开元、亚朵、锦江等诸多本土企业典型案例，挖掘本土酒店企业的管理创新实践经验，用中国企业案例讲好中国故事，促进学生对西方管理思想及方法在中国情境下应用的反思，提升文化自信，并学会辩证性地使用中西方管理思想及方法。

【中国管理哲学】中国古代哲学中蕴含了丰富的管理智慧，尤其在人力资源管理方面，儒家、道家、法家、墨家、兵家等学派的理论至今仍对现代企业管理具有深刻的启示。本教材从不同学派的理论出发，结合现代人力资源管理的核心要素（如选人、育人、用人、留人），将各流派核心理念及管理启示梳理并穿插于各章节中，促进学生对中国管理哲学智慧的理解与应用，提升文化自信。

【积极心理及学科研究前沿】可以适当引入"优势识别器"等学科发展前沿成果及管理新方法，融入"工作重塑""能量管理"等管理心理学理论，帮助学生识别自我，培养感恩、同理、博爱等积极心理品质，提升职场逆商，践行"终身学习"理念。

3. 教学方法升级：产教融合与情景化教学

管理类课程应注重理论与实践的结合，强化校企合作，提升学生对抽象管理现象的具体认知以及管理实践能力。同时，引导学生关注行业前沿及学科前沿，培养适应新时代需求的复合型人才。

【校企协同育人】本教材与头部酒店集团共建实训基地，以校企协同的方式与企业人力资源部一起开发了多个管理实践教学项目，教材中诸多案例及微课等素材均由合作企业提供或校企共同开发。

【情景化教学增强实践能力培养】本教材在每章均设置了管理实践项目，便于教师开展项目化教学。其中，校企协同开发的项目全部基于企业真实情境，让学生以调研、访谈、制作管理方案等方式近距离参与管理实践；通过让学生设计具有中国文化特色的酒店服务方案或课堂实践锻炼等设计，增强学生的创新能力，服务旅游强国战略。

4. 评价体系改革：将思政成效纳入课程考核

OBE 成果导向理念强调以终为始，目标达成。课程思政的设计也须终于目标达成。本课程可以采用管理实践方案设计、思政反思报告、结课调研、案例分析等多元化考核方式，衡量学生的价值塑造成效。

本教材设计的课程思政方案仅供院校教师作为参考，我们相信，各院校的老师们也有自己精彩的课程思政方案设计，也欢迎老师们与我们共同探讨交流。党的二十大精神为酒店业人力资源管理提供了理论指引与实践坐标，"旅游强国战略"则赋予行业更深层次的文化使命与发展动能。在《酒店人力资源管理》课程中，通过思政元素的有机融入，不仅能培养具备专业素养的管理人才，更能锻造心怀"国之大者"、勇担时代使命的新时代文旅人。未来，酒店业需以人才为支点，以创新为杠杆，撬动服务质量提升、文化价值传播与可持续发展目标的协同实现，为中国式现代化贡献行业力量。

教学资源说明

一、微课视频多媒体及拓展材料

为了增强教材的学习趣味性和互动性，本教材开发制作了 30 个微课视频，既有人力资源管理相关的小故事，也有行业热点或延伸性知识点；为了扩展学生的视野，本教材收集了涵盖 10 章的 70 个拓展阅读文本材料，既有企业案例，也有各大酒店集团 HR 常用的表格、计划、方案等工作模板或范例。感谢昆明理工大学合作酒店热心提供的一些内部文档，为学生提供了真实的管理范例参考，为教师提供了丰富的教学素材。

以上素材均以二维码的形式穿插在各章节中。学生可以根据老师的要求，在课前、课中或课后，扫码观看学习。建议教师可部分选作课堂讨论，也可布置成课前或课后阅读作业，以实现课前、课中、课后相贯通的完整学习。

二、课堂小练习及课后实践任务

以 OBE 成果导向理念和 PBL（Problem – Based Learning）问题导向式教学理念为指导，设计理实一体的项目化教学章节内容是本教材的一大特色。因此，在每个章节都设计了对应的课后实践任务及课堂小练习，且很多任务都是校企联合开发的基于企业真实情境的人力资源管理实践任务。课堂练习可以丰富课堂内容、活跃课堂气氛；课后任务可以加强学生对知识点的理解与对技能的掌握。

在教学设计时，建议教师采用项目化教学设计，根据自己学校的课程学时和教学条件，从中挑选合适的实践任务布置给学生，并设置激励机制鼓励学生去挑战完成，实现"在做中学"的教学愿景。另外，每章开篇都设计了相应的知识目标、技能目标和德育目标，教师可以参考这些目标来检验学生的学习效果和自己的教学效果。

三、课后习题及答案

及时的学习检验是强化教学质量的有效手段。本教材在每章都配有类型丰富的课后习题及参考答案。建议教师可以将这些题目应用到智慧教学中，穿插设计成随堂小测试，也可作为期末测试的题库使用。学生可以在每章学习结束后自行完成课后习题，以及时巩固知识点，检验自己的学习效果。完成之后，可以在教材最后扫码查看答案。

四、课件

本课程提供配套的各章节PPT，这些PPT经过精心设计，风格活泼、内容完整，教师可以根据自己的需要灵活使用，PPT可在本书配套的网站得到。

目录
CONTENTS

第一章　酒店人力资源管理导论	1
项目一　人力资源管理概述	7
项目二　酒店人力资源管理概述	12
项目三　数字化时代的人力资源管理	20
第二章　酒店人力资源规划	31
项目一　酒店人力资源规划的基本概念	33
项目二　人力资源盘点及预测	37
项目三　人力资源供求平衡管理	47
项目四　数字化人力资源规划	51
第三章　工作分析与胜任力素质模型	57
项目一　工作分析概述	60
项目二　工作分析的流程与方法	64
项目三　酒店员工的胜任力素质	74
项目四　AI 时代的工作分析	84
第四章　酒店员工招聘管理	93
项目一　酒店员工招聘概述与流程	99
项目二　酒店员工招聘的渠道与方法	106
项目三　酒店员工甄选	113
项目四　酒店员工录用的原则与程序	122
项目五　数字化招聘	126
第五章　酒店员工培训管理	134
项目一　酒店员工培训概述	138
项目二　酒店员工培训系统构建	142
项目三　酒店员工培训运作流程	148
项目四　员工培训的数字化	162

第六章 酒店员工绩效管理 … 172
项目一 酒店绩效管理概述 … 177
项目二 酒店绩效管理流程 … 181
项目三 数字化绩效管理 … 208

第七章 酒店员工薪酬管理 … 216
项目一 薪酬概述 … 220
项目二 酒店薪酬管理 … 226
项目三 员工薪酬体系设计 … 230
项目四 基本薪酬 … 240
项目五 绩效薪酬 … 245
项目六 员工福利 … 247
项目七 数字化薪酬管理 … 252

第八章 酒店员工职业生涯规划与管理 … 260
项目一 职业生涯规划与管理概述 … 263
项目二 职业生涯基础理论 … 266
项目三 酒店员工的职业生涯规划 … 272
项目四 酒店员工的职业生涯管理 … 277
项目五 数字化职业生涯规划 … 279

第九章 酒店劳动关系管理 … 287
项目一 劳动关系概述 … 290
项目二 劳动合同管理 … 295
项目三 劳动争议处理 … 309
项目四 劳务派遣 … 315
项目五 数字化劳动关系管理 … 318

第十章 新趋势：业务伙伴式人力资源管理 … 325
项目一 酒店人力资源管理转型的背景 … 327
项目二 业务伙伴式人力资源管理转型 … 336

参考文献 … 346

第一章

酒店人力资源管理导论

中国管理哲学：以人为本的管理哲学

【典型思想及核心理念】

儒家思想：孔子提出"仁者爱人"，主张管理者应以仁爱之心对待下属，强调"己欲立而立人，己欲达而达人"（《论语·雍也》）。

【人力资源管理启示】

儒家强调的"仁政"和"以人为本"，与现代人力资源管理的核心理念一致，更与党的二十大"以人民为中心"的发展思想一脉相承。人力资源管理不仅是技术和工具的应用，更是对人的关怀和对价值的尊重。现代人力资源管理倡导员工关怀、情感管理，注重员工幸福感与归属感。例如，通过福利制度、心理健康支持提升员工满意度。

【课前导入】

阿里巴巴：造就千万富翁的人力资源管理[①]

一家中国公司登陆纽约证券交易所，并创下美股史上最大规模 IPO（首次公开发行上市）的纪录，这注定被国人视为"走向世界"的骄傲、被世界视为"中国崛起"的

[①] 董克用，李超平. 人力资源管理概论［M］. 北京：中国人民大学出版社，2016.

信号，并向世界讲述了一个中国故事。这家中国公司就是阿里巴巴，在它成功的背后，是数万名员工的付出与贡献，而阿里巴巴的人力资源管理在其中起了很大的作用。

一、实行与业务结合紧密的员工个性化管理

作为阿里巴巴的人力资源管理者，挑战在于，在如此快速成长且多变的业务形态下如何才能够兜底，托得住、稳住整个团队，同时引进人才。

目前，阿里巴巴正在进行的人力资源管理组织变革将更多的管理重心转移到与业务紧密的员工个性化管理上来。通过建立薪酬服务中心，以及更全面覆盖招聘、入离职报销等标准化公共服务的人力资源管理运营中心，原本分散的事务性工作将会被集中起来统一管理。而从中被解放出来的人力资源专员，则能将更多的精力投入与业务紧密相关的人才盘点、绩效评估、组织文化建设等事务上。

随着阿里巴巴的人员规模扩大，人力资源专员配比预期将会降低到1：250至1：300，但管理精细度不变。

"在阿里巴巴，人才对最终业务成效的影响很大，尤其是在创业型的业务中，我们需要给人才更多的自主权和更大的想象空间。"伴随互联网时代而来的大数据将能够帮助人力资源专员调整工作方式，适应这样的改变。"建立大数据可以帮助企业更多地注重员工的个性化差异，将员工真正当成资源，给他们更好的平台，并能在公司有项目时快速地找到合适的人选，高效地组建团队，为企业带来更高的回报。"

"作为一家互联网公司，阿里巴巴的特质是要紧跟客户的价值和利益，我们希望的组织模式是召之即来、来之即战、战之即散的自组织过程。"陆凯薇表示，在新的e-HR系统中，能够自然地呈现每个人在组织里的价值、人与人的关系，减少人力资源专员人为的判断和管理。

二、招聘：以诚信为最优先考虑因素

在阿里巴巴，价值观是决定一切的准绳。招聘形式有很多，但无论哪种形式，诚信都是第一考量因素。

（1）选人，诚信为先。对于阿里巴巴来说，其招聘人才的首要要求就是诚信，马云认为这是最基本的品质，有就有，没有是很难培养的。2006年2月10日，在阿里巴巴一年一度的全体员工大会上，马云向员工们宣布了以"诚信建设和知识产权保护"作为公司新一年的三大主题之一，同时，阿里巴巴强调对客户的诚信，永远不给客户回扣，给回扣者一经查出立即开除。

（2）重视职业道德。阿里巴巴很看重员工的职业操守，这是阿里巴巴不愿意高薪挖人的一个重要原因，因为公司不希望挖过来的员工变成不忠、不孝、不义的人，从竞争对手那边挖过来的人，如果让他说原来公司的机密，他对自己的旧主就是不忠；如果不说原来公司的机密，他对现在的新公司就是不孝；即使不让他说原来公司的机密，他在工作中也会无意识地用到，这样他就是不义了。

(3) 跳槽多不可靠。马云曾这样说："我不喜欢跳槽的人，年轻人一个简历上五年换八个工作，这个人我一定不要他，他不知道自己想干什么，尤其跨"N多"领域，不大会有出息。"

三、让员工自主学习的培训才有效

在阿里巴巴，根据员工不同的偏好，分设三个职业阶梯，使性格不同、对自己未来规划不同的员工都能够满意。比方说，希望平衡生活，按部就班，照顾家庭，不需要有太多挑战、太多压力，你可以选择去S序列。S序列都是标准工作的序列，你只需要按照现有的方式做事就行了。如果你很擅长跟别人打交道，跟别人沟通，并不喜欢对着机器做事情，可以选择M序列去发展。其实不同类型的员工，选择各不相同，所以人的发展绝对不是企业一厢情愿的事情，而是需要企业和个人的共同选择，只有当这种需求是大家都想要的，才会得到各方面的配合，才能得到认同，才能把"试"转化为"学"，阿里巴巴鼓励内部教学相长的文化，不断建立内部员工分享的氛围，希望营造一个要学一定要有行动，有了行动一定要带来结果的学习氛围。

先要确定你的目标，然后再确定你需要的培训行为，最后评估带来什么结果，如果想在阿里巴巴做到这一点，要先对不同的人员进行定位，因为不同定位的人，需要的能力不一样。

在阿里巴巴，员工的平均年龄为27岁，很多员工是被父母、老师培训大的，所以自主学习的意愿不是特别强。面对这些员工，使用的方法各异。但基本上是先培养行为，当他看到这种行为的结果时，自然而然地去转变他的观念。有了能力的需求，也有了发展的方向，这时候就可以开始设计另一些学习方法，来推动能力的建设。阿里巴巴的学习项目很多，如夜校、课堂等，所有管理人员必须接受强制性培训，如三A课程等。从低层的员工，到高管层的员工，阿里巴巴为每个员工制定了不同的选修和必修项目。

每年阿里巴巴都会选择公司在管理方面最严重的、最需要解决的问题，请高管配合人力资源部，共同完成对员工的培训。在学习的过程中，他们会发表自己的看法。在阿里巴巴中国网站，员工还可以根据学习的期数，建立自己的群博客，他们会在群博客上介绍自己是第几期的学员，这也在强化一些虚拟组织对员工归属感的提升作用。所以看培训不只是看"培训"二字，还看能力提升、文化氛围建立，以及员工的快乐工作，看整个公司和公司对个人能力与组织能力的认可。年轻的员工营造玩的氛围，将好的东西拿出来与大家交流与分享，这些都是阿里巴巴特有的学习环境。所以，在阿里巴巴有一个口号：知识点亮人生，学习成就未来。你要获取知识，要自己去学，而不是一味地让别人来教你。

四、以"六脉神剑"考核员工：价值观与业绩各占50%

阿里巴巴的价值观被归纳成"六脉神剑"：客户第一、团队合作、拥抱变化、诚信、激情、敬业。与一般企业只把口号挂在墙上不同，阿里巴巴的价值观是真真切切地落在实处的，因为在阿里巴巴的考核体系中，个人业绩的打分与价值观的打分各占50%。也就是说，即使一个业务员拥有很好的业绩，但如果价值观打分不达标，在阿里巴巴依然会面临淘汰。

对一个员工业绩的考核显然更容易，价值观听起来就更虚无缥缈一些。但是阿里巴巴还是能把比较虚的价值观用一些具体的方法进行衡量，比如把价值观分解成30个小条，每小条都对应相对的分值，采取递进制，纳入考核。尽管价值观的打分占到考核的一半，但是在阿里巴巴因为价值观被开除的员工并不多。在招聘的时候这是一个非常重要的考量因素。

五、留住员工的秘诀：双重层面激励员工

如何让员工愿意在阿里巴巴工作？物质层面和精神层面都很重要。在物质层面，阿里巴巴每年都请专业公司调查行业薪资，据此来确定公司的薪酬竞争力。2013年，阿里巴巴发现员工的椅子没有扶手，研究之后发现这会额外增加员工的疲劳度，所以决定即使要花一大笔钱，也把所有椅子都换成有扶手的。

做到这些，还只能是留住员工，而不能激励到员工。接下来还要让员工向上走。激励员工的主要方式是，让他的工作能得到认可，他的工作能够推动公司的发展。阿里巴巴经常给员工讲这样一个故事：三个人砌房子，你问他们在做什么，第一个人说在砌砖头，第二个人说在垒墙，第三个人说他在造世界上最美的教堂，让钟声每天都会响起。公司希望员工像第三个人那样，每天自己都有进步，公司也在成长。

阿里巴巴要求管理者不断地赞美员工的进步，因为没有人愿意生活在失败当中，这样他就感觉很糟糕，所以要认可他的每个进步。当然合适的批评也可以起到这种作用。有一些管理者认为批评员工不好，实际上你为他好才是真的好，让他知道自己存在什么不足，并加以改正，他同样会对工作和生活充满希望。

在阿里巴巴，资历、背景都不重要，只要你具有相应职位的能力就会得到提拔。

思考：

1. 阿里巴巴的人力资源部为什么要建立薪酬服务中心和人力资源管理运营中心？

2. 对于阿里巴巴这样的矩阵制、项目式团队组织大量存在的企业，人力资源管理方面存在的最大挑战是什么？

3. 阿里巴巴的培训体系和绩效薪酬管理体系是如何支撑公司发展的？

【本章课前思考】

1. 你认为留住员工和激励员工有何区别？

2. 酒店人力资源管理有什么特点？会有哪些挑战？

3. 酒店行业的"最佳雇主"是怎样的？

4. 如何才能创建科学的酒店人力资源管理体系？

【本章教学目标】

知识目标

1. 解释人力资源管理的含义、内容及其在酒店业管理中的意义
2. 描述人力资源管理的六大职能
3. 阐述酒店人力资源管理的特点及其面临的挑战

技能目标

1. 能够画出人力资源部在组织中的位置以及其职业发展通道图
2. 能够为酒店制定人力资源管理目标

德育目标

1. 树立战略意识和大局观念，形成系统观
2. 辩证思考：学会在中国情境下辩证地使用西方的管理方法
3. 深入理解"以人民为中心"的党的二十大精神在人力资源管理中的意义及应用

【本章知识导图】

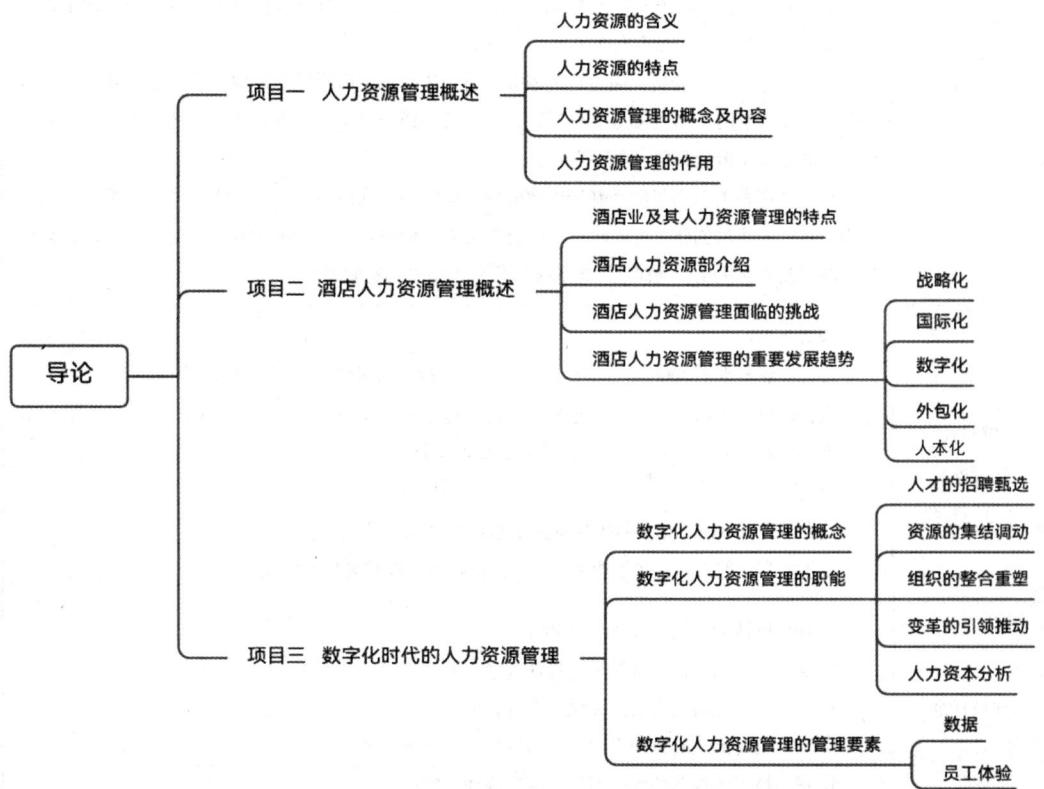

本章的目的在于解释人力资源管理是什么以及它在酒店业为什么很重要。通过本

章，我们会看到，人力资源管理是企业管理中一种独立的管理职能，这种管理职能是在其自己的人力资源中行使的。本章还将讨论酒店业的人力资源及其管理所具有的特点以及人工智能时代的人力资源管理应用及趋势等新兴问题。

【本章实践项目任务】

任务名称	探讨"以人民为中心"的党的二十大精神在酒店人力资源管理中的实践意义及应用
任务背景及目的	党的二十大报告强调，"坚持以人民为中心的发展思想，维护人民根本利益，增进民生福祉，不断实现发展为了人民、发展依靠人民、发展成果由人民共享"。这一理念不仅适用于国家治理层面，同样对企业管理，特别是服务行业如酒店管理具有深远的指导意义。通过本题目的考核，旨在让学生深入理解"以人民为中心"的党的二十大精神在酒店人力资源管理中的实践意义及应用，培养学生理论联系实际的能力，以及分析问题和解决问题的能力，为将来从事酒店管理工作打下坚实的基础。
任务要求	1. 理论阐述：解释"以人民为中心"的党的二十大精神的核心理念及其在当代社会的重要性。分析这一理念如何与酒店管理的核心理念相结合，特别是在人力资源管理方面。 2. 实践意义探讨：探讨在酒店管理中贯彻"以人民为中心"理念对于提升员工满意度、增强团队凝聚力、提高服务质量等方面的实践意义。分析这一理念如何有助于构建积极向上的企业文化，促进酒店长期稳定发展。 3. 具体应用案例分析：通过查阅相关资料，选取至少两个国内外酒店或酒店集团在人力资源管理中成功应用"以人民为中心"理念的案例。详细分析这些案例中的具体措施、实施效果以及对酒店整体运营和员工发展的影响。 4. 个人见解与创新思考：基于上述分析，提出自己在酒店人力资源管理中如何贯彻"以人民为中心"理念的创新思考或建议。讨论在实施过程中可能遇到的挑战及应对策略，以及如何通过持续改进和优化，确保这一理念在酒店管理中得到有效落实。
撰写及提交要求	撰写要求： 报告字数不少于2000字，结构清晰，逻辑严密，引用资料需注明来源。 报告需包含标题、摘要、关键词、正文（包括理论阐述、实践意义探讨、具体应用案例分析、个人见解与创新思考等部分）、参考文献等部分。 提交要求： 请在指定时间内将电子版报告提交至指定平台或邮箱。 报告需为原创作品，严禁抄袭，一经发现将按学校相关规定处理。
评估标准	1. 理论阐述的准确性和深度（30%） 2. 实践意义探讨的充分性和合理性（25%） 3. 具体案例分析的详细性和说服力（25%） 4. 个人见解的创新性和实用性（15%） 5. 报告撰写的规范性和引用资料的准确性（5%）

项目一　人力资源管理概述

一、人力资源的含义

人力资源，又称劳动力资源或劳动力，是指能够推动整个经济社会发展、具有劳动能力的人口总和。

这个解释包括以下几个要点。

(1) 人力资源的本质是人所具有的脑力和体力的总和，可以统称为劳动能力；

(2) 这一能力要能够对财富的创造起贡献作用，成为社会财富的源泉；

(3) 这一能力还要能够被组织所利用，这里的"组织"可以大到一个国家或地区，也可以小到一个企业或作坊。

经济学把为了创造物质财富而投入生产活动中的一切要素统称为资源，包括人力资源、物力资源、财力资源、信息资源、时间资源等。其中人力资源是一切资源中最宝贵的资源，是第一资源。人力资源的最基本方面包括体力和智力，从现实应用的状态来看，包括体质、智力、知识、技能四个方面。

二、人力资源的特点

(一) 能动性

能动性是人力资源的首要特征，是与其他一切资源最根本的区别。人力资源在经济活动中起着主导作用。一切经济活动首先都是人的活动，由人的活动才能引发、控制、带动了其他资源的活动。另外，在经济活动中，人力资源是唯一起创造作用的因素。经济活动的生命是发展、进取、创新，而所有生产要素中，只有人力资源才能担负起这些任务。

(二) 时效性

人力资源的形成、开发和利用都会受到时间方面的限制。从个体角度看，作为生物有机体的个人，其生命是有周期的，每个人都要经历幼年期、少年期、青年期、中年期和老年期。其中具有劳动能力的时间是生命周期中的一部分，其各个时期资源的可利用程度也不相同。从社会角度看，人才的培养和使用也有培训期、成长期、成熟期和老化期。因此，人力资源的开发与管理必须尊重其内在规律，使得人力资源的形成、开发、分配和使用处于动态平衡。

(三) 再生性

经济资源分为可再生性资源和非再生性资源两大类。人力资源具有再生性，它基于人口的再生产和劳动力的再生产，通过人口总体内个体的不断更替和"劳动力耗费—劳动力生产—劳动力再次耗费—劳动力再次生产"的过程得以实现再生。同时，人的知识与技能的陈旧、老化也可以通过培训和再学习等手段得到更新。人力资源要实现自我补偿、自我更新、持续开发，就要求人力资源的开发与管理注重终身教育，加强后期的培训与开发。

（四）社会性

人力资源的形成、配置、利用、开发是通过社会分工来完成的，是以社会的存在为前提条件的。在现代社会中，在高度社会化大生产的条件下，个体要通过一定的群体来发挥作用，合理的群体组织结构有助于个体的成长及能力高效地发挥，不合理的群体组织结构则会使个体产生压抑。群体组织结构在很大程度上又取决于社会环境，社会环境构成了人力资源的大背景，它通过群体组织直接或间接地影响人力资源开发，这就给人力资源管理提出了要求：既要注重人与人、人与团体、人与社会的关系协调，又要注重组织中团队建设的重要性。

（五）增值性

人力资源不仅具有再生性的特点，其再生过程也是一种增值的过程。人力资源在开发和使用过程中，一方面可以创造财富；另一方面通过知识经验的积累、更新来提升自身的价值，从而使组织实现价值增值。研究证明，人力资源的投资具有高增值性，无论从社会还是从个人角度看，都远远大于对其他资源投资所产生的收益。

（六）差异性

人与人之间在态度、能力、个性、素质、绩效、价值观、社会文化背景等方面存在差异。根据工种的不同，酒店对各岗位人员素质的要求也不同，而且差异非常大。例如，基层岗位员工具备劳动能力与道德品质就差不多了，而对高层管理者的能力、素质各方面的要求非常高。

技术导致的工作性质的变化趋势

三、人力资源管理的概念及内容

（一）人力资源管理的概念

人力资源管理，是指根据企业经营发展的需要，通过不断地获得人力资源，并把得到的人力资源整合到组织中而融为一体，使人尽其才、事得其人、人事相宜，保持和激励他们对本组织的忠诚度与积极性，考核他们的工作绩效并做相应的调整，尽量开发他们的潜能，以期达到人力与企业共同发展。

在企业中，所有管理者都是人力资源管理者，所有管理者都负有人力资源管理的职责。

为什么人力资源管理对所有管理者来说很重要？

（二）人力资源管理的内容

1. 人力资源规划

这是人力资源开发与管理过程的初始环节，是人力资源开发与管理各项活动的起点，搞好人力资源规划对于人力资源整体管理、取得人力资源效益和实现酒店的各项综合效益都具有重要作用。狭义上是指从企业自身的发展目标出发，根据其内部环境的变化，预测未来发展对于人力资源的需求以及为满足这种需求提供人力资源的活动过程。广义的人力资源规划则内容比较广泛，可以分为人力资源目标规划、组织变革与发展规划、人力资源开发规划，人力资源供给与需求平衡计划、人事调配晋升计划、员工绩效考评与职业生涯规划，员工薪酬福利保险与激励计划、定编定岗定员与劳动定额计划等。

2. 人员招聘与配置

这是人力资源管理中的"选人"环节。指招聘并将人力资源配置到各个工作岗位，使之与物质资源相结合，形成现实的经济活动。人力资源的科学配置是人力资源生产与开发的关键环节，也是组织人力资源经济运行的核心。

3. 人力资源的培训与开发

这是人力资源管理中的"育人"环节。人力资源培训开发主要通过对员工实施培训实现。通过培训，可以提高员工的文化和技术素质，降低损耗和劳动力成本。经常对员工进行有计划、有针对性的教育培训，也可以使其提高认识，改进工作表现，缓解工作压力，防止事故的发生，从而减少员工流动，改进服务质量。

4. 员工绩效管理

这是人力资源管理中的"用人"环节。绩效管理是一种正式的员工评估制度，它通过系统的理论方法来评定和测定员工在职务上的工作行为和工作效果。它是管理者与员工之间进行管理沟通的一项重要活动。绩效考核的结果可以直接影响到薪酬调整、奖金发放及职务升降等诸多员工的切身利益，其最终目的是改善员工的工作表现，在实现经营目标的同时，提高员工的满意程度和未来的成就感，最终达到企业和个人发展的"双赢"。完善的绩效管理体系可以有效地提高激励效果。

5. 员工薪酬管理

这是人力资源管理中的"留人"环节。薪酬是指员工因为受雇用而获得的各种形式的报酬。薪酬的合理确定和科学管理是人力资源管理中最重要、最复杂、最核心的内容和环节。薪酬管理包括薪酬水平管理、薪酬形态管理和薪酬体系管理。薪酬设计主要考虑两个核心议题：一是对内薪酬相对公平；二是对外薪酬具有竞争力。如此才能确保薪酬对内起到"留人"的作用，对外起到"引人"的作用。奖优罚劣是薪酬管理体系构建的重要基础。

6. 劳动关系管理

劳动关系是指劳动关系主体双方依法享有的权利和义务。广义的劳动关系是指社会分工协作关系；狭义的劳动关系是指劳动者与企业或组织之间由于交易所形成的权利义务关系，这种关系具有相对稳定性并受到法律保护。建立劳动关系应遵循平等就业原则和互选原则、公开竞争就业原则、照顾特殊群体原则、禁止未成年人就业原则、先培训后就业原则。

人力资源管理六大职能如图1-1所示。

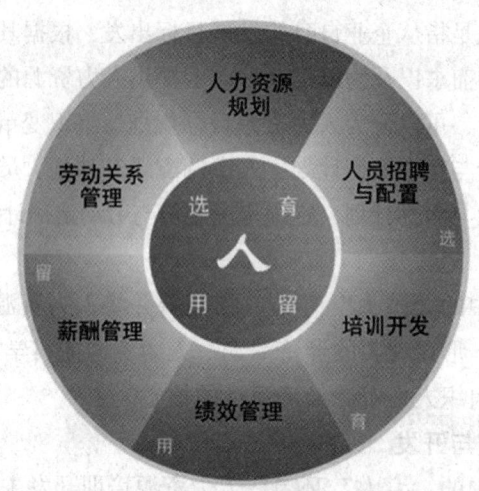

图1-1 人力资源管理六大职能

什么是人力资源管理——一个人力资源总监的自述

四、人力资源管理的作用

关于人力资源管理的作用,从根本上说,它集中体现在与企业绩效和企业战略的关系上,如图1-2所示。

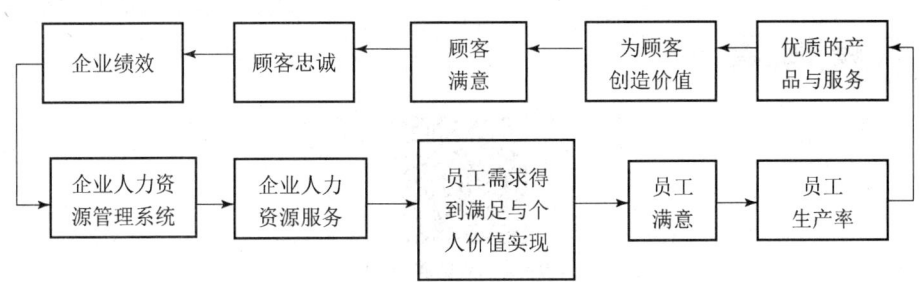

图1-2 人力资源管理与企业绩效的关系

首先,企业绩效的实现依赖于顾客的忠诚。没有顾客来购买企业的产品和服务,企业就无法生存和发展,自然也就无法实现自己的绩效。随着生产力发展带来的顾客的选择更加多样化,赢得顾客的忠诚对企业来说也变得更加重要。要赢得顾客的忠诚,就必须使顾客满意。而顾客之所以会满意,在很大程度上是因为企业能够为顾客创造价值,也就是为顾客提供了优异的产品与服务。实现这一点就要依赖于员工的敬业工作。没有员工高质量的工作,企业就无法形成高质量的产品和服务,也就无法满足顾客的需求和实现顾客的满意。这一点在服务行业中体现得更加明显,即"没有满意的员工,哪来满意的顾客?"

其次,员工工作的生产率又受什么因素影响呢?主要是他们的工作满意度,当工作满意度高时,他们就会更加投入地工作;否则,人力资源的作用就不会完全得到发挥。而员工的满意度又取决于他们的需求是否得到满足,以及个人价值是否得到实现。这在很大程度上依赖于企业提供的人力资源服务,如公正的绩效考核、具有竞争力的薪酬待遇、有效的培训与开发、良好的员工关系等。因此,企业的人力资源管理体系与企业绩效之间存在密切的关系,人力资源管理的有效实施将有助于实现和提升企业的绩效。

然后,人力资源管理还有助于企业战略的实现。当企业战略明确了发展方向之后,资源准备就是实现战略的重要保障。在资源准备中,人力资源是最重要的方面。人力资源的准备可以通过两种途径来实现,一种是外部招聘,另一种是内部培养。这两种途径都是人力资源管理的重要内容。根据企业的战略目标,首先要通过人力资源规划对未来的人力资源需求做出预测,然后再依据这种预测通过招聘录用或者培训与开发来进行人力资源的储备,从而为战略的实现奠定坚实的人力资源基础。

最后,企业战略的实现还必须得到全体员工的认同。只有员工把企业的战略目标内化为个人目标和行为准则后,企业战略的实现才具有内在动力。因此,将企业战略传递给每个员工并得到他们的认同十分重要。人力资源管理可以通过培训给员工传达企业的战略意图,提高员工的思想认识,把员工的行为统一到战略目标上来。此外,还可以通过绩效考核和奖励等方式来传达企业的战略意图，这也是绩效管理和薪酬管理理念的发展方向。例如，企业的战略如果是"通过服务来获取竞争优势"，那么，就可以在员工的绩效考核指标中加重对服务的考核，加大对优质服务的奖励，以此引导员工的行为，传递自己的战略思想。

人力资源管理的演进过程

项目二　酒店人力资源管理概述

一、酒店业及其人力资源管理的特点

（一）"劳动密集型"+"服务型"产业，使得对人的管理更为重要

酒店是服务性行业，酒店服务的特点是人对人、面对面的，要保证酒店业务的正常运转并保持必要的品质，就必须有足够的人力资源作为保证，这就使酒店业必然成为一种劳动密集型产业。不同于一般的生产性企业，酒店的特殊性决定了酒店的人性化管理具有两面性。对酒店的管理不仅要从员工的需求方面来考虑，也应该考虑如何满足客人的人性化要求。在我国酒店业面临巨大竞争压力的今天，酒店是否能有效地调动服务人员的工作积极性，激励他们为顾客提供优质服务，从而提高顾客满意感和忠诚感，直接影响着酒店的利润和长远的发展。

微课视频：
上海JW万豪侯爵酒店–
走进酒店人力资源部

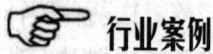

行业案例

万豪先生的著名经营理念

"照顾好你的员工，他们就会照顾好你的顾客，客人将再次光临"，这是闻名业内的万豪集团以人为本的精髓，由小万豪先生比尔·马里奥特提出。

万豪国际集团的总部设在美国首都华盛顿，雇用约133000名员工。万豪连续10年被《财富》杂志列入"100家最佳雇主"排行榜。在入选的企业中，万豪是唯一一家美国酒店集团，也是仅有的3家拥有10余万名员工的企业之一。与此同时，万豪也荣登《财富》杂志"全明星"榜单，《财富》杂志特别表扬了万豪的"实践我们的核心价值"计划（Living Our Core Values），它为员工提供了大量的培训及才能培育活动。

万豪酒店管理集团最基本的理念是"人服务于人"，公平对待每一位员工，同时重视员工的感受，让他们体会到"家"的感觉。万豪近50%的管理人员是从公司内部提拔的，公司的职位空缺优先考虑内部员工，只有内部没有合适的人选，才从社会上招聘，万豪认为只有公司对员工好，员工才会对客人好。

（二）季节性及不可储存性的行业性质，使得用工供需平衡管理难度大

酒店业具有明显的季节性，经营的淡旺季特别明显。同时，酒店人力资源价值具有不可储存性的特点。酒店和一般企业不同，酒店的客房、餐饮、娱乐、会务和其他综合服务设施等主要产品在经营中都不发生实物的所有权转移。因此，酒店员工凝结在酒店产品中的服务价值不可储存。如果酒店的产品在特定的时间内卖不出去，其当天的价值就会自然失去。等到第二天再卖出去，前一天的价值便永远收不回来了，人力资源的价值也就体现不出来，支出的人工成本也就无法补偿，从而造成酒店人力资源方面的损失。并且，这给酒店行业的员工排班管理和员工培训管理等工作带来很多挑战。旺季时，难以短期扩大员工队伍，以满足经营需求；淡季时，也不可能迅速缩小员工队伍。因此，酒店行业的员工排班情况往往是旺季时加班，淡季时轮休。培训也是这样，旺季时难以保证对新员工的及时培训和对老员工的提升培训。加之各部门的运营高峰期及低谷期的时间段不一样，导致培训时间与员工的工作时间经常冲突，培训效果难以保证。

（三）连锁经营模式，使人力资源管理具有明显的跨越性

酒店行业往往采用集团化经营管理的模式，而且这已成为大趋势。无论是国际酒店集团，还是国内本土酒店，都在加速扩张，这给人员管理带来很大的跨越性。跨越性主要表现在地域和文化两个方面。首先是地域的跨越性。各大酒店集团扩张的版图是全国不同的城市，有的甚至已扩张到了海外。例如，锦江酒店集团、华住酒店集团等。这就使得酒店无论在员工招聘，还是员工培训、调配以及使用等方面都呈现出跨地域性的特点，管理难度加大。其次是文化的跨越性。并购和联盟已经成为酒店业愈演愈烈的趋势，正在形成各种由外资酒店、合资酒店、本土酒店等不同单位组成的合作或联盟组织，对于这些合作酒店的员工，需要在不同的文化环境中工作，面临文化跨越的适应性。此外，酒店服务的对象中有很大一部分是外国客人，例如，上海地区的很多高星级酒店，外国客人占到了一半以上的客源，这就使得酒店员工工作中涉及很多跨文化沟通。因此，人力资源管理具有明显的跨越性。

（四）人员素质参差不齐且流动率高，加大了人力资源招聘与开发的难度

作为劳动密集型产业的酒店行业，从高层管理者、中基层管理者，到普通一线员工，

员工在学历层次、外语水平、综合素质等方面均参差不齐。特别是目前我国酒店处于快速发展阶段，急速的扩张与人员短缺之间的矛盾异常突出。过去十多年间，房地产行业的快速发展以及旅游业的发展热潮，使得高星级酒店如雨后春笋般遍地开花。而我国酒店行业发展历史尚短，过去积累和培养的人才无法满足迅速扩大的人才需求。特别是专业技术人才和管理人才严重短缺。这使得酒店在选人、育人、用人和留人方面的管理难度加大。

此外，人员流动率高、人才流失快，已成为酒店行业的通病。目前，酒店业人员流动有如下特点：一是人员流动比例大；二是酒店星级越高、人员流动率越大（四星级、五星级酒店员工流动率为25.74%，二星、三星级酒店员工流动率为20.15%），外资或合资酒店员工流动率高于国有酒店；三是人才流失快，外语好、学历高、能力强、年纪轻，或处于管理岗位及专业技术岗位的人才流动频繁。居高不下的人力资源流失率和频繁的人员流动，使得酒店人力资源部门面临很大的员工招聘压力。并且，培训员工的成本也随之增大，从而使酒店高层对员工培训投资变得更加谨慎，人力资源需要面临更大的培训投资与回报的平衡压力。

二、酒店人力资源部介绍

（一）酒店人力资源部的功能

正所谓没有高素质、高效率、高满意度的员工就没有高满意度的顾客和酒店的高效益。酒店人力资源部作为开发、管理酒店人力资源的职能部门之一，所处的位置和担负的责任都是极为重要的，如图1-3所示。

微课视频：
未来酒店人会被智能
机器人取代吗？

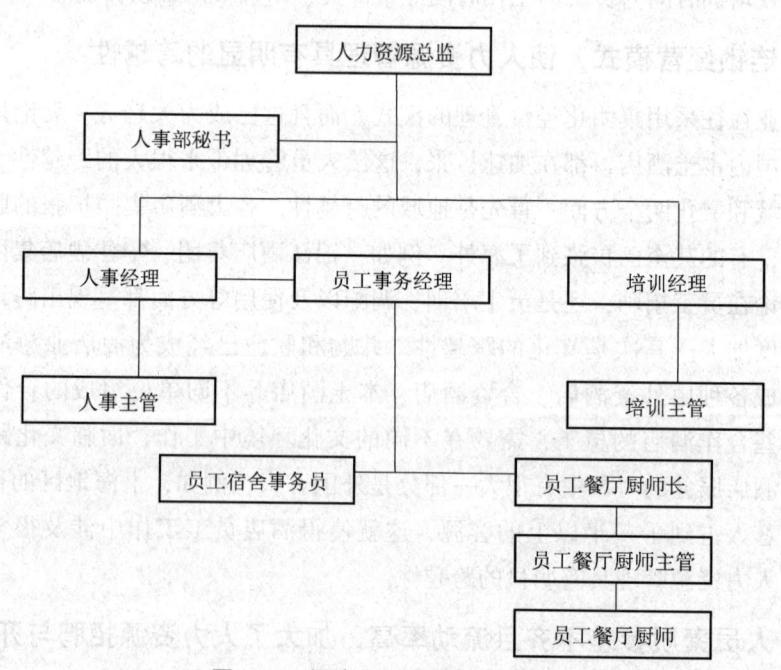

图1-3 酒店人力资源部组织结构

酒店人力资源部的功能主要体现在四个方面：一是提供酒店各部门所需的充足并且符合要求的人力资源；二是合理开发人力资源，提高员工素质；三是营造积极的企业文化氛围，激发员工的积极性；四是处理与员工有关的一切劳动关系事宜。酒店人力资源管理的价值链如图1-4所示。

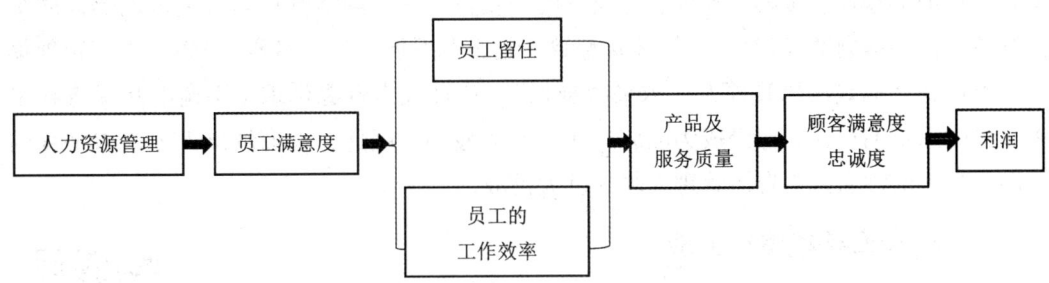

图1-4　酒店人力资源管理的价值链[①]

（二）酒店人力资源管理职位发展轨迹

酒店人力资源管理职位发展轨迹如图1-5所示。

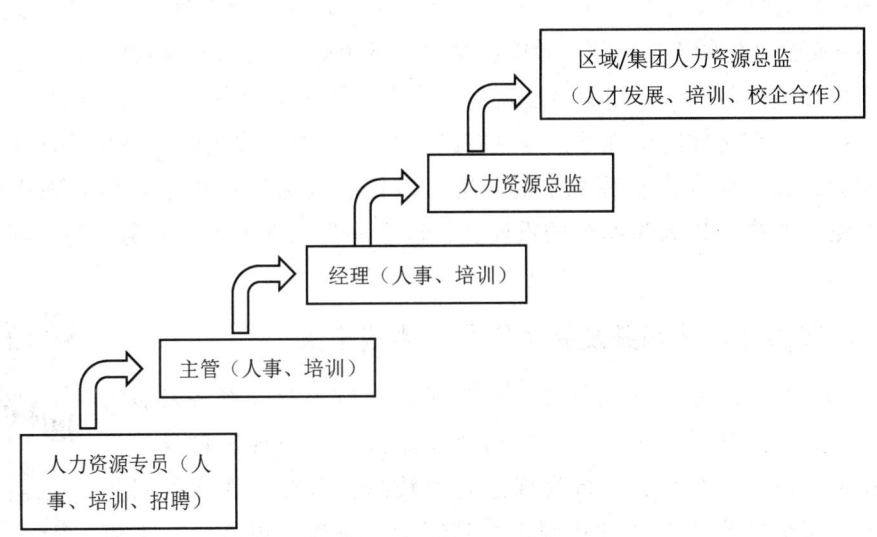

图1-5　酒店人力资源管理职位发展轨迹

三、酒店人力资源管理面临的挑战

（一）人力资源供求不平衡的矛盾将长期存在

目前，酒店业人力资源存在供求不平衡的问题，即人力资源"供过于求"和人才资

---

① 胡友宇，龚伟，王光健. 酒店人力资源管理实务［M］. 北京：清华大学出版社. 2014.

源"供不应求"。具体表现为：一般劳力、低素质劳务人员"供过于求"，而有学历、有能力、有工作经验的高素质人才却"供不应求"。

旅游作为朝阳产业，吸引了许多人进入酒店业工作，可以说酒店人力资源的数量是充实的，然而人才资源的数量又是有限的，尤其是优秀的管理人才匮缺。例如，高层管理者、培训部经理、工程部经理、行政总厨、收益经理、网络营销与公关传讯等人才十分紧缺。许多酒店的经理称："人才资源缺乏是企业发展的最大障碍"，各大酒店管理集团一致认为"高级酒店管理人才越来越难找"。这种人力资源供求不平衡的状况将在未来一段时间长期存在，已经成为酒店行业发展的瓶颈。因此，如何解决人才供求平衡的问题，是当前酒店人力资源管理面临的巨大挑战。

（二）人工成本逐年上涨

作为"劳动密集型"和"感情密集型"产业，酒店的岗位很多都难以用机器或机器人替代，酒店的运营离不开"人"这一特殊生产要素。而人工成本逐年上涨已经是不争的事实，且愈演愈烈。与此同时，酒店行业已经过了暴利时代，进入微利时代，人力成本控制是未来酒店人力资源管理要面临的重大挑战。如何用有限的酒店人力成本去吸引到符合要求的人才，留住他们，并提高他们的工作效率与效能，是整个行业都需要去研究和解决的。

微课视频：
酒店招工难困境

由于管理意识落后，一些酒店经营者认为人力资源管理属于后勤管理部门，而非利润创造部门。在这样的思维下，一旦有经营收入出现略跌或成本过高的现象，酒店经营者便会首先考虑人力资源成本的问题。以控制人力资源成本来抑制酒店整体成本，而忽略企业中"以人为本"的重要性，这进一步加剧了人力资源部的管理压力和挑战。

（三）吸引并留住和激发新生代员工挑战更大

以"80后""90后"为主的新生代员工已然成为社会经济发展的主力。然而，新生代员工由于成长的时代背景因素，呈现出自身独特的群体特征。酒店行业对员工行为规范要求较高，需要高强度的团队合作精神，强调标准化与个性化服务，其制度、流程、规范和要求较细，考核也较严。这些行业特点与新生代员工更加追求个人主义、自我超越等，与集体归属感不强、价值观多元化等特点相背离。因此，在很多新生代员工看来，酒店的工作较为死板，不够灵活多变。加之部分新生代员工无法适应酒店的劳动强度和工作节奏，这也给酒店吸引并留人和激发新生代员工带来很大的挑战。企业人力资源管理工作必须适应员工的需要和变化，做出积极而有远见的反应，才能更好地吸引、激励、留住新生代的优秀人才。

微课视频：
持续走高的
酒店人力成本

(四) 来自其他行业的人才争夺竞争加剧

在中国经济加快转型升级的过程中,酒店业以外的很多其他服务业也得到迅猛发展。例如,奢侈品、邮轮、金融保险、私人会所、影视娱乐等。同为服务行业,这些新兴行业也对服务人员的形象及综合素质要求较高,对具有一定服务业运营及管理经验的人才需求较大。于是,这些行业往往喜欢到酒店业挖掘人才,而这加剧了酒店行业的人才竞争。此外,新经济时代诞生了很多薪水相对较高、变现较快的工作岗位,相较于酒店行业需要耐心成长 5~10 年甚至以上才能实现高职位和高薪水而言,这些行业对刚入职的年轻人来说更具吸引力。这也使得酒店行业的人才流失加剧。过去,人才争夺主要集中在行业内部,而现在,还要面对来自行业外部的竞争。

(五) 行业对复合型人才的迫切需求与人员高流动性之间的矛盾突出

出于人工成本控制以及新时代新管理对员工提出更高的要求等原因,酒店行业越来越需要一岗多能的综合型人才,而这样的人才在行业内本身较少。虽然很多酒店有意培养员工,尝试通过轮岗、在职培训、设立助理或副职等措施开发优秀员工的潜力,但由于行业较高的人员流动率,使得很多酒店对员工培训和开发变得很谨慎,担心自己投入的培训成本是为他人作嫁衣。未来,如何充分地发掘现有人才,培训和开发他们的潜能,培养更多符合时代和行业未来发展需要的复合型人才,并且激发其内在活力,将是酒店人力资源管理的重点挑战。

必知必会的 HR 行业术语

如何处理好与上司的分歧?

四、酒店人力资源管理的重要发展趋势

(一) 战略化

企业竞争归根结底是人才竞争,人力资源职能将在战略形成与战略执行上得到越来越充分的体现,人力资源专家或经理将逐步实现从事务人员到行政专家、战略伙伴的角色转变。酒店能否最大限度地开发员工潜力,使员工个体目标与组织目标相一致,直接关系到服务质量。因此,酒店管理者必须从战略高度上重视人力资源,切实转变观念,把员工视作宝贵的战略资源,而不能仅将其视为劳动工具。此外,要结合酒店实际情况、行业发展趋势以及人才市场变化等对酒店的人力资源管理做出战略规划,而不仅局限于对劳动力的进、出、管等事务性管理。

（二）国际化

上一个阶段，酒店业的国际化更多地体现为国际品牌酒店大举进军中国市场。而今，随着我国"一带一路"倡议的推进，越来越多的中国本土酒店企业开始向海外扩展，寻求全球化发展，这也是酒店业的一种新国际化。这将有利于我国本土酒店集团的全球影响力的提升，既能充分地利用国内外两种旅游资源、两个旅游市场，优化旅游资源配置，又有利于引进新的酒店运行机制，提高酒店的整体素质和竞争能力，实现与国际旅游业的全面接轨。

但是，国际化背景下我国本土酒店集团将面临进一步的挑战，中外酒店集团的竞争将进一步升级。经过多年的发展，我国酒店业在经营和管理上日益与国际接轨，取得了长足进步，但是本土酒店也存在一些不足，对本土酒店集团的"走出去"国际化战略形成一定制约。我国酒店业要立足国际市场，发挥更大影响力，提升国际竞争力。高素质的人才是酒店应对国际化市场竞争的关键因素。因此，人力资源管理的国际化是大势所趋，在未来的市场竞争中，我们需要关注以下几个方面。

（1）管理者必须考虑如何有效地领导和促进团队，适应国际化的竞争格局。

（2）酒店要加速培养具有全球视野和运营能力的职业经理人，并培养、引进、使用高素质人才。

（3）跨文化的人力资源管理成为重要内容。本土化管理人员与外来管理人员实现有效沟通是酒店在国际化竞争进程中获得成功的重要保证。人力资源部门需要为子公司及海外的分支机构获取和留住所需人力资源，制定适合来自不同国家、具有不同文化背景的组织成员的人事政策，以激励组织成员有效应对国际化的竞争环境。

（三）数字化

随着云计算、大数据、物联网、人工智能等技术的发展及其在人力资源管理中的运用，数字化的人力资源管理已经成为大势所趋，并且有越来越多的技术应用在酒店人力资源管理领域。这将对传统的人力资源管理带来颠覆性改变。本趋势将在下一个项目中着重阐述。

（四）外包化

业务外包正在成为用工市场的重大趋势。酒店人力资源管理为了保证有更多的精力聚焦核心业务的管理，将业务外包也将成为许多酒店的选择。通过与一些具有更好的人力资源管理能力的机构进行业务外包战略合作，酒店可以提升人力资源管理的效率。但是，必须意识到，与核心能力有关的人力资源业务一般不应该外包，否则就可能给予竞争者机会，削弱酒店独特的能力优势。酒店采取人力资源外包策略时，必须把握两个要点：一方面，可以外包不属于核心能力的业务活动；另一方面，酒店必须有能力把自己人力资源的业务流程与合作者业务流程进行有效整合。在外包期间，酒店应该对外包商的行为及时进行监督与纠偏，与外包商保持正常有效的沟通。例如，普通岗位员工的招聘、员工培训、档案管理、社会保险等事务工作可以选择外包。大多数单体酒店一般没有专职的培训机构，可以将员工培训工作外包给专职的培训机构。由于酒店客源存在季节性波动，为了降低劳动管理成本，某些临时性、辅助性或替代性的工作岗位，可以选择劳务派遣的形式解决等。

此外，除人力资源管理职能外包外，酒店还有其他大量可以外包的业务。而这些越来越多的外包业务也将给酒店的人力资源管理工作带来更多新的挑战。

酒店在业务外包时
应注意什么？

微课视频：
酒店人力资源外包

（五）人本化

人本化即以人为中心，是指酒店要树立和贯彻以人为本的理念，充分认识人是酒店管理活动的第一要素，要把人放在企业的中心地位，使员工得到尊重和信任，使企业拥有一种良好的氛围和环境，使人性得到最好的发展。为此，酒店首先应把人的因素作为组织最重要的战略资源；其次，要意识到企业发展的宗旨是为了提高员工的工作和生活质量；最后，要明白企业经营管理的主体是全体员工，必须发挥全体员工的智慧，酒店才能可持续发展。越来越多的酒店开始注重人本管理，有的甚至将其打造成自己独特的企业文化。

思政小课堂

本土酒店的管理实践——开元酒店，用亲情温暖员工的心

每逢过年过节，浙江某开元酒店工会会给回不了家的员工安排年夜饭，并安排娱乐活动；有些北方的员工喜欢包饺子，酒店便会安排员工公寓管理人员在宿舍开设小餐厅和他们一起包饺子。夏季到了，酒店为高温岗位人员送去凉茶，冬天下雪，员工餐厅则早早备好姜茶让员工暖身。同时，酒店工会定期通过调查了解到最需要关爱的对象，即困难员工及家属，并建立一份困难员工的档案，有针对性地进行帮助，当员工遇到重大病灾时，发动全体员工伸出关爱之手，捐款帮助。逢年过节，工会也会组织走访和看望困难员工，送去酒店的关怀和温暖。2005年年初，集团将荣获萧山区"突出贡献奖"奖励的100万元

用来设立"开元困难员工救助基金"。五年来,"开元困难员工救助基金"已追加到 700 多万元,救助困难员工 533 人次,支出资金 121.67 万元。通过救助基金开展的关爱员工、救助员工的工作,也体现了集团关注弱势员工、关爱员工的企业文化。

员工生日是员工心目中最重要的日子,浙江某开元酒店在员工生日时,不仅要将生日蛋糕及时送到员工手中,同时倡导管理人员为员工题祝福语,班组在例会或信息港中集体表达祝贺,增强员工的归属感。

为增加员工的业余活动项目,酒店在现有的活动场所和设施设备基础上进行了完善,购买了员工喜爱的各类书籍,在员工公寓举办"周末员工 party""节日茶话会""温馨小屋"等评选活动,为广大住宿员工营造家的氛围。

思考: 用亲情温暖员工的心,浙江某开元酒店这样做的目的是什么?

分析提示: "家文化"是中国企业文化里的一种独特风格。很多本土企业(包括国有企业和民营企业)都倡导"家文化"的企业文化,强调用亲情温暖员工、留住员工,这样的例子很多。

项目三 数字化时代的人力资源管理

微课视频:
携程的混合
办公模式

近年来,以 Chat GPT 为标志的新一代人工智能来临,数智化迈上了一个新的台阶。中国人民大学彭剑锋教授提出,数智化可以分为三个阶段。第一阶段是 BI 时代,此阶段很多组织初步开始尝试商业活动信息化、数字化呈现,他们的商业活动实现了信息化,业务活动与经营状况也实现了数据报表化,这也是目前绝大部分中国企业智能化转型升级所处的阶段。第二个阶段是 DI 时代,也就是利用大数据通过算力与算法来实现生产者和消费者的精准对接与资源配置,从"先生产再消费"真正转向"先消费再生产"或"生产与消费同步进行",并以此提高客户的一体化体验,提高对企业客户的全生命周期的管理能力,进而带来企业系统效率的提升,实现全面的内外系统创新,这也正是现在很多企业数智化建设的重要方向。随着 Chat GPT 的问世,人类也在逐步开启数字化时代的新阶段——AI 时代,此时,数智化的转型升级真正进入 AIGC 时代,致力于实现人机物智慧融合与交互、人工智能的自我学习与进化,真正做到数智赋能到人智与数智的共生。

一、数字化人力资源管理的概念

关于数字化人力资源管理的概念,国内外学者众说纷纭,目前还没有一个标准化的定义。例如,Minbaeva 等学者则认为数字化人力资源管理是一种商业事务、一种组织能力,是人力资源管理数字化的社会技术结果,其通过传统的统计、情感分析或算法为企业带来积极正向的结果,并以数据库中积累的数据为基础,使用应用程序和互联网来对人力资源管理中出现的问题进行处理(Minbaeva,2018;Moritz,2003;Wang 等,2022)。Adisa 等人将数字化人力资源管理定义为在人力资源管理实践和活动中注入、整合和利用技术的做法,与组织的总体数字化相一致,以改善服务,实现效率,并获得竞争优势(Adisa 等,2022)。

数字化人力资源管理借助先进的数字化技术实现管理过程的优化升级,它强调以下几点:①技术应用。注重利用先进技术和信息系统来管理人力资源。它使用各种数字工具和软件来自动化和优化人力资源流程,如招聘、培训、绩效管理和员工数据管理等。②数据驱动。注重数据的收集、分析和利用。通过使用分析工具和算法,从大量的人力资源数据中提取有价值的见解,用于决策制定和战略规划。③自助式服务。用技术手段,使员工能够自主灵活地管理他们的个人信息、薪资、假期等。④云计算和在线存储。使用云计算和在线存储来存储和管理人力资源数据,实现数据的集中存储、备份和使用,既保证了安全性,也方便了数据的共享和访问。

总之,数字化人力资源管理是人力资源管理技术从信息化到数字化再到数字化阶段的跃升,如图1-6所示。

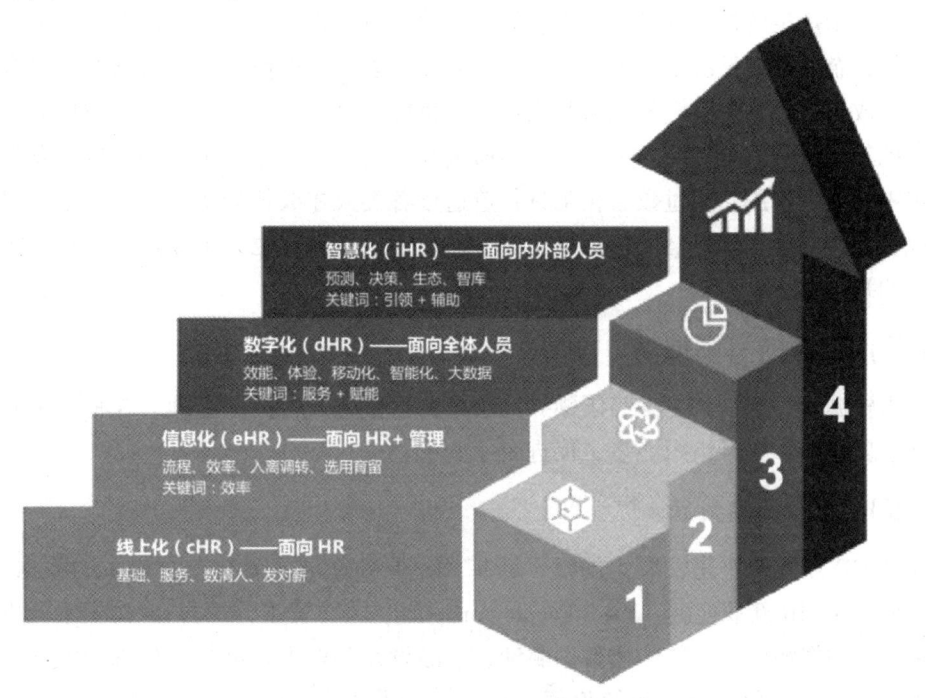

图1-6 人力资源科技发展的四个阶段

二、数字化人力资源管理的职能

数字化人力资源管理是将数据分析和技术应用到人力资源管理的过程,可以基于数据驱动决策,帮助组织更有效地管理人力资源。Marler 和 Fisher 认为数字化人力资源管理的职能是支持组织、员工和人力资源专业人员在其运营和战略目标中利用数字技术（Marler 和 Fisher，2013；Adisa 等，2022）。本书认为，数字化人力资源管理的职能主要有以下五个方面。

（一）人才的招聘甄选

着重在人才的招聘过程中，使用数字化技术，将人才赋予数值与标签，结合岗位需求选择出最为契合的人选。实现招聘过程中"人才到人才"至"人才到价值"的转变。

（二）资源的集结调动

收集和分析各种人力资源数据。包含员工信息、薪资数据、绩效评价、培训记录等。通过这些数据的分析，组织可以得到深入的调查，了解人员的工作的需要和趋势，并根据公司需求做出更明智的调度与决策。

（三）组织的整合重塑

一方面，数字化技术能够帮助企业优化管理模式、降低管理成本，避免传统人力资源管理过程中产生的过度管理等缺陷。另一方面，数字化技术可以帮助企业和员工实现共同成长，企业的成长决定了企业所需要的人才与能力，而数字化人力资源可以有效针对企业的成长目标，将组织的能力与实际资源良好结合，实现对人才的有效培养与高效赋能。此外，还调整了传统的组织构架，通过互联网等工具建立了新的结构，发挥人才在组织中的活跃作用。通过数字化工具打造适合各类人才成长的沃土，让人才在组织里茁壮成长，更好地实现自己的目标，发挥自己的价值，同时也为企业的发展壮大打下更加牢固的基础。

（四）变革的引领推动

人力资源管理推动甚至参与了领导的决策，全新的人力资源管理方式将给企业的管理带来全新思路，提升组织能量，促进企业变革。

（五）人力资本分析

随着 HR 业务的快速发展，规模不断扩大，业务逐渐多元化，有更多的数据产生，由此也催生了 HR 新职能——PA（People Analytics，人力资本分析）。人力资本分析指的是一种在人力资源管理工作中用数据驱动、产品设计等思维来进行人员管理的方式，以期重塑企业人力资源管理的传统价值，从个体、团队或公司层面帮助企业实现最大产出。PA 对于衡量组织 HR 配置的有效性、HR 运行效率、组织整体绩效和运营成果，具有重要的意义和价值。

思政小课堂

抓牢数字素养框架　培养数字化人才

近年来，以互联网、大数据、云计算、人工智能、区块链、元宇宙等为代表的数字技术迅猛发展，并被广泛应用到社会生产和社会生活之中。数字经济的发展改变着职业结构和人才的知识技能结构，推动教育的数字化转型、加强培养学生的数字素养成为国际组织和世界各国教育改革的重要趋势。2022年9月召开的联合国教育变革峰会发布《确保和提高全民公共数字化学习质量行动倡议》，呼吁世界各国充分利用数字技术优势赋能教与学。

2021年中央网络安全和信息化委员会印发《提升全民数字素养与技能行动纲要》，该文件使用"数字素养与技能"的概念，并将其界定为"数字社会公民学习工作生活应具备的数字获取、制作、使用、评价、交互、分享、创新、安全保障、伦理道德等一系列素质与能力的集合"。这可能是我国官方文件中第一次清晰界定"数字素养"，也反映了我国对国内外数字素养概念的概括和总结。

如今，数字经济时代，各行各业都在面临数字化转型，都对数字化人才提出新需求。数字化人才培养的抓手在于数字素养框架。只有抓住数字素养框架这个"牛鼻子"，并将其落实到人才培养过程的各个阶段、各个环节，数字化人才培养才能取得更好的成效。

三、数字化人力资源管理的管理要素

（一）数据

传统人力资源所定义的数据，大部分是结果性数据。这些结果性数据需要HR持续不断地重度维护。为了便于汇报，很多数据还需要精心准备和调整。而由于缺乏相应的安全手段进行数据保护，很难真正适应数字化时代的要求。事实上，对人力资源管理产生价值的数据往往不是人为精心准备的，而是员工在工作和成长中自然留下的印记。

数字化人力资源所强调的数据，是一种全领域的HR数据。它既包含HR相对应的结果性数据，也包含业务型的过程数据、员工的行为数据和员工心理状态数据等。关注用户自主产生的数据，有能力对这些数据进行整合，才能够推动未来对数据的挖掘，让数据产生价值。数字化人力资源的数据包括：

（1）数据的计量化。将日常管理员工的管理数据标签化，并进行储存以便管理。每个员工对应一套数据，将每个员工的各种指标、数据标签等计量化。

（2）数据的分析化。即发掘数据与数据间的关系，引入适宜的统计方法对人力

资源进行分析。指标和数据之间是相互关联的，依托数据HR可以对员工进行分析，在分析的基础上对员工进行契合自身情况的管理，从而提升管理的可靠性与有效性。

（3）数据的智能化。即利用智能化工具提升各场景下的人力资源管理，将人力资源可视化、数据化，进而提升效率。如在招聘场景利用算法实现人岗匹配，在培训场景根据员工画像精准推送培训内容等。

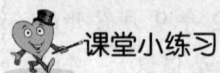

> 作为HR，我们经常会与员工相关的数据与资料打交道，请你列出HR可以收集员工的哪些数据来更加有效地管理员工呢？
> _____
> _____

（二）员工体验

随着新生代员工逐渐成为职场主力军，而新生代员工的诉求不同于以往，人力资源管理的逻辑也开始改变。怎样让员工更满意？怎样能激发员工的生产力？这是未来人力资源管理的两个关键线索。以员工为中心去设计企业的人力资源管理系统和体系，就像很多互联网企业运营重视C端客户一样，去运营企业的员工端，满足他们的诉求。这可能是数字化人力资源管理的一个重大改变。因此，员工体验成为新的管理要素。

为了增强员工体验，数字化人力资源管理应提供以下方面的支持和服务。首先，个性化的员工体验将成为关键。这意味着将员工视作独特的个体，了解他们的需求，并为他们提供定制化的福利、培训和发展计划。通过数字化的员工档案和数据分析，系统可以实时跟踪员工的工作情况、技术和职业发展道路，从而提供个性化的建议和支持。

其次，积极地沟通和透明度是提升人员满意度的重要保障。数字化人力资源管理将及时提供沟通通道，使员工能随时与管理层同步交流和反馈。这可以通过在线协作平台、内部社交网络和移动应用程序等工具实现。此外，通过提高组织决策和变化的透明度，员工能更好地理解和参与到企业的发展中，从而增强他们的归属感和参与度。

最后，激发员工的生产力是数字化人力资源管理的重要目标。系统可以通过以下方式实现这一目标。一方面，提供有效的绩效管理和动力机制。系统可以帮助员工确定明确的目标和指标，并提供实时的绩效评估和反馈。并且，通过数据分析和模型预测，更准确地确定激励措施，以激发员工的积极性和创造力。另一方面，培养和发展是激发员工生产力的关键。数字化人力资源管理可以通过提供在线学习平台、虚拟培训和个性化发展计划等方式，为员工提供持续学习和成长的机会。系统可以根据员工工作兴趣和能力进行智能匹配，提供符合其发展需要的培训资源和职业规划建议。

总之，数字化人力资源管理将关注员工满意度的提升。以员工为中心，提供个性化的体验、积极的沟通和高透明度，并激发员工的潜能和创造力。这样将有助于企业建立积极的员工关系，吸引和留住优秀的人才，推动组织的持续发展。

☞ 行业案例

宁波太平洋大酒店的数字化人力资源管理实践

1. 案例简介

这是一个关于数字化人力资源管理系统应用于酒店这个特殊的服务行业典型代表企业中的案例，由杭州益仕行信息技术有限公司向宁波太平洋大酒店提供数字化人力整体解决方案。案例有效体现了数字化人力资源管理方案的应用，体现了对酒店服务业的行业特点以及人力资源管理现实的需求。案例经过 8 年多的实践，在人效、客效、财效等方面均实现了较好的应用效果。

2. 企业概况

宁波太平洋大酒店于 1998 年开业，矗立在华夏闻名的河姆渡文化发现地——宁波余姚，是浙江县级城市中首家五星级酒店、国家金叶级绿色饭店、浙江省五星级最佳品质饭店。太平洋大酒店是余姚的城市地标，凭借着得天独厚的地理优势，始终坚守着有河姆古韵的品牌文化经营之道，以淳朴、独特的地域文化与现代科技发展相融合，使得经营环境布局充满了浓郁的地域人文气息。

酒店有 273 间客房、6 个餐厅与 8 个会议室（厅）以及各类现代化的高档娱乐设施，所附属配套的服务功能先进、完善。2013 年，数字化人资项目合作开始阶段共有员工 598 人。对于该酒店来说，如何在保证服务品质不下降的情况下，合理控制人员成本、有效管理、激励酒店员工的主观能动性，提升工作效率并形成良性工作氛围，让投资者与工作人员实现双向共赢是数字人资工作的最大任务。

3. 数字化应用场景解决方案概述

该企业于 2013 年开始，与杭州益仕行信息技术有限公司合作，共同打造了酒店的数字化人力资源整体解决方案——梵志酒店人力资本 ES 管理平台。基于大数据和物联网技术，根据酒店行业 "以宾客为中心开展运营管理" 的特点，围绕 "宾客满意度、员工满意度、BOSS 满意度、供应商满意度" 这四个满意维度，全方位借助数字化人资管理工具，提升人效，提高酒店管理效率，降低运营成本。方案内容如下所示：

方案内容 解决工作事务	**企业规划系统：** 组织架构、岗位管理、部门岗位设立、部门结构、规划报表 **人事信息：** 人员资料、合同管理、人事报表 **保险福利系统：** 参保管理、缴费核算、补缴管理、保险报表 **薪酬管理系统：** 薪酬体系、薪资标准设定、薪酬计算、薪酬报表 **考勤管理系统：** 班次方案、部门排班情况、各情况请假报表、出差记录、考勤结果、存休报表 **物联管理系统：** 员工餐系统、员工门禁系统、供应商门禁系统、节水系统
方案内容 提升人资效率	**培训与学习系统：** 入职导航、应知应会、HR小助手 **酒店全员营销系统：** 酒店leads商机管理平台 **实习与兼职管理系统：** 院校实习生管理平台、Part-time管理平台 **移动办公系统：** 总经理管理看板、手机排班与考勤、手机请假、加班发起与审批等

此外，梵志ES平台上还可以进行酒店用工成本模型测算，这有助于酒店控制各岗位各工种的人编。梵志根据酒店类型、档次、经营业务、客流量等对不同酒店设定不同的模型，酒店只需要在模型中设置自己的服务标准即可生成自己的用工成本模型，并进行成本测算，极大地提升了人资的工作效率和效果。最后，梵志ES平台与酒店的PMS内部运营管理系统以及财务营收等系统关联，实现数据联通共享，进一步发挥数据对运营的驱动贡献。

4. 人力资源管理数字化的成效

通过太平洋大酒店多年的实践，结合梵志ES平台的数字化人力资源管理优势，实现了酒店营收的持续增长、员工收入的提升、人力综合成本的降低、供应商的互惠互利，真正达到了多赢的局面，也超乎了预期效果。

自2015年开始使用梵志系统，从单机版升级到B/S架构的系统平台，从PC端到移动端，涵盖了酒店人力资源管理全场景。使用8年以来，酒店的人员编制从600多人缩减至260人，酒店营收保持10%以上的增长，GOP增长保持在35%左右，人均创收产值从20万元增长到46万元，酒店人力用工成本控制在22%左右，员工收入普遍高于同行业。

（1）人效提升。通过组织优化，将传统的树状组织变革到今天的网状组织。岗位从之前的128个减少到82个，人均创收提升了2.3倍。员工编制人数由600余人缩减至

260人，人均创收由20万元提升到46万元。人力综合成本控制在26%，远低于同行。

（2）客效提升。对员工和宾客实现标签化管理，员工收入普遍高于同行。这促使宾客满意度达到98%，携程网评分在4.8~4.9分。此外，系统鼓励酒店和员工积极参与社会公益，承担社会责任，这在一定程度上也提升了酒店的公共形象，提升了宾客满意度。

（3）财效提升。实行章策略、共享用工、Part-time 兼职。通过优化组织结构，使酒店的营收在原有的基础上有了提升，营收保持10%的增长幅度，GOP的增长幅度为35%。同时，也让员工有了除工资以外的第二份收入。全员营销中，营销方案传达率99%，朋友圈转发率63%，有效增加了员工的参与率、曝光率。

思考：
1. 酒店人力资源管理的痛点有哪些？
2. 数字化工具如何解决酒店人力资源管理的痛点？

【课后复习总结】

1. 如何才能创建科学的酒店人力资源管理体系？
2. 压低工资就可以为酒店赢得利润吗？
3. 目前酒店人力资源管理面临哪些挑战？你认为应该如何应对？

【课后案例分析训练】

"大象聘猫"对于人力资源管理工作的启示

大象新办了一家饲养场。为了防止老鼠的骚扰，大象贴出广告要聘请一只能干的猫捉老鼠。来应聘的猫很多，选哪一只呢？正在大象犹豫不决时，一只花猫挤在了大象面前，只见它从皮包里掏出一张张花花绿绿的获奖证书，全都是它在钓鱼、歌咏、滚绣球等比赛中获得的。大象一见花猫有这么多获奖证书，不禁喜出望外。他想：这真是一只难得的、多才多艺的好猫啊！大象十分高兴地拍了拍花猫的肩膀，高兴地说："好吧，就录取你了。"

在招聘选拔阶段，人力资源部门运用各种面试、笔试、心理测评等手段，以测试拟聘人员现有的知识、技能水平，并根据拟聘者以往的工作行为表现，来推断他将来上岗后的岗位胜任情况。证书作为一种学习或能力的证明，无疑也会为企业是否做出聘用决策提供重要的参考。但问题是这些证书所代表的能力与员工的岗位职责有多大的相关性？也就是说，首先要明确的是：企业到底需要一个做什么事的人？然后再去思考：什么样的人能够做好这样的事？即以岗定人，人岗匹配。大象先生要聘请一位"能干"的猫，"能干"具体是指干什么呢？其实就是能捉老鼠！所以大象首先应关注的，是这只猫捉老鼠的本领，审查证书时，重点看它有无"捉鼠"比赛的获奖证书。如果捉鼠的本领与其他猫不相上下，那就再看它的敬业精神、责任心等，即除了硬技能之外，还要关注软技能，千万不能被一些与岗位职责不相关的花里胡哨的东西所吸引，而忽视了关键胜任能力的考察。如果这位花猫既多才多艺又是捉鼠大王，那么在不增加更多的人工成本的前提下，做出聘用决策也是可以的。

那么，这位花猫上岗后的工作表现如何呢？开始的时候，花猫非常勤奋，一天到晚忙个不停，到处寻找老鼠的踪迹。但由于大象是新开办的饲养场，没有多少老鼠，花猫渐渐变得懒洋洋的，整天把时间花在唱歌、钓鱼、滚绣球方面。慢慢地，老鼠多了起来。这时候，花猫的捉鼠技能已变得生疏了，碰到老鼠竟然一只也捉不住。

大象看到到处都是老鼠，就责备花猫说："怎么搞的？饲养场的老鼠这么多！"

花猫有些不服气："我一天到晚可没闲着呀！"

大象更生气了："你说你没闲着，可你捉的老鼠在哪儿呢？"

"捉老鼠？"花猫鼻子轻蔑地哼了一声，"那不过是普通的猫就会玩的把戏，你让我这只才华出众的猫去干，不是大材小用吗？"

"如果不能捉老鼠，即使你的才华再超群，对我又有何用呢？我真后悔怎么会被你的一张张证书弄花了眼，而偏偏没有想到你不能胜任捉鼠这项工作。"大象回答说。

看来我们的担忧成为事实了，花猫不能胜任捉鼠这项工作，大象也开始后悔当初的错误选择。但仔细想来，其实花猫也是一名受害者。冲突已然出现，花猫的命运如何呢？这时候，大象非常后悔，他毅然辞退了花猫。而花猫呢，却趾高气扬地走出了饲养场，他还认为自己不是一只普通的猫。从此以后，就没有一家饲养场愿意聘请他这只"不平凡"的花猫了。

思考：

1. 你认为该饲养场的人力资源管理是否规范？
2. 造成目前这种状况，谁负有不可推卸的责任？
3. 如果你是大象，你会怎么做？

分析提示：

饲养场缺乏规范的人力资源管理，从而造成目前这种现状，大象和猫都负有不可推卸的责任。大象因为没有根据岗位的关键职责及任职人员的胜任能力来选聘员工；没有对聘用的员工进行有效的培训、考核、约束与激励，没有设计丰富多样的工作以做到"事业留人"，致使一位原本可能比较优秀的花猫先生逐渐变成目空一切、浮夸、高傲的花猫。同样，花猫由于不能持之以恒地严格要求自己，不能理智地审视、反省自己的工作状态，结果让闲适的工作养成了自己游手好闲的习性，生疏了自己的看家本领，成为人见人烦、不愿聘用的猫。那么，应该如何做呢？

首先，大象未能为新员工花猫设计丰富而饱和的工作。花猫上任之初，也曾是一腔热情，非常勤奋地到处捉拿老鼠，准备做一名尽职尽责的好员工。但当时的新饲养场却没有多少老鼠好捉，这时的大象应为花猫进行工作再设计，使它的工作内容丰富化、多样化。让它除了捉鼠之外，再发挥其特长，比如兼任饲养场的公关先生或文化宣传大使，多搞一些文化娱乐活动，既丰富了职工生活，也宣传了公司形象。这样用其所长，花猫为饲养场做出了贡献，也就不会变得懒洋洋的了。

其次，大象未能为花猫制定明确的工作目标和重点。没有导向性和约束性的工作环境，使花猫错误地认为：只要保持忙碌，不闲着，就是好员工，却没有意识到，没有任何目标的忙碌，不仅对饲养场毫无价值，而且使自己长期处于一种无所事事的状态，荒废了作为一只猫最重要的技能——捉老鼠的本领。并且养成了好高骛远、不再扎实于本职工作的浮躁心态，最终害了大象，也害了自己。

然后，大象没有为花猫制定考核激励政策。其实大象只要与花猫签订责任约定书，明确约定只要饲养场内的老鼠少于多少只，花猫就可获得相应的物质奖励、精神奖励和培训成长的机会；反之，如果发现饲养场内的老鼠超过多少只，花猫就要受到相应的经济处罚，甚至被淘汰出局，花猫就会积极关注场内老鼠的动态，而不会发展成为鼠患未满，而花猫竟然麻木不仁的局面。

最后，当发现员工表现不佳时，辞退可能是最简单、最解气的办法。于是企业又开始了新一轮的重复：招聘—选拔—培训—上岗—评估。实际上招聘一个新人的成本，要远比培养一名老员工的成本更高。并且，如果企业的基本人力资源管理基础不完善的话，新招聘的人才很有可能会重蹈覆辙。作为用人方，要反思自己在用人、留人方面的政策是否有效，是否给予了员工足够的发挥能力的平台，是否对员工适时地进行了心态提升、技能提高方面的培训，是否为员工设计了更有挑战性、更为广阔的职业前景……比如这只高傲的花猫，大象应针对花猫的这两个问题，给予心态的引导、技能的训练，再给花猫一个改进提升的机会，加上约束与激励制度的完善，使花猫工作起来前有引力，后有推力，自身也具有积极求上进的动力，这样才能实现双方的共赢。

【课后实作任务】

任务名称	帮助"唐纳德先生"	
组名		小组成员
任务描述	观看几集由制片人唐纳德主演的系列电视《学徒》或《大亨学徒》。分析唐纳德在为这两部片子组建团队时，人力资源管理在其中扮演的重要角色。例如，唐纳德需要对每一位节目参与者做出评价。而从参与节目的两个小组的角度来说，每一个团队的领导者都需要挑选正确的参与者作为自己的团队成员，然后通过培训、激励以及评价来帮助他们，使自己的公司经营获得成功	

续表

任务名称	帮助"唐纳德先生"		
组名		小组成员	
任务要求	1. 查阅相关资料，明确人力资源管理的作用及内容等相关资料 2. 组织观看影片 3. 小组成员共同讨论、分析如下问题 ①片子中，唐纳德运用了哪些具体的人力资源管理职能，请举出例子 ②两位团队领导者运用了哪些具体的人力资源管理职能来帮助自己的团队 ③哪些人力资源管理职能导致唐纳德对一位节目参与者说"你被解雇了" 对上述问题进行讨论后加以总结		
任务准备	熟悉人力资源管理的职能及其与企业绩效之间的关系		
实施建议	1. 小组讨论任务并进行分工 2. 成员按照分工，分头观看几集影片 3. 待所有成员都观看完后，小组再次汇聚，按照任务要求组织讨论		
实施计划	包括以下四个方面： 人员分配、时间安排、解决步骤、设备和工具		
实施过程记录	从以下三个方面记录： 搜集的资料、过程记录、实施中遇到的问题及解决办法		
任务成果	向全班同学展示你们小组的讨论结果		

第二章

酒店人力资源规划

中国管理哲学：未雨绸缪的规划智慧

【典型思想及核心理念】

《孙子兵法》："未战而庙算胜者，得算多也"强调计划的重要性。

《孙子兵法·势篇》："故善战者，求之于势，不责于人"主张根据形势调整用人策略。

儒家思想："预则立，不预则废"体现规划的科学性。

【人力资源管理启示】

《孙子兵法》和儒家思想均强调计划的重要性，这与党的二十大"高质量发展"战略契合，也与人力资源规划的理念契合。酒店管理者应将人力资源规划与国家的"高质量发展"战略相结合，注重长远布局。此外，"兵无常势，水无常形"，应灵活应对市场变化，根据战略目标动态调整配置人力资源，如危机中的快速团队重组。

【课前导入】

思考：右侧微课视频中的人力资源经理的压力来自哪里？你有办法吗？

分析提示：随着市场的日益规范，企业日益壮大，缺少人才成为企业发展的瓶颈。但很多企业仅限于发现缺人，却不知道为什么缺人，更不了解如何解决这一问题。这个问题将在本章要学习的人力资源规划中找到答案。

微课案例视频链接：
手忙脚乱的人力
资源经理

【本章课前思考】

人力资源规划到底该如何制定和实施一直是争论的热点。有人认为只有大集团才需要制定规划，小企业人员较少，没必要制定规划；有人认为计划赶不上变化，花精力做的规划在实施过程中会受到很多实际因素的影响而根本无法落地；有人认为人力资源规划只是理论派想出的噱头，用于企业装点门面或者宣传，没有实际的用处。你是如何看待这个问题的？

【本章教学目标】

知识目标

1. 了解人力资源规划的概念及内容，说明为何要做人力资源规划
2. 阐明人力资源规划三步骤

技能目标

1. 能使用人力资源供给与需求预测的方法进行案例分析
2. 能在给定案例中，针对企业人力资源状况进行供需平衡管理

德育目标

1. 引导学生关注行业现实问题，了解中国酒店企业用智能技术赋能人力成本控制的创新性解决方案，养成跟踪行业前沿以及守正创新的学习习惯

2. 了解企业裁员的常见做法，建立起"终身学习是避免被裁员的不二法宝"的自强与自立精神

3. 从规划谈管理者的时间管理，学会时间管理技巧，建立自我规划意识，规划好自己的职业生涯发展

【本章知识导图】

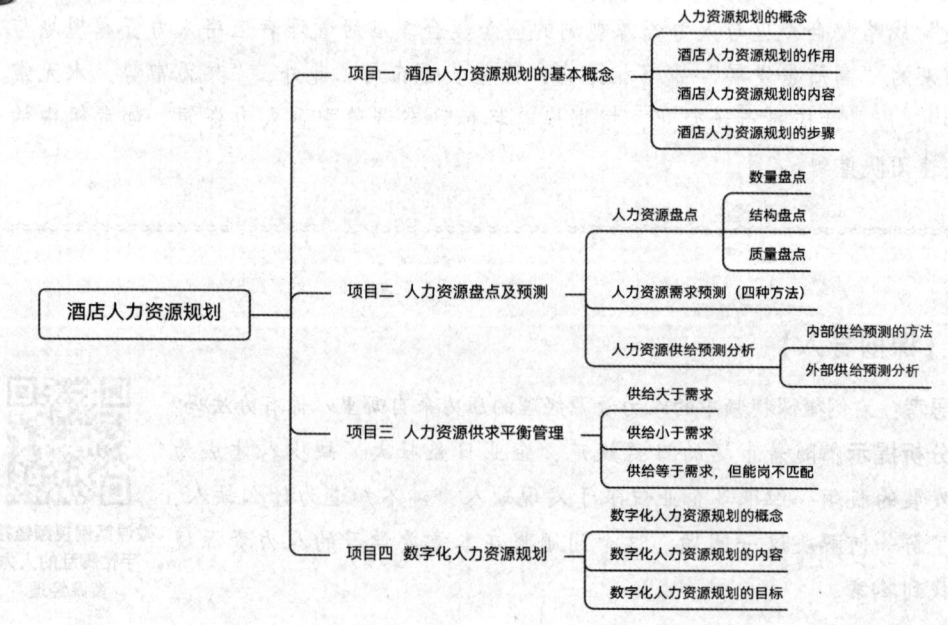

【本章实践项目任务】

任务名称	"旅游强国战略"下的酒店人才需求变化分析及人才储备计划探索
任务背景及目的	随着我国经济的持续发展和人民生活水平的不断提高，旅游业已成为国民经济的战略性支柱产业。国家正积极推动"旅游强国战略"，旨在提升旅游业的国际竞争力，促进旅游业与文化、科技、教育、体育等产业的深度融合，打造一批具有国际影响力的旅游目的地和旅游品牌。在此背景下，酒店业作为旅游业的重要组成部分，其人才需求也将发生深刻变化。通过本题目的考核，旨在让学生深入理解"旅游强国战略"对酒店业人才需求的影响，分析酒店业人才需求的变化趋势，并结合酒店业实际情况探索酒店应对该战略的人才储备计划。
任务要求	分析内容应包括但不限于以下： 1. "旅游强国战略"解读 解释"旅游强国战略"的核心内容和目标。分析该战略对酒店业发展的影响，包括市场趋势、客户需求、技术应用等方面的变化。 2. 酒店人才需求变化分析 基于"旅游强国战略"，探讨酒店业在人才类型、技能需求、职业素养等方面的变化趋势。分析这些变化对酒店人力资源管理带来的挑战和机遇。 3. 酒店应对旅游强国战略的人力资源规划探索 结合酒店人才需求变化，分析未来酒店业的人才储备计划。包括短期目标和长期目标。
撰写要求	报告字数不少于1500字，结构清晰，逻辑严密，引用资料需注明来源。 报告需包含标题、摘要、关键词、正文、参考文献等部分。
评估标准	1. "旅游强国战略"解读的准确性和深度（25%） 2. 酒店人才需求变化分析的全面性和深入性（30%） 3. 个人职业发展路径探索的合理性和可行性（25%） 4. 案例分析与实践建议的针对性和实用性（15%） 5. 报告撰写的规范性和引用资料的准确性（5%）

项目一　酒店人力资源规划的基本概念

一、人力资源规划的概念

人力资源规划是酒店人力资源管理的重要职能。人力资源规划有广义和狭义之分，广义的酒店人力资源规划是指酒店根据其发展战略、目标及内外环境变化，预测未来组织的任务和环境对酒店在人力资源方面的要求，是战略规划与战术计划及具体实施方案的统一。狭义的酒店人力资源规划是指酒店对未来人力资源供求情况进行预测，为保证满足未来需要而提供人力资源规划的过程。狭义的酒店人力资源规划以追求人力资源的供求平衡为根本目的，主要关注人力资源供求之间的数量、质量与结构的匹配。

在实践过程中，不少企业对人力资源高度关注，并投入了大量的时间和财力，却没有获得应有的回报，主要原因是其人力资源规划缺乏或无效。管理专家苏珊·杰克逊和兰道尔·舒勒指出，人力资源规划就是把其他所有的人力资源活动连接在一起并把这些活动与组织的其余部分整合起来的线。这句话深刻地揭示出，人力资源规划的重要性不仅要在管理人员特别是高级管理人员中获得共识，还要在实践中能够不折不扣地被执行。对于酒店来说，必须在吸引人、选人、用人、留人等方面做出适合自己的规划，才能发挥其人力资源的优势。

二、酒店人力资源规划的作用

酒店业属于劳动密集型行业，人在所有资源中起着重中之重的作用。因此，为了达到酒店的战略目标和战术目标，必须对人力资源进行规划。酒店通过制定人力资源规划可以起到以下作用。

（一）帮助酒店适应内外环境的变化

酒店外部环境中政治、经济、法律、文化、技术等因素处于不断变化之中，因而要求酒店在战略策略、组织结构、管理体制上做相应的调整，从而导致对人员需求的相应变化。如果酒店事先有良好的人力资源规划，就能做到心中有数，针对不同情况，采取相应的策略来应付各种变化，而不会仅仅是做出被动反应。

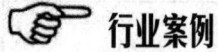
行业案例

开元酒店与时俱进的岗位增设

浙江开元某山庄为度假型酒店，近年来宾客比较多，酒店线上销量也呈递增趋势，在线客人的点评关注度逐年增加。为更好地服务宾客，提升酒店的服务品质，提升酒店的口碑，酒店管理团队协商后及时对有关工作岗位进行新增和调整。

1. 度假顾问

该职位由前台员工担任，隶属前厅礼宾部管理。该岗位有别于大堂副理岗位，大堂副理是被动地处理宾客的意见和投诉，度假顾问这个岗位是主动获取宾客的信息，推销酒店的产品，促进酒店营收，对酒店以及周边的度假信息进行传递，告知客人。

度假顾问的岗位职责包括熟练掌握并执行开元酒店的制度和操作规范；坚持酒店安全制度，熟练掌握紧急情况处理程序；检查大堂区域设施设备及卫生状况；负责解答宾客的各种问题，宣传推销酒店的各种产品；与住店宾客建立良好的关系，收集宾客对酒店的意见或建议；协助总台接待客人及处理客人的结账工作，维护大堂整体接待秩序；处理宾客的相关投诉，解决宾客提出的疑难问题；为度假宾客设计吃、行、游、购的相关旅游线路；完成上级临时交办的工作事项。该岗位设置后，在不增加前台礼宾人员的前提下，宾客的满意度得到了良好的提升。

2. 在线声誉专项小组

该小组由各部门总监经理、各部门业务骨干组成。该小组的成员在得到宾客的需求信息后，主动地解决宾客的问题，预见客人的需求，各岗点信息共享互通，酒店内部联动解决，提高宾客的满意度和获得良好的宾客体验，从而提升酒店的网络点评情况。

在线声誉专项小组的职责包括每天关注网络宾客入住期间的接待及欢送；关注"慧评网"反馈的网络点评信息，对网络反馈的差评进行总结分析，对网络正面表扬的信息及时进行传达。

设立一个月来，无论是点评数、观点数还是好评率都有了明显的提升。

思考：结合人力资源规划所学，本案例给你什么启发？

（二）为酒店管理提供重要依据

随着酒店规模的扩大和结构的复杂化，管理的工作量和难度都在迅速提高，无论是人员的需求量和供给量，还是职务、人数以及任务的调整，不通过一定的周密计划难以实现。例如，何时需要补充人员，补充哪些层次的人员，如何补充；如何组织培训，对不同层次和部门的人员如何考评和激励等。这些管理工作在没有人力资源规划的情况下，必然会陷入相互分割和混乱的状况。因此，人力资源规划是酒店管理的重要依据，它为酒店的录用、晋升、培训、考评、激励、人员调整等活动提供准确的信息和依据。

（三）有利于酒店合理利用人力资源，控制人工成本

人力资源规划可以调整人员配置不平衡的状况，进而谋求人力资源的合理化使用，使人工成本控制在合理的支付范围内。还可以通过对现有的人力资源结构进行分析，找出影响人力资源有效运用的主要矛盾，充分发挥人力资源效能，降低人工成本在总成本中的比例，达到提高酒店经济效益的目的。

开元度假村的"三个中心"合并创新之举

（四）有助于提升人力资源效能

面对极高的员工流失率，许多酒店管理者往往将其简单地归结为酒店未能给员工提供优厚的待遇。事实上，"要生活，也要事业"已成为当前人们的普遍需求。员工进入酒店工作，不仅是为了获得稳定的有吸引力的报酬，也是为了谋求自身发展。许多缺乏

资金、处于发展初期的中小酒店之所以能够吸引到优秀人才并迅速成长，成功之处就在于立足酒店自身的情况，营造酒店与员工共同成长的氛围，让员工对未来充满信心和希望，同酒店共同发展。因此，酒店人力资源规划要着重考虑员工的发展。在人力资源规划的基础上，引导员工进行职业生涯的设计和发展，让员工清晰了解未来的职位空缺，看到自己的发展前景并积极争取，从而充分调动员工的积极性。一份清晰的酒店人力资源规划，引导着酒店中每一个人的行动，从洗碗工到服务员到领导到餐厅经理到前台职员，它清楚地表达了雇员和雇主双方的期望。

三、酒店人力资源规划的内容

酒店人力资源规划的内容主要体现在以下五个方面：

（1）战略规划。是根据酒店总体发展战略的目标，对酒店人力资源开发和利用的方针政策和策略的规定，是各种人力资源具体计划的核心，是事关全局的关键性计划。

（2）组织规划。组织规划是对酒店整体框架的设计，主要包括组织信息的采集、处理和应用，组织结构图的绘制，组织调查，诊断和评价，组织设计与调整，以及组织机构的设置，等等。

（3）制度规划。是人力资源总规划目标实现的重要保证，包括人力资源管理制度体系建设的程序、制度化管理等内容。

（4）人员规划。人员规划是对酒店人员总量、构成、流动的整体规划，包括人力资源现状分析，酒店定员，人员需求、供给预测和人员供需平衡等。

（5）费用规划。费用规划是对酒店人工成本、人力资源管理费用的整体规划，包括人力资源费用的预算、核算、结算，以及人力资源费用控制。

四、酒店人力资源规划的步骤

人力资源规划编制有以下几个步骤：

（1）编写计划。编写计划陈述酒店的组织结构、职务设置、职位描述和职务资格要求等内容。制订职务编写计划是描述酒店未来的组织职能规模和模式。

（2）根据酒店发展规划，结合公司人力资源盘点报告，制订人员盘点计划。

（3）预测人员需求。根据职务编制计划和人员配置计划，使用预测方法来预测人员需求。

（4）确定员工供给计划。人员供给计划是人员需求的对策性计划，主要陈述人员供给的方式、人员内外部流动政策、人员获取途径和获取实施计划等。

（5）制订培训计划。包括培训政策、培训需求、培训内容、培训形式、培训考核等内容。

（6）制订人力资源管理政策调整计划，明确计划内人力资源政策的调整原因、调整步骤和调整范围等。其中包括招聘政策、绩效政策、薪酬与福利政策、激励政策、职业生涯政策、员工管理政策等。

（7）编写人力资源部费用预算。主要包括招聘费用、培训费用、福利费用等的预算。

(8) 关键任务的风险分析及对策。每个公司在人力资源管理中都可能遇到风险，如招聘失败、新政策引起员工不满等，这些事件很可能会影响公司的正常运转，甚至会对公司造成致命的打击。风险分析就是通过风险识别、风险估计、风险驾驭、风险控制等一系列活动来防范风险的发生。

××集团有限公司人力资源规划方案

新成立的酒店，如何设计人资规章制度

某酒店集团话务中心的刘总最近很忙，中心的人员紧缺问题让他很伤脑筋，电话中心的人少，排班很难，可是去年年底公司才增加了一批新的话务中心人员，本应该足够了的，可是谁知去年招聘的人员，今年上半年就有近20人在家怀孕生孩子，人手怎么够呢？

除了上述案例中所描述情况之外，你能预见人力资源在使用的过程中还会有哪些变动吗？

_____
_____
_____

项目二　人力资源盘点及预测

规划不是预测，但预测是组成规划过程的活动之一。在人力资源规划中，盘点和预测是规划过程的起点。

人力资源盘点及预测是人力资源规划的基础工作，它有助于企业全面了解当前人力资源的状况，预测未来人力资源的需求，为企业制定人力资源规划提供科学依据。通过人力资源盘点及预测，企业可以更加精准地把握人力资源供需状况，优化人力资源配置，降低人力成本，提高企业竞争力。

一、人力资源盘点

在进行未来人力资源需求和供给的预测之前,应该先做现有人力资源的盘点。人力资源盘点主要围绕数量盘点、结构盘点、质量盘点三个方面。

(一) 数量盘点

数量盘点,就是要弄清楚酒店到底有多少人。这在小型企业或许不是问题。但在一些大型企业,却不是容易的事情。在进行人力资源数量盘点时,首先根据各种标准把员工进行分类。在此基础上,通过人力资源信息系统进行统计分析。可以采取的分类包括机构类别、部门类别、用工形式等。无论采用哪种分类方法,基本的要求都是要实现全员覆盖。这样不仅可以把公司的人力资源数量检查清楚,有时甚至也可以排查出相应的用工风险。

(二) 结构盘点

仅知道人力资源的数量并不够,还需要弄明白现有人员的结构是否合理、"战斗力"如何、未来的变动可能性如何等。

结构盘点指的是对各层、各类员工的比例关系进行盘点。比如,行政管理人员与一线生产人员的比例结构、员工的年龄结构、职称结构、机关员工与基层员工的比例等是否合理。这样才能对下一步的人力资源规划工作提供准确的、具有参考价值的信息。

(三) 质量盘点

在弄清了人力资源的数量以及结构之后,还要弄明白一个关键的问题:现有人员的质量如何?毕竟,酒店的创新、优质的服务质量以及酒店可持续发展,依靠的是高素质的员工队伍,而员工的质量也大大影响着酒店未来的人力资源规划侧重点。

衡量人力资源质量的指标包括年龄、学历、工作经验、教育背景、行业知识、专业技能水平、爱好特长等一般性质量指标;另外,还包括非常重要的素质指标。每个公司在确定了公司的业务发展战略后,需要确保公司具有达成战略的核心能力。而人力资源是公司核心能力的重要来源。因此,在选择质量指标时,重要的不是指标的多少,而是看哪些质量指标对公司的业务发展影响最大。

绿城中国——万人大盘点,打造绿城人才供应链

二、人力资源需求预测

(一) 人力资源需求预测的概念

人力资源需求预测是指企业根据未来发展战略和业务规划,对所需人力资源的数量、质量和结构进行预测和规划的过程。这一过程的重要性在于,它能够帮助企业提前发现潜在的人才缺口,从而采取相应措施进行补充和培养。同时,人力资源需求预测还有助于企业合理配置人力资源,避免人才浪费,降低用人成本,提高企业整体运营效率。

不少公司在使用人才时很具有随意性:只有等到任务来临的时候,才想着去市场上招聘人才。这非常类似于过去军阀打仗前的滑稽画面:两派军阀马上要开战了,为取得人力优势,双方都派出士兵到街上抓壮丁,弄得百姓鸡飞狗跳。临时抓壮丁组成的军队,其战力可想而知。事实上,如果没有统筹规划的话,企业临时的招聘,其效果也同抓壮丁类似。

首先,招聘来的人才,未必能马上工作,即使比较简单的工作,也需要先培训,经过一段适应期后才能上岗,在这期间可能会影响正常的工作进度。另外,如果缺乏前瞻性的思考,万一战略变化、组织调整,又有可能出现人员数量超过工作需要的情况,无法安置。那么,如何根据企业发展需要进行人才招聘工作呢?这就需要在人力资源盘点的基础上,再进一步对企业未来人力资源需求进行预测。

拓 展 阅 读

"互联网+人力资源服务"新模式下的酒店灵活用工

课堂小练习

讨论:哪些因素会影响酒店的人力资源需求?
_____
_____
_____

人力资源需求预测受到多种内外部因素的影响。从外部环境来看,市场环境的变化、竞争态势的演变、政策法规的调整等都会对人力资源需求产生直接或间接的影响。例如,市场需求的增长可能导致企业扩大生产规模,进而增加对人力资源的需求。而竞争态势的加剧则可能要求企业提高员工的技能和素质，以应对日益激烈的市场竞争。

从内部环境来看，企业的发展战略、业务规划、组织结构、技术变革等因素也会对人力资源需求产生深远影响。例如，企业实施新的发展战略或开展新业务，可能需要引进新的专业技能人才。而技术变革则可能导致部分岗位的消失和新兴岗位的出现，从而引发人力资源需求的变动。

讨论并列举以上因素的变动将给酒店人员需求带来影响的例子。

（二）人力资源需求预测的方法

进行人力资源需求预测需要遵循一定的方法和步骤。首先，企业需要对自身的组织结构进行优化和梳理，明确各个部门和岗位的职责和权限。这有助于企业更准确地预测未来所需的人力资源数量和结构。其次，企业需要对各个岗位的编制进行设定和调整，确保每个岗位都有足够的人力资源来支撑企业的业务发展。同时，企业还需要关注市场变化和竞争对手的动态，及时调整自身的人力资源需求预测。

在预测过程中，企业可以采用多种方法，如定量分析和定性分析相结合。定量分析可以通过收集和分析历史数据、运用统计学和数学模型等方法来预测未来的人力资源需求。而定性分析则可以通过专家访谈、问卷调查等方式获取更深入的信息和洞见。这些方法相互补充，共同提高人力资源需求预测的准确性和有效性。常用的人力资源需求预测方法有以下四种。

1. 总量控制法

这种方法着重于员工总量的控制，而不涉及部门。在使用总量控制法时，首先要评估前面介绍的战略、结构等宏观因素对人员需求的影响；其次寻找与人员相关的变量指标，如产量、销售额等，这是总量控制法最为关键的一个步骤；最后，找到人员与变量指标之间的函数关系，建立函数对总量进行预测。可以把最近三到五年的数据收集起来，通过回归分析，建立函数关系。

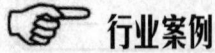

某酒店人员编制总量控制

某酒店集团近年来人员增长率较高，决定对下属公司核定人员编制。人力资源部经过分析发现，这几年公司的战略、结构、运作方式没有变化，而影响人员编制的因素包括分公司的数量、产品的产量、产品的销售额、工资总额四个变量，然后通过对最近三年的数据进行回归分析，找到了四个变量与人员数量之间的相关度，从而较为科学地核定了下属公司的编制。

2. 趋势分析法

趋势分析，即根据整个酒店或酒店汇总各个部门员工数量的变动趋势来对未来的人力资源需求做出预测。这实际上只以时间因素为解释变量，比较简单。

$$N = a \cdot [1 + (b\% - c\%) \cdot T]$$

其中：N——期末人力资源需求量；

a——目前已有的人力资源量；

b%——平均每年发展的百分比；

c%——企业计划人力资源发展与企业实际发展的百分比差异；

T——年限

趋势分析能够提供对酒店的未来人员需求的一个初步和粗略的估计。但是，雇佣水平不仅会随着时间的流逝而变化。其他一些因素（如生产率、员工队伍结构、退休）以及技能需求方面的变化等都会对员工队伍需求产生影响。

课堂小练习

> 某企业目前有500人，计划每年以15%的速度发展，计划与实际发展的差异控制在10%，三年后该企业需要多少人？

3. 劳动定额法

是对劳动者在单位时间内应完成的工作量的规定。其公式为：

$$N = W \div Q(1 + R)$$

其中：N——人力资源需求量

W——酒店计划期任务总量

Q——酒店定额标准

R——计划期劳动生产率变动系数

$$R = R1 + R2 + R3$$

其中：R1 表示酒店技术进步引起的劳动生产率提高系数；

R2 表示经验积累导致的生产率提高系数；

R3 表示由于劳动者及某些因素引起的生产率降低系数。

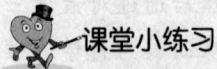

课堂小练习

> 某酒店有 500 间客房，假定年平均开房率为 80%。客房服务员定额为：早班 15 间，中班 60 间。领班的工作定额为：早班 70 间，中班 150 间。员工每天工作 8 小时，每周工作 5 天，每年享有 16 天假期，还有 6 天病、事假。试问，该酒店服务员和领班的定员总数是多少？

4. 转换比率法

转换比率法是先估计组织所需要的具有关键技能的员工数量，然后再根据这一数量估计其他比如秘书、财务人员、销售人员等的数量。转换比率法的目的是将企业的业务量转换为对人力的需求，它适合于短期需求预测的方法。

$$N = (当前销售额 + 计划期业务的增长额)/YX$$

其中：N——计划期人力资源需求量

　　　Y——当前人均业务量

　　　（当前企业活动对人力资源的转换总值）

　　　X——生产率的增长率

课堂小练习

> 某酒店年销售额为 6000 万元，用 60 人，预计 5 年后的销售额是 8000 万元，预计每年生产效率提高 1%，即 5 年共提高 5%（X = 1.05），请预测 5 年后需要用多少人？若管理人员、销售人员、后勤服务人员的比例是 1∶5∶1，请预测各类人员的需求量。

以上只是人力资源数量的需求预测，事实上，人力资源需求预测还应包括质量预测，即预测员工未来应该具有的知识、技能、素质。

拓展阅读

AI 精准预测员工需求：如何使用 AI 预测员工需求的步骤

三、人力资源供给预测分析

人力资源供给预测是人力资源规划的重要组成部分。它旨在通过对企业内部人力资源和外部劳动力市场趋势的深入分析，预测未来人力资源的供需状况，为企业的人才招聘、培训、晋升等提供决策依据。

一般情况下，酒店的人力资源供给可分为内部供给、外部供给以及离职供给。内部供给指的是从酒店内部现有的员工中获得供给，通过岗位调换、晋级晋职等手段获得。外部供给则是从酒店以外获得人员，通过对外招聘的手段获得。而离职供给则是从已经离职的人员中挑选合适的人来满足当前供给需要。那么，哪个供给才是预测的重点呢？通常来说，外部供给，其可控性较差；而内部供给，可控性则较强。因此，对于关键岗位来说，内部供给是预测的重点。

在进行内部供给预测之前，需要先进行内部供给分析，具体包括以下内容：

（1）现有员工情况分析。人力资源的供给在外部条件不变的情况下，会因为内部自身的自然变化而受到影响，比如退休、死亡等，都会影响到员工的供给。所以在预测人力资源供给时，需要分析现有人员的情况。主要是对现有员工的年龄结构、性别结构、身体状况等要素做出分析。比如，酒店现有 59 岁的男性员工 10 人和 54 岁的女性员工 5 人，那么在其他条件不变的情况下，酒店明年就会自然减员 15 人，酒店内部人力资源供给也会相应减少 15 人。

（2）员工变动分析。人员的变动会受到诸多因素的影响，如辞职、辞退、内部调动等。比如，酒店现有员工 100 人，预计明年的辞职率为 2%，辞退率为 1%，那么明年的酒店人力资源供给就会减少 3 人。在分析酒店内部人员变动时，不仅要分析实际发生的变动，还要分析隐性的变动。也就是说现有员工在酒店内部变动岗位的可能性，这样可以预测出潜在的内部供给。

（3）员工质量分析。员工质量的变化会影响到内部的供给，而质量的变化主要表现为劳动生产率的变化。在其他条件不变的情况下，劳动生产率提高，内部的人力资源供给就会相应增加；劳动生产率降低，则供给会相应减少。此外，工资增加、技能培训也会影响到员工的质量。同时，加班也可以增加内部供给。

通过对历年人力资源数据的收集与整理，我们可以发现员工流动率、招聘周期、培训效果等关键指标的变化趋势。例如，某公司近三年的员工流动率呈上升趋势，这可能意味着公司需要加强员工满意度调查和福利政策的调整。同时，分析内部数据还能揭示潜在的影响因素，如公司文化、激励机制等，这些因素对于预测未来人力资源供给至关重要。

（一）内部供给预测的方法

1. 技能档案法

技能档案法指通过调查并记载与酒店人力资源有关的资料，并进行正确分析和了解不同的岗位，以此为酒店及时地提供所需要的人员。如果酒店的高层管理者能够很快地了解员工的技能材料，那么将会有利于酒店内部人力资源的合理调整和规划。

一般来讲，技能档案应包括以下信息：

（1）基本信息：姓名、性别、年龄、职务、婚姻状况等；
（2）技能信息：教育背景、工作经历、接受过何种培训等；
（3）个性特征：心理素质、性格倾向、道德品质、体质状况等；
（4）爱好特长：人际关系、知识层次、爱好表现等显著特征；
（5）职业管理：喜欢的工作类型、愿意服务的部门、需培训的能力等。

技能档案法的优点在于，可以建立完善的酒店人力资源管理信息系统，使员工能够了解到自己在酒店中的发展机会，这既激发了员工的工作积极性，又增强了酒店员工的凝聚力和向心力。

2. 人员替换法

人员替换法是对酒店现有的人员进行考核评价，然后对其晋升或调动的可能性做出判断，从而对酒店人力资源流动情况进行控制和调整的一种方法，如图2-1所示。

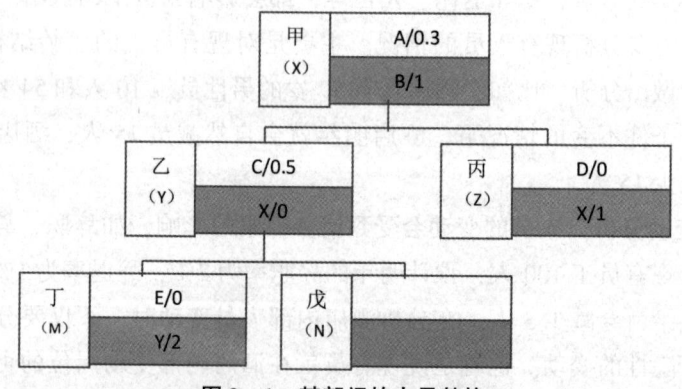

图2-1 某部门的人员替换

笔者对图2-1做一下解释：假设这是酒店某个部门的组织结构图，该部门有X、Y、Z、M、N五个岗位，分别由甲、乙、丙、丁、戊五个人来从事，在每个岗位后面的两个方框中，上面空白的方框中记录了目前从事该岗位的员工能够调动的职位以及适应新职位的时间，下面阴影的方框中记录了该员工可以晋升的职位以及晋升所需要的时间。例如，对于甲来说，他还可以从事A职位的工作，完全适应新职位需要0.3年；此外,他还可以晋升到 B 职位上去,晋升到这一职位需要 1 年的时间。此外,由于这种方法是潜在的供给,因此对于甲来说,他 1 年后并非一定可以晋升到 B 职位。由图 3-1 还可以看出,戊不能调动,也不能晋升。

为了保证预测的准确性,需要对人员的替换信息进行及时更新,例如,戊经过培训后,具有了相应的技能,能够调动到别的职位上工作,那么在下一年的替换图中,就要把这一信息添加进去。

3. 马尔可夫预测法

这是一种定量预测方法,其基本思想是:找出过去人事变动的规律,以此来推测未来的人事变动趋势。以"企业中员工流动的方向与概率基本保持不变"的假设为基础,通过收集具体数据,找出企业内部过去人员流动的规律,由此推测未来的人员变动趋势。

基本步骤如下:

(1) 根据企业的历史资料,计算出每一类岗位的每一名员工流向另一类或另一级别岗位的平均概率;

(2) 根据每一类岗位员工的每一级别流向其他类或级别的概率,建立人员变动矩阵表;

(3) 根据组织年底的各类岗位员工人数和步骤二中人员变动矩阵表预测第二年组织可供给的人数,如表 2-1 和表 2-2 所示。

表 2-1 人员流动矩阵表

岗位		预测的终止时间			
		岗位 1	岗位 2	岗位 3	岗位 N
起始时间	岗位 1	P_{11}	P_{12}	P_{13}	P_{14}
	岗位 2	P_{21}	P_{22}	P_{23}	P_{2N}
	岗位 3	……	……	……	……
	岗位 N	P_{N1}	P_{N2}	P_{N3}	P_{NN}

表 2-2 马尔科夫模型表

初始人数	A	B	C	D	E	离职
A 10 人	80% 8	10% 1				10% 1
B 20 人	10% 2	70% 14	10% 2			10% 2
C 30 人		10% 3	60% 18	10% 3		20% 6

续表

初始人数	A	B	C	D	E	离职
D 40人			10% 4	50% 20	20% 8	20% 8
E 50人				20% 10	50% 25	30% 15
供给预测	10人	18人	24人	33人	33人	32人

4. 继任卡法

思考：企业里哪类人员的突然离职最容易造成企业工作的被动？

继任卡法是在对现有人力资源潜力评估的基础上，指出公司中每个关键职位的内部供应源，从而达到关键职位的供给预测。通常而言，企业中关键职位、骨干员工的突然离职最容易造成企业工作的被动，而继任卡法则可以将这样的被动有效缓解。具体而言，就是根据现有人员分布状况及绩效评估的资料，在未来理想人员分布和流失率已知的条件下，对各个职位尤其是管理阶层的接班人预做安排，并且记录各职位的接班人预计可以晋升的时间，作为内部人力供给的参考。经过这一规划，由待补充职位空缺所要求的晋升量和人员补充量即可知道人力资源供给量，如表2-3所示。

表2-3 继任卡示例表

职位：前厅部经理			
当前任职者	37岁	吴朝勇	在职位工作5年
1	35岁	周心	大堂经理	随时可以晋升
2	30岁	黎明	大堂副理	1~3年可晋升
3	26岁	陈小东	前台主管	3~5年可晋升
该职位的紧急继任者		周心	大堂经理

继任卡的作用在于：首先，酒店不会由于某人的离去而使工作受到太大的影响；其次，有利于调动员工的积极性；最后，有利于保持晋升员工高水平发展。

高层管理职位规划先进工具——继任规划系统

（二）外部供给预测分析

宏观经济发展态势、行业特点以及地区劳动力市场状况等外部因素同样对人力资源供给预测产生深远影响。例如，在经济繁荣时期，劳动力市场供应充足，企业招聘难度降低；而在经济衰退期，则可能出现人才流失和招聘困难等问题。此外，不同行业和地区的人才供需状况也存在显著差异。因此，在进行人力资源供给预测时，企业必须充分考虑这些外部因素。

第一，要分析影响外部人力资源供给的地域性因素，包括：①公司所在地的人力资源整体现状；②公司所在地的有效人力资源的供求现状；③公司所在地对人才的吸引程度；④公司薪酬对所在地人才的吸引程度；⑤公司能够提供的各种福利对当地人才的吸引程度；⑥公司本身对人才的吸引程度。

第二，要分析影响外部人力资源供给的全国性因素，包括：①全国相关专业的大学生毕业人数及分配情况；②国家在就业方面的法规和政策；③该行业全国范围的人才供需状况；④全国范围从业人员的薪酬水平和差异。

外部供给很难被酒店直接控制或掌握，所以对外部供给的分析主要是通过对影响外部供给的因素进行判断，从而对外部供给的有效性及变化趋势做出预测。而影响外部供给的因素主要有经济发展状况、酒店的吸引力、就业观念等。

人口红利与刘易斯拐点对我国第三产业中的劳动力供给的影响

项目三　人力资源供求平衡管理

酒店人力资源规划的最终目标是实现酒店人力资源供给与需求的平衡。因此，在预测出酒店人员需求与供给的量时，需要对两者进行比较，并采取相应措施进行综合平衡。供需匹配度评估是检查人力资源供需平衡状态的重要手段。酒店应定期对人力资源供需匹配度进行评估，分析人力资源需求和供应之间的差距，并制定相应的调整措施。

对酒店人力资源供给与需求预测的结果比较，通常有以下几种情况：第一，供给等于需求，并且在数量上、质量上、能岗匹配上基本相等；第二，供给大于需求；第三，供给小于需求；第四，供给等于需求，但能岗不匹配。如果出现第一种情况，说明酒店的人力资源供给与需求基本达到平衡，是一种非常理想的状态，但在现实工作却很难达到。在正常情况下通常会出现以下三种情况，这就需要采取不同的措施进行相应的平衡管理。

拓展阅读

酒店人力资源供需平衡策略

一、供给大于需求

当供给大于需求时，可采用以下措施予以平衡：

（1）裁减或辞退部分员工，这是解决酒店员工过剩的最直接方法，尤其是那些工作态度差、服务意识不强的员工，可以永久性辞退。这种方法尽管可以降低成本，但可能会给社会带来不安定的因素，因此常常受到限制。

（2）停止招聘，合并或关闭某些多余的部门，通过自然减员来减少人力资源的供给。

（3）降低工资和缩短工作时间。

（4）制定一些优惠措施，鼓励提前退休。如提前退休仍按正常退休年龄计算养老保险工龄，给予涨一级工资的奖励等，以吸引那些接近退休年龄而还未达到退休年龄的员工提前退休。

（5）扩大酒店的经营范围，开拓新的业务增长点，以增加新职位来吸收过剩的人力资源。

（6）全员轮训。一方面，可以提高员工素质和技能，增强他们的再就业能力；另一方面，为酒店的发展储备人才。

思政小课堂

如何看待"软裁员"现象？

软裁员，是在金融危机的背景下，企业采取的变相裁员的方式，以降薪、换岗和换工作地点等方式，迫使员工主动辞职，从而避免《中华人民共和国劳动法》的一些规定和补偿，是一种变相的裁员方法。软裁员的员工无法得到任何赔偿，这种现象目前日益突出，需要得到劳动保障部门的重视。

启示：

（1）每个职场人都应该了解《中华人民共和国劳动法》，从而在裁员中充分保障自己的合法权益。

（2）自强与自立：终身学习和保持个人竞争力是避免被裁员的不二法宝。

二、供给小于需求

当供给小于需求时，可采用以下措施予以平衡：

（1）全面招聘。根据需要可雇用全职的，也可雇用兼职的；可雇用有工作经历的，也可雇用没有工作经历的。要根据短缺的工种决定。

（2）在不违背《中华人民共和国劳动法》有关规定的条件下，可以适当延长员工的工作时间，让员工加班加点，并给予相应报酬，以应付员工的短期不足。

（3）对现有员工进行培训，提高工作效率，使之不仅能适应当前工作，还能适应更高层次的工作，并为职位的升迁做准备。

（4）将部分业务外包，缩小酒店的经营范围，从而减少酒店人力资源的需求。

（5）对一些高技术人员及核心人才的空缺，应制订培训和晋升计划，选拔优秀员工进行补充。当内部无法满足要求时，应制订外部招聘计划。

（6）优化企业资本技术的有机构成，形成机器替代人力资源的格局。

思政小课堂

中国酒店业用智慧技术赋能人工成本控制创新举措

近年来，数字化智能技术在中国酒店业的应用范围越来越广而深，这些应用极大地解决了酒店的人工短缺问题并助力人工成本的控制。比如：

自动化客房服务：使用机器人和自动化设备来实现客房服务，以此降低人工成本。

智能客房分配：使用数据分析和机器学习算法来实现智能客房分配，自动化客房分配极大地提升了客房部管理效率，降低出错率和人工成本。

人工智能客服：使用人工智能技术来创建客服聊天机器人，降低客服成本。

在线客房预订系统：使用在线客房预订系统来实现客房预订、刷脸入住等，也是重要的革新。

三、供给等于需求，但能岗不匹配

酒店人力资源供给与需求很难达到平衡，即使总量达到了平衡，能岗也往往会不匹配。平衡能岗匹配的方法一般有下列几种。

（1）重新配置酒店内部员工，包括晋升、降级、调动、平移等，最终使能力和岗位匹配。

（2）置换酒店员工，辞去酒店发展不需要的员工，吸收酒店需要的员工，以调整人员结构。

（3）对部分员工进行培训，使之能够适应相应的岗位。

根据上述分析，酒店在进行人力资源供求平衡时，应当从实际出发，综合运用多种方法，使酒店的人力资源供给与需求不仅在数量上达到平衡，更要在质量上达到平衡。因此，应通过员工培训、绩效激励等方式，最大限度地开发利用人力资源的潜力，实现人力资源的最佳配置，使酒店和员工的需求在互动中得到充分满足。

此外，企业运营过程中，往往处于人力资源的供需失衡状态。企业扩张期，企业人力资源需求旺盛，人力资源供给不足，人力资源部门用大部分时间招聘和选拔人员；企业稳定期，企业人力资源在表面上可能会达到稳定，但局部仍然同时存在退休、离职、晋升、降职、补充空缺、不胜任岗位、职务调整等情况，故企业仍处于结构性失衡状态；企业衰败期，人力资源总量过剩，人力资源部门需要制定裁员、下岗等政策。

总之，在整个企业的发展过程中，企业的人力资源状况不可能始终自然地处于平衡状态。人力资源部门的重要工作就是要不断地调整人力资源结构，使之尽量供需平衡。

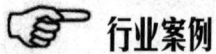 行业案例

用工紧缺下的酒店内部援助

在酒店人员进一步缩编的情况下，为解决会展及会议接待繁忙期间经营部门用工紧缺的情况，浙江开元某酒店总经理及各部门负责人会议商讨后，出台酒店内部援助工作补贴标准，通过内部激励来提高员工的积极性，从而解决接待繁忙期间员工不足的问题。

具体方案涉及客房整房辅助、客房整房、总台办理入住、餐厅圆桌餐看台、自助餐看台、传菜服务、会场援助等不同的工作援助内容以及对应的补贴标准。该办法适用于酒店全体员工，员工在做好本职工作的前提下积极参加援助工作，人力资源部做好援助工作的组织及核算工作。

以客房整房辅助工作为例，规定援助人员应协助客房整房，完成下列工作为1个援助单位：开窗通风→按照要求调整光源和空调设置→撤掉所有需换洗的布草（床品及丝巾）→换上干净床单、枕套、被套→铺设床上用品至符合要求→将换洗布草放至指定地点（工作电梯口）。此外，规定该房间其他清洁及四巾、物品等的添加工作由管家部专职整房员工完成后报房态检查。房务部在核算该整房员工作量时按照70%计算。补贴标准方面，整房补助为8元/间。

以上内部援助工作经一段时间的试行，取得了较好的成效，同时也获得了酒店及员工的双赢效果。

思考：酒店采用内部援助应对用工紧缺需要注意的问题。

项目四　数字化人力资源规划

一、数字化人力资源规划的概念

　　企业实施人力资源管理数字化转型的关键功能之一在于其能够利用可视化场景展示来实时洞察企业内部人力资源管理活动的动态。通过直观的数据呈现，企业能够迅速识别潜在的风险点，并据此做出及时有效的应对策略。人力资源规划作为人力资源管理的先导性职能，也正朝向与数字化结合的方向发展。数字化人力资源规划就是将数字化融合到人力资源规划的全过程，利用机器学习、信号处理、计算机、人工智能等数字化技术和工具预测未来的人力资源在数量和质量上的需求和供应，并最终确定为了满足这些需求需要采取的一系列行动的过程。这一过程需要达成的最终目标是实现人岗匹配、团队匹配、人与任务匹配、人与战略匹配等。

二、数字化人力资源规划的内容

　　数字化人力资源规划的流程与传统人力资源规划无较大差异，亦涵盖了环境分析、现有人力资源评估、未来人力资源需求与供应预测、人力资源供需平衡管理等具体步骤。二者的主要区别在于分析和规划工具的革新，数字化人力资源规划更强调在动态的环境中获取和分析数据，以及规划策略和组织战略的动态契合；而传统的人力资源规划更多是从静态的视角入手获取和分析数据，容易造成与环境和战略的脱节。总的来看，数字化人力资源规划更具有科学性和动态性，能够帮助企业更高效地制定和执行人力资源策略，提高人力资源规划的整体效率和准确性。

（一）战略规划的数字化

　　企业发展战略是人力资源规划工作的主要依据，因此，人力资源规划的数字化首先要解决的是战略规划的数字化，它是一个将数字化技术应用于企业的战略制定过程。它不仅是一个技术层面的工作，更是一个深刻影响企业未来发展方向和人力资源管理的重要决策。通过数字化手段，企业能够更加精准地设定其总体发展目标，并在此基础上，细致规划出针对人力资源的开发和利用策略。这种规划不仅要求企业对现有的人力资源进行评估和分析，还要求对组织结构、流程和文化进行相应的数字化改造。战略规划的数字化使得企业能够更为灵活地调整其人力资源的配置，优化资源分配，提高效率，同时也能为员工提供更好的培训和职业发展机会。这种前瞻性的规划确保了企业在激烈的市场竞争中保持竞争力，实现可持续的增长。因此，战略规划的数字化是组织战略成功的核心，它关乎企业能否在数字时代中稳固根基，开拓新的疆域。

(二）团队规划的数字化

随着数字化转型的不断推进，企业越来越需要拥有专业技能的人才团队来管理和运用新兴的数字工具和平台，所以还必须构建一支能够有效利用数字技术以实现业务目标的团队，数字化团队规划的重要性就不言而喻了。团队规划的数字化要求将先进的数字化工具和技术深度融入团队运作的各个环节，以实现对不同任务团队的高效协调与优化管理。不仅关注于简单的团队结构设计，更注重利用数据分析、信息共享平台等技术手段深化对团队信息的精准采集和深入了解，从而为团队决策提供有力支撑。通过系统化的团队调查，洞察团队成员的能力、偏好以及潜在问题，进而设计出更为合理的工作流程和组织架构。必要时对团队进行动态调整，也是数字化人力资源规划的关键步骤之一，以确保团队能够灵活适应市场变化和业务需求的快速响应。

（三）人员规划的数字化

人员规划的数字化是将现代数字技术应用于公司人力资源管理的一种方式，它通过建立一个全面的数字化系统来细致而精确地规划组织内的员工数量、结构组成以及人才流动趋势。这个过程包括深入分析现有的人力资源状况，确定酒店的具体人员配置，预测人员需求和供给，并最终实现供需平衡。数字化规划手段提高了企业对人力资源的控制力，使企业能够更灵活地适应市场变化，迅速响应员工需求的变化。同时，它也为管理层提供了一个透明、高效的决策支持工具。

三、数字化人力资源规划的目标

（一）满足组织动态需求

数字化人力资源规划的核心目标是确保组织能够适时地拥有合适数量且具备相应技能的员工队伍，通过利用先进的数字技术，组织可以建立起一套预测模型，用以洞察未来的人员缺口，对当前的人力资源情况进行深入细致的分析，从而准确识别出实际的人才需求情况，并据此制定出相应的人员招聘、培训或留用策略，在实施过程中，管理者还可以实时监控人力资源数据，结合算法调整相关策略，实现资源的合理配置。比如，通过数字化手段收集员工的工作表现和培训需求，为员工提供个性化的职业发展路径，确保他们能够在最擅长和感兴趣的岗位上充分发挥自己的才能。所以，数字化人力资源规划不同于以往静态刻板的人事流程，它更应该是一个以数据驱动、技术支持的动态的过程，切实帮助组织适应快速变化的外部环境，抓住机遇，应对挑战，实现可持续发展的长远目标，在竞争激烈的市场中长盛不衰。

（二）降低人力资源成本

数字化人力资源规划有助于准确预测并控制人力资源成本。利用先进的数字技术手段，组织能够进行精确的人力资源规划，从而避免因为人力资源过剩或短缺而导致的额外成本。这些额外成本包括但不限于招聘成本、员工培训成本以及薪酬成本等,它们可能会对企业造成不必要的财务负担。此外,还能帮助组织更好地适应外部环境快速变化导致的人力资源供需的变化。市场变化如产品更新换代、技术进步以及政策变动等,都会影响到企业的人力资源需求和供应。数字化手段通过持续监测和分析这些变化,可以帮助企业及时调整人力资源计划,以保持竞争力和生产力。

(三)提高员工满意度和忠诚度

数字化人力资源规划不仅局限于满足组织的现有需求,而是扩展到深入挖掘员工的内在需求和个人发展潜力上。通过数据分析和员工画像,能够洞察员工的需求,从而提供量身定制的培训计划、职业晋升机会以及个性化的职业发展路径,助力其更好地实现自我价值。这种以人为本的数字化人力资源规划不仅能够显著提升员工的满意度与忠诚度,还能有效降低员工流失率,为企业带来更稳定的人才队伍和更高效的工作效能。

课堂小练习

> 正如前文所述,企业可以通过利用先进的数字技术,建立起一套预测模型,用以洞察人员缺口,准确识别出组织的动态人才需求情况。你认为企业在构建预测模型的过程中,哪些数据将有利于企业进行人才供需预测模型的搭建呢?
> _____
> _____
> _____

四、数字化人力资源规划的应用

☞ 行业案例

希尔顿酒店的数字化人力资源管理实践

作为大型国际酒店集团,希尔顿也在尝试应用数字化技术为管理赋能。在中国市场的迅速扩张导致了该集团的管理面临着更大的挑战。为了应对这一挑战,希尔顿选择了HRLink作为唯一的人事系统供应商。这一举措确保了所有人事数据的统一性和一致性,为该集团跨地区和跨酒店的员工管理和决策提供了有力的支持。为了进一步提升管理效率和降低成本,希尔顿酒店将所有人事系统从本地部署迁移至云端。这一转变不仅减少了服务器的数量,还降低了维护成本,提高了系统的可用性和灵活性。此外,通过云端部署，希尔顿酒店能够更快地响应市场变化和员工需求，提高了人力资源管理的灵活性和效率。而在数字化人力资源规划的过程中，希尔顿酒店基于HRLink系统实现对数据的实时动态监测，注重数据的统一和标准化。通过统一的数据格式和标准，希尔顿酒店更准确地分析员工绩效、流失率、招聘效果等指标，为管理决策提供了有力的数据支持。

金陵酒店集团的数字化人力资源管理转型

金陵酒店管理公司成立于1993年，公司不仅荣登全球酒店集团50强，更在中国高端酒店管理集团中排名前五。目前，金陵酒店管理公司已成功签约管理酒店151家，客房数量接近4万间，业务范围覆盖全国17个省74个市，展示了其强大的市场影响力和广泛的业务布局。

金陵酒店管理公司经过对人力资源管理工作的数字化转型，全面整合了总部与各酒店的人力资源信息。在人才选拔过程中，利用系统特定的筛选功能，精准识别并选拔出内部符合职位要求的人才，显著简化了内部传统的人工筛选流程。通过与云之家OA系统的无缝对接，公司实现了文件签批、假期申请等工作的电子化处理，极大提升了工作效率和响应速度，实现了基本无纸化办公。此外，金陵酒店管理公司还通过与E-learning系统的连接，为全体员工提供了在线学习与培训的平台，并根据不同层级的培训需求进行分类，有效推进了储备人才的线上培训。最后，通过与EAS财务报销平台的对接，金陵酒店管理公司顺利解决了员工出差费用的申请与报销问题，进一步提升了财务流程的便捷性和效率。

金陵酒店管理公司凭借着对前沿技术的敏锐洞察，成功搭建了基于ERP（企业资源计划）管理系统的整体应用架构，这一创新举措不仅实现了集团内部"人、财、物、信息"等关键要素的全面一体化管控，更为公司的未来发展奠定了坚实的基础。该计划以金蝶EAS系统为核心平台，整合了旗下所有员工的基础信息、流动管理以及薪酬管理三大核心章，形成了高效、统一的人力资源管理体系。这一体系的建立，极大地提升了集团对人力资源管理决策的快速响应能力，为集团的持续发展和人才管理提供了有力支撑。在人力资源规划方面，该系统体现了决策数字化和流程数字化。一方面，通过数字化模型和精细的数据监测预警机制，精准识别并预警管理中潜在的深层问题与风险，实时将各项关键数据推送给管理人员，使他们能够更加深入地了解酒店人才的真实状况，从而做出更为精准的决策。另一方面，基于原有的人事服务流程的线上操作，该系统进一步强化了人才管理的数字化云平台建设。不仅涵盖了任职资格、专业能力以及业绩评估等关键领域，还提供了反向复盘分析的功能，确保整个管理流程的高效与精准。通过数字化云平台操作，公司能够更有效地评估人才，优化管理流程，提升整体运营效率。

【课后练习测试】

单选题

1. 企业外部环境和条件不包括（　　）。
   A. 劳动力市场的完善程度　　　　B. 政府法律法规的健全程度
   C. 工会组织的作用　　　　　　　D. 主管部门的控制程度

2. 组织结构变化的外在因素不包括（　　）。
   A. 反垄断法　　　　　　　　　　B. 市场竞争
   C. 产业战略制度　　　　　　　　D. 产业组织政策

3. （　　）是现代人力资源管理发展的必然结果。
   A. 人事管理　　　　　　　　　　B. 薪酬管理
   C. 战略性人力资源管理　　　　　D. 绩效管理

4. 三年以上的人力资源规划为（　　）。
   A. 长期规划　　　　　　　　　　B. 中期规划
   C. 短期规划　　　　　　　　　　D. 都不属于

5. 关于人力资源供需平衡管理的方法，不恰当的是（　　）。
   A. 供给大于需求时，应该裁员
   B. 供给小于需求时，可以适当缩减业务
   C. 供给大于需求时，可以适当增加新业务
   D. 人力资源除了数量上需要供需平衡之外，质量上也需要平衡

6. 在进行数字化人力资源规划时，以下哪项技术最有助于实现员工技能和岗位需求的精准匹配？（　　）
   A. 人工智能与机器学习　　　　　B. 传统问卷调查
   C. 纸质档案管理　　　　　　　　D. 手动数据输入

7. 以下哪个选项不是数字化人力资源规划的目标？（　　）
   A. 满足组织动态人力资源需求
   B. 准确预测并控制人力资源成本
   C. 提高组织人岗匹配效率和效果
   D. 确保员工的工作成绩能够有效满足岗位考核的要求。

单选题答案

1. D；2. A；3. C；4. B；5. A；6. A；7. D

【课后复习总结】

1. 人力资源供给预测中，外部供给预测和内部供给预测哪个是预测的重点？为什么？

2. 有哪些内部供给预测的方法？
3. 在进行预测前，为什么要开展人力资源盘点？需要盘点什么？

【课后案例分析训练】

某酒店集团由于迅速发展，其先后在四个旅游景点附近收购了四家三星级酒店。对于新收购的酒店，集团只是派出了总经理和财务部全班人马，其他人员都采取本地招聘的政策。因为集团认为服务员容易招到，而且简单培训后就可以上岗，所以只是进行简单的面试，只要应聘者长相尚可就可以，而且为了降低成本，服务员的工资也较低。接着……

杨林是酒店新委派的一家下属酒店的总经理，刚上任就遇到酒店西餐厅经理带着几名熟手跳槽的事情，他急忙叫来人事部经理商谈此事，人事部经理满口答应，立即解决此事。第二天，杨林去西餐厅视察，发现有的西餐厅服务员摆台时经常把刀叉摆错，有的西餐厅服务员不知道如何开启酒瓶，领班除了长得周正以外，根本不知道如何处理顾客投诉。紧接着仓库管理员跑来告诉杨林说发现丢失了银质的餐具，怀疑是服务员小张偷的，但现在已经找不到小张了。杨林一查仓库的账本，发现很多东西都写着丢失。杨林很生气，要求人事部经理解释此事，人事部经理辩解说因为员工流动太大，多数员工都是才来不到10天的新手，餐厅经理、领班、保安也是如此，所以做事不熟练，丢东西比较多。

杨林忍不住问："难道顾客不投诉吗？"人事部经理答："当然投诉了，但没关系，因为现在是旅游旺季，不会影响生意的。"杨林对于人事部经理的回答非常不满意，又问了一些员工后发现，人事部经理随意指使员工做各种事情，如接送自己的儿子上下学、给自己的妻子送饭等。如果员工不服从，立即开除。杨林考虑再三，决定给酒店"换血"，重新招聘一批骨干人员，于是给集团写了一份人力资源规划的报告，申请高薪从外地招聘一批骨干人员，并增加培训投入。

思考：
1. 杨林应当采取哪些措施解决目前的问题？
2. 该酒店当前问题的根源是什么？
3. 杨林应当与什么人共同完成人力资源规划？在进行规划过程中会遇到哪些问题？
4. 请以小组为单位帮助杨林拟定酒店的人力资源规划方案。

第三章

工作分析与胜任力素质模型

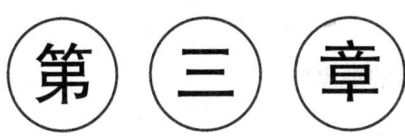

中国管理哲学：知人善任的用人之道

【典型思想及核心理念】

儒家思想："知之者不如好之者，好之者不如乐之者"强调知人善任。

法家思想："因能授官，循名责实"与现代工作分析和胜任力模型一致。

兵家思想："知己知彼，百战不殆"强调战略用人，知人善任。

【人力资源管理启示】

所谓"君子不器"，根据个人特质分配职责是为"用人所长"。工作分析和胜任力模型是"知人善任"的基础，通过人才测评、岗位分析实现人岗匹配是人力资源管理成功的关键。此外，党的二十大提出"加快建设数字中国"，强调科技赋能管理。人力资源管理者应该顺势而为，理解利用数字化技术手段在工作分析和胜任力建模中的应用，从而推动酒店人力资源管理的智能化。

【课前导入】

假设你被选中为一家新公司筹备第一家酒店，你需要为这家酒店开设一个新的部门或设立一个新的岗位，在最初的任务中，工作设计是其中重要的环节。假如你已有这方面的经验，知道要在确定工作之前先确立饭店运作中的一些基本要素，请写下以下你需要回答的问题。

1. 每项工作的内容是什么？

2. 需要多少项工作？
3. 工作之间是怎样协调的？
4. 如何避免出现两个人做同样的工作或都不愿意做的现象？
5. 每项工作的员工需要具备什么素质？
6. 每项工作的员工需要什么样的培训？
7. 如何检测员工是否称职？如何考评他们的工作表现？
8. 每项工作应支付多少报酬？

以上做的是进行工作分析（job analysis）时应首先考虑的事情，工作分析是确立每个工作实质内容的过程。

【本章课前思考】

1. 为什么有人工作量很大，做也做不完？
2. 为什么有的工作没人去做，导致贻误战机？
3. 为什么招聘的员工，会常常不符合要求？
4. 为什么公司投入了培训却没有达到预期效果？
5. 新时代酒店业诞生了哪些新岗位，如何对新岗位进行工作分析？

微课视频：
行业前沿——
新时代酒店新岗位：
市场传讯人才

【本章教学目标】

知识目标

1. 理解酒店工作分析的含义、内容和作用
2. 掌握酒店工作分析流程和方法
3. 熟悉酒店工作说明书应具备的要素
4. 理解岗位胜任力素质模型的要素和应用
5. 了解AI等先进技术如何应用在工作分析中赋能企业的人力资源管理
6. 了解新质生产力下酒店ESG可持续发展带来的人才新需求及其胜任力素质要求

技能目标

1. 能够分析酒店职位的胜任力素质
2. 能够运用一种方法编写酒店某一职位的工作说明书

德育目标

1. 正确认识自我。能够用冰山模型分析自我的内核构成特点，找到自身个体优势；
2. 树立职业发展理想。能够对自己感兴趣的职业岗位进行自我胜任力素质分析，以尽早明确职业发展方向，实现人职匹配；
3. 关注人力资源领域的新质生产力，培养对AI和BT等前沿技术在人力资源管理中的应用和创新实践等趋势的自主学习习惯和创新意识。

本章指出了工作分析是酒店人力资源管理的一个必要环节，在很多方面，它也是开展其他所有酒店人力资源管理活动的基础，而胜任力素质也与工作分析关系密切。因此，准确理解一项特定的工作是由什么组成的，一个称职的酒店员工又该具备怎样的胜任力，对开展支持酒店组织使命的人力资源管理活动是必不可少的。

【本章知识导图】

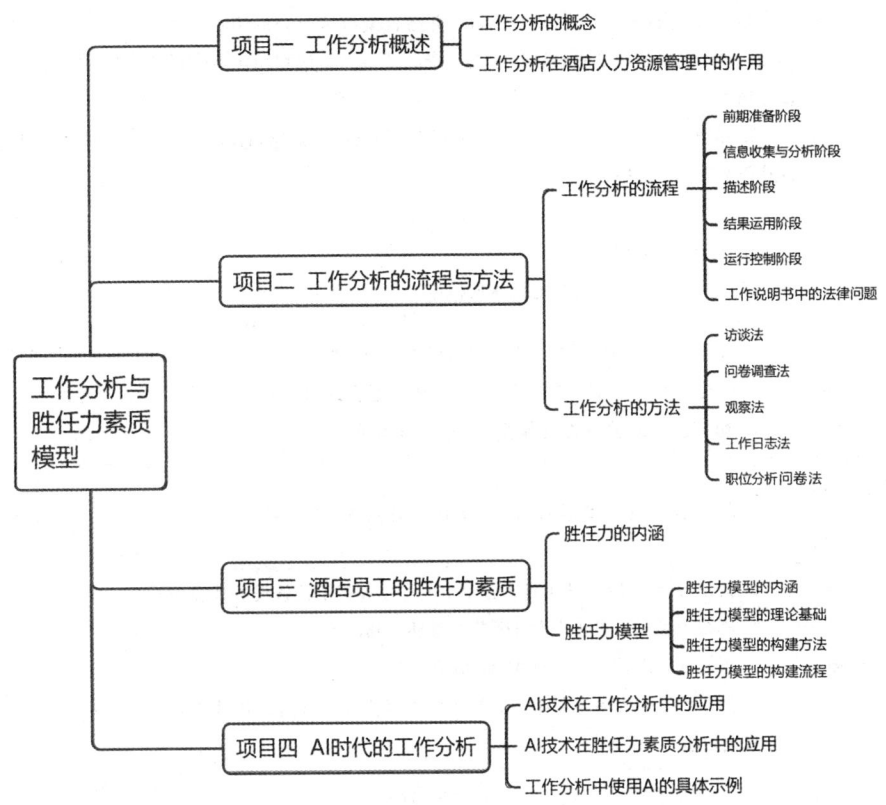

【本章实践项目任务】

任务名称	AI——组织设计与工作分析的得力助手		
小组名称		小组成员	
任务说明	通过给出的案例要求，尝试AI在工作分析中的实际运用，引入结构化AI设计、角色模拟等进行多维度的训练和思考，完成对应的规划和胜任素质模型设计		
案例描述	新一年，昆明某酒店前厅部绩效水平较差，人岗匹配程度不佳，该部门负责人向人力资源部门提出了部门与岗位优化的需求 基本情况：		

续表

案例描述	上一年度该酒店平均入住率为55%，12月底，前厅部共有8名正式员工，勉强能够覆盖；其中2月、3月和7月、8月四个时间段为酒店的旺季，平均入住率达75%，于是临时在2月和7月各招了2名实习生。截至8月，上一年度酒店前厅部前台的人力成本已经超出预算，且人员一直不稳定；但行政酒廊团队稳定，当年人力成本还有一定的空间 　　要求： 　　1. 请学习并选择合适的AI工具，结合所学知识和其他资讯，对过去一年以及未来一年的云南省酒店行业发展情况进行简要分析，并结合案例情况分析该酒店接下来一年的人力资源供需情况，对该酒店前厅部做出科学的人力资源规划，尝试在酒店生意运营、收入、成本、团队建设上找到平衡 　　2. 结合上述信息，选用合适的AI工具，结合所学知识和其他相关信息，对前台相关岗位进行胜任素质模型的搭建
任务成果	1. 某酒店前厅部人力资源规划 2. 某酒店前台接待岗位胜任素质模型
任务设计的目的	1. 使学生知晓酒店行业人力资源与组织运营、收入、成本等方面的大概情况，学会从经营的角度出发，思考人力资源管理对"一线服务运营部门"的支撑作用，形成闭环思维模式 2. 初步尝试AI在人力资源管理中的实践运用
任务考察的知识点	人力资源规划、组织设计与工作分析、AI选择与使用技巧等
任务实施建议	1. 讨论分析有哪些AI工具，各个工具可以如何赋能该任务情境的要求 2. 围绕该目标，思考应设计哪些关键环节和内容 3. 根据内容需要，设计与AI对话的框架 4. 可以广泛搜索酒店业相关资料作为参考借鉴，亦可以访谈酒店HR工作人员或学长、学姐，收集更多实际资料
任务考核	1. 方案内容完整，包含项目分析应涉及的要素 2. 方案设计合理，符合现实，具有可操作性 3. 方案具有创新性，并非全盘照搬AI工具所给的信息

项目一　工作分析概述

一、工作分析的概念

　　工作分析（job analysis）又叫岗位分析、职位分析、职务分析等，是针对酒店现有职位，收集、分析信息的过程。具体来说，它是对酒店各类工作岗位的性质任务、职责权限、岗位关系、劳动条件和环境,以及员工承担本岗位任务应具备的资格条件所进行的系统研究,并制定出工作说明书等岗位规范的过程。

工作分析的成果包括两大文件:职位描述(job description)和任职资格要求(job specification)。前者是对某职位职责的表述,即在岗员工应该完成哪些工作。后者是对任职者的技能、学历、工作经验等方面的要求。有时候两者也可以合并成一份工作说明书。

工作分析收集的数据和信息是联系人力资源各职能的纽带,其为整个人力资源管理体系的建设提供了基础。同时,工作分析可以详细说明并从整体上协调不同职位的关系,避免工作重叠、劳动重复,提高工作效率。

微课视频链接:
工作分析的
发展沿革

二、工作分析在酒店人力资源管理中的作用

工作分析过程是需要花费时间和精力的,而完成之后比较少会直接用到,因此,很多酒店企业可能会省略掉每个职位的工作分析步骤。然而,如果不做工作分析,将会使企业对各个职位的任务、活动、要求的人员及特性不明确,从而无法正确认识为什么某个工作需要某种技能。

工作分析是酒店人力资源管理的基础环节,起着不可替代的作用。一方面,工作分析是从战略、流程、组织向酒店各人力资源管理职能过渡的桥梁。另一方面,工作分析是酒店人力资源管理的基石,几乎所有的酒店人力资源管理活动(招聘、绩效评价、薪酬、培训、职业生涯管理等)都需要利用工作分析提供的信息,如图3-1所示。

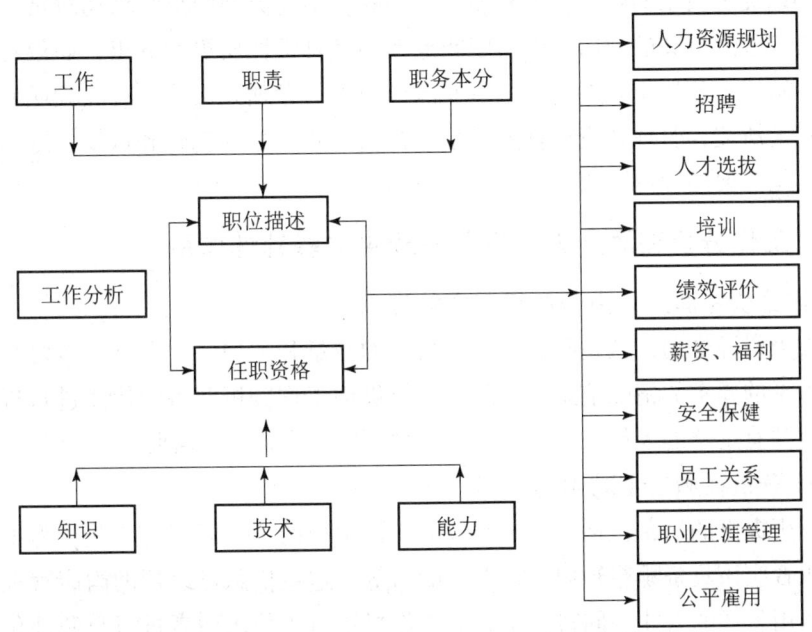

图3-1 工作分析:最基本的酒店人力资源管理工具

(一) 工作分析与酒店战略、企业流程和组织结构的关系

1. 工作分析与酒店战略

现代酒店人力资源发展越来越强调其战略导向,而工作分析对酒店战略的落地有着十分重大的意义。工作分析可以明确职位设置的目的以及该职位如何支撑战略目标的实现,进而帮助酒店战略的落地。而明确酒店的战略目标也会为工作分析指明方向,只有在酒店的战略目标明确的前提下,工作分析才能有的放矢。

2. 工作分析与企业流程

工作分析可以理顺职位与其流程上下游的关系,消除由于职位的设置和界定导致的流程效率低下的状况。在工作分析之前对工作流程进行分析,可以帮助管理者回答以下三个问题:第一,为了达成战略目标应该完成哪些任务?第二,不同任务环节的重要性如何?第三,为了完成这些任务,应该对任职者提出哪些要求?对工作流程的充分理解是我们将每一环节的任务落实到不同职位上的前提。

3. 工作分析与组织结构

工作分析可以明确界定职位的职责与权限,消除职责上的相互重叠,从而获得职位边界更加清晰的组织结构。不同的组织结构对工作分析提出了不同的要求。对以职能结构为代表的集权程度高的酒店而言,工作分析需要严格界定每一个职位的职责范围,且职责应该有较高程度的专业化。这类组织结构中的大部分员工不需要太大的决策权和自主权,他们只需要服从上级的命令,不需要为决策承担责任。

相反,对集权程度较低的酒店而言,职责范围则不宜太细,较宽的职责范围和较高的自主权可以促进员工的合作,提升能力。此外,不同类型的组织结构对员工的要求也会不同。集权程度越高的酒店,因为职能范围小且日常性质更为突出,职位对员工个体的差异越不敏感。相比于职能结构,事业部结构中的管理人员要更有经验或者更高的认知能力。综上所述,管理者应该首先对组织结构有着充分的理解和认知,这样才能做出符合组织结构需要的职位说明书。

(二) 工作分析在酒店人力资源管理中的基础性作用

1. 工作分析在酒店人力资源规划中的应用

酒店人力资源规划,就是确定需要的员工的数量和类型,这个过程需要获得现有职位对技能水平的要求的精确信息。因此,只有借助工作分析获得的信息进行规划,才能保证组织内部有足够的人员来满足企业战略规划对人力资源的需要。

2. 工作分析在酒店招聘中的应用

工作分析提供的信息包括:在某职位上应该承担的工作职责有哪些;为了完成这些职责,任职者应该具备哪些知识、技能与能力等。这些信息可以帮助酒店管理者决定应当招募和雇用怎样的人才。同时,明确的工作描述可以使求职者进行自我评价,确定自己能胜任的工作。自我筛选的过程降低了招聘的成本。

此外，招聘广告中的职位名称直接来源于职位说明书，而且主要工作内容是由职位说明书中的"职责范围"部分进行修改而形成的。由于招聘广告的版面限制，需要从职位说明书中提炼出对工作最主要、最关键的职责。而对招聘者的要求是招聘广告中最重要的内容，既包括胜任工作需要的学历、专业、工作经验、知识和技能等硬件，也包括任职资格说明中的软件——"能力要求"。同样，由于版面限制，招聘者必须筛选出最重要、最能被求职者感知的资格要求。

3. 工作分析在酒店培训中的应用

根据胜任力素质的"冰山理论"，在任职资格说明中主要包括两个部分：一部分是浮于水面上的内容，如知识、技能等，这部分与个性无关；而另一部分则位于冰山的水面之下，主要包括自我观念、内在动机等。在任职资格说明中主要体现为素质要求中的个性特征部分，如责任心、外向性等。在这两个部分中，前者较为容易改变，而后者较为稳定和固化，难以改变。酒店培训应该主要针对前者。

此外，应该对比培训的成本与收益。任职资格说明和任职者之间的差距是找到培训需求点的主要手段，但并非所有的差异都要用培训来弥补。若酒店培训成本过高，则应通过辞退、人员轮换来解决问题。

4. 工作分析在酒店绩效评价中的应用

绩效评价是将酒店员工的绩效和预先设定的工作要求进行对比，从而判断员工是否完成工作职责的过程。工作分析是绩效考核的前提，它为绩效考核的内容、指标体系和评价标准的确立提供依据。绩效考核的关键是确立考核指标，而基于工作分析的考核指标来自工作分析所获得的关于工作目的、职责和任务等方面的信息。这种模式下的考核指标的提取，首先要进行科学的工作分析，准确界定各工作的目的和职责，然后根据每一项工作职责要达成的目标来提取业绩标准。

5. 工作分析在酒店薪酬中的应用

在确定从事酒店某一工作的员工的工资水平时，其工作的价值有多大是一个重要的因素。这种价值要根据该项工作对员工的要求来确定，如技能、努力、职责以及工作条件和安全程度等，这些在工作分析中都做出了具体的说明，工作分析中对工作的描述和员工的要求便可以作为测量工作价值的参考标准。

6. 工作分析在酒店职业生涯管理中的应用

酒店职业生涯管理是将员工的技能和愿景与酒店组织内已经存在或将要出现的机会匹配起来，从而实现企业和员工的共同发展。要进行职业生涯管理，首先需要了解每一个职位对员工的要求，这样才能保证让每一个员工都从事自己能够胜任同时也感到满意的工作。

项目二 工作分析的流程与方法

工作分析是一项技术性很强的工作，需要做周密的准备。同时，还需要有与组织人力资源管理活动相匹配的、科学的、合理的操作程序。工作分析通常依照如下程序进行。

一、工作分析的流程

（一）前期准备阶段

1. 明确酒店战略

明确酒店战略是进行工作分析的第一步，它会确定工作分析的总方向。值得注意的是，如果酒店近期会有战略性大规模调整，则不适宜进行工作分析。

2. 选择有必要分析的工作

一个新酒店或部门的每一份工作都需要完整的工作分析，但是一个已经正常运作的企业就不必了。有些企业每年都要对所有工作进行分析，有的则分批针对不同工作进行分析，在几年时间内完成对所有工作的分析。工作分析的频率由企业内部和外部因素共同决定。工作中每增加新内容时都要进行工作分析，确保生产力不会下降。例如，每次菜单增添新内容时就要重新分析厨师的工作，确保他们的工作不会超负荷。新任务的增加或新技术的应用也要求重新进行工作分析。例如，自动 check in 和 check out 系统的使用就必须对前台工作重新分析，以确保工作的公平性和员工的工作效率。

3. 确定收集职位分析信息的方法

酒店工作中，前台和后台工作有很大差别。管理人员收集资讯时可能要使用多种调查方法。选择合适的方法收集职位分析的信息是非常重要的。有些工作分析方法（如访谈法）特别适合编制详细的职位描述和任职资格说明，但其没法将不同的工作进行直接比较以确定它们的价值高低。相反，另外一些方法（如 PAQ 问卷法）可以计算不同职位的得分，从而根据分数高低将不同的工作进行比较。但因其高度结构化的题项，无法为每一个职位提供细致的描述。选择怎样的方法组合应该充分考虑可行性和工作分析的目的。

4. 确定谁来收集信息

决定什么人进行信息收集取决于酒店想达成的目标、时间和经费，进行工作说明书设计时最好找一个经过训练的专业人士。专业人士可以是企业内部的也可以是企业外部的。请现任或前任主管，或现在的员工进行工作分析也有它的好处。现任主管和员工对实际工作情况最熟悉，他们的分析能涵盖很多容易忽视的细节。但是他们的分析带有偏见的可能性相对较大，而且员工有时会故意减少一些工作任务，使自己未来的工作负荷量减少。

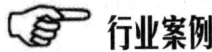 **行业案例**

枫叶酒店的工作说明书该如何编写？

　　枫叶酒店的财务部主管会计老李星期一一早刚到办公室，部门经理秘书就送来财务部经理的一份文件。老李阅读后十分为难地找到经理。他说："李经理，你发的这份文件要求我在两周之内修改完财务部全部10项工作说明书。""对，有什么问题吗？"李经理问。老李解释说："这至少要花去我32个小时，但是，我还有很多其他重要的事情要做，如还有两周的内部审计检查工作未完成。你想让我放下手头的工作，去编写工作说明书？这办得到吗？""我们已经好几年没有检查这些工作说明书了，它们需要做很大的修改。而且，当修改好的工作说明书发到员工手里时，我还会听到各种意见，这可是一件没完没了的事情。"老李继续说。

　　"工作说明书修改好后怎么还会有各种意见呢？"李经理问道。老李回答说："修改工作说明书可是一件非常复杂的事情。修改工作说明书，实际上是提醒员工关注工作说明书的存在，这样可能会使一些人认为工作说明书中未规定的工作就不必做。而且我敢打赌，如果把我部门里的人目前实际正做的工作写进工作说明书里，会无形中强调了这些工作的现实迫切性，同时也就忽视了另外一些工作。我可承担不起大家互相指责和工作混乱的后果。"李经理问道："那么，你的建议是什么呢？上面可是已经命令我两星期内完成这项任务。""我一点也不想做这工作。"老李回答说，"而且在审计工作期间绝对不做。难道你不能向上面反映一下，让这项工作推迟到下个月？"

　　思考：

　　1. 在编写工作说明书之前，老李和李经理忘了做什么工作？这项工作的程序和任务是什么？

　　2. 如果你是老李，你会如何处理这件为难的事情？

（二）信息收集与分析阶段

工作分析的过程中应该关注以下内容。

1. 工作名称

工作名称必须明确，使人看到它，就可以大致了解工作的内容。如果该工作已完成了工作评价，在工资上已有固定的等级，则名称上可加上等级。

2. 雇用人员数目

同一工作所雇用工作人员的数目和性别，应予以记录。若雇用人员数目经常变动，其变动范围应加以说明；若所雇人员是轮班使用，或分于两个以上工作单位，也应分别说明，由此可了解工作的负荷量及人力配置情况。

3. 工作单位

工作单位显示工作所在的单位及其上下左右的关系，即表明工作的组织位置。

4. 职责

所谓职责，就是这项工作的权限和责任有多大，主要包括：

◇ 对原材料和产品的职责。

◇ 对机械设备的职责。

◇ 对工作程序的职责。

◇ 对其他人员的工作职责。

◇ 对其他人员合作的职责。

◇ 对其他人员安全的职责。

分析人员应尽量采用"量"来确定某一工作所有职责的情况。

5. 工作知识

工作知识是为圆满完成某项工作，工作人员应具备的实际知识。这种知识应包括任用后为执行其工作任务所需获得的知识，以及任用前已具备的知识。

6. 智力要求

智力要求是指在执行过程中所需运用的智力，包括判断、决策、警觉、主动、积极、反应、适应等。

7. 熟练度及精确度

该因素适用于需要用手工操作的工作，虽然熟练程度不能用"量"学来衡量，但熟练与精确度关系密切，在很多情况下，工作的精确度可用允许的误差加以说明。

8. 机械设备工具

在从事工作时，所需使用的各种机械、设备、工具等，其名称、性能、用途均应记录。

9. 经验

工作是否需要经验，如需要，以何种经验为主，其程度如何。

10. 教育与训练

这里主要包括：

◇ 内部训练。它是由企业所给予的训练。无论是否在本企业中举行，该训练都是为企业中某一专门工作而开办的。

◇ 职业训练。它是由私人或职业学校所进行的训练。其目的在于发展普通或特种技能，并非为企业现有的某一特种工作而进行的技术训练。它是中学以上含有技术性的训练。

◇ 一般教育。它是所接受的大、中、小学教育。

11. 身体要求

有些工作有站立、弯腰、半蹲、跪下、旋转等消耗体力的要求，应加以记录并做具体的说明。

12. 工作环境

它包括室内、室外、湿度、宽窄、温度、震动、油渍、噪声、光度、灰尘、突变等，各有关项目都需要做具体的说明。

13. 与其他工作的关系

它表明该工作与同机构中其他工作的关系，由此可表示工作升迁及调职的关系。

14. 工作时间与轮班

工作时间、天数、轮班次数、长度都是雇用时的重要信息，均应予以说明。

15. 工作人员特性

工作人员特性是指执行工作的主要能力，包括手、指、腿、臂的力量及灵巧程度，感觉辨别能力，记忆、计算及表达能力。

16. 选任方法

某项工作应使用何种选任方法，这在工作分析中需要加以说明。

总之，工作分析的项目很多，凡是一切与工作有关的资料均在分析的范围之内。分析人员可视不同的目的，全部予以分析，也可选择其中必要的项目予以分析。

（三）描述阶段

仅研究分析一组工作，并未完成工作分析，分析人员必须将获得的信息予以整理并写出职位描述和任职资格要求。工作分析报告的编排应该根据分析的目的加以选择，并不存在通用格式。在实践中，将职位描述和任职资格要求合并为一份工作说明书是通用的做法。一般而言，工作说明书包括以下内容。

1. 职位标志

职位标志传递了相关职位的基本信息，如名称、代码、薪酬等级、上级、工作地点、所属部门等。部分企业在职位标识部分还会留出空白，说明是谁批准了该职位描述。若相关的职位有等级，则还应标注职位的等级，如一家酒店将经理级划分为 A 级经理、B 级经理等。

职位叫法如此混乱，如何规范管理？

2. 职位概述

职位概述是对该职位承担者应该做的工作的简短概述。比如，服务员的工作概述是：当班时在自己负责的区域为客人提供礼貌的及时服务，负责自己区域内的环境卫生，包括桌子、墙壁、地板等。在编写职位概述时，很多企业会使用"完成上级安排的其他工作"这类的"兜底条款"。这种条款为上级安排工作提供了较大的灵活性，但这使得员工的职责不清晰，且使招聘标准变得模糊，长远来看不利于企业的发展。

3. 工作职责

工作职责是职位描述的主要部分。它列出了该工作需要承担的主要职责，然后用几句话进行描述。这一部分除了界定任职者的职责之外，还可以界定任职者的权限。比如，餐厅服务生的职责是：

◇ 把脏的餐具拿到洗碗区。
◇ 协助服务员为客人服务。
◇ 为客人送水及饮料。
◇ 营业前摆设桌面，营业期间翻台。
◇ 保证各服务区的调味品供应。

4. 工作环境

工作环境指对员工工作环境的描述。

5. 任职资格要求

这个要素通常是一个独立文件，任职资格要求列明从事这项工作需具备的资格，员工的资格从培训、教育、技能、经验，以及智力、体力、个性等特征中反映出来。例如，行李员的工作规范书可以包括：能够在当班的8小时内重复提起重25千克的行李，能够与其他行李员配合工作，了解客房的位置。人力资源副经理的规范指标包括：了解人事制度、熟悉考核方法和公平就业机会原则。工作职责和资格都是从工作分析中得来的。

昆明温德姆至尊豪庭酒店的宾客服务经理工作说明书

（四）结果运用阶段

工作分析的价值在于工作分析结果的应用。此阶段是对工作分析的验证，只有通过实际的检验，工作分析才具有可行性和有效性，才能不断适应外部环境的变化，从而不断地完善工作分析的运行程序。此阶段的工作主要有两部分：其一，培训工作分析的运用人员。这些人员在很大程度上影响着分析程序运行的准确性、运行速度及费用，因此，培训运用人员可以增强管理活动的科学性和规范性。其二，制定各种具体的可操作的应用文件。

拓展阅读

工作分析为何得不到配合

（五）运行控制阶段

随着时间的推移，任何事物都在变化，工作也不例外。酒店组织的生产经营活动是不断变化的，这些变化会直接或间接地使得组织分工协作体制发生相应的变化，从而相应地引起工作的变化。因此该项工作要有成效，就必须因人制宜地做出相应的改变。此外，工作分析文件的适用性只有通过反馈才能得到确认，并根据反馈的意见修改其中不适合的部分，使之进一步完善和适应企业的发展。工作分析成果在其应用的过程中，可能会发现一些问题，通过反馈，可以为后续的工作分析提供参考。所以，控制活动是工作分析中一项长期的重要活动。

（六）工作说明书中的法律问题

工作说明书是组织内部正式的、书面的文件。因此，保证这些文件的合法性，规避不必要的法律风险是必要的，应该注意以下两个方面（见表3-1）。

第一，工作说明书中应该避免与就业歧视相关的措辞。如果一份工作说明书中出现了就业歧视，那么在人力资源管理的其他活动中也难以避免相关的法律风险。这常常会被求职者、社会及执法部门抓住"把柄"，轻则面临赔偿，重则使企业形象受损，影响企业的长远发展。因此，在职位说明书中应尽量避免"限男性""年龄18~50周岁""本地户口优先"这类措辞。

第二，工作说明书应该清晰、准确地描述一个职位的职责。在与劳动关系相关的诉讼中，企业得以解雇员工的合法原因之一就是"不能胜任工作，经过培训或调整工作岗位后，仍不能胜任工作"，且企业应该承担"员工不能胜任工作"的举证责任。而来自工作分析的工作说明书就成为有力的证据之一。倘若企业可以证明员工无法胜任工作说明书上的职责要求，就会为企业胜诉增加砝码。因此，清晰、准确的职位说明书不仅为招聘、培训、薪酬、员工关系管理等人力资源管理实践提供了信息，而且是企业面临劳动关系诉讼时的"防火墙"。

微课视频：
行业前沿——
新时代酒店新岗位：
可持续发展经理

表 3-1　酒店可持续发展经理工作说明书示例

JOB TITLE： 职位名称：	ESG Manager 可持续发展经理
DIRECTLY REPORTS TO： 直属上级：	General Manager 总经理
INDIRECTLY REPORTS TO： 间接上级：	N. A. 无
DEPARTMENT： 部门：	ESG department 可持续发展部

1. KEY RESPONSIBILITIES 主要职责

Job Summary 工作概述	负责推动公司在环境保护、社会责任和经济可行性方面的全面发展。工作将涉及策略制定、项目执行、团队协调以及与其他部门的沟通合作。这不仅仅是一份工作，更是一份对地球未来的承诺和责任
Essential Duties and Responsibilities 主要职责	与内、外部团队合作，推动集团 ESG 战略落地，独立负责或参与 ESG 相关项目工作，尤其是与产品碳足迹、组织碳足迹、可持续商品等相关的项目工作 协助制定、追踪集团各部门 ESG 相关组织绩效指标及达成情况，并对绩效数据进行分析，为管理层提供组织绩效报告和建议 研究和分析国内外酒店行业 ESG 相关监管标准、法律政策、行业趋势及实践案例，基于研究成果提供初步战略建议，提出改善意见和分享实践 为相关业务部门提供相应的赋能培训，支持和协调举办可持续发展活动

2. REQUIRED QUALIFICATIONS 任职资格

Required Skills 技能要求	熟悉可持续发展理念、政策和标准 具有良好的沟通和协调能力，拥有在与他人交往时大多数时间所使用的沟通技能；完全代表酒店、品牌和公司与顾客、员工和第三方交往的能力 熟练使用微软办公软件，具有英语听、说、读、写的能力 能够分析和解决复杂问题
Qualifications 教育背景	通常要求具备环境科学、经济学、社会学或相关领域的学士或硕士学位
Experience 经验	最好拥有 ESG 相关工作经验，特别是在可持续发展项目策划和执行方面。熟悉国际 ESG\可持续发展机构，如联合国体系、ESG 评级机构等，可进行研究与对标
Personal qualities 个人品质	具有高度的责任心和使命感，具备自我驱动力和学习新知识的兴趣，能够持续学习和自我提升

续表

3. KEY RELATIONSHIPS 主要关系	
Key Internal Relationships 主要内部关系	酒店高层管理者、酒店员工
Key External Relationships 主要外部关系	与酒店外各利益相关方,包括但不限于:目前和可能的客户、业主公司代表、供应商、竞争对手和所在地社区成员

××酒店销售经理工作说明书

二、工作分析的方法

工作分析的方法很多,最常见的方法包括访谈法、问卷调查法、观察法、工作日志法以及职位分析问卷法等传统经典的分析方法。

(一)访谈法

访谈法是访谈人员就某一岗位与访谈对象,按事先拟订好的访谈提纲进行交流和讨论,由此获取岗位信息的方法。访谈前,首要要确定访谈的结构化程度。它可以是完全非结构化的,如"请谈谈你的日常工作",也可以是涵盖数百个问题的高度结构化的访谈。但在实际中,真正合适的访谈往往是介于这两个极端之间的半结构化的访谈,而其结构化程度一般是由访谈者根据自己的需要确定的。

此外,确定接受访谈的对象也是非常关键的。被访谈者应该是对职位较为熟悉的人,因此,任职者毫无疑问是最重要的信息来源。但他们可能会夸大他们的工作职责,使访谈收集的信息失真。因此,还需要访谈一些对该职位同样比较熟悉的其他人,如上级主管人员等。此外,如果分析的职位是服务类职位,客户可能是一个非常重要的职位分析的信息来源。

典型的访谈问题:

◇ 你做的是什么工作?

◇ 你承担的职位有哪些主要职责?

◇ 你实际上在做的是什么?

◇ 你的工作地点在哪里?

◇ 你做这项工作需要具备什么样的教育背景、工作经验、技能及资格证书或工作执照(如果有的话)?

◇ 你都参与了哪些活动？
◇ 你所在的职位的工作职责和责任是什么？
◇ 你在工作中需要承担的基本责任或者需要达成的工作绩效标准是什么？
◇ 你的工作环境和工作条件是什么样的？
◇ 你所承担的职位对人的身体要求是什么？
◇ 你在情绪和心理方面的要求是什么？
◇ 你工作时的卫生和安全条件怎样？
◇ 你在工作中会遇到什么样的风险？

拓展阅读

访谈法的运用——工作岗位分析表

（二）问卷调查法

问卷调查法即通过让员工填写问卷来获得工作分析需要的信息。在实践中，工作分析专家开发出大量的不同形式、不同导向的问卷，以满足工作分析不同的需要。问卷调查法有其特有的优缺点。一方面，问卷调查可以快速、高效地获取工作信息，尤其适用于大规模的职位调查；另一方面，问卷的开发和测试会耗费大量的时间，而且一旦问卷设计的不科学，会使收集信息的质量大打折扣。此外，相比于访谈法，问卷填写者不需要直接面对工作分析者。此时，需要编写问卷填写说明，以保证受访员工明确填写规范，保证问卷质量。

（三）观察法

观察法即通过观察将与工作有关的内容、方法、程序、设备、工作环境等信息记录下来，最后将取得的信息归纳整理为适合使用的结果的过程。观察法特别适用于标准化的、周期短的、以体力活动为主的工作，如从事基层服务岗位的员工；但如果涉及大量的脑力活动，如中高层管理人员等，观察法就不再适用了。

此外，还要注意几个问题：第一，观察员应特别注意不要干扰被观察者的工作。当员工认识到自己正在被观察时，可能会改变日常工作行为。第二，应力求做到观察的结构化，根据职位分析的目的和组织现有的条件，事先确定观察的内容、观察的时间、观察的位置、观察所需的记录单等，做到省时、高效。第三，选择哪一类型的员工进行观察也困难，该选最好的、最差的，还是一般的，往往很难决定。使用观察法，重点是多观察几个员工，找出一般工作状态。

（四）工作日志法

工作日志法要求任职者将自己每天所做的工作按照时间顺序进行详尽的记录，以此生成一份非常完整的工作图景。这种方式可以提供大量的信息，但是信息可能比较零散，难以组织。另外，这种方式会加大员工的工作负担，因此，要谨慎使用这种方式。

在国外，有些企业采用高科技手段来做工作日志。比如，为员工提供袖珍口述记录器或者寻呼机，企业可以在任何时间呼叫员工，询问其正在进行的工作。

（五）职位分析问卷法（PAQ，Position Analysis Questionnaire）

这是目前应用最广泛的一种职位分析工具。该问卷共有 194 个项目，每个项目都代表了其可能在某个职位中起作用，也可能不起作用的基本要素。这些项目可以被划分为以下六个大块。

◇ 信息输入——任职者从何处获得以及如何获得完成工作所必需的信息。
◇ 体力活动——任职者在执行工作任务时所发生的身体活动及使用的工具、设备等。
◇ 脑力处理——在完成工作任务时需要进行的推理、决策、计划以及信息加工等活动。
◇ 工作情境——执行任务时所处的物理环境和社会环境。
◇ 人际关系——在执行工作任务时需要与他人发生的工作关系。
◇ 其他特征——前面未描述的与执行任务相关的其他活动。

职位分析问卷的使用要注意它的计分方法：

（1）在应用这种方法时，职位分析人员要依据 6 个计分标准对每个工作要素进行衡量，给出评分。这 6 个计分标准是：信息使用程度、工作所需时间、对各个部门以及各部门内各个单元的适用性、对工作的重要程度、发生的可能性，以及特殊计分。

（2）在使用 PAQ 时，用 6 个评估因素对所需要分析的职位一一进行核查。核查每项因素时，应对照这一因素细分的各项要求，按照 PAQ 给出的计分标准，确定职位在每个工作要素上的得分。PAQ 对以确定薪酬等级为目的的工作分析非常有用。当确定了每一个职位的总体得分后，就可以依据得分衡量不同职位的相对价值，进而可以确定每一个职位的薪酬等级。

（3）该方法也有其特定的缺陷。第一，PAQ 对受试人的理解和阅读能力要求较高，必须具备本科毕业生的阅读水平才能填写此问卷。第二，PAQ 的标准化和通用化格式导致了工作特征的抽象化，其难以描述构成工作的特定的、具体的任务活动。

【课后实作任务】

任务名称	"管家"工作说明书	
组名		小组成员
任务描述	你是某酒店人力资源部的一名员工。目前，为了提升对酒店 VIP 客人的服务质量，酒店拟增设一个管家岗位。为此，人力资源部需拟定该职位的工作说明书。人力资源部经理给你布置的任务是熟悉目前酒店的 VIP 接待工作任务，明确该新增职位的岗位职责及相关能力要求，并撰写工作说明书	

续表

任务要求	1. 通过网络查阅、图书馆资料检索、访谈等方式收集酒店管家的服务与管理要求，明确管家需要完成的任务及任职要求 2. 小组成员共同讨论、分析，形成讨论总结，并撰写酒店管家工作说明书
任务准备	了解工作说明书的内容，明确工作说明书撰写要求
实施计划	包括以下四个方面： 人员分配、时间安排、解决步骤、设备和工具
实施过程记录	从以下三个方面记录： 搜集的资料、过程记录、实施中遇到的问题及解决办法
任务成果	口头汇报
评价标准	1. 查阅资料丰富、恰当（10%） 2. 小组成员全员参与，团队协作好（10%） 3. 过程记录完整，总结报告全面，观点正确（50%） 4. 上台汇报语言流畅，逻辑清晰，结构完整，PPT制作精美，回答问题准确（30%）
考核成绩	互评（60%）+教师评价（40%）

项目三　酒店员工的胜任力素质

根据中国旅游饭店业协会发布的《2024 中国酒店业发展规模现状大数据分析报告》统计，截至 2023 年 12 月 31 日，全国共有酒店 869088 家，其中，中高端酒店占比不到 20%。而在这些酒店中，人员的职业能力与旅游行业日益开放的要求不相符，出现"倒挂"的现象，从而导致客人入住的满意度较低，投诉率较高。酒店从业人员胜任力素质的高低直接决定客人对酒店的评价和体验，因此，提高从业人员的胜任力素质至关重要。

胜任力素质是员工外在的可观察和可衡量的工作行为和内在的价值观与动机的结合，在与工作分析密不可分的同时，更是探索优秀员工和一般员工区别的原因所在。胜任力素质模型建立之后，因为其具有更强的预测性，公司可依据胜任力要素的要求定义工作说明书，规范入职要求；也能为员工的职业生涯规划、薪酬设计提供参考标准。

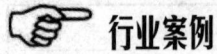 行业案例

从基层到高层，酒店人的关键素养有哪些？

——"酒店创业教父"季琦的思考

作为"携程"四君子之一的季琦，在十余年的创业生涯中，先后创办携程、如家、

汉庭三家市值超过百亿元的上市公司，被誉为"创业教父"。2020年，由汉庭升级的华住集团上市，在季琦的管理下，华住市值达到170亿美元，拥有禧玥、花间堂、桔子水晶、全季、汉庭等23个品牌酒店，成为全球排名第三的酒店集团。什么样的特质让季琦有了如此的经历和他创造的酒店王国？

季琦在《创始人手记》一书中概括自己："敢于冒险、勇于牺牲、富含激情、良好的商业直觉、开阔的心胸、执着和坚持、不断学习和反省。其中，学习能力是至关重要的。我从竞争对手、创业伙伴以及挫折和失败中一直获益最多。"

对于基层、中层、高层、领导者的选用管理，季琦有着自己的逻辑：

（1）基层员工。执行力最重要。建议采用法家的哲学来管理。法家讲规则，强调精准执行。我说1，他们就要按照1.000来做，而不能是1.001。法家有句话讲得好："使中主守法术，拙匠守规矩尺寸，则万不失矣。君人者，能去贤巧之所不能，守中拙之所万不失，则人力尽而功名立。"（《韩非子·用人》）这句话非常好地概括了标准化、流程化的重要性，强调了执行力的重要性。

（2）中层干部。关键素养是仁爱、忠义、礼和、睿智、诚信。建议将儒家思想作为管理哲学。诸葛亮有句名言，叫"鞠躬尽瘁，死而后已"。儒家的敬业、忠诚跃然纸上。王阳明提倡的"知行合一"正是中层干部最需要的，理论与实践相结合，不能光说不练，纸上谈兵。因为中基层重视和考虑的是战术，比如怎么做这个店？怎么管好团队？怎么打败我的对手？对于战略问题要深刻领会，将之细化为战术目标和行为，所谓"尊德性而道问学，致广大而尽精微"。

（3）高层管理者。建议借鉴道家思想，要求他们必须从战略层面看问题，不能仅仅停留在战术层面。企业要培养出一批优秀的领导者，而不是简单的执行者，更不能是所谓的"职业经理人"——那些只知道盯着绩效指标，盯着职务、奖金的高级打工者。

（4）领导者。我们的规模不是简单的叠加，我们的速度不会是循规蹈矩的增长，我们面临的问题的艰巨和复杂性需要一批领袖级的人物来共同完成——那就是具有主人翁精神的创新者、领导者、管理者。对于领导者，第一条是"执中"。道家提倡的"治大国若烹小鲜"，说的是治理国家就跟烧菜一样，不能太咸，也不能太淡，不能太老，也不能太嫩，要恰到好处，这是执中。第二条是朴真，淳朴而真实。"原天地之美而达万物之理""圣人法天贵真，不拘于俗"。那些形式主义的东西，只会浪费和干扰我们的心智。只有"返璞归真"，才能在杂乱的信息里抓住本质。领导者治心而不是治事。"黄帝之治天下，使民心一"。作为高层的领导者，要想方设法让大家劲往一块儿使。第三条是大公。"忘乎物，忘乎天，其名为忘己。忘己之人，是之谓入于天""至人无己，神人无功，圣人无名"。大公，才能归真；大公，才能执中；大公，才能治心。第四条是超脱。领导者面对错综复杂的问题，面对纷繁杂乱的形势，面对堆积如山的事务，必须超脱。所谓"举重若轻"，即拿得起，放得下。"傍日月，挟宇宙"。庄子提倡的这种超脱境界，不仅做事的时候需要，更是一种人生态度和生活哲学。

——以上材料摘自《创始人手记》

一、胜任力的内涵

胜任力（competency）一词来自拉丁语 Competere，在中文文献中也常译作胜任特征、胜任素质等。这一概念最早可以追溯到古罗马时期，当时的人就曾通过构建胜任力剖面图（Competency Profiling）来说明"一名优秀的罗马战士"所需要具备的特性。20世纪初"管理科学之父"泰勒（Frederick Taylor）通过对"科学管理"的研究，认为完全可以按照物理学原理对管理进行科学研究。他通过"时间—动作研究"的方法分析工人的活动，分析和探索优秀工人和一般工人产生工作差异的原因。

但学界公认的胜任力研究权威是哈佛大学教授、心理学家麦克利兰（David Mc Clelland）于1973年对胜任力的研究做出的开创性工作，使胜任力开始在人力资源领域得到应用。他将胜任力定义为那些与工作、工作绩效或生活中的其他重要成果相联系的知识、技能、社会角色、自我概念、人格特质以及动机需要。

二、胜任力模型

（一）胜任力模型的内涵

1. 定义

胜任力模型就是在特定岗位上，为了完成某项工作并且达到某一绩效目标，要求任职者所具备的一系列不同胜任力要素的组合。

2. 特征（见表3-2和表3-3）

◇ 由7~9项胜任素质组成。
◇ 每项胜任素质在整个模型中有一定的权重。
◇ 每项胜任素质都有明确的界定。
◇ 部分胜任素质还界定了所必须达到的等级。

表3-2 某酒店管理者胜任力模型

序号	胜任能力	序号	胜任能力
1	全局观	6	计划和组织能力
2	战略规划能力	7	经营头脑
3	领导力	8	指导员工
4	决策力	9	全球视角
5	分析问题能力	10	关系建立能力

表 3-3 某酒店管理者胜任力模型指标解释

能力素质	决策力
定义	以实现公司目标为导向，在对可采用的行动措施、他人需要及价值进行考虑后，制定决策，做出判断，采取行动或做出承诺
行为指标	◇决策时，以公司利益、整体利益为导向 ◇识别利益冲突，制定与本组织机构使命相一致的适当决策 ◇对形势和信息资料进行客观评估，避免根据片面情况或他人意图做出假设 ◇在不确定的条件下，制定审慎的决策，不鲁莽行事 ◇决策有适当的前瞻性，并权衡对长期和短期的影响，做出决策 ◇果断决策，采取行动，避免因拖延造成损失 ◇识别何时把适当或具体的情况报告给高级别的人员 ◇了解何时应适当采用多数意见或独立进行决策 ◇在发现决策错误或有重大负面影响时，及时进行校正 ◇即使该信息并不完全明朗，也努力提取可供利用的信息，及时得出结论，制定决策
备选行为指标	◇考虑某项行动或决策可能对他人产生的影响

(二) 胜任力模型的理论基础

1. 冰山模型（Iceberg Competency Model）

冰山模型是由美国著名心理学家麦克利兰于 1973 年提出的，美国学者斯潘塞在 1993 年则从特征的角度提出了"素质冰山模型"，如图 3-2 所示。素质冰山模型把个体素质形象地描述为漂浮在洋面上的冰山，将人员个体素质划分为表面的"冰山以上部分"和深藏的"冰山以下部分"。其中，"冰山以上部分"包括知识、技能，是外在表现，是容易了解与测量的部分，容易通过培训来改变和发展。"冰山以下部分"包括角色定位、价值观、自我认知、品质和动机，是人内在的、难以测量的部分，它是区分绩效优异者与一般者的关键因素，对个人在职位上的长远发展具有更重要的意义。职位越高，"冰上下的部分"的影响作用比例就越大。

图 3-2 素质冰山模型示意图

售货员的胜任力素质模型如图 3-3 所示。

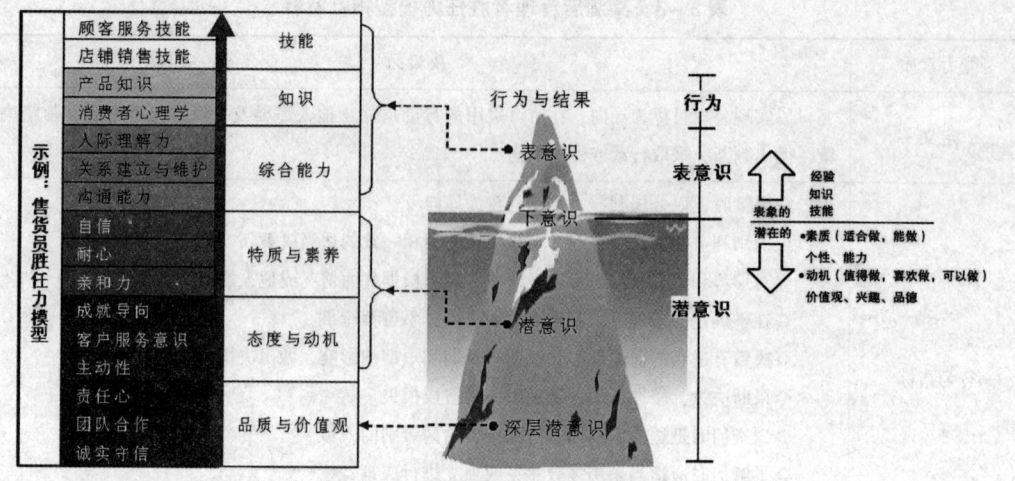

图 3-3 售货员的胜任力素质模型

2. 洋葱模型（The Onion Model）

洋葱模型是在冰山模型基础上演变而来的，如图 3-4 所示。美国学者博亚特兹（Richard Boyatzis）对麦克利兰的素质理论进行了深入和广泛的研究，提出了"素质洋葱模型"，是把胜任素质由内到外概括为层层包裹的结构，最外面的是知识和技能，往里第二层为自我认知、态度、价值观，最核心的为个性/动机，这展示了素质构成的核心要素，并说明了各构成要素可被观察和衡量的特点。

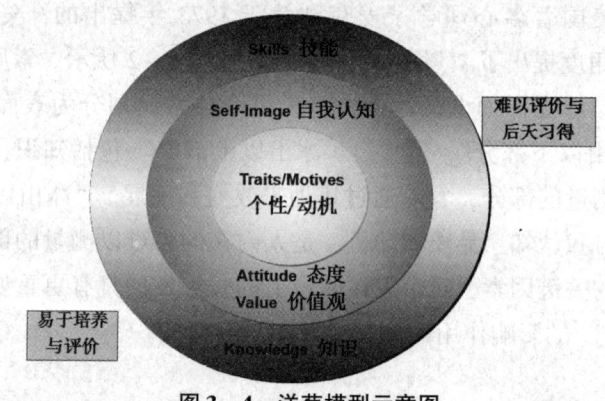

图 3-4 洋葱模型示意图

课堂小任务：

> 在以下两个测试工具中任选其一，完成对自己的优势（天赋）的测试。
> 1. 盖洛普优势识别测试——找到你的优势所在
> 2. APESK 天赋发现测试

（三）胜任力模型的构建方法

1. 行为事件访谈法

行为事件访谈法是对职位人员进行访谈，以了解该职位有关的关键事件。其核心技术是运用 STAR 法则，即围绕情境（situation）、任务（task）、行动（action）、结果（result）四项来展开关键事件的追问。具体含义是：

◇ Situation：事情是在什么情况下发生的？
◇ Task：你当时面临怎样的任务？
◇ Action：针对这样的情况分析，你采用了什么行动方式？
◇ Result：结果怎样？在这样的情况下你学习到了什么？

2. 问卷调查法

通过书面形式，以严格设计的心理测量项目或问题，向被调查者收集研究资料和数据，是一种间接收集研究材料以了解情况的调查手段，是研究胜任力采用较多的方法。问卷调查法的关键是问卷的编制、研究对象的选择以及结果分析。具体步骤一般为：首先，采用开放性问卷的方式来收集胜任力项目，编制初始量表；其次，运用专家意见法等方式，初步筛选胜任力项目；然后，将筛选出来的项目编制成问卷，再施测；最后，对所获得的数据进行统计分析（因子分析、探索性因素分析和验证性因素分析等）；最终建构胜任力模型。

问卷调查法通常包括以下几个部分。

◇ 基本信息。比如，姓名、职位、性别等。
◇ 问卷说明。说明调查的目的，并表达感谢。
◇ 填写说明。说明回答的方式和注意事项。
◇ 问卷正文。根据调查目的设计相关问题。

3. 专家意见法

顾名思义，就是由本研究领域一定数量的权威专家对所获得的胜任力进行详尽的比较和分析，经过合并或剔除获得胜任力要素的方法。这一方法的使用，关键是选择合适的、具有较强专业素质的专家。前提是通过文献法、开放式问卷调查法来收集相关的胜任力项目。而后，把经过专家评定所获得的项目编制成量表，对样本群体施测，对数据进行统计分析，最终得出相应的胜任力模型。由于专家心理因素的影响、专家的实践经验、专家数量的限制等因素，可能会出现所构建的胜任力模型与实际情况存在偏差的情况。

（四）胜任力模型的构建流程

构建胜任力模型的过程一般要经过以下六个步骤。

◇ 建立绩优标准，将绩优的标准界定清楚，使后续工作有章可循。
◇ 确定收集信息的对象，收集相应的人员岗位信息，包括：岗位名称、汇报关系、岗位职责、管理幅度等重要的岗位信息。

◇ 选择收集信息的方法。

◇ 分析数据信息，对信息分类与编码。

◇ 确定胜任力模型，对每一项素质进行定义以及行为等级划分，并就等级进行行为阐述。

◇ 检验胜任素质模型，验证的方法有：一是继续进行 BEI 的访谈，重新认证；二是用案例评测的方式进行检验；三是基于素质模型的方式进行招聘，严格按照各项指标进行筛选，验证是否具备这些素质的人在进入岗位后能否同样高效地产出业绩；四是用评测软件进行评测，但该项对评测软件的信度和效度要求比较高，需要专项研发的软件，价格相对比较昂贵。

根据"冰山模型"（见图 3-2），确定某酒店分店总经理胜任力模型的 3 个维度，分别是知识、技能/能力、职业素养。在确认了模型的每一胜任维度后，分别从多个方面和角度诠释该特征所涉及的行为表现，利用专家小组法对各维度进行分级评价，从而形成针对某酒店分店总经理胜任力模型，如表 3-4 所示。

表 3-4 某酒店分店总经理胜任力素质模型

模块	要素	定义	等级划分
专业知识	酒店知识	对酒店相关运作部门以及对酒店分类、市场状况、未来发展的了解、熟悉、掌握情况	1级：了解酒店相关运作部门，对酒店分类、市场状况、未来发展有一定的认识 2级：熟悉酒店相关运作部门，对酒店分类、市场状况、未来发展有清晰的认识 3级：掌握酒店相关运作部门的工作情况，对酒店分类有足够的认识、能根据市场状况、未来发展趋势制定相关政策，提升分店营业额
	SOP知识	酒店前厅、客房、工维、销售、财务、人力等各个部门的标准、流程	1级：了解酒店前厅、客房、工维、销售、财务、人力等各个部门的标准、流程，能根据相关标准执行 2级：熟悉酒店前厅、客房、工维、销售、财务、人力等各个部门的标准、流程，能根据具体情况提出优化建议 3级：掌握酒店前厅、客房、工维、销售、财务、人力等各个部门的标准、流程，根据部门特点提出更高的标准及流程，并推广至全集团
技能	销售管理能力	能根据分店的产品特征、市场状况以及周边环境的综合因素，制定不同的销售政策并实施，达成公司下达计划目标的能力	1级：了解分店的产品特征、市场状况以及周边环境、凭借以往的经验，策划一般的营销活动方案（如市场推广、品牌宣传等）并组织实施 2级：熟悉行业、竞争对手的市场情况，能对公司、竞争对手的优劣势及营销策略进行分析，制订有效的应对措施，并指导实施 3级：熟悉公司、竞争对手，能对公司的市场营销活动做战略性筹划，发挥公司整体优势，推进公司战略目标的实现

续表

模块	要素	定义	等级划分
技能	客户管理能力	对分店的客户进行分类，根据不同的客户类别提供不同的产品及服务，确保客户黏性的能力	1级：倾听客户需求并及时回应，解决常规性的客户问题 2级：主动与客户取得联系，关注客户满意度，随时提供有用信息 3级：针对客户的需求、问题提出自己独立的观点，并采取行动解决问题，积极参与帮助客户进行决策
	品质把控能力	对分店的服务态度、环境卫生、物品保养等方面有良好的认知，能按照公司对品质的要求进行严格把控的能力	1级：按照公司的要求和规范，完成相关的品质把控，确保通过集团品质验证 2级：根据公司的标准，结合分店的实际情况，对物品保养、环境卫生等提出合理化建议 3级：能根据分店现有情况，创造性提出优化建议，提升公司的品质服务
	团队管理能力	在团队目标下，运用自己的专业技能和长处推动团队目标实现的能力	1级：能按公司要求组织团队成员完成既定的工作任务 2级：合理分工，对下属进行指导，促使工作任务出色地完成 3级：积极影响团队氛围，带领团队成员克服各种困难，取得优异的团队绩效
	成本管控能力	对分店所产生的各种费用如人力成本、能耗成本、易耗品成本、洗涤成本等涉及经营的费用有很好的管控能力，保证单店成本竞争优势的能力	1级：能够按照公司的标准，将各种成本支出控制在范围内 2级：能创新性地使用新方法，节省各项支出 3级：对成本有超意识，不仅注意节流，更注意开源，使投入产出比达到最佳，并能推广至其他分店
	安全管理能力	在分店管理过程中保证客户、员工的人身及财产安全，确保消防、漏电等安全事故零隐患的能力	1级：按照公司标准对相关安全事件点进行定期检查 2级：要求下属学习相关安全知识和提升安全意识，使团队成员参与安全预防管理 3级：使用非常规手段在不引起反感的情况下对客户进行安全知识培训，并教客户采取有效的手段进行防御
	数据统计、整理分析能力	根据以往内部历史数据如客户来源、销售产品种类、利润来源等，以及外部的竞品价格、销售政策等进行整理分析，制定更加有利于提升业绩的方案的能力	1级：利用现有与分店经营的相关数据进行整理分析，解决问题 2级：接触其他尽可能多的渠道或对象，获得各种相关或潜在相关的数据和信息，结合本店的运营提出解决问题的方案 3级：建立相关的数据、信息收集系统，通过系统对收集到的数据、信息进行系统分类、整理和保存等方面的管理，为经营提供动态支持

续表

模块	要素	定义	等级划分
技能	沟通能力	在交流的过程中能很好地倾听、理解他人的意思并做出相应反馈,以及能准确地表达出自己的意见和见解	1级:能够理解他人的观点,也能清楚地表达自己的观点 2级:能够准确理解他人的观点并能适当给予反馈;能观点清晰、具有逻辑性地表达自己的想法 3级:对不同的人或情境,能自如地运用不同的谈话方式并能灵活调整
素质	诚信正直	以企业的道德规范正直处世,遵守各种规章制度,并抵制不道德的行为	1级:遵守公司的规章制度,不违法乱纪 2级:不说假话,真实反映客观情况,不为个人利益隐瞒事实或欺骗他人 3级:坚持原则,正直廉洁,不凭借权力谋取个人私利
	影响力	运用数据、事实等直接影响手段,或通过人际关系、个人魅力等间接策略来影响他人,使其接受自己的观点或使其产生预想行为的能力	1级:采用单一、直接的方法或论据对他人进行说服,试图使他人支持自己的观点 2级:善于换位思考,能够根据对方的关注点,调整谈话的内容或形式 3级:能够根据情况设计复杂的影响策略,与关键人物结成联盟,获得他们的支持
	学习能力	不断主动学习新的知识和技能,从不同的渠道如书本、网络、前人经验来拓宽知识面,并能从自己或他人的经验、教训中获得新知识,并能转化为工作产出	1级:不断寻找学习机会,采用多种渠道不断加强自身的知识和技能 2级:将学习到的知识和技能应用到工作中,不断提高工作效率 3级:学习到的知识和技能不仅能应用在目前的工作上,还能分享给其他人去处理更多的问题
	自信心	勇于接受挑战性任务,面对任务深信自己有能力完成,能采取各种办法来完成任务,改善绩效	1级:不需要他人的监督和指导,能很好地完成工作,并对自己充满信心 2级:对于挑战性工作,有很好的规划和认识,能不断激发自己的潜力完成更高标准的工作 3级:对富有挑战性的工作感到兴奋,能不断用新方法来优化工作方法,提高效率

续表

模块	要素	定义	等级划分
素质	执行力	能有效利用资源、带领团队排除任何艰难险阻、不找借口保质保量达成既定的目标的能力	1级：偶尔需要他人的督促，能按时完成工作，工作效果一般 2级：不需要他人督促，能按时完成工作，并且工作效果有保证 3级：身体力行，说到做到，是高效、长效执行的典范
	全局观	理解并能正确处理个人和组织、上级和下级、局部和整体之间的关系	1级：理解组织目标和个人目标有差异，不可能避免出现矛盾 2级：当组织利益和个人利益出现冲突时能正确处理 3级：当小团体利益和公司整体利益发生冲突时，能做出有利于整个组织的决策，积极地维护公司利益
	成就动机	经常为自己及团队设定高于标准的目标，不断激发下属潜能，为达到更高的效率和绩效，不断寻找更有效率的方法，有强烈的成功动机和愿望	1级：工作能达到公司标准，表现出把工作做好的愿望 2级：为自己或者团队制定高于标准的工作目标，对现有的工作方法和内容进行改进，提高工作绩效 3级：为自己以及团队制定具有挑战性的目标并采取具体行动去实现目标，力争在同行中表现优秀
	关注细节	为了保证在工作中不出现错误或失误，对自己和他人的工作进行反复监督和检查	1级：对自己的工作要求严格，注重对工作的检查，基本不出现错误 2级：注意督促下属或配合自己工作的其他人员对工作的各个环节进行多角度、全方位地考虑，确保工作准确无误 3级：学习并督促自己及他人掌握各种可以提升和改进工作细节的方法，能够设计或使用程序化检查错误的手段
	责任心	勇于担当，能从大局出发，主动承担责任和履行义务，不仅对于自己，更能监督和领导整个团队成员完成各项工作	1级：清楚自己的工作职责，遇到问题不躲避，承担应有的责任 2级：对职责范围内的工作进展情况及时进行核查，对发现的问题采取必要的行动，以保证工作按要求标准完成 3级：支持公司战略目标的实现，即使面临巨大压力或个人利益受到损失时，仍能不折不扣完成工作并承担责任

续表

模块	要素	定义	等级划分
素质	积极主动	面对危机工作或突发状况时，不推卸责任，而是以积极的态度去面对困难，采取相应措施，完成工作	1级：在面对危急情况时，不推诿、不逃避，主动去解决问题 2级：通过提前采取独特和额外的行动来创造机会或降低问题发生的可能性 3级：预测在未来可能会发生但其他人并未意识到的某个机会或问题，并采取相应的准备行动

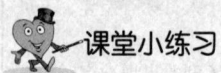

对比表3-4中酒店总经理的胜任力素质，分析自身对该岗位的胜任力，每个素质模块满分10分，对自己的胜任力逐项打分后加总，汇报分析结果。

项目四　AI时代的工作分析

随着人工智能（AI）技术渗透到各个行业和领域，在人力资源管理领域，AI技术的应用也日益广泛。其中一项重要的应用就是帮助人力资源部门实现对工作岗位的精准定位和岗位胜任力素质分析。

一、AI技术在工作分析中的应用

工作分析是确定特定工作角色所需任务、职责和资格的过程。传统上，工作分析是通过访谈、观察和问卷调查等人工进行的，这既耗时又费力。AI可以通过以下方式自动化和增强工作分析的过程。

（一）岗位数据收集与分析

工作分析是一项需要大量数据支撑的工作，除了员工的基本信息、教育背景、工作经历、技能特长以外，还需要收集企业的组织结构、部门设置、岗位职责等多方面的信息。AI技术的有效运用，可以帮助我们收集整理工作分析所需要的一系列信息，并通过对这些数据的分析，发现企业内部的岗位需求和员工的实际能力之间的匹配度，从而为岗位精准定位提供更加科学的依据，大大减少了耗费在简单重复工作上的精力，让企业得以腾出精力来在判断决策、创新创造方面的工作进行更加深入的思考和尝试，为科学决策创造出必要的条件。

(二) 职位模型构建

职位模型构建是工作岗位分析的基础，职位模型是对一个职位的全面描述，包括该职位所需的技能、知识、经验等。通过构建职位模型，可以帮助人力资源部门更准确地了解每个职位的特点和要求，从而更好地进行岗位精准定位。这项工作以往通常是由经验丰富的人力资源管理团队来人工完成。在数字化人力资源管理时代，基于收集到的数据，可以利用 AI 技术构建职位模型。

(三) 员工能力评估

在工作分析中，需要对岗位员工的能力进行评估。评估工作量大，且容易存在主观性强而影响评估准确性等问题。通过 AI 技术能有效解决该问题。例如，使用机器学习和深度学习算法对员工的工作表现、绩效评价等进行分析，以评估员工的能力和潜力。此外，AI 技术还可以帮助我们进行在线测试或面试，以更客观地评估员工的能力。

(四) 岗位匹配度计算

在收集了员工能力和职位模型的数据后，可以通过 AI 技术计算员工与职位的匹配度。这可以通过多种方法来实现，如使用协同过滤算法、聚类分析等方法，根据员工的能力和职位的要求进行匹配度计算。这样可以为每个员工找到最适合他们的职位，从而实现最佳的人职匹配。

(五) 持续优化与调整

工作分析并非一次性的任务，而是需要持续优化和动态调整的。AI 技术通过持续收集和分析数据，可以及时发现岗位匹配度的变化，从而对岗位信息进行调整。此外，还可以通过 AI 技术对员工的培训和职业发展进行规划，以提高员工的技能和素质，使其更好地适应岗位需求。

二、AI 技术在胜任力素质分析中的应用

胜任力素质分析是识别和评估个人成功执行特定岗位角色所需的技能、知识和能力的过程。传统的胜任力素质分析主要是通过评估中心、面试和心理测量等工具来实现。AI 技术的出现，使我们进行胜任素质分析工具的同时，也能够提高 HR 部门的胜任力素质分析效率和效果。具体而言，AI 在胜任力素质分析中的应用表现在以下几个方面。

(一) 自动化数据收集

AI 算法可以自动采集与胜任力相关的行为数据（例如，绩效评估、360 度反馈、观察数据等），并对这些数据进行整理，在节省大量时间和精力的同时，还能提高数据收

集过程的准确性。

(二) 识别关键胜任力

AI可以分析胜任力数据，识别与特定工作或组织相关的关键胜任力。这有助于确定理想候选人的资格要求，并制订针对性的培训和发展计划。

(三) 自动化评估

AI模型可以根据历史数据，如分析候选人的简历、社交媒体资料等数据，预测评估候选人的胜任力水平。这可以帮助HR做出更明智的招聘决策，并提高招聘后新员工的保留率。此外，AI还可以自动化胜任力评估过程，如情景测试和角色扮演。

(四) 提供个性化反馈

AI可以根据员工的胜任力评估结果提供个性化的发展反馈。这有助于HR和员工确定他们的优势和劣势，并制订针对性的发展计划。

(五) 识别偏见和歧视

AI算法可以分析胜任力评估流程中的数据，识别潜在的偏见和歧视，这有助于企业创建更公平、更包容的工作场所，也能有效避免不必要的法律风险。

三、工作分析中使用AI的具体示例

◇ 阿里巴巴：使用自然语言处理（NLP）和机器学习（ML）算法来分析职位描述和其他文本文件，自动提取职位的关键任务和职责。这消除了手动收集和分析数据所需的大量时间和精力。此外，使用ML算法来识别模式并预测哪些技能和经验对于特定职位角色至关重要。这使阿里巴巴能够创建更全面的职位描述，并更有效地匹配候选人到职位。

◇ 亚马逊：使用AI来分析绩效评估数据，识别与特定职位相关的关键胜任力，以此提高招聘的质量和效率。

◇ 联合利华：使用AI来定义胜任力的不同维度或级别。这有助于更全面地评估候选人和员工的胜任力水平。

◇ 百事可乐：使用AI来提供个性化的发展反馈，以便员工确定他们的优势和劣势，并制订针对性的发展计划。

总之，AI应用在工作岗位分析上，可以通过自动化数据收集、识别关键胜任力、定义胜任力维度、开发评估岗位胜任力的工具等，帮助企业更准确地了解员工的能力和需求，从而实现人尽其才、提高工作效率的目标。同时，通过持续优化和调整，可以使企业的人力资源管理更加科学、高效。通过自动化这些任务，组织可以节省时间和资源，同时还可以获得更全面的工作分析结果。

【课后实作任务】

任务背景说明：

电视剧《五星大饭店》里有这样两个场景。一是剧中的何总对充满理想追求的潘玉龙说："一个优秀的职业经理人，不是知识和经验，而是职业的态度，那就是敬业和诚实。"二是剧中主人公潘玉龙在经历挫折后仍充满向往地说道："我热爱这个职业，也想从服务员做到领班，从领班做到主管，从主管做到经理，做到总监，做到总经理，一直做下去……没有人不希望自己的理想能够实现，但区别就在于能不能付出真实的努力，能不能问心无愧……我尊敬依靠正当途径向上发展的人；我尊敬对自己的职务诚实守信的人；我尊敬依靠能力、勤奋和忠诚获得成就的人。"这部剧呈现了酒店职业经理人的理想与素养职业。

任务名称	观剧谈职业理想		
组名		小组成员	
任务描述	以小组为单位观看电视剧《五星大饭店》，评论剧中主人公潘玉龙的职业经理人素养。结合冰山模型对自我的内核构成特点进行分析，对比潘玉龙，分析自己从事酒店职业经理人的个体优势情况		
任务要求	1. 通过网络查找播放该电视剧的链接，利用业余时间观看了解主要剧情 2. 以小组为单位讨论分析主人公的职业经理人胜任力要素 3. 小组成员结合冰山模型分析自身的内核构成特点，共同讨论、分析每个成员从事酒店职业经理人的个体优势情况，形成小组讨论总结报告		
任务准备	了解冰山模型和胜任力素质模型的内容		
实施计划	包括以下四个方面： 人员分配、时间安排、解决步骤、设备和工具		
实施过程记录	从以下三个方面记录： 搜集的资料、过程记录、实施中遇到的问题及解决办法		
任务成果	小组总结汇报		
评价标准	1. 查阅资料丰富、恰当（10%） 2. 小组成员全员参与，团队协作好（10%） 3. 过程记录完整，总结报告全面，观点正确（50%） 4. 任务较好地促进了小组成员的个人职业发展规划（30%）		
考核成绩	互评（60%）+ 教师评价（40%）		

【课后练习测试】

一、单选题

1. 酒店工作分析的方法中，下列哪个岗位不适合采用直接观察法（　　）？
   A. 客房服务员　　　　　　　　　　B. 行李员
   C. 销售员　　　　　　　　　　　　D. 保安员

2. 以下哪个是最基本的酒店人力资源管理工具（　　）？
   A. 工作分析　　　　　　　　　　　B. 人力资源规划
   C. 绩效评价　　　　　　　　　　　D. 员工关系

3. 下列不属于工作分析中工作描述内容的是（　　）？
   A. 职位标识的描述　　　　　　　　B. 工作职责的描述
   C. 人员需求分析　　　　　　　　　D. 工作环境的描述

4. 酒店工作说明书包括两个方面的内容，即（　　）。
   A. 职位描述和任职资格　　　　　　B. 岗位分析和环境分析
   C. 环境分析和人员分析　　　　　　D. 工作环境和聘用条件

5. 工作分析程序的前期准备工作不包括（　　）。
   A. 明确酒店战略　　　　　　　　　B. 选择有必要分析的工作
   C. 分析某项工作有关的信息　　　　D. 确定谁来收集信息

6. 使一个职位区别于其他职位的基本标识是（　　）。
   A. 职位标识　　　　　　　　　　　B. 工作标志
   C. 工作信息　　　　　　　　　　　D. 职务标识

7. 以下不属于定性的工作分析方法的是（　　）。
   A. 访谈法　　　　　　　　　　　　B. 职位分析问卷法
   C. 观察法　　　　　　　　　　　　D. 工作日志法

8. 使胜任力开始在人力资源领域得到应用的学者是（　　）。
   A. 小比尔·马里奥特　　　　　　　B. 麦克利兰
   C. 泰勒　　　　　　　　　　　　　D. 法约尔

9. 以下不属于素质冰山模型"冰山以下部分"的是（　　）。
   A. 知识　　　　　　　　　　　　　B. 社会角色
   C. 自我认知　　　　　　　　　　　D. 动机

10. 以下不属于行为事件访谈的核心技术 STAR 法则的是（　　）。
    A. 情境（situation）　　　　　　　B. 任务（task）
    C. 途径（approach）　　　　　　　D. 结果（result）

11. AI 在胜任力素质分析中的应用尚不表现在（　　）。
    A. 自动化数据收集

B. 分析胜任力数据，识别与特定工作或组织相关的关键胜任力

C. 设计访谈提纲，并与绩效优秀的员工进行现场访谈

D. 分析胜任力评估流程中的数据，识别潜在的偏见和歧视

12. 在收集了员工能力和职位模型的数据后，我们可以通过使用协同过滤算法、（　　）等 AI 算法，帮助我们计算员工与职位的匹配度，为每个员工找到最适合他们的职位，从而实现最佳的人职匹配。

A. 调研诊断分析　　　　　　　　　　B. 聚类分析

C. 层次分析　　　　　　　　　　　　D. 信度效度分析

二、判断题

1. 工作分析已被西方发达国家视为人力资源管理现代化的标志之一，并被认为人力资源管理最基本的职能。（　　）

2. 工作分析是制定人力资源招募计划的前提和依据。（　　）

3. 酒店每年年初都要对所有工作进行分析。（　　）

4. 设计工作说明书的人选最好是来自酒店内部的专业人员。（　　）

5. 胜任力模型就是在特定岗位上，为了完成某项工作并且达到某一绩效目标，要求任职者所具备的一系列不同知识要素的组合。（　　）

单选题答案

1. C；2. A；3. C；4. A；5. C；6. A；7. B；8. B；9. A；10. C；11. C；12. B

判断题答案

1. √；2. √；3. ×；4. ×；5. ×

【课后复习总结】

1. 什么是工作分析？工作分析在酒店人力资源管理中的地位如何？
2. 工作分析的基本流程是什么？主要方法有哪些？
3. 什么是工作说明书？工作说明书的主要内容是什么？

【课后案例分析训练】

某酒店工作分析案例

某酒店位于我国华南地区。近年来，随着经济的发展，外出旅游的人数急剧增加，住宿的要求也越来越高，酒店规模随之得到了发展，逐步发展为一家五星级酒店。随着酒店的发展和壮大，员工人数大量增加，众多组织和人力资源管理问题逐步凸显出来。

酒店现有的组织机构，是基于创业时的酒店规划，随着服务项目的增多，在运行过程中，组织与业务上的矛盾已经逐步凸显出来。部门之间、职位之间的职责与权限缺乏

明确的界定，扯皮推诿的现象不断发生；有的部门抱怨事情太多，人手不够，任务不能按时、按质、按量完成；有的部门又觉得人员冗杂，人浮于事，效率低。

在人员招聘方面，酒店用人部门给出的招聘标准往往不清晰，招聘主管往往无法准确地理解，使得招来的人大多不尽如人意。同时目前许多岗位不能做到人事匹配，员工能力不能得到充分发挥，严重挫伤了士气，并影响了工作效果。酒店员工的晋升以前由酒店总经理直接做出，现在酒店壮大了，总经理几乎没有时间来与基层员工和部门主管打交道，基层员工和部门主管的晋升只能根据部门经理的意见来做出。而在晋升过程中，上级和下级的私人感情成了决定性因素，有才干的人却往往不能得到提拔。因此，许多优秀的员工由于看不到自己未来的前途而另寻高就。在激励机制方面，酒店缺乏科学的绩效考核和薪酬制度，考核中的主观性和随意性非常严重，员工的报酬不能体现其价值与能力，经常可以听到大家对薪酬的抱怨和不满，这也是人才流失的重要原因。

面对这样严峻的形势，人力资源部着手进行人力资源改革，改革首先从进行工作分析、确定职位价值开始。工作分析究竟如何开展、如何抓住工作分析过程中的关键点，为酒店本次组织变革提供有效的信息支持和基础保证，是摆在酒店面前的重要问题。

此酒店在组织内部进行了一次工作分析尝试。首先，他们开始寻找进行工作分析的工具与技术。在阅读了国内目前流行的几本工作分析书籍后，他们从中选取了一份工作分析问卷来作为收集职位信息的工具。其次，人力资源部将问卷发放到各个部门经理的手中，同时他们还在公司内部网页上发布了一份关于开展问卷调查的通知，要求各部门配合人力资源部的问卷调查。

据反映，问卷在下发到各部门之后，却一直搁置在各部门经理手中而没有发下去。很多部门直到人力资源部开始催收时才把问卷发放到每个人手中。同时，由于大家都很忙，很多人在拿到问卷之后，并没有时间仔细思考，而是草草填写。还有很多人在外地出差或者任务缠身，自己无法填写，而由同事代笔。此外，据一些较为重视这次调查的员工反映，大家都不了解这次调查的意图，也不理解问卷中那些陌生的管理术语，例如，何为职责，何为工作目的。很多人想就疑难问题向人力资源部进行询问，也不知道具体该找谁。因此，在回答问卷时，只能凭着个人的理解进行填写，无法把握填写的规范和标准。

一个星期之后，人力资源部收回了问卷。但他们发现，问卷填写的效果不太理想，有一部分问卷填写不全，一部分问卷答非所问，还有一部分问卷根本没有收上来。辛苦调查的结果却没有发挥它应有的价值。

与此同时，人力资源部也着手选取一些职位进行访谈。但在试着谈了几个职位后，发现访谈的效果并不好。因为在人力资源部，能够对部门经理访谈的人只有人力资源部经理一人，主管和一般员工都无法与其他部门经理进行沟通。同时，由于经理们都很忙，能够把双方时间凑在一起实属不易。因此，两个星期过去了，只访谈了两个部门经理。

人力资源部的几位主管负责对经理级以下的人员进行访谈，但在访谈中，出现的情况出乎意料。大部分时间都是被访谈的人在发牢骚，指责酒店的管理问题，抱怨自己的待遇不公等。而在谈到与工作分析有关的问题时，被访谈者往往又闪烁其词，顾左右而言他，似乎对人力资源部这次的访谈不太信任。访谈结束之后，访谈人都反映对该职位的认识还停留在模糊的阶段。

这样持续了两个星期，访谈了大概1/3的职位。人力资源部经理认为不能再拖延下去了，决定开始进入项目的下一个阶段——撰写工作说明书。可这时，各职位的信息收集却还不完全。怎么办呢？人力资源部在无奈之下，不得不另觅他途。于是，他们通过各种途径从其他酒店收集了许多职位说明书，试图以此作为参考，结合问卷和访谈收集到的一些信息来撰写工作说明书。

在撰写阶段，人力资源部还成立了几个小组。每个小组专门负责起草某一部门的工作说明书，并且还要求各组在两个星期内完成。在起草工作说明书的过程中，人力资源部的员工都颇感为难，一方面不了解别的部门的工作，问卷和访谈提供的信息不准确；另一方面，大家缺乏写工作说明书的经验，因此，写起来都觉得很费劲。规定的时间快到了，很多人为了交稿，不得不急急忙忙、东拼西凑了一些材料，再结合自己的判断，最后成稿。

最后，工作说明书终于出台了。人力资源部将工作说明书下发到各部门，同时，还下发了一份文件，要求各部门按照新的工作说明书来界定工作范围，并按照其中规定的任职条件来进行人员的招聘、选拔和任用。但这却引起了其他部门的强烈反对。很多直线部门的管理人员甚至公开指责人力资源部，说人力资源部的工作说明书是一堆垃圾文件，完全不符合实际情况。

于是，人力资源部与相关部门召开了一次会议来推动工作说明书的应用。人力资源部经理本想通过这次会议来说服各部门支持这项目，但结果却恰恰相反，在会上，人力资源部遭到各部门的一致批评。同时，人力资源部由于对其他部门不了解，对于其他部门所提出的很多问题也无法进行解释和反驳。因此，会议的最终结论是，让人力资源部重新编写工作说明书。后来，经过多次重写与修改，工作说明书始终无法令人满意。最后，工作分析项目不了了之。

人力资源部的员工在经历了这次失败的项目之后，对工作分析彻底丧失了信心。他们开始认为，工作分析只不过是"雾里看花，水中望月"的东西，说起来挺好，实际上却没有什么大用，而且认为工作分析只能针对西方国家那些管理先进的大公司，拿到中国来根本行不通。原来雄心勃勃的人力资源部经理也变得灰心丧气，但他却一直对这次失败耿耿于怀，对项目失败的原因也是百思不得其解。

1. 试分析该酒店为什么决定从工作分析入手来实施变革？这样的决定正确吗？为什么？

2. 请分析在工作分析项目的整个组织与实施过程中，该酒店存在哪些问题？

3. 该酒店所采用的工作分析方法主要存在哪些问题？请运用所学知识进行分析。

第四章

酒店员工招聘管理

中国管理哲学:"尚贤"的招聘理念和公平公正的人才选拔

【典型思想及核心理念】

儒家思想:孔子曰"举贤才"强调选拔人才的重要性。

墨家思想:墨子主张"官无常贵,民无终贱"(《墨子·尚贤》)强调唯才是举。

《吕氏春秋》:"外举不避仇,内举不避亲"体现了公平公正的招聘原则。

道家思想:"道法自然"与动态适应,强调管理需顺应事物规律("人法地,地法天,天法道,道法自然")。

【人力资源管理启示】

孔子提倡的"举贤才"与党的二十大"人才强国"战略相呼应。人力资源管理者应该树立公平公正的招聘理念,建立公平的招聘与晋升机制,打破资历与出身限制,注重能力和品德的考察,德才兼备,落实党的"人才优先"发展方针。此外,"道法自然"的思想也启示管理者应注重员工与组织文化的自然契合(顺其自然),灵活调整管理策略,适应市场变化与员工需求,如敏捷管理模式。

【课前导入】

随着全球旅游业的蓬勃发展与消费者对高品质服务的不断追求，酒店行业正面临着前所未有的机遇与挑战。为了在激烈的市场竞争中脱颖而出，酒店必须拥有一支高素质、多样化且专业化的员工队伍。这就要求酒店管理者在招聘过程中，不仅要关注应聘者的基础技能和经验，更要考察其适应变化、创新思维及文化契合度。

以国际著名酒店品牌"香格里拉酒店集团"为例，其在招聘管理上的创新实践，为我们提供了宝贵的启示。香格里拉酒店集团在全球范围内实施了一套综合性的招聘策略，强调"以人为本"的理念，不仅注重候选人的专业技能，更看重其服务意识、团队合作能力和对品牌文化的认同。集团利用数字化工具，如在线测评、视频面试等，提高了招聘效率，同时拓宽了人才搜寻范围，确保招聘过程的公平与包容。此外，香格里拉还特别设立了管培生项目，旨在从源头培养未来领导者，通过系统的培训和跨部门轮岗，加速年轻人才的成长，为酒店业的持续发展注入新鲜血液。

【本章课前思考】

1. 分析当前酒店行业的发展趋势，如智能化和可持续发展等，对酒店员工招聘提出了哪些新的要求？酒店在招聘时应如何调整策略以适应这些变化？

2. 为什么在酒店行业中实现员工队伍的多元化（性别、年龄、文化背景等）至关重要？如何在招聘实践中落实多元化策略？

3. 针对不同层级的员工，如基层服务人员、中层管理者以及高级管理人员，招聘标准与流程应如何差异化设计，以更好地满足岗位特性和企业发展需求？

4. 香格里拉酒店集团如何在招聘中评估和确保新员工与企业文化的高度契合？这对员工留存率和顾客满意度有何影响？

5. 在数字化时代，酒店如何利用社交媒体、在线测评工具等新技术手段优化招聘流程，提高效率的同时如何保证招聘过程中的个人化关怀，以及对候选人个性和文化的深度考量？

行业案例

某五星级酒店因业务扩展急需招聘一名宴会销售经理，负责高端会议与婚礼市场的开拓与维护。通过招聘选拔，酒店管理层选择了在另一家知名酒店有多年销售经验的小李。入职后，小李凭借多年的销售经验完成了酒店已有客户维护的任务，但由于对宴会市场特别是婚礼策划相对陌生，导致其在婚宴客户需求理解、创意提案设计以及与婚庆公司的合作上表现平平，无法有效拓展市场份额。加之其个性独立，与团队协作不够顺畅，导致项目延误和客户满意度下降。最终，小李在试用期内被认定为"人职不匹配"，双方友好协商后解除合同，酒店不得不重新启动招聘流程。

由此案例可见，这次招聘失败，是典型的未遵循"人职匹配"原则的结果。人职匹配强调根据职位需求寻找最适合的人选，不仅考虑硬技能和经验，更要关注软技能、性格特质与企业文化适应性。本案例中，酒店在招聘过程中存在以下几点疏漏。

（1）忽视岗位特性的深度分析。酒店在招聘初期未充分分析宴会销售经理岗位所需的特定技能和经验，如对宴会市场的熟悉度、创意策划能力等，导致招聘标准过于宽泛。

（2）过分依赖过往经验。虽然过往经验是衡量候选人能力的一个重要指标，但不应成为唯一标准。酒店未能综合考量小李的经验与新岗位需求之间的契合度，忽略了专业领域的差异。

（3）忽略软技能与团队协作能力的评估。良好的团队协作能力及与企业文化相匹配的价值观对于销售岗位同样重要。小李的独立个性与团队合作的不协调，最终影响了整体工作效率和氛围。

（4）缺乏有效的试用期评估与反馈机制。即使招聘决策出现偏差，及时地反馈与调整也能最大限度减少损失。酒店在小李试用期间对问题的发现与干预不够及时，错过了早期调整的机会。

【本章教学目标】

知识目标

1. 理解酒店员工招聘的内涵与意义
2. 熟悉酒店员工招聘流程，掌握招聘渠道、方法及其利弊
3. 阐述酒店员工内部招聘和外部招聘的优势和劣势
4. 掌握酒店员工甄选的方式与技巧

技能目标

1. 能够撰写一份招聘计划
2. 能够拟订面试提纲，合理运用面试技巧
3. 能够根据招聘职位的特点，选拔和筛选合格人员

德育目标

1. 树立生涯发展的自主意识，培养成为一名优秀的酒店 HR 的情怀和素质

2. 培养公平竞争意识，注意自身品德修养的提升

3. 树立积极明确的学习目标和正确的择业观

【本章知识导图】

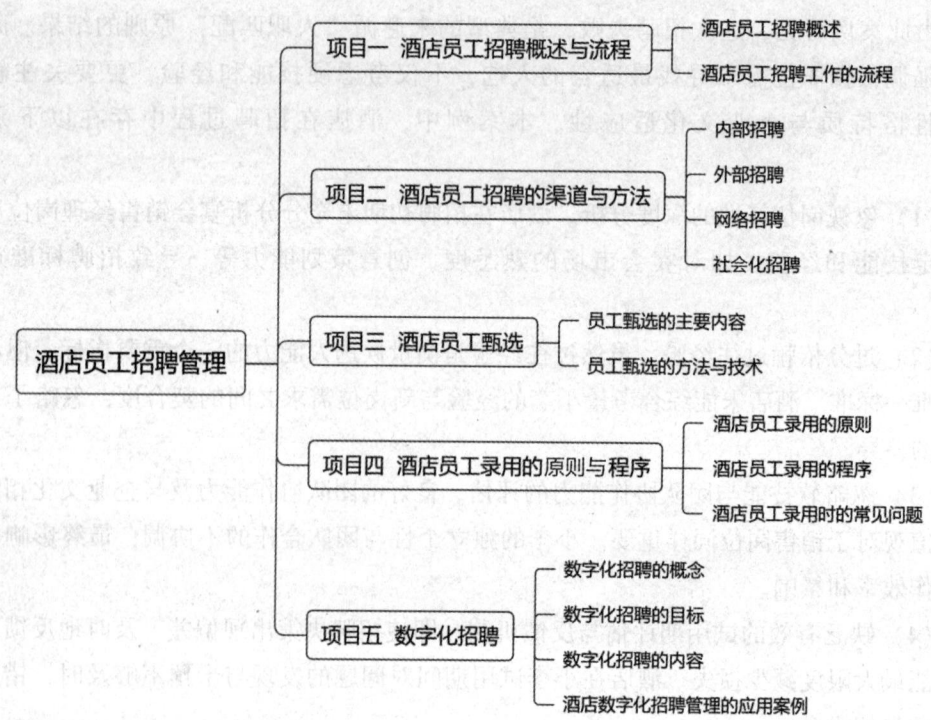

党的二十大以来，旅游酒店业按下了高质量发展的加速键。党的二十大报告中提出"加快建设人才强国，培养造就大批德才兼备的高素质人才"。对于酒店业而言，高素质的员工队伍是企业自身核心竞争力的基本保障。因此，员工招聘工作不仅是酒店人力资源管理的日常任务，更是酒店实现新质生产力的重要保障。面对当前及未来的挑战，如何有效地吸引、甄选、招聘和保留高素质的员工，直接关系到酒店的竞争力和长期可持续发展。

然而，随着社会和技术的不断进步，传统的招聘方法已无法适应快速变化的市场环境。现代酒店需要结合数据驱动的方法和创新的招聘策略，方能应对新时代人力资源招聘的变化与发展。通过利用人工智能和大数据分析，酒店能够更精准地定位和吸引人才，从而提高招聘的效率和质量。

本章将围绕酒店行业的特点阐述酒店员工招聘管理的内容、流程、渠道、方法以及发展趋势等。

第四章 酒店员工招聘管理

【**本章实践项目任务**】

由于员工招聘管理是酒店 HR 部门的工作重点，为了切实提高学生对该板块知识的应用能力，并促进他们走进行业去收集了解更多行业实际信息，提升学生的管理实践能力和系统分析能力，特设此综合性实践项目任务。任务来自企业真实的管理情境，涉及本模块主要的知识点。

学生可以在本模块知识学习前，在老师的带领下，认识和分析项目任务，在学习的过程中着手准备，一边学习一边实践。待本章知识全部学习完后，即可系统完成并呈现任务成果。建议以小组为单位完成。

任务名称	招聘大管家，Yes or No		
小组名称		小组成员	
任务说明	通过给出的案例情境，学生模拟人力资源管理的招聘职能的实际运用，可从以下情境 A 和情境 B 中选一个作为小组任务（每个情境中选一个随机选项即可），分析并做出相对应的招聘决策。该任务将涉及招聘管理工作中的招聘预算及费用分析、经营趋势参考、招聘需求确定、招聘渠道设计以及结构化面试设计等进行多维度的训练和思考		
任务情境描述	情境 A： 当前为 9 月，×酒店前厅部负责人提出招聘 3 名前台接待。当年前台人员编制预算 8 人（按全年平均住房率 50% 计算），当前在职 8 人（1 人即将离职，另外还有 2 名实习生即将在 2 个月后实习期满离店） 随机选项 1： （1）截至 8 月，该酒店平均入住率 65%，未来 4 个月酒店即将进入旺季，平均住房率 65% 以上 （2）截至 8 月，该酒店平均入住率 40%，未来 4 个月酒店的预测住房率分别是 70%、65%、20%、40% 随机选项 2： （1）酒店前厅部前台人力成本截至 8 月份已经超出预算（但至今未完成今年收入预算，且人员一直不稳定；但行政酒廊团队稳定，当年人力成本还有一定的空间） （2）截至 8 月，前厅部的人力成本与实际收入相比在合理范围之内，但是团队存在不稳定因素，有个别前台骨干存在一定的离职风险（风险系数为高） 情境 B： 当前为 9 月，酒店餐饮部负责人提出招聘 4 名西餐厅服务员。当年西餐厅编制预算为 15 人（按全年平均入住率 50% 计算），当前在职 10 人，其中有 2 名实习生即将在 1 个月后实习期满离店		

续表

任务名称	招聘大管家，Yes or No
小组名称	小组成员
任务情境描述	随机选项1： （1）未来4个月，酒店即将进入淡季，未来4个月酒店的预测入住率为55%、30%、20%、35% （2）未来4个月，酒店进入旺季，平均住房率在65%以上 随机选项2： （1）西餐厅截至8月，经营预算一直未完成，团队也不稳定，人工占比高于预算 （2）西餐厅团队稳定，能够按时完成每月预算，但因为人均工资较高，人力成本压力较大
任务成果（output）	1. 通过分析做出具体的招聘策略，包括招聘人数、入职日期建议等，并根据招聘的岗位做出结构化面试设计 2. 要求能够在酒店生意运营、收入、成本、团队建设上找到平衡
任务设计的目的	使学生能够清晰地知晓酒店实际运营中，人力资源招聘工作的逻辑以及思考点，形成一定的思维闭环，具备一定的管理实践能力
任务考查的知识点	招聘需求分析、招聘计划制订、人员甄选、面试设计及技巧等
任务实施建议	1. 讨论分析该任务情境应该实现的目标 2. 围绕该目标，思考应设计哪些关键环节和内容 3. 根据内容需要，设计好各环节的安排 4. 可以广泛搜索酒店业招聘的相关资料作为参考借鉴。亦可以访谈酒店HR工作人员或学长、学姐，收集更多实际资料
其他补充说明	1. 方案内容完整，包含项目分析应涉及的要素 2. 方案设计合理，符合现实，具有可操作性 3. 方案具有创新性

项目一　酒店员工招聘概述与流程

不少人认为，人力资源部的工作中，招聘最容易：不外乎筛选简历、面试、通知上班等。而一位做了 10 年人力资源工作的专家认为，招聘恰恰是最难的，就像一场冒险或赌博。一场招聘，如果仅通过见面、谈话来确定人选，其可信度非常低，成功率只有 38%；如果再加上心理测评、取证，完成整个流程，招聘的成功率也只有 66%。也就是说，工作做足了也才刚刚及格。所以，整个招聘与选才的过程就像打仗一样，HR 必须多学一点技能，把招聘做得更专业一些，才能招到更合适的人选。

一、酒店员工招聘概述

（一）招聘的概念

招聘（recruitment）是指按照组织的战略目标、人力资源规划与用人部门要求，吸引与招募那些符合职位要求的人员前来应聘，通过人员测评技术进行甄选，把合适的人员录用到合适的职位上的过程。招聘是组织持续发展的保证，它可以加速人才的合理流动，还可以扩大组织的社会影响力。

（二）酒店业员工招聘的特殊性

1. 对基层人员的需求量大

除新兴发展起来的无人酒店、智能智慧酒店等新概念酒店外，大多数酒店企业是传统的劳动密集型企业，企业数字化程度较低，因此，对基层岗位的人员需求量较大。目前，我国酒店业发展迅速，企业人员需求率的增长远远高于劳动力供给的增长。由于社会观念、工资待遇、自身发展等原因，酒店业对劳动力的吸引力正在下降，年轻一代到酒店业工作的意愿在下降，而我国的人口增长率也在下降，这些都使得酒店业在招聘人员时遭遇更大的挑战。

2. 员工流动率高

酒店业员工流动率较高，根据《2023 年中国旅游服务业人力资源白皮书》，酒店行业员工流动率持续维持高位，平均流动率高达 24%，远超多数行业平均水平。造成中国酒店业员工流动率过高的原因有很多，有酒店方面的原因，如员工薪酬福利待遇较低、酒店内部管理制度不完善、沟通渠道不畅通、工作环境不和谐、员工职业发展规划被忽视等；也有员工方面的原因，如对酒店期望过高、受传统观念影响、企业与个人的价值取向不一致；当然，其他社会或市场等方面的原因也会影响酒店员工的流失。频繁的员工流动，给酒店业的员工招聘工作带来挑战。

3. 员工需求量波动性大

一般而言，大多数酒店的生意都具有季节性特点，这使得酒店对人员的需求量也存在较大的波动性，在旺季时人员需求量很大，而到淡季或平季时，又会存在大量人员闲置的问题。这给酒店企业的招聘工作带来难度。因此，如何制订符合酒店行业特点的招聘计划异常重要。

4. 对员工素质依赖性强

酒店业的生意高度依赖于顾客满意度和忠诚度。酒店以服务为主要产品，服务是酒店企业的核心竞争力所在。而服务又高度依赖于提供服务的人员的素质。因此，酒店业对员工的服务水平和服务态度的依赖性较高。此外，随着社会的发展和市场竞争的加剧，消费者对酒店服务产品质量的要求越来越高；加之，酒店业经营方式的革新发展以及新技术的应用等也对员工的工作技能提出越来越高的需求。可见，有效的招聘是酒店确保员工队伍服务水平及能力的重要保障。

微课视频：
争夺"00后"实习生，
酒店方式该焕新啦

二、酒店员工招聘工作的流程

酒店员工招聘工作的流程如图 4-1 所示。

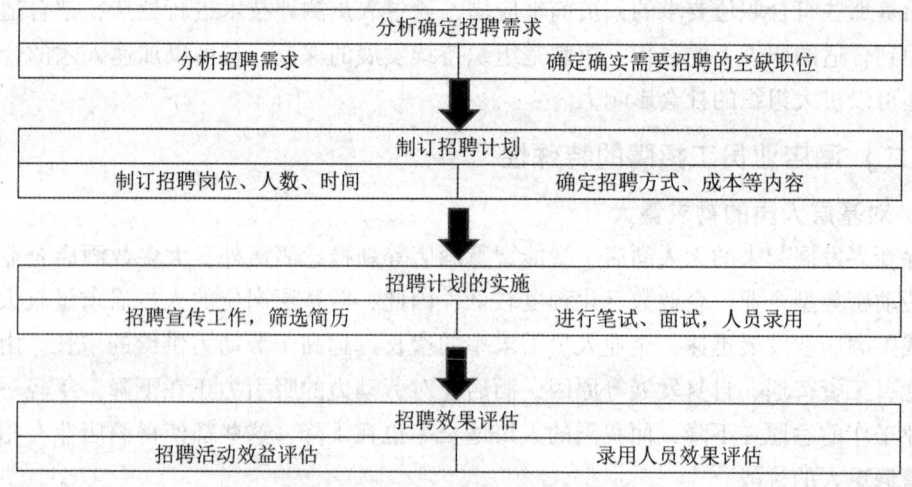

图 4-1 酒店员工招聘工作的流程

（一）分析确定招聘需求

招聘只是填补职位空缺的一种方法，在决定招聘之前，应该先分析判断招聘需求是否真实、合理。有时，当前的用工需求可以通过其他方式解决，那就不用招聘了。比如，调整工作内容程序、内部调动或提升、提高员工效率或技能、加班或工作重新设计等。只有当这些措施都考虑过了，仍然不行，才考虑进行招聘。招聘的成本是不容忽视的。因为，招聘一个员工不只是增加了一个人，而是增加了一个人力成本。如果一个新员工的工资是 5000 元，假设这是一家独资企业，那么他的人力成本至少是 $5000 \times (1+34\%) = 6700$ 元，这多出的 34% 是该员工的福利、保险、公积金等。所以，为了减少成本，一般在能不招人的时候尽量不招聘新人。

此外，应急职位和核心职位的招聘方法也不同。应急职位是临时产生的应急性职位，一般职位的时间为3个月、6个月或更长一些，但过一段时间后，这个职位就不需要了。这样的职位可以用临时工、租用某公司的职工或者将工作外包出去等方式解决，这也是节约人工成本的办法。而核心职位往往是永久性的职位，这种职位可以采用内部招聘和外部招聘两种办法来解决。

（二）制订招聘计划

员工招聘计划应根据企业的人力资源规划（人员编制）与职位说明书制订。企业招聘计划书的主要内容包括招聘团队组建、拟聘用的岗位、应聘人员的条件、招聘组织、招聘时间安排、招聘的程序、招聘渠道的选择、招聘方式的选择、招聘费用预算等。

某五星级酒店开业筹备期招聘计划

××酒店开业招聘计划及费用预算

（三）招聘计划的实施

招聘计划的实施包括人员招募（招聘宣传工作）、人员甄选（筛选简历，进行笔试、面试）和人员录用三个步骤。

1. 人员招募

人员招募的主要工作是招聘宣传，其主要目的是吸引人员前来应聘所做的一系列工作，如了解市场、发布信息、接受申请等。其中，重要内容是书写合适的招聘广告，并根据招聘预算选择合适的渠道发布招聘信息。内部招聘和外部招聘的宣传渠道有所不同，网络社交平台招聘是近年来出现的招聘宣传新媒体载体，应给予重点关注。具体采用哪种宣传形式要视招聘的岗位、招聘成本等而定。

2. 人员甄选

（1）筛选简历，确定考核人选。

企业对收到的简历根据岗位任职要求进行初步筛选，筛除不符合岗位任职要求的简历，将符合基本条件的简历送交相关部门负责人，选出考核候选人。简历筛选中应该重点关注硬性和软性两方面的指标，硬性指标如职位要求的专业水平、工作经验、工作地点等；软性指标如跳槽频率、工作时间间距、工作行业跨度等。

👉 **行业数据**

HR在每份简历上所花费的平均时间为15秒；

每245份简历中只有1份会获得面试机会；

某些大公司一年大约会收到10万份简历；

企业发布一个招聘岗位，平均可以收到200份简历；

所有简历中约有85%最后被扔进了垃圾桶。

> **简历会说话——如何根据HR的眼光来撰写自己的简历？**
>
> 　　打开58同城、赶集网、中华英才网、智联招聘等网站，搜索一个你感兴趣并且有资格应聘的职位，写出你欲应聘该职位可以凸显/匹配的个人标签及内容。（可以从性格、特长、过去所创造过的成绩等多方面来展开联想）
>
> _____
>
> _____
>
> _____

（2）笔试、面试及其他测评技术。

为了保证招聘工作效果，一般采取笔试与面试相结合的方法。笔试可以在面试之前进行，通过笔试挑选面试的人选；也可以在面试之后进行，对通过面试的人员进行笔试，从而决定拟录用的人选。面试人员的数量与实际录用人员数量的比例不能过低。

现在除了传统的笔试和面试以外，还有心理测试、笔迹分析、评价中心等许多新的形式出现。不同的岗位可根据实际情况选择合适的笔试与面试的方式。

3. 人员录用

经过笔试、面试等考核后，需要对通过甄选的合适人员进行录用及初步安置等工作。录用阶段的主要工作内容包括体检、背景调查（拟录用人员考核）、录用决策、录用手续的办理、签订劳动合同等。

（四）招聘效果评估

招聘效果评估是指采用科学的方法，对招聘目标的完成情况，以及招聘成本、招聘方法、招聘渠道等进行评价，是确定招聘效果好坏的一种方式。招聘效果评估可以为以后的招聘工作提供经验或教训，是改进招聘工作、提高招聘工作效果的重要手段，也是组织人力资源管理部门及主管部门工作绩效评估的重要依据。

招聘效果评估主要包括以下内容。

1. 招聘成本效益评估

招聘成本效益评估包括实际招聘成本与成本预算的比值、录用员工创造的效益与实际招聘成本的比值。招聘成本是平均招聘到一名员工所需要的费用。如果招聘成本低，招聘人员质量高或者招聘人数多，就意味着效率高，反之则效率低。录用员工创造的效益与实际招聘成本的比值大，意味着效率高，反之则效率低。

2. 招聘人员质量评估

招聘人员质量评估是指将录用人员的各项素质与职位说明书中的要求进行对比，评定其优劣。质量评估通常采用定性评估的方式。对招聘人员的数量可以用如下几个比值来表示：

$$聘用比 = 聘用人数/应聘人数 \times 100\%$$
$$招聘完成比 = 聘用人数/计划招聘人数 \times 100\%$$
$$应聘比 = 应聘人数/计划招聘人数 \times 100\%$$

3. 招聘方法效果评估

招聘方法效果评估是指对招聘方法的信度与效度的评估。它是改进招聘方法的重要依据。招聘方法的信度和效度高，用人单位招聘工作的效果就好。招聘方法效果评估是建立在招聘成本效益评估和录用人员数量与质量评估基础之上的，可以通过对新员工的绩效考核来判断。

4. 招聘渠道评估

招聘有多种渠道，如互联网、传统媒体、现场招聘会、校园招聘、人才中介机构、猎头公司、雇员推荐等，究竟哪种更适合招聘单位？企业可以从费用、每份简历的成本、每一名不适合的申请人的成本、每一名合适的申请人的成本等要素对其进行评估后做选择。

思政小课堂

酒店机器人会取代人力服务吗？[①]

2024年，政府工作报告明确指出深化大数据、人工智能等研发应用，开展"人工智能+"行动，象征着人工智能正在成为产业创新的关键抓手和驱动新质生产力的关键引擎。中国机器人产业作为蓬勃发展的新质生产力，在政策支持、技术突破等因素的影响下，机器人的应用落地正迅速普及。

在机器领域，有很多细分赛道。而在酒店服务机器人这个垂直赛道上，最有影响力的品牌莫过于"云迹"。从2014年成立至今的10年里，云迹的服务机器人

[①] 云迹科技官网，2024.

已渗透超30000家酒店。无论洲际、威斯汀这样的国际高端酒店，亦或华住、亚朵等国内连锁品牌酒店，你都会发现，越来越多像"大白"一样的机器人穿梭在酒店里，提供迎宾、引导、取件、送物的服务。

在酒店，用工一直是痛点。目前，酒店已经趋向模块外包化，工区清洁、客房都如此。另外，酒店分淡旺季，用临时工需要进行上岗培训，叠加五险一金等隐性的管理成本，而机器人则不用考虑这些因素。理想的状态是，未来酒店需要增加人手时，只需要运送过去一台机器人，就可以直接"上岗"和其他机器人一起工作。因为机器人自身、彼此之间的信息是相同及相通的，且无须培训。

服务机器人大大降低了酒店的人工成本。2月27日晚间，一台穿梭在酒店的机器人当天已经连续工作了14小时，行进距离超过21公里，相当于跑了一个"半马"。而在整个2月，它累计的工作里程更超过585公里，服务时间在380小时以上，这是酒店服务员不敢想的工作KPI。此外，服务机器人还将提升顾客体验，带动酒店产品销售。据悉，云迹的产品"润"所涵盖的"酒店机器人服务生系统"，助力酒店RevPAR提高数十元，促进机器人活跃度与提升网络订房客人OTA好评转化40%以上，拉动了酒店行业智能化服务提升，推动行业发展。

云迹科技迭代了多功能分体机器人"UP"，其"一机多能、分时复用"的特点为酒店应用场景提供了更多价值。与此同时，云迹科技以机器人为服务载体，打造机器人服务数字平台，为酒店行业提供住中数字化解决方案HDOS，以"开放共享"的原则，面向行业打通机器人服务、打造数字平台、IoT系统、售后服务、供应链等线上线下服务体系，从用户需求端链接TCL、天猫精灵、小度科技、美团外卖等企业，联合普度等机器人标杆企业，与行业伙伴共同探索AI多机协同化、技术平台化、服务标准化的发展，推动中国商用服务机器人发展，推动商业融合、产业联合，打造"AI + BI"互利共赢新生态。从2023年开始，云迹切入行业的触角，已经不仅仅是硬件销售或租售模式，而包括更具价值的智慧化数据服务，实现"从卖设备到卖服务"。通过酒店住中服务数字化解决方案，云迹正在让机器人从原来只能执行单一功能的劳动者，演变为一个服务团队。

通过搭载的数字化系统，机器人的服务可分析化。向用户提供的数据分析不仅实现了对咨询服务的统计、分析，也实现了对可能发生预投诉的预警、强提醒，这降低了酒店管理者的管理成本，提高管理效率，让管理有据可查，如图4-2所示。

图4-2 云迹机器人服务数据分析

拓展思考：

尽管酒店机器人的运用给消费者和酒店品牌本身带来了不少的好处，机器人取代人力的呼声也不绝于耳，但酒店的服务人员真的要下岗了吗？想象一下，未来的某个时刻你踏入酒店，没有酒店员工，也没有微笑和热情，周围都是冰冷的机器人，它们为你提供机械性的重复服务。面对人力与机器服务的巨大差异，以及没有人情味的住宿体验，你还会满意吗？

互联网思维和新科技席卷而来，各行各业无不被裹挟其中。新科技的变革为行业内各品牌带来了明显的品牌效益。乍看之下，品牌的调性上升了几个档次，但穿越时空的惊喜感之后更应是关于整个行业生态的思考。

项目二　酒店员工招聘的渠道与方法

酒店员工招聘渠道指酒店获取人力资源的途径和方法。根据应聘者的来源，酒店招聘渠道可被划分为内部招聘、外部招聘两类。内部招聘是指组织从内部选拔和录用所需人才的过程，外部招聘是指组织从外部招募和录用人才的过程。

一、内部招聘

（一）内部招聘的来源

◇ 晋升。
◇ 岗位轮换。
◇ 工作调换。
◇ 返聘或重新聘用。

（二）内部招聘的方法

1. 人才数据库（人才储备法）

人力资源部门可通过建立人才数据库，记录现有员工的背景资料，以及知识、技术能力信息。当出现职位空缺时，人力资源部门将工作需求输入数据库，就可以获得符合要求的现有员工名册，并根据员工的职业领域、受教育程度、职业兴趣、工作经历及其他因素，对员工进行分类。

2. 工作岗位公告

酒店可通过工作岗位公告系统或企业 QQ 群和微信群等发布招聘信息，向员工公布职位空缺情况，以便员工申请特定的职位。企业可以通过多种途径向员工通报职位空缺（job posting）。

3. 晋升和岗位轮换

酒店通过晋升和工作轮换来填补职位空缺。如果员工通过轮换或晋升调到了其他岗位，就需要招聘新员工来接替他们原来的工作。酒店应在老员工离开岗位之前而不是老员工离开岗位之后，做好填补这些职位空缺的计划。

4. 重新招聘以前的员工和应聘者

新员工的另一个招聘来源是以前的员工和应聘者。由于以前的员工已经与酒店建立了联系，因此，酒店可把他们视为内部招聘的来源。事实上，有很多员工离开企业到其他公司去工作过一段时间后，仍然选择回到原来的企业工作，那么忠诚度反而比较高。

☞ **行业案例**

锦江酒店集团的"人才发展计划"与内部晋升体系

锦江酒店集团,作为中国领先的酒店集团之一,长期以来致力于构建一个支持员工成长和职业发展的内部晋升体系。集团认识到员工是企业最宝贵的资源,通过实施一系列人才发展项目,为员工提供了从基层到管理岗位的广阔晋升空间,有效激励了员工的积极性和忠诚度,同时增强了企业的核心竞争力。

具体实践:

1. "锦英计划":这是锦江酒店集团为培养未来领导者而设立的一项重要的人才发展项目。该计划面向具有发展潜力的中层管理人员,通过为期数月的系统培训,包括课堂学习、实战演练、导师辅导等环节,旨在提升其业务能力、领导力和战略思维,为集团输送高层管理人才。

2. "内部优先"政策:锦江酒店集团实行内部职位空缺优先向现有员工开放的政策。通过内部职位公告板,员工可以实时了解到集团内各个层级的职位空缺情况,鼓励并支持符合条件的员工申请晋升,确保优秀人才能够在集团内部获得成长和发展的机会。

3. 跨部门轮岗机制:为了拓宽员工的职业视野,锦江酒店集团推行跨部门轮岗制度,允许并鼓励员工在不同业务单元和职能领域工作,以积累多样化的经验和技能,为未来承担更广泛的职责做好准备。

二、外部招聘

(一) 外部招聘的来源

◇ 员工举荐(熟人介绍)。
◇ 主动上门的求职者。
◇ 失业者(下岗者)。
◇ 竞争对手及其他公司。
◇ 就业机构(职业介绍机构)。
◇ 学校。
◇ 人才市场。

(二) 外部招聘的主要方法

1. 员工举荐

员工举荐,又叫熟人介绍,是常见的招聘方式,内部员工推荐酒店现有员工的熟人、朋友和家庭成员是应聘者的可靠来源。现有员工会告诉这些潜在申请人在酒店工作的好处,提供介绍信,并鼓励他们到酒店应聘。员工对应聘者与所空缺职位都比较了解,再加上举荐会涉及他的声望,所以,员工总是举荐高质量的求职者。

 行业案例

开元酒店的内部举荐实践

浙江某开元酒店春节后面临员工短缺、招聘压力大的现状，推出了内部员工举荐应聘奖励机制，鼓励全员参与推荐优秀人才加盟酒店。成功推荐一名员工，相关员工奖励200元，推荐实习院校合作信息并协助合作成功奖励200元/次。据统计，2015年该酒店共招录正式员工（除实习生外）232人，其中内部推荐人数达89人，占比达38.4%，招聘成效显著。

思考： 酒店采用内部员工推荐应聘的方法，具有什么优势？

分析提示： 一是通过员工推荐方式获得的员工往往工作绩效水平更高，对公司也比较忠诚。二是与通过招聘广告获得的员工相比，被公司员工推荐来的人对公司有更多、更深入的了解，且招聘成本低廉。三是内部员工推荐体系作为众多公司特别是高科技公司采取的一种有效的招聘手段，在人才的挑选、人才的稳定性、招聘成本控制等方面起到了积极作用。

2. 发布招聘广告

招聘广告是利用各种宣传媒介发布组织招募信息的一种方法，也是宣传酒店形象的常用方法。一般情况下，招聘广告应包括以下内容：组织的基本情况，政府与劳动部门的审批情况，招聘的职位、数量与基本条件，招聘的范围，薪资与待遇，报名的时间、地点、方式及所需的资料，其他有关注意事项。常用于发布招募信息的广告媒介有：报纸、杂志、广播电视、招聘现场的宣传资料、互联网等，它们各有其优缺点。一般来说，选择媒体的时候要考虑下列因素：传播面、容易接受性、专业性、可靠性、时效性、成本等。

3. 校园招聘

校园招聘主要是指酒店直接到高校、中等职业学校的校园里招聘员工的活动形式，其途径主要包括：人才交流会、专场招聘会、人才推介会、实习生计划会。校园招聘方式有招聘张贴、开招聘会、专业实习、学校就业办公室推荐等。校园招聘一定要准备充分，尊重学生，不论是否录用都应该有反馈。酒店应加强和校方的联系，如接触大学的就业辅导单位、到大学做讲座、接触教师、参加实习活动、接触校园内的社交或专业团体、酒店专业课程教学活动等。

 拓展阅读

校园招聘的步骤

4. 职业介绍机构

在我国，职业介绍机构大致分为非营利性和营利性两类。具体而言，这些机构可以细分为以下三大类别：第一类是由劳动保障行政部门直接设立的机构，它们往往具备公益性质，作为事业单位运作；第二类是由县级以上劳动保障部门批准的其他政府部门、社会团体以及企事业单位所开设的职业介绍机构；第三类则是经县级以上相关部门审批后，由公民个人创办的职业介绍机构。

内部招聘和外部招聘两个渠道各有优缺点。企业应根据需要招聘的员工类型、数量、时间等要求以及招聘成本预算等条件情况来选择适合的招聘渠道。

拓展阅读

内部选拔和外部招聘的困惑

三、网络招聘

网络招聘有几种不同的形式，最常用的有用人单位网站、求职网站和专业网站。

（一）用人单位网站

酒店通过其官方网站或专属 App 设置专门的招聘页面，专门用于发布招聘信息。为了吸引优秀人才的关注，这些招聘页面需要设计得既精美又引人注目，内容须专业且详尽。此外，酒店可以考虑在知名的招聘平台或行业专业人士经常访问的网站上放置企业网站的链接，以扩大招聘信息的曝光范围。

微课视频：
凯悦酒店集团的
招聘渠道投放

对于用人单位而言，网站或 App 上的招聘和雇用信息不仅是人力资源工作的一环，更是企业整体营销战略的重要组成部分。因此，招聘信息页面应能够有效地"展示"企业的职位和职业机会，同时简要介绍企业的背景、主营产品和服务、企业及其所在行业的增长潜力，以及企业的核心价值观和经营理念。通过这些信息的展示，用人单位能够更好地吸引和留住合适的人才，为企业的发展注入源源不断的动力。

例如，亚朵酒店集团（如图 4-3 所示）、华住酒店集团（如图 4-4 所示）等都善于利用公司自己的网站做好招聘工作。应聘者既可以便捷地了解到企业的招聘职位，也可以进一步搜索每个职位的信息、应聘流程及要求等。但不少用人单位并没有很好地把职业和雇用信息编到网站中去。一项对《财富》500 强企业的研究结果发现，有 21% 的企业网站很难找到关于招聘的内容，另外 40% 的网站中，图标和链接不一致。

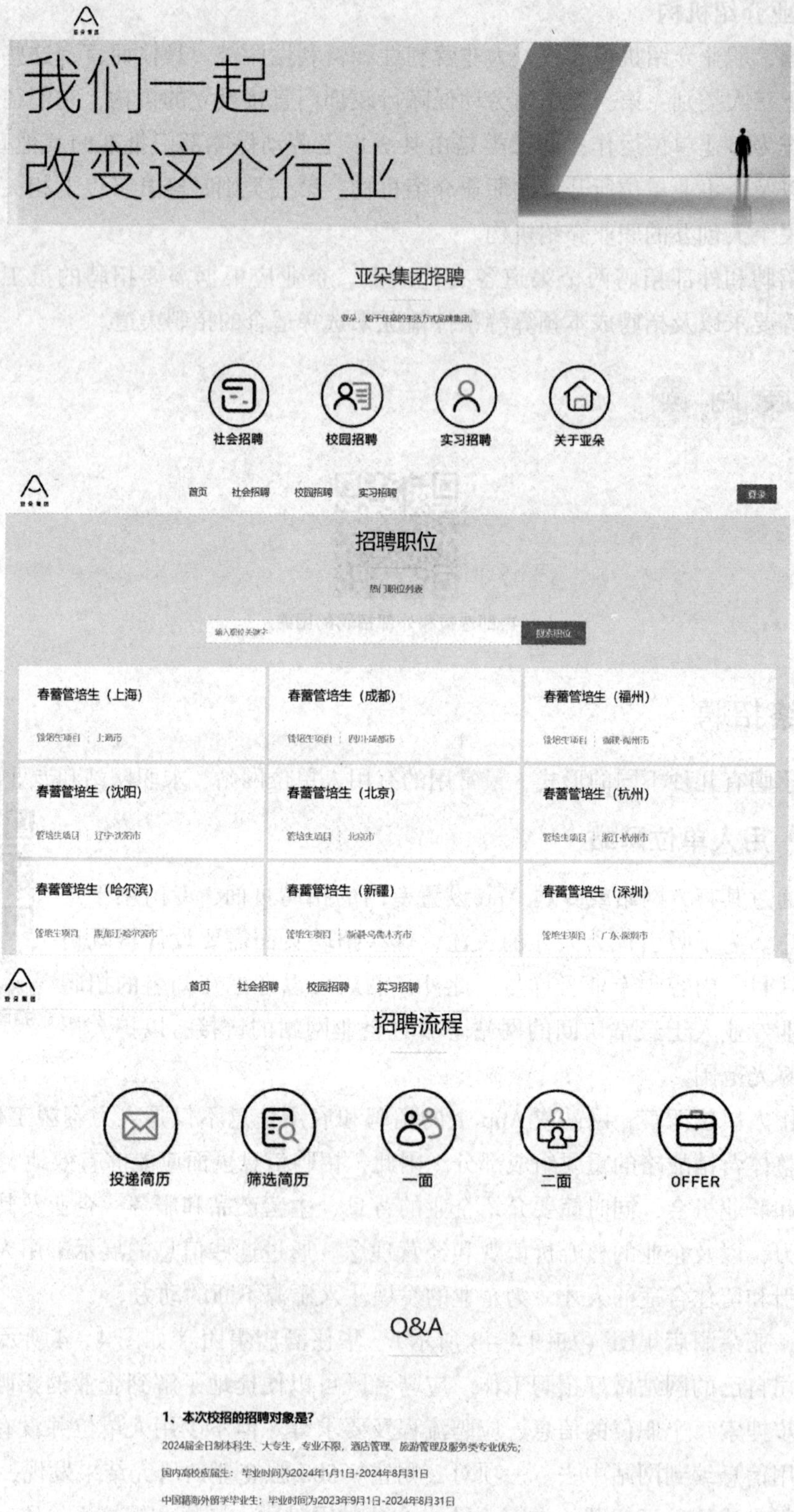

亚朵集团招聘

登朵，始于住宿的生活方式品牌集团。

社会招聘　校园招聘　实习招聘　关于亚朵

招聘职位

热门职位列表

春蕾管培生（上海）	春蕾管培生（成都）	春蕾管培生（福州）
管培生项目｜上海市	管培生项目｜四川成都市	管培生项目｜福建·福州市
春蕾管培生（沈阳）	春蕾管培生（北京）	春蕾管培生（杭州）
管培生项目｜辽宁·沈阳市	管培生项目｜北京市	管培生项目｜浙江·杭州市
春蕾管培生（哈尔滨）	春蕾管培生（新疆）	春蕾管培生（深圳）
管培生项目｜黑龙江·哈尔滨市	管培生项目｜新疆·乌鲁木齐市	管培生项目｜广东·深圳市

首页　社会招聘　校园招聘　实习招聘

招聘流程

投递简历　筛选简历　一面　二面　OFFER

Q&A

1、本次校招的招聘对象是？

2024届全日制本科生、大专生，专业不限，酒店管理、旅游管理及服务类专业优先；

国内高校应届生：毕业时间为2024年1月1日-2024年8月31日

中国籍海外留学毕业生：毕业时间为2023年9月1日-2024年8月31日

图 4-3　亚朵酒店招聘网页

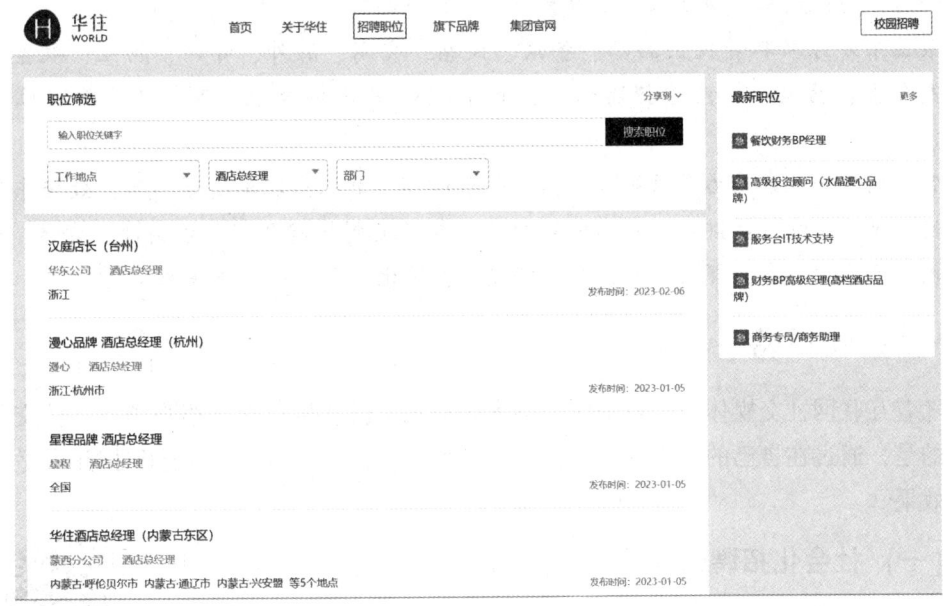

图 4-4　华住酒店集团招聘网页

(二) 求职网站和专业网站

酒店利用第三方专业招聘网站，使用简历数据库或搜索引擎等工具来完成招聘。近年来，我国出现了诸如智联招聘网、前程无忧、中华英才网、卓博人才网等知名综合招聘网站。另外，还有专门针对某类人群而设立的网站，如按地域划分的北京人才热线、广东人才网等，按职位性质划分的旅游服务业专业的招聘平台——最佳东方、中国旅游人才网等，以及专门针对大学生人群的应届生求职网等。招聘者可以在这些专业网站上发布招聘信息，利用网上数据库系统自动管理简历，也可以不发布招聘广告而直接搜索网上的简历库，寻找合适的人才。

网络招聘为企业和求职者带来了前所未有的便利，它打破了地点和时间的限制，让双方都能高效节省时间和成本，同时提供了更为广阔的选择空间。其显著优点包括：广告效果突出，信息承载量大且传播速度快，便于统计浏览人数，无论是单独发布招募信息还是集中发布招募信息都更加便捷。然而，网络招聘也存在一些局限性：由于地域传播广泛，信息可能过于繁杂而容易被忽视；此外，仍有部分人群因缺乏上网条件或计算机使用能力而无法享受这一服务。同时，需要注意的是，企业在选择招聘网站时，要选择与自己品牌形象相符的网站，同时要注意保护企业机密和招聘信息的保密性。

旅游服务业的招聘平台——最佳东方[①]

最佳东方成立于 2003 年，是旅游服务业（酒店、餐饮、休闲娱乐、康养）的招聘

---

① 最佳东方网站，2023.

求职平台，为杭州东方网升科技股份有限公司旗下品牌。

最佳东方为求职者提供酒店、餐饮、民宿、公寓、海外、邮轮、物业、航空、景区、高尔夫、养老、地产等招聘信息，目前注册用户超过497万，日招聘职位超过29万。

针对困扰企业的人力资源短缺、招聘成本增加、员工离职率高等问题，最佳东方独立开发招聘通系统，提供包括网络求职招聘、专场定制招聘会、人才测评、背调、RPO等在内的多元化服务，帮助企业控制招聘成本、简化招聘流程、提高招聘效率。

四、社会化招聘

随着互联网社交媒体的普及推广，很多企业HR已涉足社会化招聘领域。社会化招聘指的是，通过在自己的社交圈子、特定渠道去发布招聘信息，从而达到招到合适候选人的效果。

（一）社会化招聘的优势

1. 发现意外的人脉资源

通过社会化招聘，可以接触到未预料到的人脉资源，如通过朋友介绍可能找到理想的候选人，甚至是行业内的领袖和精英，他们能够丰富你的招聘渠道。

微课视频链接：
社交化招聘

2. 提升雇主品牌影响力

社交化招聘不仅是发布招聘信息，还通过展示公司的成长历程、发展前景和薪资待遇等内容，间接提升公司的雇主品牌。一个良好的雇主品牌不仅有助于员工职业发展，还能在招聘过程中赋予HR更有利的地位。

3. 高效定位候选人群体

利用社交平台找到候选人的聚集地，这些平台集聚了大量符合招聘需求的候选人。在候选人多而职位稀缺的情况下，招聘工作将更加高效和高质量。

（二）如何做好社交化招聘

社交化招聘包括以下几个方面。

1. 在主要的社交平台发布招聘信息

在微博、微信、领英等社交平台上找到目标人群，发布具有说服力的招聘信息。可以选择幽默或正式的风格，但建议不仅限于文字，最好搭配图片，并表达感激之情。

2. 与行业内资深人士建立关系，获取资源

行业内经验丰富的专业人士通常能够帮助你连接到优秀的人才。应与他们保持密切联系，定期沟通和询问。即使最初不太熟悉，长期保持联系后，他们也会对你有良好的印象。有招聘需求时，向他们请教建议，他们可能会推荐适合的候选人。

3. 与其他公司招聘同一岗位的 HR 相互推荐

不同公司对同一岗位的需求和关注点可能有所不同。因此，与其他公司招聘同一岗位的 HR 保持沟通，也许他们已经面试过不适合他们公司但适合你公司的候选人，这种情况经常发生。

通过这些方法，可以有效利用社交网络和人际关系，提高招聘效率和成功率。

微课视频：
缺人的"春节档"
酒店如何熬过
"人才关"

项目三　酒店员工甄选

员工甄选是指通过人员测评方法与技术，对应聘候选人的能力素质进行综合评价，识别与挑选符合组织任职资格要求人员的过程。人员甄选一般包括两方面的工作：一是人员甄选的客观标准和依据，一般是职位任职资格要求或职位胜任素质模型；二是人员甄选技术的选择与作用，包括各种人员测评的方法与技术。

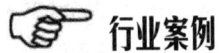 行业案例

你拥有识人的慧眼吗？

某酒店上一年刚招聘了一名大学毕业生小刘，负责人力资源部的员工薪资管理工作。该岗位需要很细心且有耐心，并且能熟练操作计算机系统，每月要按时制作员工的薪资材料上报财务部。小刘报的材料经常出错，有时给他退回去修改两三遍仍然有错误，最后实在没有办法了，财务部便同小刘的上司聊了起来，希望他能提醒小刘改进工作。没想到，其上司一说起小刘就懊悔不已。

原来，上一年酒店组织招聘，为了确保甄选质量，专门请当地一家咨询公司出题考试，小刘当时笔试第一名，因此被录用了。试用期间，他主要是实习，没负责过具体工作，试用期结束独自承担工作后，才发现小刘工作丢三落四，经常出错。

思考：为什么笔试成绩第一名，实际工作却不行呢？

分析提示：甄选是整个招聘流程中难度最大的一个环节。所谓"画虎画皮难画骨，知人知面不知心"。企业要用科学的甄选办法，才能降低在甄选员工时可能存在的选错风险。

一、员工甄选的主要内容

（一）知识

知识可分为一般知识和专业知识。一般知识即我们所说的常识，而专业知识则指特定职位所需的特定知识。在招聘过程中，专业知识通常至关重要。求职者的学历和专业证书可以展示其掌握的专业知识的广度和深度。知识的掌握可分为记忆、理解和应用三

个层次，而真正关键的是能够应用所学知识的能力。因此，在人才选拔时，不能仅依赖学历来评估候选者的知识水平，还应通过笔试、面试等多种方式进行全面考察。

（二）能力

能力是引起个体绩效差异的持久性的个人心理特征。通常，能力可以分为一般能力和特殊能力。一般能力是指在各种活动中展现的共同能力，而特殊能力则是指在特定工作中展现的专业技能。例如，酒吧员需要掌握正确调制各款饮料或鸡尾酒的能力，厨房的打荷员需要掌握各种菜式的装盛器具和上粉、穿、酿、卷、包、贴、挤工作的造型等。在评估求职者的一般能力时，可以使用专门设计的量表，如智商测试。而对于专业技能的评估，则通常采用实际操作的方式进行测试。此外，评价中心方法也是评估求职者专业技能的有效途径之一。

（三）个性

个性是指个人相对稳定的特征，这些特征决定着特定的个人在各种不同情况下的行为表现。个性与工作绩效密切相关。例如，性格急躁的人不适合做需要耐心的精细工作，而性格内向、不擅长与人打交道的人不适合做公关工作。对于酒店业而言，员工的个性中是否具备服务意识显得尤其重要。个性特征通常采用自陈式量表或投射测量方式来衡量。

（四）职业动力因素

员工的工作绩效不仅取决于其知识和能力，还取决于他们对工作的动力。工作动力源自企业的激励系统，然而这些系统是否有效则取决于员工的需求结构。不同个体的需求结构是不同的，其中价值观是最关键的动力因素，影响他们对目标和信念的看法。员工的不同价值观可能导致对企业文化的不同认同程度，进而影响企业激励系统的效果。因此，企业在招聘员工时应考虑价值观等动力因素，通常通过问卷测量来进行评估。

二、员工甄选的方法与技术

（一）筛选简历和求职申请书

对求职者进行的最初筛选是通过简历或让求职者填写一份申请表来完成的。由于不同求职者制作的简历存在差异，不利于筛选和比较，因此，越来越多的酒店会制作申请表，让求职者填写。这样不仅能够得到酒店所需要的信息，还可以提高筛选效率。

筛选简历和求职申请书的过程中要注意以下几个问题。

◇ 判断应聘者的态度。

◇ 关注与职业相关的问题。

◇ 分析其求职动机。

（二）笔试

笔试主要用于测量人的基本知识、专业知识、管理知识、相关知识，以及综合分析能力、文字表达能力等素质及能力要素。它是一种最古老、最基本的员工甄选方法，至今仍是企业或组织经常采用的选拔人才的重要方法。

 课堂小练习：请完成以下三道笔试题

1. 情景题：假设您是酒店前台的接待员，一位预订豪华套房的常客提前到达，但房间尚未准备好，且客人显得非常疲惫且不满。请描述您将如何处理这种情况，以确保客人满意并维护酒店的良好形象。

_____
_____

（笔试问题解读：此题旨在考察应聘者的客户服务能力、应变能力、沟通技巧及解决问题的能力。特别是如何在压力情况下保持专业态度，灵活运用酒店政策，同时展现出同理心，以满足客人的即时需求并超出其期望。）

2. 随着数字化转型的加速，数据分析在酒店管理中的作用日益显著。请论述您认为酒店应如何利用大数据改善客户体验，并给出至少两个具体的应用场景。

_____
_____

（笔试问题解读：此题旨在评估应聘者对行业趋势的理解、创新思维以及对数据分析应用的认识。通过此题，可以了解应聘者是否能够理解技术如何驱动业务改进，以及他们在战略规划和实际操作层面的洞察力。）

3. 某五星级酒店近期收到多起关于餐厅服务质量下滑的投诉，包括上菜速度慢、菜品质量不稳定等。作为酒店运营经理，请分析可能存在的问题，并提出一套改善计划，包括短期措施和长期策略。

_____
_____

（笔试问题解读：此题考察应聘者的分析问题、批判性思维、组织规划以及质量管理能力。通过他们的分析和解决方案，可以了解应聘者是否能够系统地识别问题根源，制定有效策略，同时平衡短期效果与长期发展，确保服务质量和客户满意度的持续提升。）

拓展阅读

酒店员工招聘笔试试题

（三）心理测试

1. 智商测试

智商测试评估个体的智力商数，包括多个方面，如观察力、记忆力、想象力、分析判断能力、思维能力以及应变能力等。国际上有多种成熟的智商量表，如比奈量表专注于综合智力的测量，而瑞文图形推理测验则侧重评估逻辑推理和空间感知能力。

2. 能力测试

能力测试是一种心理测验，专门用于评估个体在特定工作中可能具备的潜在能力。国际上，通常采用多种方法来测量这些能力。例如，有些测试侧重测量认知能力，如逻辑推理、数学能力和语言理解能力。其他测试则关注非认知能力，如情商和领导力。这些测试可以通过标准化的量表和评估工具来精确测量，以预测个体在不同职业环境中的成功和适应能力，从而帮助确定最合适的职业选择或岗位配备。

3. 人格测试

人格由多种人格特质组成，主要涵盖个性倾向性（如需求、动机、价值观、态度等）、个性心理特征（如气质、能力、性格等），以及体格与生理特质。这些特质在决定一个人适合何种工作类型时起着关键作用。特别是在选择重要职位，比如主要领导岗位时，人格测试变得尤为重要。因为，成功的领导者通常不是因为智力、能力或经验不足而失败，而是因为人格方面的不足而失败。

为了评估人格特质，常用的测试工具包括"个性特征测试"，该测试设计旨在测量五大个性维度。此外，还有 NEO 个性测量表和霍根人格测试等，它们也被广泛用于分析个体的人格特征和倾向。这些测试能够帮助雇主更好地了解应聘者或现有员工的适应性和潜力，从而做出更为明智的人才选择决策。

4. 职业兴趣测试

职业兴趣测试的目的在于揭示个体对哪些职业或工作任务感兴趣，并能够从中获得最大满足感。霍兰德的职业兴趣测试将人们的职业兴趣分为六种主要类型：实际型、研究型、社交型、传统型、企业型和艺术型。这些类型代表了不同的职业偏好和工作风格，帮助个体更好地理解适合他们的职业方向。

除了霍兰德的职业兴趣测试之外，还有其他几种常用的测试工具可以用来评估职业兴趣。例如，Myers–Briggs Type Indicator（MBTI）虽然主要是人格类型测试，但也能够反映个体的偏好和倾向，有助于揭示适合的职业路径。另外，Strong 职业兴趣清单（Strong Interest Inventory）是一种常用的工具，专门用来评估个体的职业兴趣，并提供相关职业建议和发展路径。这些测试工具不仅对求职者有帮助，还能帮助雇主更好地理解员工的职业动机和兴趣，从而优化人才管理和职业发展规划。

（四）工作技能和实践操作测试

1. 工作样本测试

工作样本测试，又称绩效测试，评估的是执行某项任务的能力，而非仅理解该任务的能力。这类测试涵盖了各种技能，如运动技能和语言技能。运动技能包括操作与工作相关的设备，而语言技能则包括问题处理和沟通技巧。工作样本测试的设计应该聚焦评估工作中的关键方面，因为测试参与者需要实际展示完成工作的能力，这使得试图在测试中欺骗变得极为困难。

2. 可塑性测试

针对那些技术要求可能频繁变化且需要培训的工作岗位，可塑性测试显得尤为重要。这类测试的目标在于评估候选人的学习和适应能力。测试过程通常从培训者演示如何完成特定任务开始，接着要求候选人按照示范进行操作。在此过程中，培训者提供多次指导和支持，以帮助候选人完成任务。候选人最后需独立完成任务。在测试中，培训者会仔细观察候选人的表现，记录任何错误或不熟练之处。通过这些观察和记录，培训者能够评估候选人的整体可塑性和学习效果，判断其是否具备快速掌握新技能和适应新工作环境的能力。

（五）面试

面试是人事管理领域应用最普遍的一种测量形式，企业或组织在招聘中几乎会用到面试。其是指通过测试者与被试者双方面对面的观察交谈，收集有关信息，从而了解被试者的素质状况、能力特征及动机的一种人事测量方法。面试的目的在于：对应聘者外在行为特征的评估，对基本信息的核实、验证和补充，以及对应聘者素质、能力、动机的深入探究。

1. 结构化面试与非结构化面试

结构化面试是指按照事先设计好的结构化面试表格中问题的次序提问。非结构化面试不需要面试人员按照预先确定好的问题顺序向候选人提问，可以在面试过程中随机地发问，谈话内容也可以任意地展开。

2. 情境化面试和工作相关化面试

情境化面试所提的问题主要集中于在某一给定情境下候选人可能采取的行动计划。通过分析候选人的回答来考察候选人的工作能力。情境化面试中的问题可以是事先确定好的结构化问题，让候选人选择可能采取行动的方案。工作相关化面试主要用于评估候选人与工作有关的过去的行为，如候选人所学习过的与工作有关的知识内容等。但大多数问题并不一定是情境化的，即不是设想的有关工作的情境。

3. 压力面试

压力面试是考核候选人对工作中压力的承受能力的一种特殊面试方法，主要应用于某些经常要承受较大压力的工作的人员选聘中。在压力面试中，面试人员故意设计一系列令人难以接受的问题，将候选人置于尴尬的境地，甚至激怒候选人。观察候选人面对这一切的反应，以考核候选人的应变能力、心理承受能力以及人际处理能力等。

4. 系列化面试与小组化面试

系列化面试，即多位面试人员分别对一个候选人进行面试，然后综合各个面试人员对候选人的看法，再进行下一个候选人的面试过程。小组化面试则是由面试人员与所有的候选人同时在一起进行面试，每个面试人员均可向几个候选人提问，一个候选人同时接受几个面试人员的发问。

酒店员工招聘主要面试问题及答题思路

（六）评价中心法

评价中心法（assessment center）是近几十年来西方企业中较为流行的一种选拔和评价高级人才的综合性人才测评技术。评价中心法自 20 世纪 80 年代初开始进入我国，并在我国企业和国家机关人员招聘与选拔中有一定程度的应用。

评价中心法涉及的范围主要有个人的背景调查、心理测评、管理能力和行为评价。评价中心法是以评价管理者素质为中心的测评活动，其表现形式多种多样。从测评的主要方式来看，有投射测验、面谈、情景模拟、能力测验等。从评价中心法活动的内容来看，主要有公文筐测试、无领导小组讨论、角色扮演、管理游戏、演讲、案例分析、事实判断等形式。下面介绍主要的几种：

1. 公文筐测试

公文筐测试，是评估中心技术中应用最广泛且被认为最有效的一种形式。该方法将被试者置于模拟特定职位或管理岗位的情境中。主试者提供一批随机排列的文件，这些文件包括电话记录、请示报告、上级主管的指示、待审批的文件、各种函件和建议等。这些文件涵盖了来自组织内外、日常事务和重要事务的各种通讯。被试者在规定的时间内必须处理完这些文件，并以口头或书面形式解释其处理原因。主试者会观察被试者的工作效率和质量，看其是否能够在压力下做出明智的决策、合理地安排工作优先级，并且能否清晰地解释其决策过程。这种测试不仅考察了被试者处理公文的技能，还评估了其在真实工作场景中所需的分析能力、应变能力和领导力潜力。

2. 无领导小组讨论

无领导小组讨论是指一种通过松散的群体讨论快速引发参与者的特定行为的人事评估方法。这种方法通过定性描述、定量分析和人际比较来评估参与者的素质特征。在无领导小组中，参与者地位平等且没有指定领导者，他们共同讨论问题。例如，在招聘过程中，一个公司可能会组织无领导小组讨论来评估候选人的团队合作能力和解决问题的技能。候选人被安排在一个讨论某一商业案例或行业挑战的场景中，要求他们在没有明确领导的情况下共同做出决策。评估者可能会关注每位候选人的发言频率、是否能够提出独特观点、是否能够平息激烈讨论，以及是否能够有效地说服他人接受自己的观点。这种方法不仅考察了候选人的组织能力和沟通技巧，还能展示他们在处理复杂问题和制定战略方面的能力。

3. 角色扮演

在角色扮演的情景模拟中，评估者设计了一系列复杂的人际矛盾和冲突情境，要求几位应聘者分别扮演不同的角色，并解决各种问题和矛盾。评估者通过观察和记录应聘者在扮演角色时展现的行为，来评估他们的素质和潜力。角色扮演评估主要关注应聘者的角色理解能力、人际关系技巧以及应对突发事件的能力。例如，一家高端酒店正在招聘前台服务员。他们可能安排一个角色扮演的情景模拟，让应聘者分别扮演前台接待、客人和问题客户的角色。在模拟过程中，问题客户可能会提出投诉或要求特殊服务，评估者会观察应聘者如何应对这些挑战，包括沟通技巧、解决问题的能力以及在压力下的反应表现。通过这种模拟，评估者能够更准确地了解应聘者在实际工作中处理客户和团队成员之间复杂关系的能力，以及他们在面对不同情况时的应变能力。

4. 管理游戏

管理游戏是一种通过游戏或集体完成任务来评估应聘者管理技能、合作能力和团队精神等素质的方法。在这种活动中，每位参与者被分配特定的任务，必须与团队成员密切合作，以达成共同的目标。这种方式不仅可以展示应聘者在压力下如何与他人协作，还能够评估其在领导、沟通和问题解决方面的表现。管理游戏不仅是对技能的简单检验，更是对应聘者适应能力和团队互动能力的综合评估。

拓 展 阅 读

招聘专员必须知道的工作技巧

行业案例

奇特的招聘甄选题

某酒店要招聘一名高级主管，竞争异常激烈。招聘现场，汇集了前来应聘的各路精英。该酒店副总走进考场，在每名考生面前放了一个苹果、指甲大的商标和一把水果刀。他要求考生在10分钟内对面前的苹果做出处理，即交上考试答案。

当然，苹果不是发给考生吃的，大家注意到每个考生面前的苹果都布满了溃烂的斑点。副总只说了一句："苹果代表酒店形象。"至于如何处理，应试者只有靠自己的感悟和经验去碰碰运气了。10分钟后，所有考生都交上了"考卷"，副总接过大家的"考卷"走进另一个房间。

几分钟后，副总走了出来，首先向大家做了解释："在10分钟之内完成招聘，体现本酒店的办事效率，之所以没有考察精深的专业知识，是因为专业知识可以在以后的实践中来学习，谁更精深，不能在这一瞬间做出判定。我们注重的是，面对复杂事务的反应和处理方式。我之所以没有告诉大家如何去做，是因为任何新事物出现在你面前时，都没有人会告诉你如何去正确地应对。"

大家焦急地等待他宣布结果。副总拿起第一批苹果，这些苹果的溃烂处已被新贴上的商标所遮盖。副总说："任何酒店有缺点和错误都是在所难免的，就像苹果上的斑点，用商标把它遮住，这种做法是对的。但是，遮住了错误、维护了形象却没有改正错误。"这批应试者没有把改正酒店的错误当成自己的责任，被淘汰了。

副总又拿起第二批苹果，苹果上的斑点已被水果刀剜去。副总说："剜去溃烂处，这种做法是正确的。可是这样一剜，形象却被破坏了，酒店会失去声誉。"这类应试者认为只要改正了错误就万事大吉了，没考虑酒店的形象，也被淘汰了。

这时，副总手里只剩下一个苹果，又红又圆，竟然完好无缺！他扫视了考生们一眼，笑眯眯地问："这是谁的答卷？"一个考生站起来，说："是我的。"副总问："从哪儿来的？"

这个考生从口袋里掏出刚才副总发给他的那个苹果，说："我刚才进来时，注意到酒店门前有一个卖水果的摊子。在大家专心致志地修理手上的烂苹果时，我出去买了一个新苹果。我计算了一下时间，10分钟足够用了。我认为，当一些事情无法挽救时，应选择重新开始。"

副总对这个考生说："你被录用了！"随即，考场里响起了掌声。

思考： 被录用的考生胜出的原因是什么？该副总设置这样的甄选题目的可能考察点是什么？

分析提示： 此类面试甄选题，既考察了应聘者的临场应变能力和面对危机时的救场能力，也考察了其价值观。无论是人生还是酒店经营，由于新的环境变化，有时候都会遇到一些新情况、新问题，遭遇巨大挑战。面对这种挑战，原来的观念和模式也许根本无法适应，需要选择放弃原有的东西，通过创新，选择重新开始。这种选择本身就代表一种人生价值观。

三、【课后实作任务】

任务名称	校园仿真招聘会	
组名		小组成员
任务描述	你们是一个酒店人力资源部的招聘团队，代表酒店参加某高校举办的招聘会，需要招聘前厅部接待员、餐饮部服务员、客房部文员等职位	
任务要求	1. 分工安排：提前一周开展准备活动，分为两组，一组扮演招聘企业，一组扮演求职者 2. 小组成员共同讨论、分析，发挥团队优势，了解如何进行招聘会面试	
任务准备	1. 掌握酒店人员招聘会流程，熟悉酒店招聘面试方法与技巧 2. 招聘企业的准备工作如下：编写招聘广告，设计招聘海报和宣传资料、面试流程及人员分工、面试提纲、各种招聘表格等 3. 求职队的准备工作如下：应聘职务前厅部接待员、餐饮部服务员、客房部文员等职位，每种招聘职务要求多人准备求职简历，参加模拟面试	
实施建议	小组讨论： 如何制订招聘会计划并实施；如何准备简历并参加招聘会	
实施计划	实施计划包括人员分配、方案制定、模拟操作三个方面	
实施过程记录	实施过程包括模拟招聘会操作、过程记录、实施中遇到的问题及解决办法	
任务成果	一场校园仿真招聘会	
评价标准	酒店招聘队评价标准： 1. 招聘计划准确、恰当（20%） 2. 招聘广告简洁明了、内容完整（20%） 3. 面试提纲符合招聘职位要求（20%） 4. 面试过程内容完整、技巧运用得体（40%） 求职队评价标准： 1. 简历格式正确、内容得当（20%） 2. 外表符合职业需求（20%） 3. 反应敏锐、应答自如（30%） 4. 问题回答符合现实要求、专业性强（30%）	
考核成绩	互评（60%）+ 教师评价（40%）	

项目四　酒店员工录用的原则与程序

员工录用是酒店人员招聘的最后一个环节，是对应聘者一系列考核测评之后，对应聘者的情况得出一个全面、客观的考核结果，并根据考核结果做出录用决策的过程。简单地说，录用就是组织根据工作需要招用新人的一系列管理活动。这种活动使组织人员保持新鲜感，使人员得到补充。

一、酒店员工录用的原则

（一）人岗匹配原则

在酒店行业，人岗匹配原则非常关键。这意味着选择与特定岗位最匹配的候选人。例如，一家高端酒店在招聘总经理时，必须考虑候选人是否具备管理酒店运营所需的领导能力、客户服务技能以及市场营销经验。只有确保岗位需求与候选人的技能和经验相匹配，酒店才能充分发挥员工的潜力，提升服务质量和客户满意度。

（二）平等竞争原则

在酒店招聘过程中，平等竞争原则至关重要。这意味着所有求职者都有平等的机会，不受学历、家庭背景或地域等因素的影响。一家国际连锁酒店在招聘服务员时，会公开并按照公正的标准评估每位求职者的服务态度、沟通能力和团队合作精神，确保选择最适合的人才来提升客户体验和酒店运营效率。

（三）德才兼备原则

酒店行业对德才兼备的人才尤为青睐。这意味着不仅具备必要的专业技能（才），还要有良好的职业道德和品德。一家度假酒店在招聘厨师长时，会注重候选人的烹饪技能、食品安全意识以及团队领导能力。同时，候选人的诚信、责任感和对客户满意度的承诺也同样重要。只有德才兼备的员工，才能够在酒店行业中脱颖而出，提升酒店的整体形象和业务水平。

二、酒店员工录用的程序

（一）做出录用决策

企业根据岗位的要求，运用一系列方法对候选人进行甄选评价之后，就得到了关于他们的岗位胜任表现的信息，根据这些信息，便可以做出初步的录用决策。在做出录用决策时，要系统地对候选人的胜任能力进行评估和比较。在录用决策中应注意以下两点：

首先，招聘的指导思想应该是招聘最合适的而不是最优秀、最全面的员工；录用标准应根据岗位的要求有所侧重，不同的岗位应有不同的侧重，突出重点。

其次，初步录用的人选名单要多于实际录用的人数（因为在随后的背景调查、体格检查、人员试用过程中，可能会有一些候选者不能满足企业的要求，或是有些人有了更理想的选择而放弃这次就业机会）。

（二）背景调查

背景调查是确保招聘质量、维护客户安全与企业声誉的重要环节。这一过程涉及全面核查应聘者的个人信息、教育背景、工作经历及任何可能影响其岗位适宜性的法律问题，如犯罪记录、信用状况和过往工作中的不当行为。通过专业的第三方机构或内部HR团队，采用面谈、资料审核、数据库查询等多种手段，背景调查有助于验证候选人资料的真实性，评估其职业道德与可靠性，尤其是对于接触客户敏感信息和财务交易的岗位。此举还能有效规避潜在的雇佣风险，如欺诈、盗窃、违反竞业禁止协议等，为酒店营造一个安全、专业的工作环境。

（三）体格检查

体检一般委托当地医院进行。体检的主要目的是确定应聘者的身体状况能否适应工作的要求，特别是能否满足工作对应聘者身体素质的特殊要求，还可以降低缺勤率和事故，发现员工可能不知道的传染病。体检通常放在所有选择方法使用之后进行，主要是节约费用。

对应聘者的体检一定不要等到入职时才进行，应先让应聘者参加入职体检，在体检合格以后再发出录用通知书。这样，企业既可以根据体检结果来决定是否录用员工，又可以避免涉嫌就业歧视，引发劳动争议。

（四）拟录用人选的审批

对于拟录用人选，需经过单位的逐级审批程序，填写"人员录用审批表"，审批表由人力资源部门留存备查，审批程序根据各个单位的具体情况制定。

（五）人员录用与辞谢

在履行完成以上程序后，通知人员录用，办理入职手续，签订聘用或者劳动合同。对于没有被录用的人员，发函或电话致谢。需要注意的是，在致谢函中没有必要说明未被录取的原因。

☞ 行业案例

背景与情境：浙江某开元酒店通过发邮件的方式把录用通知书发给新录用员工，格式如下。

录用通知书

Dear _____：

您好！感谢您对浙江某开元酒店的信任和大力支持。

非常荣幸通知您，经过考核审查，本酒店决定录用您为本酒店员工。

请您于_____年_____月_____日_____时携带下列证件和材料到本酒店人力资源部报到。(逾期视为自动放弃)

☐本录用通知书　　☐户口本或户籍证明及复印件　　☐身份证及复印件（正反面3份）

☐最高学历毕业证、学位证及复印件　　☐最近任职公司签署的离职证明

☐雇员工作背景调查函　　☐无犯罪记录证明　　☐旅游饭店从业人员健康体检合格证

☐暂住证或居住证及复印件　　☐1寸近期免冠证件照片3张

☐其他资格、培训等相关证书　　☐应届毕业生需携带毕业生就业协议、派遣证

☐**银行工资卡（复印件1份）

预祝您在本酒店快乐工作每一天！

浙江某开元酒店
人力资源部

酒店地址：中国浙江省***　　邮编：******

邮箱：*******　　联系电话：*****

三、酒店员工录用时的常见问题

（一）录用前工作不规范

录用前的工作，包括笔试、面试等环节，是录用工作的基础，如果上述环节的质量不佳将直接影响录用工作。因此，要想保证录用工作顺利进行，必须有规范的招聘流程做保证，要为录用提供真实、全面、可靠的决策依据，还要规范录用前的各项招聘工作。

（二）评价标准不清晰

录用标准的确定是录用决策实施的前提。如果决策者的主观性太强，并根据自己的用人风格来衡量、评价应聘者，那么招到的人员就难免良莠不齐。为避免这一现象，录用标准应严格按照职位说明书制定，并将录用标准明确、清晰地传达给决策者，从而让决策者达成一致的评定标准。

（三）录用程序不合理

执行有效的人员录用程序不仅能为组织提供新生力量，实现人力资源的合理配置，还能较好地激发人员的潜能，实现优胜劣汰、减少培训费用等。员工录用过程中

可能存在某些环节的缺失或不到位，比如，忽视背景调查、体检过程中缺少心理素质检查、录用结果告知不及时等。总之，企业要根据自己的实际情况建立规范公平的录用程序。

【课后实作任务】

任务名称	酒店前台人员的录用		
组名		小组成员	
任务描述	你是一名酒店人力资源部的人事专员。近段时间，酒店收到一批应聘酒店前台服务人员的求职信。人事经理让你负责完成该批人员的录用和选拔。请根据所学知识，成立招聘小组讨论前台服务人员应聘的选拔方式		
任务要求	1. 以小组为单位，搜集酒店行业对前台服务人员的应聘要求，可通过网络、招聘信息等形式查阅 2. 小组成员共同讨论、分析，充分发挥团队协作能力 3. 形成招聘人员录用选拔方案报告		
任务准备	掌握酒店人力资源部对员工录用的选拔方式，掌握招聘用人部门对新入职员工的需求，小组讨论，协作分工完成		
实施建议	小组讨论 1. 酒店前台服务人员入职要求 2. 如何选拔和筛选合格人员		
实施计划	实施计划包括人员分配、时间安排、实施步骤、注意事项四个方面		
实施过程记录	实施过程包括搜集用人信息、过程记录、实施中遇到的问题及解决办法		
任务成果	前台服务人员录用选拔方案一份		
评价标准	1. 前台人员招聘要求全面、得当（40%） 2. 小组成员全员参与，体现团队合作精神，协作好（20%） 3. 过程记录完整（20%） 4. 方案报告格式正确，文字描述清晰，结构完整，观点正确（20%）		
考核成绩	互评（60%）+ 教师评价（40%）		

项目五　数字化招聘

一、数字化招聘的概念

数字化招聘（Digital Recruitment）是针对传统招聘模式的创新，利用数字化技术和智能化工具来优化和提升招聘流程的现代化招聘方法，它不仅是一种技术上的进步，更是对传统招聘方式的彻底升级。数字化招聘整合了大数据、人工智能（AI）、机器学习（ML）、云计算和社交媒体等先进技术，提高了招聘的效率、精准度和候选人体验感。

数字化技术可以有效打通招聘与录用的全过程管理，使之更加高效、透明和智能化，因此也成为推动企业招聘效率和竞争力提升的重要手段。

二、数字化招聘的目标

（一）优化招聘流程

数字化工具和平台的有效使用，可以加速招聘流程，降低招聘成本，提高招聘效率和招聘质量。如今，随着互联网和社交媒体等数字化渠道的广泛应用，招聘的范围越来越广，我们可以借助这些渠道广纳贤才，解决人才紧缺的问题。

（二）实现人才智能匹配

我们可以利用人工智能和大数据技术，对人才进行智能匹配和分析，提高招聘的准确性和匹配度，节约招聘时间和成本。

（三）建立人才储备库

数字化招聘系统的打造，能够帮助我们建立和管理人才储备库，实现对潜在人才的持续跟踪和管理，为企业未来的人才需求提供支持。

（四）提升候选人体验和参与度

通过数字化招聘平台和应用技术，候选人可以更便捷地了解职位信息、提交简历和参与面试，应聘体验和满意度也得以大幅提升。

（五）加强招聘管理和分析

数字化招聘平台可以实现招聘流程的自动化管理和数据化分析，提供招聘数据的实时监控和分析报告，为招聘策略的制定和优化提供数据支持。

三、数字化招聘的内容

(一) 自动化简历筛选

AI 简历筛选。人工智能通过关键词匹配、语义分析等方式检索简历,快速筛选出符合岗位要求的候选人。

(二) 智能化面试安排

(1) 安排面试。人工智能基于候选人和招聘经理的时间表,自动安排面试时间,发送提醒并确认通知,提高面试安排的效率。

(2) 视频初筛。利用视频面试平台进行初步筛选,减少候选人的差旅费用和时间的同时,方便招聘方快速了解候选人的基本情况。

(3) 自动答疑。聊天机器人可以回答候选人关于职位、公司文化、招聘流程等常见问题,提升候选人的体验。

(三) 收集候选人信息

在初步沟通阶段,聊天机器人可以收集候选人的基本信息和意向,更快速地帮助招聘团队做出决策。

课堂小练习

> 如前文所述,聊天机器人可以收集候选人基本信息和意向,结合酒店行业的实际情况,你认为聊天机器人可以帮助我们收集候选人的哪些信息?除了帮我们收集候选人信息以外,在招聘管理中,聊天机器人还可以协助我们完成哪些工作呢?
> ____
> ____
> ____

(四) 数据驱动的决策

(1) 分析候选人数据。通过大数据分析,我们可以了解候选人的背景、工作经历、技能匹配度等,辅助招聘决策。

(2) 候选人绩效预测。利用数据模型预测候选人的应聘岗位的绩效表现,帮助酒店选择最合适的人才。

(五) 内部人才库管理

(1) 人才库建设。我们可以利用数字化工具建立内部人才库,记录所有应聘者的信

息，暂未录用的优秀候选人信息被存入内部人才库，如果未来有匹配岗位空缺，我们可以及时调出合适人才的信息。

（2）内部推荐。利用智能系统分析员工推荐信息，快速识别和联系合适的内部候选人。

（六）候选人体验管理

（1）个性化招聘流程。根据候选人的背景和兴趣，提供个性化的招聘流程和沟通内容，提升候选人的招聘体验。

（2）实时反馈系统。通过智能系统收集候选人的反馈，实时调整和优化招聘策略和流程。

四、酒店数字化招聘管理的应用案例

大狼屋酒店集团的数字化招聘转型

大狼屋酒店集团（Great Wolf Lodge）是一家以家庭度假为主的连锁酒店，提供丰富的室内水上乐园和度假村设施。随着公司业务的快速扩展，传统的招聘模式已经难以满足日益增长的人才需求，特别是在高峰期的人才供需矛盾尤为突出。为了提升招聘效率和质量，大狼屋酒店集团决定进行数字化招聘转型。

大狼屋的传统招聘模式主要依赖于手工操作和纸质文件，这种方式在应对大量应聘者时显得尤为低效。招聘流程中，简历筛选、面试安排和候选人沟通等环节都需要耗费大量的时间和人力资源。此外，招聘信息分散在不同的渠道，无法实现统一管理和实时监控，导致管理层无法及时掌握招聘进度和效果。手动处理还容易出现错误和遗漏，影响候选人的招聘体验，进而降低招聘成功率。

为了应对上述问题，大狼屋酒店集团决定引入易路People+系统，并借助Emma人工智能招聘助理，实现招聘流程的数字化转型。易路People+系统是一款全面的人力资源管理（HRM）解决方案，涵盖了绩效管理、招聘、员工培训、薪酬福利等多个模块。该系统通过集成各种HR功能，提供一站式的数字化人力资源管理服务，帮助企业提高人力资源管理效率，优化员工体验，提升组织绩效。Emma则是一款人工智能招聘助理，通过自然语言处理（NLP）和机器学习技术，实现智能简历筛选、面试安排、候选人沟通等功能。Emma可以自动处理大量招聘事务，提供实时互动，收集和分析数据，辅助招聘团队做出更快、更准确的决策。易路People+系统和Emma在大狼屋的招聘应用如下：

在招聘需求分析与发布方面：通过易路People+系统，可以集成各部门的人才需求，并自动化发布招聘信息。系统能够预测各部门的招聘需求，并在多个招聘平台同步发布职位信息，确保覆盖更多潜在候选人。通过Emma，招聘团队可以将预设的岗位要求和关键词输入系统，由Emma进行智能匹配和筛选。在简历筛选与管理方面，Emma通过自然语言处理技术，对简历进行关键词匹配和语义分析，快速筛选出符合岗位要求的候选人。筛选后的简历数据会自动同步到易路 People+ 系统的简历管理模块，方便后续跟进和管理。易路 People+ 系统可以对简历进行分类、存档和标记，确保数据的完整性和可追溯性。

在智能化面试安排方面，Emma 负责根据候选人和招聘经理的日程安排面试时间，并自动发送面试邀请和确认通知。易路 People+ 系统则提供面试进度的实时监控和管理，确保面试流程的顺利进行。对于需要远程面试的候选人，可以通过系统集成的视频面试平台进行初筛，减少候选人的差旅费用和时间成本。

在实时互动与候选人体验方面，Emma 通过聊天机器人功能，与候选人实时互动，解答他们的疑问，并提供岗位、公司文化、招聘流程等信息。互动过程中，Emma 会收集候选人的基本信息和求职意向，并将这些数据同步到易路 People+ 系统，帮助招聘团队做出初步筛选和决策。

在数据分析与决策支持方面，易路 People+ 系统的强大数据分析功能能够对候选人的背景、工作经历、技能匹配度等数据进行深入分析，生成详细的报告和建议，辅助招聘团队做出更准确的决策。Emma 则通过机器学习算法，预测候选人的未来绩效表现，提供绩效预测模型，帮助招聘团队挑选最合适的人才。

在内部人才库管理方面，一旦候选人通过招聘流程，易路 People+ 系统建立了内部人才库，记录所有应聘者的信息，方便未来有合适岗位时优先考虑。此外，通过智能系统分析员工推荐信息，快速识别和联系潜在候选人。

通过联合使用易路 People+ 系统和 Emma 人工智能招聘助理，大狼屋酒店集团显著提升了招聘效率和质量。新的数字化招聘流程减少了招聘周期和成本，提高了候选人体验和招聘决策的准确性。同时，所有招聘数据集中管理，方便后续分析和优化招聘策略，提升了整体的人力资源管理水平。自 Emma 投入使用以来，大狼屋酒店的员工流失率减少了 225%，申请人流量增加了 400%。尤其在新冠疫情期间，Emma 还利用完全虚拟的平台进行员工筛选和招聘，助推了品牌在社交距离、员工安全等方面的目标实现。此外，与市场上其他"聊天机器人"不同，通过使用 Emma 这项技术，酒店能够以更自然和人性化的方式回答候选人的问题、安排各种类型的面试，并同时向大量候选人推送招聘活动，显著提高了招聘效率和组织能力。

案例来源：人力副总裁 Rachel O'Connell 的采访 $700,000 in cost savings with Paradoxs Conversational ATS.

【课后练习测试】

一、单选题

1. 下列属于酒店人力资源缺乏的调整方法是（　　）。
A. 外部招聘　　　　　　　　　　B. 提前退休

C. 增加无薪假期　　　　　　　　D. 减少人员补充

2. 某些酒店在招聘员工时，对招聘者的籍贯、性别进行限制，违反了招聘的（　　）原则。

A. 竞争　　　　B. 平等　　　　C. 量才　　　　D. 全面

3. 招聘是指通过发布信息，把符合（　　）的申请人吸引到酒店的过程。

A. 技巧要求　　　　　　　　　　B. 任职条件
C. 其他特性　　　　　　　　　　D. 学历需求

4. 员工录用的原则包括人岗匹配、平等竞争和（　　）。

A. 学历至上　　　　　　　　　　B. 德才兼备
C. 经验至上　　　　　　　　　　D. 经济适用

5. 内部员工推荐属于（　　）。

A. 外部招聘　　　　　　　　　　B. 媒体招聘
C. 内部招聘　　　　　　　　　　D. 内部晋升

6. 以下哪个是酒店招聘的最后一个环节？（　　）

A. 录用　　　　　　　　　　　　B. 招聘评估
C. 选择　　　　　　　　　　　　D. 签订合同

7. 以下不属于招聘计划书主要内容的是（　　）。

A. 招聘团队组建　　　　　　　　B. 招聘费用预算
C. 招聘时间安排　　　　　　　　D. 招聘活动效益评估

8. 招聘费用低、覆盖面广、联系快的方法为（　　）。

A. 人才交流中心　　　　　　　　B. 招聘洽谈会
C. 传统媒体　　　　　　　　　　D. 网上招聘

9. 在面试过程中，对整个面试的实施、提问内容、方式、时间、评分标准等过程因素严加规定，主试人不能随意变更的面试是（　　）。

A. 半结构面试　　　　　　　　　B. 结构面试
C. 非结构面试　　　　　　　　　D. 随意面试

10. 评价中心技术中最常用的方法是（　　）。

A. 角色扮演　　　　　　　　　　B. 管理游戏
C. 公文处理　　　　　　　　　　D. 无领导小组讨论

11. 以下目标中，哪项不属于数字化招聘的目标？（　　）

A. 优化招聘流程
B. 实现人才智能匹配
C. 建立人才储备库
D. 使胜任素质模型与员工实际情况更加匹配

12. 在招聘过程中，数字化技术的运用可以帮助我们（　　）。

A. 实现招聘流程的自动化管理和数据化分析，提供招聘数据的实时监控和分析报告，为招聘策略的制定和优化提供数据支持

B. 畅通公司的员工职业晋升通道，实现对员工职业生涯的全过程管理

C. 激活员工的工作激情，为企业业务的发展注入新的活力

D. 使得员工能够迅速掌握多方面的技能，并对企业的运营情况有更全面的掌握

二、判断题

1. 笔试是酒店人才测评中最古老、最基本的员工甄选方法。（　　）

2. 当酒店的关键职位和高级职位出现空缺时，往往采用内部招募的方式。（　　）

3. 人岗匹配原则是任何酒店组织进行人力资源招募与录用过程中必须遵循的黄金法则。（　　）

4. 内部招聘的主要优点在于来源广、选择余地大，有利于招聘到一流人才。（　　）

5. 在压力面试中，面试人员故意设计一系列令人难以接受的问题，但要注意不能将候选人置于尴尬的境地。（　　）

单选题答案

1. A；2. B；3. B；4. B；5. C；6. B；7. D；8. D；9. B；10. C；11. D；12. A

判断题答案

1. √；2. ×；3. √；4. ×；5. ×

【课后复习总结】

1. 什么是招聘？它在酒店人力资源管理中的地位如何？
2. 招聘包括哪些基本流程？
3. 酒店人才招募的常用渠道有哪些？
4. 酒店人员甄选和录用的常用方法有哪些？

【课后案例分析训练】

杭州开元名都大酒店的招聘创新[①]

酒店在招聘人才时，为了避免录取不适合的应聘者，一般都会在聘用前进行测试。若招聘失误，让不适合的人进入酒店，他不但无法贡献自己，还会影响酒店整体的员工绩效，间接或直接地打击酒店的对外形象。因此，有效地挑选人才，已成为酒店管理者的一个重要课题。根据所招聘岗位的特点，在面试中有选择地应用一些科学的测评工具，如心理测试、气质和性格测评、案例分析、情景模拟、团队讨论等。这些测评得到

[①] 严伟，戴欣佚. 旅游企业人力资源管理［M］. 上海：上海交通大学出版社，2011.

的结果不能作为最后录用与否的绝对依据，但可作为录用决策的参考信息。

杭州开元名都大酒店举行的数场别开生面的招聘会显示了其独具匠心的创新招聘策略。通过这些创新的评量式、游戏式的招聘方式，吸引了更多优秀人才的参与，让应聘人员感受到了酒店招聘方浓郁的企业文化和深厚的文化底蕴。

1. 让招聘成为互动性的活动

互动性会使求职者和招聘者之间的直接沟通机会大为增加。为什么不让应聘者参加一个简单的测验，以确定他们是否了解该职位或拥有从事该职位所需的技能？以下是开元名都大酒店在招聘销售人员时的实地活动：数十名应聘者排成一排，让其每人找出1～20元的任意零钱，拿在手上，在接下来的3分钟（视人数多少，一般50人），见人就换（用强劲的背景音乐如《命运》等），在音乐停止时请应聘者坐下来。招聘人员提问：请问有多少人赚了？赚了多少？有多少人赔了？赔了多少？在这个活动中，需要阐明的是：你有什么样的想法就会有什么样的结果。因为在这个活动中一定会有人赚到钱，也一定会有人亏钱。体验是：因为大家在参与之前一般不会多想，完全是凭潜意识在玩游戏，从中可以看出应聘者对人生的各异心态。这不仅让其体验了赚钱观念，还悟到建立人际关系、组织协调、激励队员，等等。

2. 模拟管理与创新策划

应聘者均有机会以一个公关部经理的身份来运作一家豪华五星级酒店的开业策划，要设计一套崭新的营销策略来吸引众人眼球。许多精彩的创新思路脱颖而出，有多名优秀选手通过该活动最终加入开元名都，走向公关部管理人员的岗位。这就是开元名都的策略竞赛，主要考察各应聘人员对酒店运作、战略制定与实施、市场开拓和培育、服务创新及市场变化的综合分析和随机应变能力。这些虚拟的策划活动不但为应聘者提供了全方位运作一家酒店营销的经历，也为招聘经理提供了一个发现和招募优秀人才的渠道。

3. 环境和氛围的营造

应聘人员面试时，开元名都的招聘人员都与应聘者握手和微笑，这可以帮助应聘者放松心情，让其在面试中充分发挥，毕竟，酒店大多数岗位都与现场表现无关，也并不要求所有员工都在陌生人面前表现自如。接下来，对应聘职位的介绍和对招聘目的的重申，可以在选择应聘者的同时，帮助应聘者判断这家酒店是否适合自己的发展。

在面试房间的布置方面，尽可能地营造一种平等、融洽的氛围，例如，用圆桌代替方桌；在位置的安排上，与应聘者保持一定的角度，而不是面对面等，这样都可以减少应聘者的压力。同时，开元名都的招聘方针是让应聘者也参与到面试工作中来，招聘方的工作方式和态度，对应聘者做出是否加入酒店的决定产生了重大影响。

4. 建立必要的人才储备库

在招聘实践中，常会发现一些条件不错且适合酒店需要的人才，因为岗位编制、酒店阶段发展计划等因素限制无法现时录用，但确定在将来某个时期需要这方面的人才。

作为人力资源部门，应及时将这类人才的信息纳入酒店的人才储备库（包括个人资料、面试小组意见、评价等），不定期地与之保持联系，一旦出现岗位空缺或酒店发展需要，即可招入麾下，既提高了招聘速度也降低了招聘成本。

众所周知，"选人"是人力资源管理"选人、育人、用人、待人、留人"的五大职能之首，是人力资源管理的第一步，如果起点的质量不高，那么不仅后续的人力资源管理工作会事倍功半，更会影响到酒店决策的执行。作为承担着"选人"职能的招聘部门，在埋头于招聘的同时，也要抬头看看别人是怎么做的，借鉴国内外企业的成功经验，吸收精华，为我所用，探索出适合本企业的有效的招聘方法，提高招聘的效用。

思考：

1. 杭州开元名都酒店的招聘工作有什么创新？
2. 开元名都酒店员工招聘的创新手段是出于怎样的目的？
3. 在员工招聘中，还有没有其他创新方法？

第五章

酒店员工培训管理

中国管理哲学：因材施教的教育智慧和终身学习的教育理念

【典型思想及核心理念】

儒家思想："有教无类"和"因材施教"，强调个性化培养。

《学记》："教也者，长善而救其失者也"，与培训管理的目标一致。

【人力资源管理启示】

孔子主张教育平等，提倡"因材施教"，通过持续教育提升人的价值。这与党的二十大"建设学习型社会"目标一致。人力资源管理者应该明白，培训不仅是技能提升，更是员工全面发展和终身学习的重要路径，也是实现学习型社会建设目标的关键。企业需建立系统的培训体系，注重员工职业发展。

【课前导入】

随着全球旅游市场的日益繁荣与顾客期待的不断升级，酒店行业正面临前所未有的竞争与变革。在这样的背景下，员工培训管理不再只是新员工入职的简单介绍，而是成为提升服务质量、塑造品牌特色、促进持续创新的核心驱动力。

以华住酒店集团为例，其在员工培训管理上的创新实践，为我们展示了如何通过持续教育和能力提升，培养出一支适应市场变化、引领服务潮流的精英团队。华住酒店集团深刻认识到，培训不仅是传授技能，更是激发潜能、塑造文化的过程。集团实施了"华住大学"项目，这是一个集在线学习、实战演练、海外交流为一体的全方位培训平台。通过引入虚拟现实（VR）技术模拟服务场景，让员工在沉浸式学习中提升服务感知和应对能力；同时，设立"管理培训生"项目，为高潜力人才提供定制化职业发展路径，确保集团人才梯队的持续更新与优化。华住的这些努力，不仅提高了员工的服务水平，还极大地增强了员工的归属感和企业忠诚度，为集团的长期发展奠定了坚实的人才基础。

【本章课前思考】

1. 以华住酒店集团的"华住大学"为例，探讨现代科技（如 VR、AI）如何改变传统培训模式，提升培训效率和效果？

2. 高效培训体系如何影响员工的职业满意度和忠诚度，进而降低员工流失率，为企业节约成本并提升服务质量？

3. 如何根据不同员工的角色、经验和学习偏好，设计个性化培训计划，以满足员工的多样化学习需求？

4. 在实践中，如何有效评估培训项目的成果，确保培训投入转化为实际工作中的绩效提升？

【本章教学目标】

知识目标

1. 解释什么是培训系统，培训系统建设包含哪些内容
2. 解释培训与教育的区别
3. 准确描述员工培训管理的系统运作流程
4. 阐述一项成功的培训计划所应具备的要素
5. 定义培训评估与培训成果转化
6. 说明如何进行培训效果评估

技能目标

1. 能够识别酒店何时需要培训以及需要何种培训
2. 能够根据企业情况进行培训需求调查，并确定培训主题
3. 能够根据培训课题进行培训计划的制订

德育目标

1. 帮助学生树立危机意识和终身学习的观念
2. 自觉遵守培训与人力资源开发的基本原则和相关的劳动法规，培养学生拥有创新、变革、进取精神的领导者素养，以及高尚、奉献、爱国、服务社会的领导者道德情操

3. 在培训方案设计与实施过程中能够有意识地理解他人需求，与团队成员密切合作、有效沟通，共同开展活动并展示成果。培养学生树立友善、平等、关爱、和谐的人际关系理念，建立良好的、和谐的、互助的人际关系氛围

4. 紧跟行业发展，不断学习行业的最新规范和人力资源开发技术。培养学生具有敬业、忠诚、奉献的工作态度，以及无私奉献、敬业报国的职业道德与精神面貌

【本章知识导图】

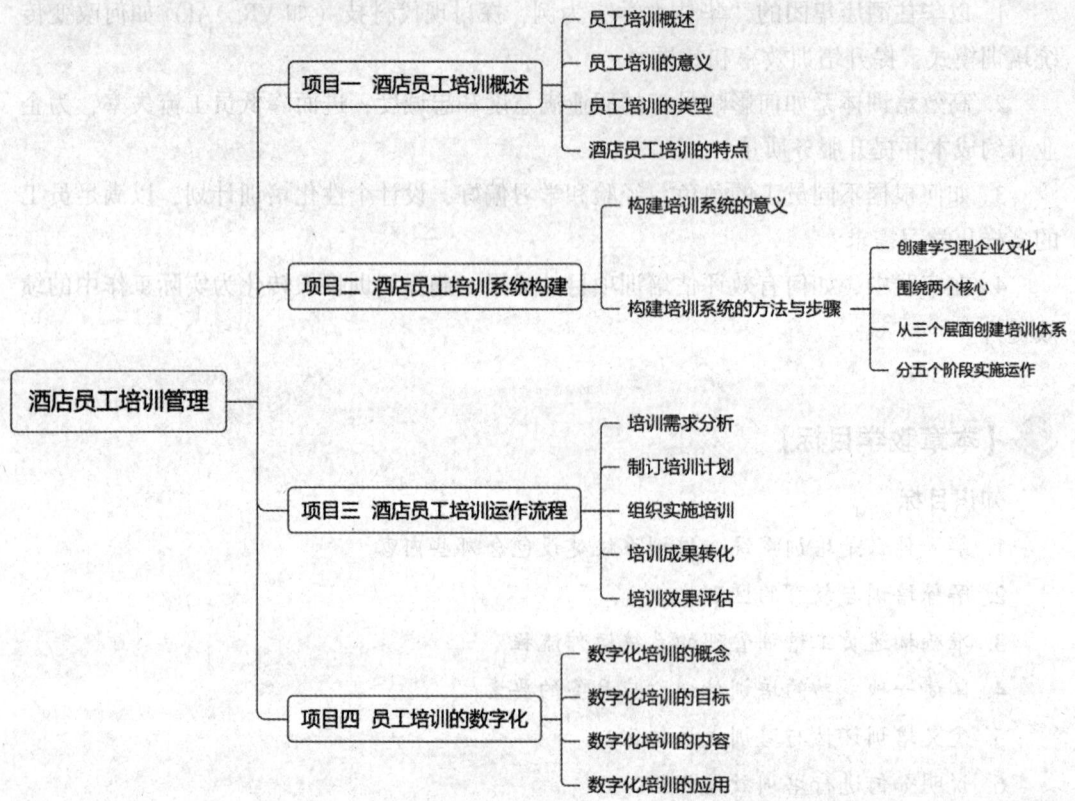

在新消费理念和行业高质量发展背景下，构建高效培训体系是关键。通过学习，学生将了解到如何运用创新的培训方法和技术，满足新时代酒店业新质生产力的发展需求，提升服务质量和客户满意度。

通过借鉴国内外知名酒店集团的成功经验，学生可以设计出符合酒店业特点的培训方案，推动酒店业的整体进步。最终，本章节的学习将帮助学生掌握酒店员工培训管理的前沿理念与实践案例，培养出专业且具有创新性的服务团队，助力行业长远发展。

【本章实践项目任务】

由于员工培训管理是酒店 HR 部门的工作重点,为了切实提高学生对该板块知识的应用能力,并促进他们走进行业去收集了解更多行业实际信息,提升学生的管理实践能力和系统分析能力,特设此综合性实践项目任务。任务来自企业真实的管理情境,任务涉及本章主要的知识点。

任务名称	我的培训我做主		
组名		小组成员	
任务说明	通过给出的案例情境,让学生模拟人力资源管理的培训管理职能的实际运用,根据培训课程设计理论知识以及新生代员工的特点,做出相对应的培训项目设计		
任务背景描述	请从以下 A、B 两个情境中选择一个作为任务情境,并根据该情境,设计完成与之相符的新员工入职培训项目设计 情境 A: A 酒店为一家开业三年的国际品牌五星级度假酒店,坐拥美丽的湖畔景观。该酒店员工队伍年轻且富有活力,团队氛围好 情境 B: B 酒店为一家拥有 50 年经营历史的老牌国有五星级商务酒店,历史上接待过众多明星、政要,有深厚的文化底蕴,有多位员工获得过各种技能、服务类大奖 任务:暑期将至,该酒店即将迎来一批刚从大学毕业生中选拔出来的新员工入职(约 10 人)。请为该酒店设计针对这批新员工的"入职培训"项目计划 说明: 1. 可以尽可能调动酒店内部的资源参与新员工入职培训项目,力求培训效果好。培训师形式不仅限于一种,培训师也不仅限于一位 2. 深挖情境背后隐含的信息		
任务成果及要求	1. 通过分析设计出具体的"新员工入职培训"项目计划,包括情境分析、培训对象特征及需求分析、可用资源分析、培训目标、培训内容及时间安排、培训师/参与人、培训场地及组织形式、经费预算等 2. 综合兼顾培训开展形式、场地需求、培训师、培训预算以及培训效果等因素,找到平衡 3. 确保总方向正确:作为新员工入职培训项目,其要实现的核心目标是什么		
任务设计的目的	通过完成任务能够清晰地知晓酒店实际运营中,人力资源板块培训工作的逻辑以及思考点,形成一定的思维模型闭环		
任务考察的知识点	培训需求分析、培训计划编制、培训对象了解、培训目标制定、培训课程设计结构及方法、培训预算费用分析、培训效果评估等知识点的综合训练与思考		

续表

任务名称	我的培训我做主	
组名		小组成员
任务实施建议	1. 讨论新员工入职培训的目的和应该实现的目标 2. 围绕该目的/目标，思考应设计哪些关键培训环节/内容 3. 根据内容需要，设计好各项内容的培训时长、先后顺序、培训方式以及培训人员等安排 4. 可以广泛搜索其他行业/企业的新员工入职培训项目相关资料作为参考借鉴。亦可以访谈酒店工作人员或学长、学姐，收集更多实际资料	
任务考核评分点	1. 方案内容完整，包含培训项目计划应涉及的要素 2. 方案设计合理，符合现实，具有可操作性 3. 方案具有创新性	

项目一　酒店员工培训概述

一、员工培训概述

员工培训是通过科学的方法提升员工在知识、技能和态度三个方面的能力，确保他们能够达到或超过预期的工作标准和要求。知识培训为员工的持续提升和发展奠定基础；技能培训是企业产生效益和实现发展的根本来源；态度培训则是企业持续培训的核心重点。

二、员工培训的意义

在酒店人力资源管理领域，员工培训作为一项核心战略活动，对于酒店领导、人力资源管理者以及员工本身，承载着多维度的价值与意义，构成了一个互为支撑、共同发展的三角架构。

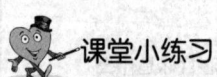
课堂小练习

请从酒店领导、人力资源管理者和员工三个不同的角度，列出你对"为什么要培训"这个问题的思考答案。

对于"为什么要培训"这个问题，不同的角度，有不同的答案。

对于老板，这个问题意味着：

◇ 我为什么要出钱让员工培训？

◇ 培训可以给我的企业带来哪些好处？

◇ 如何保证培训投资是有产出的？

对于人力资源管理者，这个问题意味着：

◇ 我要通过培训来解决哪些问题？

◇ 该给员工安排哪些类型的培训？

◇ 我该如何设计培训？

对于员工本人，这个问题意味着：

◇ 学什么对于我做好现在的工作是有用的？

◇ 学什么对于我将来的发展来说是最有意义的？

事实上，无论是对企业管理者还是员工本人，培训的目的都是最佳绩效，即我们为最佳绩效而培训。具体来说，培训的效益如表5-1所示。

表5-1 企业可以从培训中得到的利益

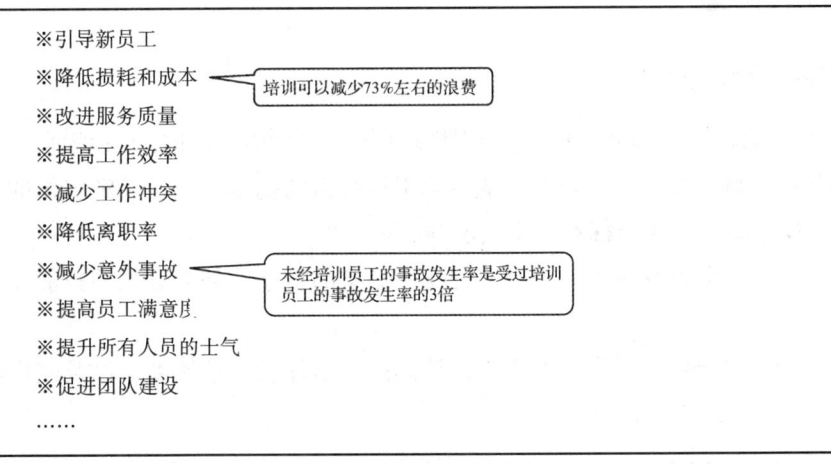

拥有训练有素的员工是企业长期成功的关键，也是酒店核心竞争力的重要体现。实践表明，企业每花费1美元在员工培训上，未来三年内可以带来30美元的回报。例如，假日酒店公司的培训费用是其他酒店公司的两倍，这使得假日酒店的投诉次数从每月200起减少到2~3起，同时收入增加了15%。里兹卡尔顿酒店将培训和开发视为人力资源战略的核心，每年投入营业收入的3.5%用于培训，每位进入管理层的人员在一年内要接受250~310小时的培训。据美国《管理新闻简报》的调查显示，68%的管理者认为培训不足导致的技能低下正在削弱酒店的竞争力，53%的管理者认为通过培训可以显著降低酒店的运营成本。World Hotels集团亚太区副总裁Roland Jegge指出，当前酒店业在前台服务、订房服务和礼宾服务等方面仍有很大提升空间，加强员工培训是中国酒店人力资源管理的关键任务（见表5-2）。

表5-2 员工可以从培训中得到的利益

※学会认知
※学会做事
※增强自信及安全感
※促进个人发展

行业数据

《2023人才趋势报告》（以下简称《报告》）显示：企业正在开始为员工服务，而不再只是单方向地接受员工的效劳。HR团队正着力提升员工体验，目的是促进人才留任、优化雇主品牌。《报告》指出，最需要改进的员工体验因素是薪酬和福利、员工培训机会、使命感等，其中，员工培训可以使其离职率降低53%。

三、员工培训的类型

（一）根据培训内容划分

根据培训内容，可以将员工培训划分为知识性培训、技能性培训和态度性培训。

（1）知识性培训。侧重使受训者具备完成本职工作所需的基本知识，了解组织的基本情况，如组织发展战略、组织目标和规章制度等。

（2）技能性培训。强调使受训者掌握完成工作所必备的技能，如人际关系技能、操作技能等。

（3）态度性培训。强调培养受训者对组织的认同感、信任感、忠诚度，以及完成员工培训工作应当具备的心理素质。

（二）根据培训对象划分

根据培训对象是否为新进员，可以将员工培训划分为新员工入职培训和老员工在职培训。

（1）新员工入职培训。是组织中常见的一种培训类型，是为了促使新员工尽快融入工作而开展的培训。

（2）老员工在职培训。可以根据其在组织中的层级，分为基层员工培训、一般管理人员培训和中高层管理人员培训。

（三）根据培训形式划分

根据培训形式的不同，培训可以划分为在职培训和脱产培训。

(1) 在职培训。是指为了使员工具备有效完成工作任务所必备的知识、技能和工作态度，在不离开工作岗位的情况下，对员工进行的培训，通常表现为组织安排有经验的老员工给新员工传授工作技能。

(2) 脱产培训。指受训者离开工作环境，由组织内外的专家或培训师对组织内各类人员进行的集中培训。

四、酒店员工培训的特点

培训与教育的目的、对象、形式等都有所区别，而酒店业的培训与其他行业相比，有其自身的特点。

(一) 针对性

(1) 岗位和职能的定制。根据员工所处岗位和具体职能设计培训内容，确保培训内容与员工实际工作密切相关。

(2) 实践结合。通过实地操作、案例分析和模拟场景等方式，将培训内容直接应用于实际工作，提高培训的实效性和员工的应对能力。

(二) 多样性

(1) 多层次培训。针对不同层级和职位的员工，提供不同深度和广度的培训，包括基础技能培训和高级管理技能培训等。

(2) 多形式培训。结合讲授、讨论、示范、案例教学等多种形式，满足员工多样化的学习需求和学习风格。

(3) 多渠道获取。通过内部培训师、外部专家、行业协会和在线平台等多种渠道获取培训资源，丰富培训内容和方式。

(三) 速成性

(1) 灵活利用工作间隙。利用员工的工作间隙进行培训，如午休时间或换班间隙，确保培训与工作安排兼容。

(2) 集中短期培训。设计短期集中的培训课程，快速提升员工的操作技能和服务水平，以应对酒店运营中的紧急需求。

(四) 持续性

(1) 定期更新培训内容。鉴于市场和行业标准的不断变化，定期更新培训内容和课程，确保员工的知识和技能与行业发展同步。

(2) 持续的培训机制。建立持续的培训机制，为员工提供持续学习和进修的机会，促进个人和组织的发展。

(五) 注重外语特别是英语的培训

(1) 国际化服务需求。随着国际客源的增加，对员工的语言能力提出了更高要求。

（2）专门的外语培训。为员工提供专业的英语培训课程，包括口语、听力、阅读和写作，通过实际练习和模拟情境加强语言运用能力。

微课链接：
"WIFM"（What's in it for me）概念以及"Learn"教学法

中国酒店业培训市场初探

项目二　酒店员工培训系统构建

培训不是一次活动，而是一个系统构建的过程。用系统去代替个人，这样企业才不会依赖于某一个能人，才能让组织内的资源得到充分挖掘，才能确保企业培训投资效果。

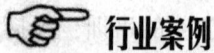

同一集团旗下两家酒店的业绩缘何存在差距？

某集团下属的两家酒店，起初业绩相当，后来逐渐拉大了差距。

其中一家酒店很早就建立了一整套业务技能培训、精英育成机制，通过这种机制，可以很快地把业务经验传承下去，更可以让精英在酒店内层出不穷。十几年来，该酒店业绩一直在集团内名列前茅，当地市场占有率稳居第一，为其他分酒店、分公司输送了大量的领导干部、销售经理等人才，单从最近几年看，数量就超过了十几人，但该酒店的业务却丝毫未受骨干人才输出的影响。

另一家酒店则正好相反，业绩排名在系统内基本定格在倒数，集团从内部其他酒店派出许多领导、销售经理过去帮助其提升业绩，甚至换了五六任总经理，但该酒店的业务发展也一直见效不大。

讨论：是什么原因导致了同一集团旗下的两家酒店业绩有这么大的差距呢？
_____
_____
_____

分析提示：

导致同一集团旗下的两家酒店业绩差异有这么大的原因就在于其培训体系的差异。"业务技能培训、精英育成机制"让酒店业务不会因为某个骨干人员的流失而造成特别大的影响，因为整个酒店的发展靠的不是哪一个人，而是这套成熟的人才培养机制。

这种现象放到整个酒店行业也能找到大量类似的案例。比如，单体酒店与品牌连锁酒店之间的差距很大程度上也是因为双方人才培养与储备的机制存在巨大差异，相较于品牌连锁酒店来说，单体酒店的运营维系更多的是靠人，而品牌连锁酒店更多的则是靠系统、靠机制。

一、构建培训系统的意义

构建高效的酒店培训系统具有深远的意义，不仅关乎酒店的日常运营质量，更是推动企业长远发展、塑造竞争优势的关键策略。以下是构建酒店培训系统的重要意义。

（1）提升服务质量与顾客满意度。通过系统化的培训，确保每位员工都能掌握必要的服务技能与专业知识，提高服务标准的一致性和专业度，从而提升顾客的整体体验和满意度，增强酒店的品牌形象和口碑。

（2）增强员工技能与职业发展。培训系统不仅关注当前岗位所需技能，还着眼于员工的长远发展，提供职业发展规划、领导力培训等，帮助员工拓宽职业路径，提高工作满意度和忠诚度，减少人才流失。

（3）促进团队协作与文化建设。培训中强调团队合作、沟通技巧与企业文化认同，有利于打造一个团结协作的工作环境，增强员工间的相互理解和支持，形成积极向上的企业文化。

（4）适应行业变化与技术创新。酒店行业快速变化，新技术、新服务模式层出不穷。有效的培训系统能够及时引入行业新知，提升员工对新兴技术（如数字化工具、智能化服务）的掌握能力，使酒店保持竞争力。

（5）优化运营效率与成本控制。通过标准化的培训流程，员工能更快地适应岗位，减少错误操作，提升工作效率。长期来看，这有助于降低运营成本，提高经营效益。

（6）合规与风险管理。培训系统涵盖行业规范、法律法规等内容，确保员工行为符合规定，减少法律风险和安全事故，保护酒店及顾客的权益。

（7）支持战略目标实现。将培训与酒店的战略规划紧密结合，确保员工理解并致力于实现企业愿景，通过提升个体与团队的能力，为酒店的长期发展目标提供坚实的人才支撑。

视频案例链接：平远公司的培训沟通与人员选派

二、构建培训系统的方法与步骤

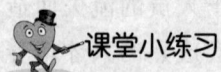课堂小练习

> 讨论：如果公司给员工提供培训学习，可是发现员工们却没有学习的积极性，只是应付差事地到培训教室去打卡。你认为这是哪些原因造成的？
>
> _____
>
> _____

著名的人力资源管理专家赵洪臣曾提出一个构建企业培训系统的"一二三五法"①。一，即一种学习型企业文化；二，即两个核心；三，即三个层面；五，即五个阶段。企业在构建培训系统时，要从以上几个方面铺开，进行全面的整合，最后才能形成一套健全的培训体系。

（一）构建学习型企业文化

构建学习型企业文化是确保组织持续进步和员工全面发展的关键。这种文化不仅是一种管理策略，更是一种理念和价值观的体现，它可以被视作企业发展的基础和土壤，支撑起有效的培训体系和学习效果。

1. 领导层的承诺和示范

学习型企业文化的建立首先需要来自领导层的积极支持和示范。领导者们应当清晰地表达对学习和发展的重视，并将其纳入企业的战略规划中。他们不仅要口头支持，更要通过自己的行动来展示学习的重要性，如参与培训、推广新的学习实践，以此激励员工效仿。

2. 建立开放的沟通与分享机制

学习型企业需要建立开放的沟通渠道和分享机制，以促进知识和经验的自由流动。这包括但不限于定期举行团队会议、开展跨部门合作项目以及利用数字化平台分享最佳实践和成功案例。开放的沟通环境有助于打破信息孤岛，让员工感受到他们的见解和贡献被重视，从而激发学习的动力。

3. 设立支持学习的结构和资源

为了支持学习型文化的落地，企业需要投入适当的资源和建立有效的结构。这可能包括建立完善的培训计划和发展路径、提供在线学习平台和课程、设立导师制度或者学习小组，以及为员工参与外部培训和进修提供资助和支持。通过这些措施，员工可以持续地增强自己的能力和技能，从而推动整个组织的学习与发展。

---

① 赵洪臣. 人事第一：我是如何在世界500强做HR的 [M]. 北京：清华大学出版社, 2014.

4. 鼓励反思与实验

学习型企业鼓励员工进行反思和实验，接受尝试新方法的风险，并从失败中学习。管理层应当倡导并奖励那些敢于创新和不断尝试的个人和团队，创造一个安全的学习环境，使员工能够放手一搏、不断进步。

5. 建立学习与业务目标的联系

最后，学习型企业文化需要将学习与业务目标紧密结合起来。这意味着培养员工具备解决实际业务问题的能力，使他们的学习成果能够直接转化为组织的创新和竞争优势。通过明确的学习目标和绩效评估机制，能够有效衡量学习对业务成果的贡献，进而强化学习的重要性和成效。

行业案例

员工为何对培训敷衍了事

××酒店是一家位于城市中心的老牌五星级酒店，以其豪华的设施和悠久的历史闻名。近年来，由于多家酒店的相继开业，该酒店的市场占有率节节下滑，公司领导很着急，认为要加强培训和学习，增强员工知识和技能。为此，酒店要求各部门每周组织不少于两个小时的学习。但在学习的过程中，员工根本没有把精力放在学习上，酒店领导在现场的时候，还能装装学习的样子，一旦领导离开，员工要么玩手机，要么打闹。

按道理说，员工都是成年人了，当然知道学习的好处和重要性，那为什么不能主动学习呢？事实上，员工心里都很明白：学习了有什么用呢？对自己又有什么好处呢？公司用人机制僵化、论资排辈，搞好与领导的关系成为最主要的用人法则，真正能力强的员工被晾在一边，在这种情况下，又有哪个员工愿意学习呢？

所以，当企业发现员工学习的意愿不高、参加培训的积极性不强时，首先要做的不是埋怨或处罚，而是要反思自己的企业文化：是否具备让员工主动学习的企业文化？创建学习型企业文化是构建企业培训体系的首要环节，文化就好比计算机的软件系统，没有了这个软件系统，其他培训构建再完善也是很难发挥作用的。

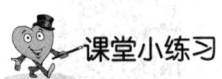
课堂小练习

小组讨论方案比赛

如果你是一个酒店的总经理，你会如何创建学习型企业文化，让员工主动、自愿地学习，并且将培训学习的效果发挥到最大？

（二）围绕两个核心

所谓两个核心，是指企业的培训体系要围绕两个需要而设计。第一个是企业发展的需要，第二个是员工职业生涯规划的需要，这两个需要为企业培训指明了方向，因此成为培训体系的核心。

1. 企业发展需要

（1）技术和市场变化。现代企业面临着快速变化的技术和市场环境。为了保持竞争力和创新能力，企业必须不断更新员工的技能和知识，以适应新技术的应用和市场需求的变化。

（2）战略目标的实现。企业的战略目标通常包括市场扩展、产品创新、成本管理等方面。培训体系应当针对性地支持这些目标，帮助员工掌握必要的技能和知识，从而实现战略的顺利执行。

（3）组织文化和价值观的传承。培训不仅是技能的传授，还涉及企业文化和价值观的传承。通过培训，员工能够理解并践行企业的核心价值观，形成共同的工作理念和行为准则，从而增强组织的凝聚力和内部协调性。

2. 员工职业生涯规划需要

（1）个人发展和成长。每位员工都有自己的职业目标和发展期望。通过为员工提供个性化的培训和发展机会，企业能够帮助他们实现职业生涯的长期目标，增强员工的归属感和忠诚度。

（2）技能和知识的累积。培训体系应当设计成为员工技能和知识的累积平台。这不仅有助于员工在当前岗位上表现出色，还为他们未来的职业发展奠定了坚实的基础。

（3）激励和保持员工的竞争力。通过支持员工的职业生涯规划，企业能够激励他们保持学习的动力，并提升其在行业内的竞争力。这有助于减少员工流失率，同时吸引更多具有潜力的人才加入企业。

（三）从三个层面创建培训管理体系

所谓三个层面，指的是酒店的培训体系可以划分成三个不同的部分，即制度层、资源层和运作层，创建酒店培训管理体系，主要从以下三个层面着手。

微课链接：
做培训，要坚决
杜绝的三种怪现象

1. 制度层面

制度层是酒店培训管理体系的基础，它涵盖了以下几个关键方面。

（1）培训政策与战略。酒店需要制定明确的培训政策和战略，确保培训与整体业务目标和发展战略相一致。这包括确定培训的重点领域、频率、目标群体等。

（2）学习与发展规划。在制度层面，酒店应当设计和实施员工的学习与发展规划。这些规划应考虑到员工的职业生涯路径，以及他们在酒店内部不同职能和岗位的培训需求。

(3) 培训评估与反馈机制。建立有效的培训评估和反馈机制是制度层的重要组成部分。通过定期评估培训的效果和员工的学习成果，酒店可以及时调整和改进培训内容和方式，确保持续地学习和提升。

2. 资源层面

资源层包括所有支持和促进培训实施的资源和工具。

(1) 培训预算与投入。酒店需要合理分配培训预算，确保足够的资源用于培训活动，包括内部和外部培训的费用、培训设施的维护和更新等。

(2) 培训设施和技术支持。提供良好的培训设施和现代化的技术支持是保证培训效果的重要因素。这包括会议室、培训教室的设施设备，以及在线学习平台和虚拟培训工具的使用。

(3) 人力资源支持。酒店需要有专门负责培训和发展的人力资源团队，他们负责制订培训计划、组织培训活动、评估培训效果，以及为员工提供个性化的学习支持和咨询。

3. 运作层面

(1) 培训内容设计与开发。根据制度层确定的培训目标和资源层提供的支持，运作层负责具体设计和开发培训内容。这包括编制培训课程大纲、准备教材和案例分析等。

(2) 培训活动组织与执行。运作层负责组织和执行各类培训活动，包括内部讲习班、外部专业培训课程、团队建设活动等，确保培训按计划进行，并能够有效达到预期的学习效果。

(3) 绩效评估与跟进。在培训活动完成后，运作层需要进行绩效评估和跟进。这包括收集员工的反馈意见、评估培训效果、跟踪学习成果的应用情况，以及根据评估结果调整和改进未来的培训计划和活动。

(四) 分五个阶段实施运作员工培训

员工培训的实施是一个系统而有序的过程，通常可划分为五个关键阶段：培训需求分析，制订培训计划，组织实施培训，培训成果转化，培训效果评估（见图5-1），以确保培训的有效性和效率。

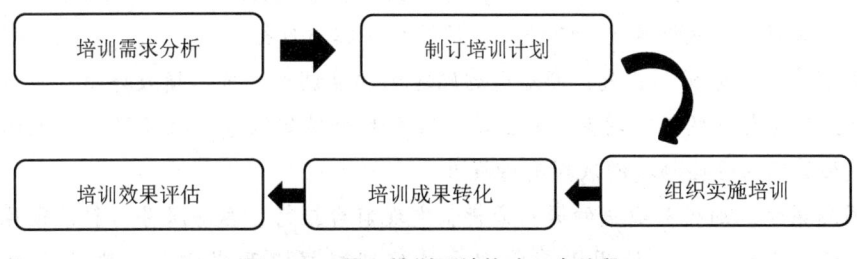

图 5-1 员工培训系统构建五个阶段

项目三 酒店员工培训运作流程

员工培训运作流程即前文所说的"五个阶段"。围绕着五个阶段中应该做的工作内容来开展员工培训的具体运作,才能确保培训系统的落地生效。

一、培训需求分析

(一)培训需求分析的概念

培训需求分析是在组织的支持下,通过对组织的战略目标、绩效水平的高低和人员素质等方面进行系统的诊断和分析,从而确定现有状态与理想状态的差距是否需要通过培训来解决,以及通过何种培训来解决的过程。

(二)培训需求分析的目的

(1) 识别工作表现问题。
(2) 确定培训能否解决该问题。
(3) 找出问题的起因。
(4) 确定培训对象。
(5) 确定培训内容。
(6) 确定最有针对性的培训方式。
(7) 找出与酒店目标之间存在的差距。

☞ **行业案例**

××酒店以精准的培训需求分析引领服务升级

××酒店是一家位于旅游热点城市的五星级酒店,近年来随着市场竞争加剧和顾客需求的多元化,酒店管理层发现服务质量和顾客满意度有所下降。为应对挑战,酒店决定启动一次大规模的服务品质提升计划,而培训被视为关键一环。为确保培训效果,管理层决定从培训需求分析入手,以精准定位培训内容与目标。

1. 数据收集与分析。首先,酒店通过顾客满意度调查、员工绩效评估、市场趋势研究等途径,收集大量数据。调查结果显示,顾客对个性化服务、数字服务体验的期待日益增高,而员工在这些领域的表现有待提升。

2. 问题聚焦。通过对数据的深入分析,发现前台接待、客房服务、餐饮服务等部门在应对顾客个性化需求、使用酒店管理系统处理数据以及提供数字服务方面的技能不足。

3. 目标人群确定。进一步细分，确定了需要重点培训的员工群体，包括前台接待员、客房服务员、餐厅服务员以及中低层管理人员，这些员工直接关系到顾客体验的关键环节。

4. 需求细化。根据分析结果，细化培训需求为：提升个性化服务创意与实施能力、加强酒店管理系统操作熟练度、掌握基本的数字营销与客户服务技巧。

基于上述分析，酒店定制了一系列培训课程，如"个性化服务工作坊""酒店管理系统实操训练""数字时代客户服务策略"等。培训不仅包含了理论学习，还设置了模拟实战、角色扮演等环节，确保员工能将所学知识迅速应用于实际工作中。培训结束后，通过顾客满意度提升、员工操作效率和错误率降低等指标进行评估，结果显示，顾客满意度提升了20%，员工服务效率提高了15%，并且员工对工作的满意度和参与度也有显著提升。

分析提示：

培训需求分析是确保培训有效性的前提，只有深入了解并精准对接需求，才能设计出真正促进员工成长、提升酒店服务品质的培训方案。

本案例中，××酒店的成功之处在于：

（1）精准定位是关键：××酒店的成功在于其从源头抓起，通过科学的数据分析精确识别培训需求，确保了培训的针对性和实用性，避免了资源浪费。

（2）全员参与的必要性：酒店认识到，优质服务的提升不仅是前线员工的责任，管理人员的培训同样重要，他们的领导力和决策直接影响到整个团队的表现。

（3）理论与实践相结合：通过理论学习与实践操作相结合的培训方式，有效缩短了知识到技能的转化路径，加速了培训成果的落地。

（4）持续反馈循环：培训后通过效果评估与持续的反馈机制，为未来的培训计划提供了宝贵的改进方向，形成了培训与实践相互促进的良性循环。

（三）培训需求的发现

正确地发现培训需求，是提供正确实用的培训的前提。如何去发现培训需求呢？具体如图5-2所示。

（四）培训需求分析的内容

培训需求分析一般分为三个层面：组织层面、工作任务层面以及员工个人层面。

1. 组织层面

通常，组织层面的培训需求是第一步。应通过分析酒店的组织目标来确定完整的、有针对性的培训需求。要通盘考虑哪些技能和体系能最有效地促成组织目标的实现，比如，处理顾客投诉的技巧、成本控制、企业文化强化培训等。这个层面的分析决定了组织中哪些领域需要培训。不同企业战略下的培训开发重点如表5-3所示。

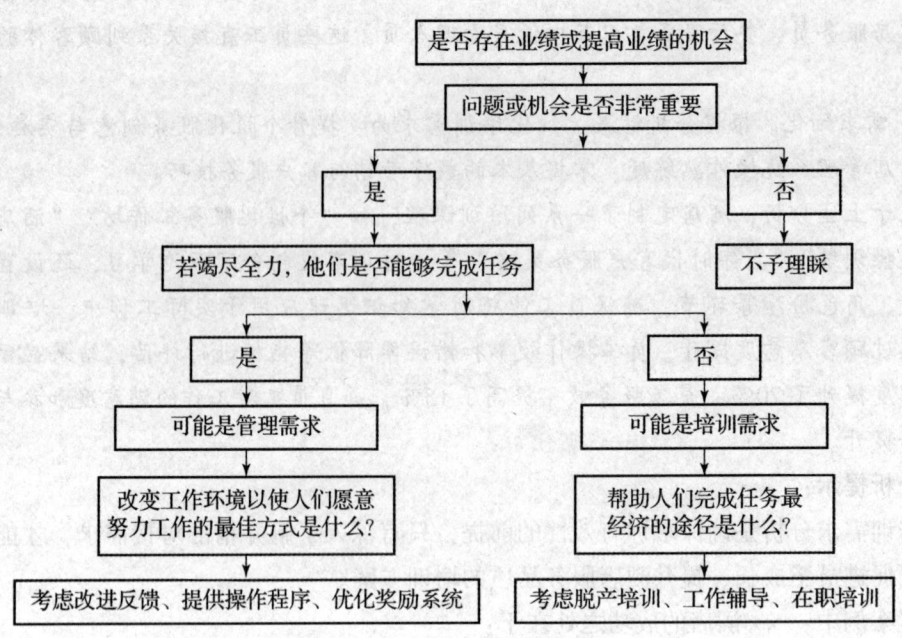

图 5-2 发现培训需求的流程

表 5-3 不同战略下的培训开发重点

企业战略	经营重点	培训开发重点
集中战略	■ 开发新客户 ■ 降低运营成本 ■ 建立和维护市场地位	■ 团队建设培训 ■ 成本控制培训 ■ 人际关系培训
成长战略	■ 创新服务 ■ 拓展酒店营销渠道 ■ 兼并其他酒店	■ 创新服务培训 ■ 管理者沟通培训 ■ 企业文化培训 ■ 团队培训
收缩战略	■ 精简规模 ■ 调整经营方向	■ 压力管理培训 ■ 重新求职培训

2. 工作任务层面

这层的培训需求分析是分析确定完成该岗位工作对员工知识、技能等的要求，从而确定培训内容的基本范围。比如，该工作的复杂程度、工作的饱和程度、工作内容和形式的变化等。这个层面的分析决定了各个领域的培训内容应如何设置才能满足工作任务的需要。

3. 员工个人层面

这层的培训需求分析是对员工的能力、态度、业绩等进行比较分析，以确定组织成员是否能胜任所承担的工作。其着重分析员工个人素质能力与岗位的匹配程度。这个层面的分析决定了谁应该接受培训。要注意的是，员工个人层面的问题只需进行特殊性培训，如果个人层面的问题具有共同性，就变成了组织层面的问题。

培训需求分析流程如图5-3所示：

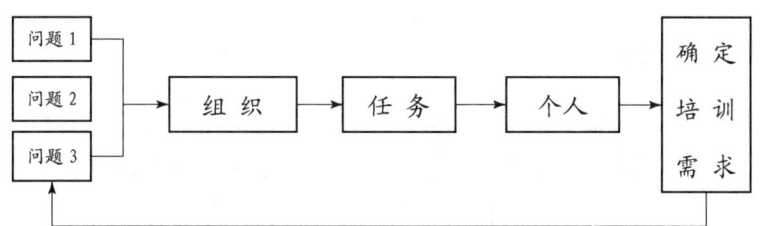

图5-3 培训需求分析流程

课堂小练习

如何从问题中找到培训的需求点

客人王女士向大堂经理投诉，称自己在1305房间遗失了笔记本电脑电源适配器，但总台回复未找到。经理立即协助寻找，在客房服务中心找到了客人遗留的电源适配器。经调查发现以下问题导致投诉：

第一，总台员工的责任心和业务知识不足：员工仅依赖交接班日志查询遗失物品，未意识到遗留物品实际由客房服务中心统一保管。

第二，客房服务员和领班人员查房不够仔细：客房服务员未能及时发现遗留物品，错过了第一时间将其归还给客人的机会，直到做完房间清洁时才发现并上交房务中心。

第三，房务中心的遗留物品处理不规范：员工未明确归还客人遗留物品的流程，未及时通知总台以查找客人，并未将物品情况记录在客史档案中，也未分类存放遗留物品柜，存在贵重物品和一般遗留物品混杂的问题。

综上案例信息，我们得出该酒店的培训需求有哪些？

拓展阅读

培训需求调查表范例

二、制订培训计划

良好的培训给参与者留下了深刻印象，而糟糕的培训则让人难以忘怀。参训学员通常会牺牲工作和休息时间，全身心投入培训，他们希望获取更多的知识和技能，同时希望培训活动有条不紊地进行。为确保培训有序进行，制订完善的培训计划至关重要。

（一）培训计划的分类

培训计划按照不同的划分标准，有不同的分类方式，常见的分类如图 5-4 所示。

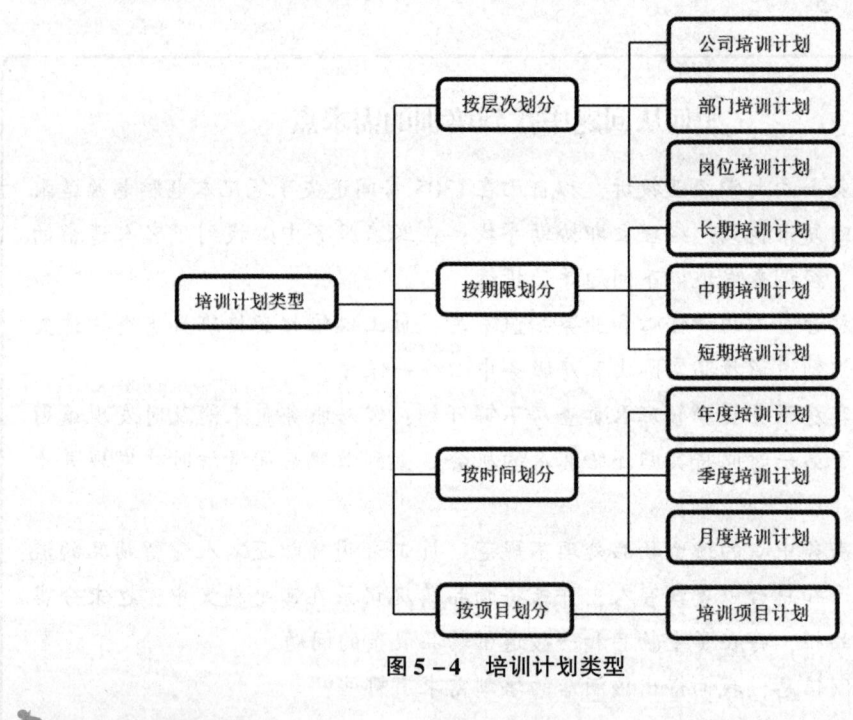

图 5-4　培训计划类型

拓展阅读

××酒店部门每日 15 分钟培训计划表

拓 展 阅 读

昆明温德姆至尊豪庭大酒店月度员工培训计划表

（二）培训计划的内容

1. 培训目标

每个培训项目都需要明确其目标。培训的目标是为了解决企业的战略问题、提升绩效、突破瓶颈或提升管理能力等。培训应该明确要达到什么样的效果，提升哪些能力。因此，培训目标必须简洁明了，具备操作性、可评估性和可衡量性。例如，酒店可以设定一个培训目标："提高前台员工的客户服务能力，以提升客户满意度，减少客户投诉率。"其可操作性可以体现在通过模拟演练、客户服务技巧培训和角色扮演等方式，提升员工的服务技能；其可评估性和可衡量性可以体现在培训结束后，通过客户满意度调查和员工服务质量考核，评估培训效果，确保客户投诉率降低30%。

2. 培训对象

在酒店的实际情况中，培训对象根据员工的状态、职位、层级和工作类别进行细分。只有明确划分培训对象，才能有针对性地进行培训，确保资源的有效利用，避免浪费。这种方法既能实现培训内容的统一性，又能根据不同群体的需求实现个性化的培训管理。

3. 培训内容

培训的内容可依照培训对象不同而分别确定。酒店培训的内容十分丰富，包括以各种形式对员工进行服务知识、服务技巧、语言及管理等各方面的培训，不断提高员工的素质。总的可以分为四个方面：职业态度（Attitude）、职业知识（Knowledge）、职业技术（Skill）与职业习惯（Habit）。职业态度与职业习惯是每一份工作都需要掌握的，而职业知识与职业技术对不同的员工有不同的要求。例如，对员工和领班来说，关键是要掌握作业的知识与技术；对主管和部门经理来说，关键是要掌握组织督导的知识与技术；对总经理和董事长来说，关键是要掌握经营管理的知识与技术。具体来说，酒店的培训内容主要有以下几类。

××酒店 BLD 部门知识与技能培训手册

4. 培训课程

年度培训课程需要根据轻重缓急来安排，一般课程分为通用、专业和特殊三类课程。

通用类课程主要是针对全公司的企业文化、战略愿景、职业化素质、通用素质模型等内容，主要针对全员和新员工的培训课程。例如，"服务卓越文化培训""战略愿景与价值观分享""职业化素质提升"和"团队合作与沟通技巧"。这些课程旨在普及企业文化，强化员工共同的职业素质和通用技能模型。

专业类课程是根据职位任职资格能力标准、员工发展计划等设计的，旨在提升员工专业能力以胜任岗位并实现能力进阶的课程。主要针对企业各层级的专业技术人员。专业课程培训对象的层次可以分为高级、中级、初级三类，主要课程目标是提升员工的专业技能水平，通过培训推动员工个人能力及绩效目标达成，如"高级餐饮服务技能训练""中级客房管理培训"和"初级前厅接待技巧提升"。这些课程根据不同职位的任职资格和员工发展计划，针对各层级的专业技术人员设计，旨在提升员工的专业能力和服务水平。

特殊类课程是指针对企业的关键核心人才、后备人才、特殊工种等设计的培训课程，主要围绕胜任力评价、能力测评结果、企业重大业务课题等设计培训内容，旨在帮助学员提升管理水平，引领业务能力的发展，从而推动公司战略发展。例如，"关键核心人才领导力发展课程""后备人才培养计划"和"特殊岗位安全操作技能训练"。这些课程特别针对企业的关键人才和特殊岗位员工，侧重于胜任力评估、能力测评以及关键业务课题的深度培训，旨在提升管理水平和业务能力，以支持公司战略的长远发展。

微课视频：
酒店新员工入职培训——上海复旦皇冠假日酒店

拓展阅读

如何设计新员工培训课程？

××酒店集团"明日领袖"培养计划

5. 培训类别

培训类别大致可分为内训和外培两类。内训是指企业利用自身资源，在企业内部组织培训或聘请外部专家进行培训，例如，由酒店管理团队或内部专家主持的服务技能提升、客户体验优化等课程。外培则指企业因无法内部组织或需要专业认证的培训而选择参加外部培训机构组织的课程，如安全管理认证课程等特定工种培训和学历教育。

6. 培训讲师

在酒店的培训过程中，讲师的作用至关重要。酒店的讲师分为内部和外部两类，各司其职。内部讲师负责传授企业文化、产品知识、规章制度、方法流程和经验分享等基础课程；而外部讲师则专注于新技术、新方法和能力提升等课程，这些是内部讲师无法涵盖的内容。在制订年度培训计划时，必须进行全面的课程和讲师资源评估，以确保课程的全面性和讲师资源的有效配置。

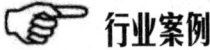 **行业案例**

开元酒店集团培训师培养体系

一、培训师的要求

1. 大专及以上学历。
2. 拥有培训及运营岗位至少1年的工作经验。
3. 通过开元酒店"培训师培训"课程培训与认证。
4. 具有吃苦耐劳和团队协作精神。

二、培训师培养

1. 组织开展TMT培训（培训经理培训），即培训经理如何做好酒店培训管理工作。
2. 每年组织开展"开元酒店集团TTT培训（职业培训师培训）及认证"。

三、培训师认证流程

培训师认证流程如图5-5所示。

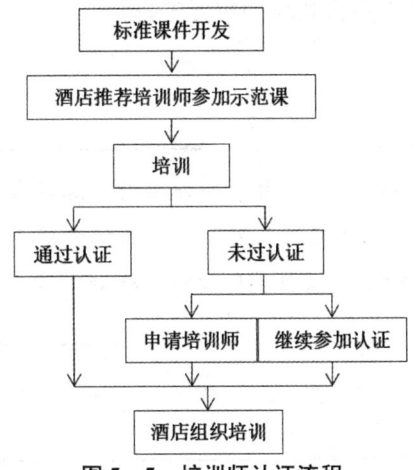

图5-5 培训师认证流程

7. 培训方法

培训方法有很多种，它们有各自的优缺点，企业应根据培训类型与培训对象、培训目的、自身实际情况等因素，选择合适的培训方法，有时需要将多种培训方法相结合使用。

（1）面对面培训。这种传统的培训方式仍然在许多酒店中广泛使用。通过面对面的培训，员工可以直接与讲师互动、学习和模仿技能，这对于提高服务质量和团队协作非常有效。

（2）远程培训。随着技术的进步，许多酒店开始采用远程培训，包括在线培训课程和视频会议。这种方法能够节约时间和成本，尤其适合需要跨地域或灵活时间安排的培训需求。

（3）电子学习平台。许多酒店也借助电子学习平台提供自主学习的机会，员工可以根据自己的节奏和时间学习相关的培训课程，这种方式尤其适合员工培训内容相对独立和技术性较强的情况。

（4）模拟训练与角色扮演。针对特定的服务技能或应急情况，酒店可能会组织模拟训练或角色扮演，以帮助员工在实际场景中练习和应对各种情况，提高应对能力和服务水平。

（5）小组讨论与案例分析。在培训管理层和领导力等方面，酒店可能会组织小组讨论和案例分析，通过集体智慧和经验分享来提升管理者的决策能力和团队合作精神。

8. 培训安排

培训安排应当清晰明确，包括培训时间、地点以及培训组织者等重要内容。年度培训计划的时间安排应具备周密性和可行性，需要根据培训对象和培训内容的优先级来科学合理地安排。安排时间时应遵循尽量不与生产任务冲突的基本原则，同时也要考虑到学员的时间安排。通常情况下，培训安排在生产经营淡季进行。培训地点应提前确定，并根据培训内容和方式的特点进行相应的布置安排。

现实中，很多酒店的培训计划由于种种原因，落实成效并不好，特别是酒店经营经常与培训计划冲突，时间上无法保证，运营部门也不配合。导致培训计划中的内容可能只实现了60%。该酒店应如何处理好经营与培训的关系？

行业案例

戴尔"70—20—10"的培训发展分配法则

提到培训方式，大家就可能想到教室授课，对培训多了解一些的人可能还会想到

E-learning（网络培训）或者把拓展、研讨会等融合在一起的混合式的培训。那么究竟怎样的培训才可以产生行为的改变、产生绩效的提升呢？

考虑到酒店经营管理的实际情况和需求，不少酒店将戴尔公司的"70—20—10"培训发展法则应用到酒店的日常培训计划和管理中去。三种学习分配定义如下：

实践中学习（70%），即在岗位工作中给予岗位工作以内或者相关的具有挑战性的工作，带着培训的目标给予工作任务，旨在帮助员工成长。在岗培训是能够为企业绩效的提升和员工的个人发展产生最直接影响的一种培训方式。

向他人学习（20%），即通常说的coaching或mentoring（导师制）等。站在企业的角度，一线经理（或者主管）如何能够很好地辅导下属，帮助其实现绩效的提升和能力的发展；人力资源部如何为这些辅导者提供相应的辅导技巧和资源的支持。这个部分的学习被认为产生的影响是居中的，建议花费20%的精力即可。

自我学习（10%），也就是我们通常意义上所提及的培训的方式，如课堂培训、书本学习等，这种方式的学习被认为对于个人发展和企业绩效的影响比较低，于是建议公司在这个层面所花费的精力在10%左右即可。

9. 培训经费

确定培训经费预算的方法多种多样。企业应根据其行业特点、业绩情况和员工工资收入水平等因素来确定适当的培训经费。预算通常包括两个主要部分：一部分是整体培训计划的执行费用，另一部分是每个具体培训项目的实施费用。

☞ 行业数据

跨国公司的培训总预算一般占上一年总销售额的1%~3%，最高的达7%，平均达1.5%或者员工年度总收入的1%~3%。越好的企业越会为员工培训提供更多预算。而许多中小企业培训总预算占上一年总销售额的比例常常低于0.5%，甚至在0.1%以下。

10. 培训评估与考核

为了验证培训的成效并促进受训者的学习，每次培训结束后都必须进行适当的考核和培训效果评估，并进行跟踪。这一过程不仅能够帮助评估培训课程的实际影响和学习成果，还能及时发现和解决可能存在的学习障碍或知识点欠缺问题。通过定期的跟踪评估，可以有效地调整和优化培训内容和方法，确保其与受训者的学习需求和实际工作场景保持一致。这种系统的评估和跟踪不仅有助于提高培训的效果和效率，还能够增强受训者的学习动机和参与度，从而实现培训的最终目标，即提升组织整体的绩效和竞争力。

三、组织实施培训

一旦确定培训计划，就必须按计划开始组织和实施培训。培训的组织实施过程包括多个关键环节，如准备培训设备、通知相关人员、严格管理培训纪律以及准备培训所需的资料和工具等。每个环节的顺利进行都直接影响着培训的最终效果和成果。

（一）培训准备

培训的准备工作包括多个方面：发布培训通知、确认讲师及课件、协调时间和地点、检查设施设备并进行调试、准备必要的表格和资料、了解学员的基本情况，以及确认培训前后的交通和住宿安排等。在培训组织中，充分的准备至关重要，以确保培训活动能够顺利进行并取得良好的效果。

（二）培训实施

培训的组织实施是教学活动的关键阶段，需要培训管理者具备出色的控场能力。一位优秀的培训组织者必定也是一位卓越的管理者。培训实施流程包括培训签到、开场介绍、课程管理和结业总结等关键环节。

四、培训成果转化

微课视频链接：
筹备期的单体酒店
入职培训这样做

许多职场人在参加培训课程时常常有一种体会：课堂上充满了新知识和启发，有时甚至激发了他们的热情和动力。然而，随着培训的结束，过了一两天，这些知识和动力往往就慢慢地消退了，仿佛还给了老师。

这种现象反映了一个重要的问题：是否"学而能用"。培训的真正意义在于能够将所学的理论知识和技能有效地转化为实际工作中的能力和成果。这需要培训课程设计和学习者的努力共同促成，包括课后的实践应用、反思和持续地学习。只有通过实践的应用和积累，才能真正地掌握和运用所学的知识，使之成为职业发展和工作生活中的有力支持。因此，培训不仅是在课堂上获取知识，更重要的是如何在实际工作中持续地应用和进步，以达到个人和组织的共同目标。

☞ **行业数据**[①]

有关企业培训的研究表明，一般的企业培训只有10%~20%的转化率，即80%~90%的培训资源和成果都被浪费了。这就意味着，对绝大多数企业来说，投入大量的人力、物力，最后却打了水漂，这也是目前不少企业的领导对培训不重视的原因所在，毕竟企业是讲究投入产出比的。

影响培训成果转化的因素很多，从以下这些因素下手，才能促进培训"学而能用"：

---

① 赵洪臣. 人事第一，我是如何在世界500强做HR的 [M]. 北京：清华大学出版社. 2014.

(一) 工作氛围

工作氛围指的是员工完成培训后回到的工作环境，以及工作中的观念、态度和习惯性做法等。如果一个公司的氛围是懒散的、不重视学习的，或者领导对培训不够重视，那么即使员工接受了高质量的培训，也难以将所学知识有效应用到实际工作中去。

在积极的工作氛围中，公司鼓励员工持续学习和成长。这种氛围下，员工会感到自己的学习得到认可和推崇，他们更有动力将新学到的知识和技能应用到日常工作中，从而实现"学而能用"的目标。此外，公司可以通过设立学习交流平台、提供实际操作的机会以及定期评估与反馈等方式，进一步促进培训成果的转化和持续的学习效果。

(二) 管理者的支持

管理者可以通过一系列实际行动来表达对培训的重视，从而有效促进"学而能用"的实现。

在培训前，管理者可以明确表达对员工参与培训的期望和支持，确保员工意识到公司对其个人发展的重视。提供必要的资源和便利，如调整工作安排、提供学习材料等，有助于员工更专注于培训内容的学习和吸收。

在培训期间，管理者的积极参与和支持也至关重要。他们可以参与培训活动，与员工一同学习并展示对学习内容的重视。通过亲自参与和提供反馈，管理者不仅增强了员工的学习动力，还展示了对培训成果转化的实际关注。

培训结束后，管理者应当主动与员工沟通，了解他们在培训中的收获和学习体会。这种关怀和交流可以帮助员工将所学应用到实际工作中，并感受到他们在工作中的重要性和支持。

此外，管理者可以鼓励员工在团队内部分享培训内容和经验，促进知识的传播和应用。通过这些方式，管理者能够有效地激励和引导员工，帮助他们将培训成果转化为实际工作中的能力和成果，从而实现全员的持续学习和发展。

(三) 同事的支持

独自学习而缺少同伴的互动，知识便难以丰富和深入。在学员之间建立起支持网络，促使他们彼此交流、相互切磋，对于增强培训成果的转化至关重要。这种互动不仅可以分享理解和应用知识的方法，还能激发新的思考和解决问题的策略。建立支持网络的方式多种多样，如设立互助学习小组、提供在线或线下交流平台，以及定期组织面对面的讨论会。通过这些方式，学员能够更全面地理解和应用培训所学，进而在实际工作中展现出更高效的表现。这种交流和互动不仅强化了个人能力，还有助于团队整体的学习和发展，从而提升组织的整体绩效和竞争力。

(四) 技术支持

技术支持在培训中的应用，是指利用信息技术促进学习成果的有效转化。一些企业为了提升员工表现，开发了专门的反馈跟踪系统。这些系统通过技术手段，直观地展示了员工在参加培训后业绩、工作方法和技能上的变化。例如，系统能够记录员工在培训前后的进步情况，并提供个性化的反馈和建议。这种技术支持不仅帮助员工更清晰地了解自身发展，还鼓励他们持续改进和应用新学到的知识。通过及时的数据分析和个性化指导，员工可以更有效地将培训成果转化为实际工作中的成效，进而推动整体组织的进步和发展。这种系统化的技术支持，为培训成果的持续优化和组织效率的提升提供了重要保障。

（五）自我管理能力

学员的自主能动性对于培训成果的转化至关重要，是影响内部因素之一。因此，在设计培训方案时，必须促使学员能够有效地在工作中运用所学的新知识和技能。例如，可以要求学员在每个小节培训结束后制订应用新技术和采纳新行为的计划，并设定可实现的目标。此外，协助学员讨论实现目标所需条件，并持续跟踪他们的行动计划进展，及时提供指导和支持。通过这些步骤，能够增强学员的自我管理能力和应用能力，确保他们能够将培训中获得的知识有效转化为实际工作中的行动和成果。这种个性化的支持和跟踪机制，有助于最大化培训投入的效果，提升组织整体的学习和执行能力。

五、培训效果评估

完成了培训计划，不仅是时间和金钱的投入，更关键的是评估学员的满意度和实际收益。在培训中，酒店员工获得了何种具体的技能和知识？这些对他们在业务管理上的提升有何具体影响？这些问题是培训效果评估的核心。有效的培训项目能够获得员工的认可和支持，进而推广和应用于实际工作中。通过评估培训的实际效果，人力资源部门能够确保投入产出比达到预期，从而提升整体的培训组织效率和效果。只有这样，才能获得持续的资源支持，并为未来的培训计划打下坚实的基础。

培训课程评估表

昆明温德姆至尊豪庭大酒店员工培训记录表

（一）评估的目的

（1）确定培训目标的可行性，包括目标是否符合学员的接受度，并能否实际实现。

（2）促使培训人员提升授课水平、提高培训质量和条件。

（3）确定实际培训效果与设定目标之间的差距，并进行必要的调整和改进。

(4) 完善对培训需求的评估，确保培训内容和形式能够最大程度地满足学员的实际需求。

(5) 更有效地分配和利用现有及潜在的培训资源，以提高整体的培训效率和成效。

(二) 评估的方法

培训效果的评估模型有很多，如柯氏四级评估、考夫曼五层次评估、CIRO 评估模型、菲利普斯五级投资回报率模型等。这里主要讲最常用的柯氏四级评估。

柯氏四级评估模型是由美国学者柯克帕特里克在 1959 年提出的，至今被广泛应用于培训效果评估领域。该模型简单而全面，具有高度的系统性和操作性，被认为是最有效的评估框架之一。其包括四个层次：反应层次评估、知识层次评估、行为层次评估和结果层次评估。通过这些层次，可以评估培训的接受程度、学习成效、行为变化以及最终对组织目标的贡献，如图 5-6 所示。

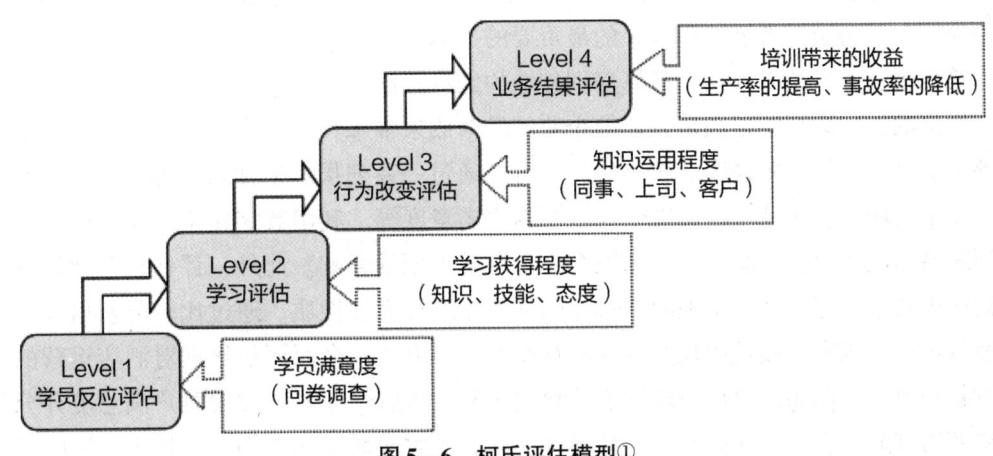

图 5-6　柯氏评估模型①

第一级，学员反应评估：评估被培训者的满意程度。

培训结束后，受训者对培训活动的感受、态度和意见对评估培训效果至关重要。这一级评估旨在及时了解他们对培训科目、培训内容、讲师表现、自己收获、培训地点、设施及时间安排等方面的反应。通过问卷调查或面谈等方式，分析受训者对具体培训科目的综合评价。这个层次的评估可以作为改进培训内容、培训方式、教学进度等方面的建议或综合评估的参考，但不能作为评估的结果。例如，在某家高星级酒店进行了一次服务技能提升培训后，酒店管理收集了员工的反馈。大多数参训员工通过匿名问卷表达了对培训内容和讲师表现的高度满意，特别是他们对实际案例分析和互动讨论的肯定。

第二级，学习评估：测定被培训者的知识和技能的获得程度。

学习评估是最常见也是最常用到的一种评价方式。此级评估目的在于确认受训者学到了哪些知识、提升了哪些技能、改善了哪些态度等。评估方法包括观察工作角色演

---

① 加里·德斯勒. 人力资源管理 [M]. 刘昕，译. 北京：中国人民大学出版社，2017.

练、个人技能表现、笔试、讨论、应变能力测试、实地操作以及工作模拟等，以全面评估他们在培训过程中的学习成效。例如，在同一家酒店，培训后进行了服务标准操作演练。员工们展示了在客户互动中应用新学到的礼仪和沟通技巧，这些技能在实际操作中得到了有效的应用。

第三级，行为改变评估：考察被培训者的知识运用程度。

行为的评估指在培训结束后的一段时间里，由受训人员的上级、同事、下属或者客户观察他们的行为在培训前后是否发生变化，是否在工作中运用了培训中学到的知识。重点在于评估受训者在实际工作中将学到的知识和技能应用的能力，以及其对工作能力的转化情况。评估方法涵盖行为观察、受训者谈话和调查、上级主管的问卷调查等，通常在受训者回岗后1至3个月进行，以确保评估的客观性和有效性。例如，数月后，酒店经理对参加培训的员工进行了行为评估。他们发现，在员工的客户互动中，礼仪和服务态度有了显著改善，客户投诉率也明显下降，表明培训的成果在实际工作中得到了有效的应用。行为层是考查培训效果的最重要的指标。

第四级，业务结果评估：计算培训创造的经济效益。

效果的评估即判断培训是否能给企业的经营成果带来具体而直接的贡献，这一层次的评估上升到了组织的高度。效果层评估可以通过一系列指标来衡量，如事故率、生产率、员工离职率、次品率、员工士气以及客户满意度等。利用数字化指标比较分析员工培训对酒店经济效益、服务水平和顾客满意度等方面的影响。此外，评估还包括培训费用的使用效果，即培训对实现酒店目标的具体影响程度和性质。通过比较分析培训前后的经营数据、成本与收益比较及顾客满意度调查等方式，全面评估培训对酒店运营的实际贡献和效果。例如，通过与培训前的数据比较，酒店管理团队发现客户满意度评分和复购率均有显著提升。这些改进直接促进了酒店的收入增长和市场份额扩大，证明了培训对酒店运营的积极经济影响。

项目四　员工培训的数字化

一、数字化培训的概念

数字化培训是指利用数字技术和工具设计、开发、实施和评估培训项目的过程。它涵盖了多种形式，如在线课程、虚拟教室、电子学习平台、模拟训练和基于应用程序的学习等。这些形式不仅使培训更加灵活和便捷，而且能通过多媒体资源和互动功能提高学习效果。此外，数字化培训不仅能传授知识和技能，还能提升员工的数字素养和技能，培养他们的数字化思维和能力。这意味着员工不仅要掌握使用各种数字工具的能力，还需要理解和适应数字化工作环境和流程，从而在工作中更加高效和创新。

数字化培训的优势在于其广泛的适用性和灵活性。通过在线平台和应用程序，培训不再拘泥于时间和空间限制，员工可以根据自己的时间自主进行学习，既不会影响工作，又能持续提升自己的能力。另外，数字化培训还具有个性化和数据驱动的特点，我们可以借助大数据和人工智能技术，根据每个员工的学习进度和需求，定制个性化的培训内容和计划，提高学习的针对性和效果，确保培训资源的高效利用。

总的来说，数字化培训不仅是现代企业提升员工素质和竞争力的重要手段，也是企业适应数字化时代不可或缺的战略举措。

二、数字化培训的目标

（1）提高学习效率和效果。通过数字化工具和技术，及时发现没有掌握的内容，并进行精准巩固，从而提高员工的学习效率和培训效果。

（2）促进个性化员工学习。利用数字化平台和算法，根据员工的需求、兴趣和学习进度，提供个性化的学习路径和资源，满足不同员工的需求。

（3）拓展学习场景和方式。通过虚拟现实、增强现实等技术，拓展员工的场景和方式，使员工获得沉浸感。

（4）提升学习体验和参与度。利用互动性强的数字化工具和平台，增加员工参与度，提升学习体验，激发学习的兴趣和动力。

（5）实现便捷和灵活的学习。使学习者可以随时随地进行学习，克服时间和空间的限制。

（6）提高培训管理效率。通过对培训资源的集中管理、学习进度的实时监控和反馈，提高培训管理的效率和效果。

（7）促进知识分享和协作。通过数字化平台，促进员工之间的知识分享和协作，打破信息孤岛，实现知识的共享和传播。

（8）持续跟踪和评估学习效果。数字化培训可以实现学习过程的数据记录和分析，持续跟踪和评估学习效果，为员工培训改进和优化提供数据支持。

三、数字化培训的内容

（一）培训内容多样化：共享优质资源

数字化培训的基本内容是利用免费、高质量的课程内容，对学习者提供广泛的在线支持，最终实现为学习者提供有用、感兴趣的学习知识；学习过程中学习者将课程中的内容和课程外的内容相互混合，将学习者自己的资源和课程资源混合，实现知识整合、共享和创造。

（二）培训移动化：随时随地的个性化学习体验

利用移动设备和技术，将培训内容和学习体验移植到手机、平板电脑等移动端平台上，使员工能随时随地获取培训内容，无须受到时间和地点的限制。移动培训平台可以根据学习者的兴趣、学习进度和偏好提供个性化的学习体验，通过数据分析和学习算法，推荐适合员工的培训内容和活动，帮助他们更高效地学习。

此外，移动设备的技术特性，如触摸屏、加速计、陀螺仪等，可以实现更加沉浸式的学习体验。例如，通过虚拟现实（VR）和增强现实（AR）技术，员工可以参与虚拟实境中的模拟实践和情景模拟，从而加深对知识的理解和技能的应用。

移动化培训开发还可以促进员工之间的社交互动和合作，通过社交媒体、在线论坛和聊天群组，员工可以与其他学习者分享经验、讨论问题、解决困难，从而促进组织知识的共享和交流。

最后，移动化培训开发可实现实时的学习进度跟踪和个性化反馈。员工可以随时查看自己的学习进度、完成情况和评估结果，及时调整学习策略和行动计划。

（三）培训智能化：打造全方位个性化学习生态

随着5G技术和人工智能的迅速发展，智能化的培训环境成为人力资源培训与开发的重要趋势。这种智能化不仅呈现为全程、全场景、全方位的学习空间，同时提供零时差、多维度的个性化学习支持服务，推动共享、开放、精准的学习模式，为员工打造更富有趣味和实时互动的学习体验，提高员工的学习效率和兴趣。

【课后实作任务】

任务名称	数字化的员工培训："企业慕课大学"培训方案设计	
小组名称		小组成员
任务说明	新一年度，云南某酒店集团准备开展企业大学的建设，希望将该集团历年积累的培训课程结合互联网和数字技术，打造企业线上培训体系，以解决酒店各部门员工培训时间难以协调统一、线下培训效果不佳等问题。该集团长期重点开展的培训项目包括但不限于专业能力的提升培训、绩效不佳员工的绩效改进培训、后备干部的培训等。请为该集团设计"企业慕课大学"培训方案	
任务成果	设计出形式丰富、内容契合度较高的"某酒店集团慕课大学"培训方案	
任务设计的目的	使学生能够在培训设计任务中，了解酒店传统线下培训的不足，学会运用数字化技术，初步尝试数字化培训的方案设计，从而掌握原理及方法	
任务考察的知识点	培训方案设计、数字化培训工具的使用等	
任务实施建议	1. 讨论分析企业慕课大学与传统线下培训有哪些区别 2. 围绕任务要求，思考应设计哪些关键环节和内容，以实现培训对各类员工的效用最大化，尽量让每位员工都能以适合的方式获得自己发展所需的培训 3. 可以广泛搜索酒店业相关资料作为参考借鉴。亦可以访谈酒店HR工作人员或学长、学姐，了解数字化技术在培训中的运用情况，收集更多的实际资料	

续表

任务名称	数字化的员工培训："企业慕课大学"培训方案设计	
小组名称		小组成员
其他补充说明	1. 方案内容系统完整，尽可能考虑到员工培训涉及的各种情境和解决方案 2. 方案设计合理，符合现实，具有可操作性 3. 方案具有创新性	

四、数字化培训的应用

利用互联网进行的课程，即员工可以随时随地访问视频、音频、文本、互动练习等多种形式的线上课程。

（一）虚拟教室

通过视频会议工具实现实时互动的培训环境，讲师和员工可以远程交流，增强课程的交互感。

（二）学习管理系统

通过培训全过程的体系化管理软件平台，有效管理、交付和跟踪在线培训课程情况和学员学习进度。

（三）移动学习

学员可以通过移动设备随时随地进行学习，不必拘泥于时间、空间的限制，可以利用一切时间自主安排学习，实现学习效益的最大化。

（四）模拟与虚拟现实

使用虚拟现实技术进行沉浸式学习，特别适用于需要动手操作或高风险环境的培训，可以在对实操性技能进行全方位学习与训练的同时，最大限度地提高安全保障。

（五）微学习

将学习内容分成小的、可管理的碎片化知识，降低了整块化学习带给员工的心理压力，帮助员工提高学习和消化知识的效率。

☞ 行业案例

希尔顿的数字化培训变革

希尔顿酒店集团（Hilton Hotels and Resorts）一直致力于技术创新，以提升客人体验和运营管理效率。2015年,希尔顿面临着一系列挑战,迫使其重新审视员工培训体系。首先,传统的面对面培训方式不仅耗时耗力,而且难以保持一致性和高效性。随着希尔顿在全球的扩展,培训需求日益复杂化,不同地域、文化背景和提高员工流动性使得标准化培训变得困难。此外,客户对服务质量和个性化体验的期望不断提升,竞争对手在技术创新方面的投入也使希尔顿感受到压力。为应对这些挑战,希尔顿决定实施全面的数字化培训变革。

希尔顿的数字化培训变革始于2016年。首先,推出了"希尔顿大学"(Hilton University)这一综合性在线学习平台。为员工提供了广泛的课程和资源,涵盖客户服务、酒店管理、安全卫生等多个领域。通过与行业专家和内部培训团队合作,希尔顿开发了章化的培训内容,使员工可以根据自身需求选择适合的课程。2017年,希尔顿进一步推出了移动学习应用程序,使员工能随时随地进行学习。该应用程序包含丰富的学习资源和微课程,并提供即时反馈和评估功能。员工可以利用碎片化时间进行学习,提高了培训的灵活性和效率。2018年,希尔顿在部分酒店开始试点虚拟现实(VR)培训项目。通过VR技术,员工能够沉浸式地体验各种工作场景,如前台接待和安全演练。这种互动性强、逼真的培训方式不仅增强了员工的实际操作能力,还提高了学习的参与度和效果。试点成功后,希尔顿逐步将VR培训推广至全球更多的酒店和岗位。2019年,希尔顿引入了游戏化学习元素,通过积分、徽章和排行榜等激励机制,激发员工的学习兴趣和动力。与此同时,希尔顿开始为员工制定个性化的学习路径,根据员工的职业发展目标和岗位需求,提供定制化的培训计划。这些个性化的学习路径确保了培训内容与实际工作需求的紧密结合。2020年,希尔顿推出了在线导师辅导项目,帮助员工在学习过程中获得专业指导和支持。通过在线平台,员工可以与导师互动,解决学习中的疑问,获取职业发展的建议。此外,还建立了持续评估和改进机制,定期对培训效果和业务绩效进行分析,根据反馈不断优化培训内容和技术平台。

同年3月,希尔顿推出全新虚拟现实培训计划:Hotel Immersion,是集团与学习解决方案开发商Sweet Rush合作设计,并利用3D计算机图形和360度视频来模拟客房和前台员工等服务。团队成员戴上Oculus头套就可以参观锅炉房、厨房,并足不出户地乘坐位于美国弗吉尼亚州的麦克莱恩泰森斯科纳希尔顿酒店的玻璃中庭电梯。他们同时可以练习三个实际操作任务:完成客房托盘送物,办理入住手续以及打扫酒店房间。在另一段内容中,团队成员将能换位体验遇到问题的客人的感受。在"Exceed with Empathy"中,他们将经历五种令人沮丧的客户场景:餐厅服务缓慢、会议室设置不正确、数字钥匙无法正常工作、结账流程过时以及咖啡机出现损坏等。通过虚拟经历的体验,提高员工对顾客需求的感知,从而提高顾客满意度。

案例来源:根据相关报道以及文章 *Building empathy to enhance hospitality*

【课后练习测试】

一、单选题

1. 师傅带徒弟这种培训方式的开发主体是（　　）。
   A. 师傅　　　　　　　　　　　　B. 徒弟
   C. 学校　　　　　　　　　　　　D. 企业或单位

2. 在欧美、日本等国家盛行的，不经培训或培训不合格不得进入岗位的培训形式是（　　）。
   A. 在职培训　　　　　　　　　　B. 非在职培训
   C. 岗前培训　　　　　　　　　　D. 脱产培训

3. 下列哪项不是在培训过程中教室布置的决定因素（　　）。
   A. 参训人员人数　　　　　　　　B. 培训活动形式
   C. 课堂控制程度　　　　　　　　D. 学员参与程度

4. 下列哪项不是培训的"Learn"教育方法的内容（　　）。
   A. 多讨论　　　　　　　　　　　B. 重视经历
   C. 积极参与　　　　　　　　　　D. 游戏

5. 培训目标是学员接受培训后所表现出来的工作能力水平的描述。培训目标的要求不包括（　　）。
   A. 清楚　　　　　　　　　　　　B. 简单
   C. 具体　　　　　　　　　　　　D. 可衡量

6. 培训过程中最复杂最费时的阶段是（　　）。
   A. 培训评估　　　　　　　　　　B. 培训需求分析
   C. 培训设计　　　　　　　　　　D. 制作培训资料

7. "你喜欢这样的培训吗？""你对培训师的表现是否满意？"这属于培训评估方面的（　　）层面。
   A. 反应　　　　　　　　　　　　B. 学习
   C. 行为　　　　　　　　　　　　D. 结果

8. OJT 指的是（　　）。
   A. 职前培训　　　　　　　　　　B. 在职培训
   C. 脱岗培训　　　　　　　　　　D. 交叉培训

9. 提出一些工作中有代表性的问题，并假设几种解决问题的方法，让员工讨论和选择正确答案，并申明理由，并由指导教师做出综合分析的一种方法是（　　）。
   A. 角色扮演　　　　　　　　　　B. 案例分析
   C. 操作示范　　　　　　　　　　D. 情景模拟

10. 以下关于培训的说法，不正确的是（　　）。
    A. 培训和教育不是一回事

B. 培训就是为了实现知识、技能和态度的改变而设计的学习。
C. 企业的大部分问题都可以通过培训来解决
D. 培训不但可以提高劳动效率，也可以降低事故率和损耗成本

11. 数字化工具在培训中的具体应用不包括（　　）。
   A. 在线课程　　　　　　　　　　　B. 虚拟教室
   C. 搭建胜任素质模型　　　　　　　D. 模拟与虚拟现实

12. 以下哪种方式最能提高培训的互动性和个性化学习体验？（　　）
   A. 使用电子邮件发送培训资料
   B. 实施线上互动课程和场景模拟
   C. 在教室里开展课堂讲座
   D. 通过公司内部线上论坛进行讨论

二、判断题

1. 培训应遵循"成人学习"的原则。（　　）
2. 培训内容主要有知识类、技能类及态度类三大类。（　　）
3. 培训管理始于培训需求分析。（　　）
4. 不同的企业战略阶段，培训工作的重点也不同，培训应围绕企业战略来进行。（　　）
5. 工作层面的培训需求分析，决定了企业哪些地方需要培训。（　　）

单选题答案
1. D；2. C；3. D；4. D；5. B；6. D；7. A；8. B；9. D；10. C；11. C；12. B

判断题答案
1. √；2. √；3. √；4. √；5. ×

【课后复习总结】

1. 培训对于酒店的意义何在？请至少从三个角度进行分析。
2. 培训需求分析有哪些内容和层次？
3. 培训的方法有哪些？
4. 如何评估培训的效果？

【课后案例分析训练】

浙江开元酒店管理有限公司多层次人才培养体系

如何批量制造开元的经理人？2003年，浙江开元酒店管理有限公司启动了"管理人接班人计划"，并不断完善提升。

一、管理人才的常规培养

酒店管理人才具有层次性，所以开元酒店的人才培养也相应具有层次性。目前，浙江开元酒店管理有限公司初步探索形成了一套具有开元特色的管理人才常规培养体系，并构建了以集团各级管理人员为主体的培训师梯队，坚持以岗位锻炼为主，通过导师的传、帮、带，实现知识、经验和文化的传承。

（一）人才培养层次

浙江开元酒店管理有限公司的人才培养主要包括以培养酒店总经理为目标的"后备高管"培养计划、针对酒店总监及经理级中层管理人员的"中层接班人"培养计划和针对酒店领班、主管级基层管理人才的"未来之星"培养计划，来确保集团人才培养层次的系统性和完整性。

（二）培养管理环节

浙江开元酒店管理有限公司三个层次管理人才培养体系是一个完整的系统工程，主要包括以下五大环节。

1. 明确三级培养岗位

开元通过对关键职位的分析，确定哪些职位需要建立继任职位。开元在分析关键职位时主要考虑三个方面的因素：第一，从重要性角度考虑，是对酒店产业的经营和发展具有战略价值的岗位；第二，从人才市场需求与市场供应关系考虑，应该是稀缺性人才岗位；第三，考虑那些流动可能性较强的岗位。这样可以明确高、中、基层培养岗位。

2. 明确培养职位的要求

各层次继任计划既是培养领导力的一种方式，也是体现领导力培养的结果。

在实践中，开元逐步总结出一套具有开元特色的管理人员应该具有的特质标准。这些标准是开元用人文化的核心，是考虑培养人选的第一要素。这些特质包括（行业）洞察力、创新的思维、达成目标的韧性、团队的领导力、勇于承担责任、决断力、奉献精神、热爱酒店经营管理工作等，每个特质都有具体的衡量标准。此外，作为接班人培养，开元还对年龄、学历和工作经验有基本要求。开元是个重视年轻人的企业，认为年轻人精力旺盛有朝气，思维活跃不保守，容易塑造。

3. 确定培养对象

"从内部选拔接班人"是开元用人文化的一条基本原则。要制定人才培养选拔标准，人才选拔是关键。三类候选人员的选拔方式都要经过三步考察：第一步，入选人员的年度绩效考评结果要为优秀；第二步，要有中、高层经理人员的评估推荐；第三步，必须通过人力资源部门组织的访谈和民意测评。

对照培养职位的要求，集团人力资源部根据绩效考核的结果建立候选人库。对候选人员集体评估后推荐到人力资源部门进行访谈和民意测评。开元对候选人员进行集体评

估尽量避免在人才的选拔上"钦定"的弊端。高层候选培养人员由集团高管培养与发展委员会集体评定；中层候选培养人员由酒店管理公司负责评定，并报集团公司审定；基层候选培养人员由各酒店子公司总经理和各部门经理集体商定。

4. 确定培养方式

在探索培养未来各级领导人的实践中，开元逐步总结出一套适合自己的基本培养方式。

（1）通过导师组的"传、帮、带"，实现知识、经验和文化的传承和超越。导师组分专业理论导师组和实践运营导师组，应采用两组联合培养的模式。专业理论导师和实践运营导师分别负责制定相应的专业理论和实践运营专题培养方案，并负责方案实施的组织领导工作。由于是一组导师的"传、帮、带"，学员可以采众师之长。

（2）以实际项目运作＋岗位挂职锻炼作为培养之本。开元领导层认为，管理是实践性很强的东西，优秀的管理人员需要在实践中经历和体会，才能提升能力，给学员们提供更多的实践锻炼机会是培养集团合格管理人员的基本途径。除了提供岗位在职的锻炼之外，让学员参与集团酒店实际项目的运作是培养管理人员的重要实践锻炼方式。例如，集团每年有一些新开业的酒店，让酒店产业在培养的后备酒店总经理们参与整个酒店从筹建到开业的全过程，通过这种锻炼，让学员们有机会学习和积累一些在正常运营酒店管理中没有机会接触到的东西，丰富学员的知识和经验。

（3）组织安排学员到国际知名的酒店参观考察，撰写考察报告，拓宽视野。

5. 培养计划实施的体系评估

在培训计划实施的全过程，各级人力资源部门负责对每位受训学员的成长情况进行分析评估。步骤包括：①领导力胜任特质评估，包括自我评估和导师评估，目的在于帮助学员正确地认识自己的优势和不足，为培养明确方向。领导力胜任特质根据培养对象的层次要求存在差异。②设计个人培养发展计划。经过领导力胜任特质评估后，导师将帮助学员共同制订个性化的培养发展计划。内容包括个人发展计划、培训计划评估、轮岗培训计划执行情况评估。③跟踪与评估。导师需要对学员成长情况进行跟踪评估，共同探讨工作中存在的问题。按照集团培养手册规定，导师要对学员的培训情况进行月度评估和年度评估。月度评估以学员个人的工作心得为主，导师根据学员的问题，提供相应的指导性建议或提供相应的指导。年度评估要求学员对自己一年来的工作业绩和学习成长情况进行自我鉴定评估，导师要签订相应的评估意见，人力资源部门要做民意调查。人力资源部门将学员的个人评估、导师的评估意见以及民意调查的结果汇总整理后，反馈给学员本人和导师，以供制定下年度培养计划和学员未来的发展目标。

（三）培养成效

实践证明，通过"三层级人才培养体系"，很好地解决了开元酒店连锁化发展中对于管理人才的需求问题。

第一，有力地支持了开元酒店产业实现跨越式发展的战略。全面推行人才培养计划以来，不仅开元自己投资的酒店人才有了着落，而且为开元准备通过输出管理实现大规模扩张准备了大量人才，积累了管理经验，坚定了开元发展酒店的信心。

第二，有力地促进了开元酒店管理经验的积淀，提升和实现了开元文化传承。开元"导师制"的人才培养模式，将分散的管理经验进行了梳理和提炼，并通过不断学习国内外优秀企业的经验，使得集团在酒店管理的能力得以提升。开元人才选拔方式、培养课程设置以及各级管理人员的"传、帮、带"让开元的文化得到了很好的宣传，在培养人才的同时，打造了一支传承开元文化的管理队伍。

第三，有助于开元吸引人才和留住人才。有体系地培养人才，有效的职业生涯设计，支持了开元的发展战略，保证了开元拥有良好的成长性和发展性，让各级管理人员感受到未来的广阔空间，给予员工更有挑战性的工作、更多的职责与机会，增加了管理人员对企业的忠诚，实现企业的发展与个人的发展有效地契合起来的"共赢"局面。同时，即使管理人员离职，也能够迅速补上管理人员流失所形成的职位空缺，保证企业发展的连续性不受影响，而且可以极大降低管理职位的重置成本。

（资料来源：邹益民，周亚庆，黄浏英. 持续追求价值领先——解读开元酒店集团品牌经营之道 [M]. 杭州：浙江大学出版社，2013.）

思考：人才的培养和开发对企业来说意味着什么？

分析提示：培训开发是现代企业人力资本增值的重要途径，有利于提高员工的胜任能力，增加企业的核心竞争力，从而实现企业自身和员工个人发展的双赢目标。

酒店员工绩效管理

中国管理哲学：赏罚分明和共同富裕的激励机制

【典型思想及核心理念】

法家思想：法治严明，赏罚分明。韩非子提出"法"（制度）、"术"（管理手段）、"势"（权威）三者结合，强调"法不阿贵，绳不挠曲"（《韩非子·有度》）。

《韩非子》："功当其劳，劳当其禄。"

【人力资源管理启示】

法家思想强调的"赏罚分明"与党的"共同富裕"目标相呼应。《韩非子》提倡的"功当其劳，劳当其禄。"强调绩效与回报的对等性。以上两条均是绩效管理的基本原则，也是确保绩效管理的公平性和激励性，从而推动酒店与员工共同发展的根本保障。

【课前导入】

在当今高度竞争的酒店行业中，顾客对服务品质的期望不断提升，这要求酒店提供舒适优雅的住宿环境，且更需注重个性化、精细化的服务体验。因此，高效的员工绩效管理体系成为提升酒店竞争力的关键。

以华住和亚朵等中国酒店集团为例，他们通过创新的绩效管理模式，不仅实现了服务品质的持续优化，而且促进了员工个人与组织的共同成长。华住酒店集团采取了以顾客满意度为核心，结合员工能力发展和团队协作的多维度绩效评价体系。具体措施包括：引入顾客即时反馈机制，将顾客评价直接纳入员工绩效考核；开展定制化培训项目，提升员工的专业技能和服务意识；以及实施团队绩效奖励计划，鼓励跨部门合作与知识共享。这种绩效管理方式不仅增强了员工的责任感和参与感，还有效提升了服务质量和顾客忠诚度，展现了绩效管理在推动酒店服务创新与质量提升中的重要作用。

导入案例

亚朵——酒店新物种与员工激活新生态

一、关于亚朵创始人：王海军——读1000卷历史书，游2000个中国县城

1977年出生的王海军考证出自己也是契丹人后裔，索性给自己取了一个颇有江湖气息的"花名"——耶律胤。这个"花名"，随着他创立亚朵酒店，逐渐在酒店业、资本圈为人所熟知。

在创立亚朵酒店之前，王海军已经在酒店行业深耕多年。毕业于燕山大学旅游管理专业的他，毕业后曾任职于锦江之星、格林豪泰、如家等行业内公司，并在2005年追随"携程四君子"之一的季琦参与创立华住酒店集团。

2012年离职时，王海军已位居华住集团执行副总裁。之所以离开华住，或许与王海军骨子里的"文青"气质有关。他想做一个具有人文情怀的酒店，而不是彼时流行的一张大床，四个枕头，再加两瓶矿泉水。

离职之后，王海军与芮习宁（花名"大漠"）、陈军（花名"摩卡"）组建团队，在喝茶与聊天中探讨如何创业。此后，三人前往云南怒江旅行，在中缅边界的亚朵村找到了灵感，给新品牌起名为"亚朵"。

二、亚朵商业模式：新住宿经济开创者

亚朵酒店的创业故事看起来很美，但是，在王海军的"文青"气质背后，是他对彼时酒店业更为灵敏的商业嗅觉。

按照价格划分，酒店可以分为经济、中端、中高端、高端、超高端、豪华等类型。2012年前后，国内酒店业的状况是两头大、中间小，经济型快捷酒店与豪华酒店发展迅猛，而中高端酒店还鲜有人问津。王海军瞄准的，正是中高端这一片市场蓝海。从亚朵酒店此后几年的发展来看，这一市场定位可以说抓住了行业机遇期。

2013年，亚朵酒店首店在西安开业。2014年，亚朵酒店开店数量超过30家。此后，进入高速发展阶段。2021年年底，亚朵酒店在全国138个城市共有酒店754家，会员数超3000万，房间数超8.6万间，营收21.48亿元。不到十年时间，王海军带领亚朵酒店在国内酒店业成长为一方诸侯。

王海军曾总结过亚朵酒店的商业模式，就是"酒店+人群+IP"，通过"引入更多的

跨界IP，打造更高的知名度"。对此，王海军还提出了"第四空间"的概念。在他看来，住宿是第一空间，办公是第二空间，社交是第三空间。所谓第四空间，是开放的生活方式社区，是前三种的融合。所以，在人文和新中产生活方式上，亚朵酒店没少下功夫。

在王海军"第四空间"概念的指引下，亚朵酒店还在零售电商领域开辟了新战场。截至2021年年底，亚朵酒店共开发1665个场景零售SKU，零售业务GMV达到2.282亿元，比2021年增长超120%，可以说是疫情之下的一条第二增长曲线。

三、亚朵的合伙激活："果—干—根"激励循环模型

亚朵最终的产品不是越来越多的房间商品，而是一个个充满活力、温暖人心的亚朵人。它对产品的定义最终都会定义到人，就跟大家不一样了。他们开始做的第一个逻辑就是员工的激活逻辑。

传统酒店的模式是强管控的金字塔式的组织架构，这也是传统酒店的组织痛点。王海军深刻理解人性，明白员工是组织中的基石，他找到一个词——平等。首先是人格平等，权利平等，责任平等，能力平等……管理不能是控制和约束，而是要去赋能和激发。只有真正感到温暖和被尊重的员工，才能给客户传递温暖和尊重。为了把这个服务做好，亚朵推行的是与员工将心比心，对他们好，他们才能够把温度传递出去。

"根"：亚朵把整个公司也简化成两层，学习汉代的组织架构，营造一个简单的沟通模式，能够凸显员工的价值，最终形成了这样一个根——就是价值观，包括全员点赞，全员吐槽，员工的幸福菜单等一线驱动的决策。

"干"："组织创新+全员授权"形成了"干"，包括政委体系和教人计划。一线员工参与酒店总经理的KPI。不管是加盟店还是直营店，都有一个管业务的角色，俗称为总经理。另外还有一个角色——就是HR。每一个酒店里必须配一个政委，只有政委才能把组织做成一个柔韧的组织。否则组织只是看业绩，只是看结果，最终这个公司是扎不下根儿的，必须有情感的连接。

"果"：果是什么？是进化的能力。服务体验全行业领先，体验产品不断迭代，生生不息，涌现创新！最终形成这样一个根、干和果的循环系统。

四、亚朵独具特色的人力资源措施

1. 独领风骚：全员营造人文氛围，让员工去读书，通过学习和读书打开一个人的眼界和格局。
2. 花儿合伙人计划：亚朵行使的是期权，让员工一起来分享公司的成长。
3. 微创新：亚朵有非常多样化、高频快的项目激励措施。
4. 培训项目：亚朵会定制很多培训班，赋能员工的成长。
5. 青黄计划：为了避免人才的青黄不接，只要你是亚朵的员工，你对自己有信心，就可以去申请青黄计划，由高管贴身进行师徒培养带教。

6. 亚朵之旅——创业平台：不管是加盟还是直营都可以在内部做调动，亚朵建立了创业平台，支持员工去创业。

7. 高层的激励模式——合伙模式：亚朵的高管里一半是原来的创业元老，其他50%的高管来自互联网等各个领域。

【本章课前思考】

1. 思考在酒店行业中，如何通过绩效管理直接关联并提升顾客满意度？顾客反馈在绩效评价体系中应扮演何种角色？

2. 结合上述华住酒店集团和亚朵酒店的案例，探讨在不同岗位上，如何设定既符合酒店总体战略目标，又能体现岗位特色的个性化绩效考核指标？

3. 在设计酒店员工绩效评估体系时，应考虑哪些关键因素，以确保既公平又有效地激励员工？

4. 在团队绩效与个人绩效之间，如何找到合适的平衡点，以促进团队协作的同时不忽略个人贡献的衡量？

5. 在当前酒店行业数字化转型的大背景下，传统的绩效管理方法面临哪些挑战？如何适应新的变化？

管理故事：如何让员工像老板一样卖力地干活（猎人与猎狗）

【本章教学目标】

知识目标

1. 阐述绩效管理的概念及目的
2. 描述绩效管理的全过程
3. 理解绩效管理方法中的平衡计分卡法
4. 说明 KPI 指标体系及其制定过程
5. 阐述绩效考核的方法
6. 理解 360 度绩效考核
7. 熟悉绩效考核中的常见偏差

技能目标

1. 能够制定绩效指标体系

2. 能够使用至少一种绩效考核方法进行考核

3. 能够进行绩效反馈面谈

德育目标

1. 培养学生树立正确的绩效评价伦理观，维护酒店内部的正直文化

2. 培养学生的团队协作精神，强调绩效目标应与团队目标及酒店整体战略相协调，促进团队间的支持与协作，共创佳绩

3. 强调绩效管理中的人文关怀，教导学生如何在绩效反馈中融入情感智力

4. 鼓励学生探索适应新技术、新市场需求的绩效管理方法，以促进酒店的持续发展

5. 培养学生从中国酒店企业的管理创新实践中体悟激励之道，加深对本土企业的认识与认同，树立民族自信

【本章知识导图】

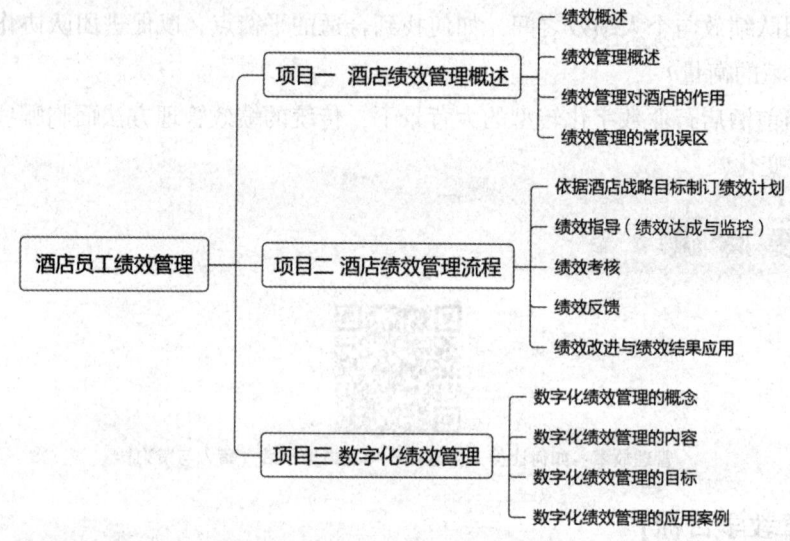

通过本章的学习，希望大家能够深入思考酒店绩效管理的理论与实践，探索如何在不断变化的市场环境中，构建一个既能激发员工潜能，又能推动酒店持续发展的绩效管理体系。

【本章实践项目任务】

对于缺乏职场经验的学生而言，绩效管理是人力资源管理六大模块里最陌生、最抽象的一个内容板块。为了切实提高学生对该板块知识的理解并能适当具备简单的实践应用能力，特设此综合性实践项目任务。

任务名称	小组项目成员绩效考核量表设计	
组名		小组成员
任务描述	请大家根据本课程中以及之前小组项目作业的经验，采用课堂中的任意一种绩效考核方法设计出一份小组成员互评的绩效量表，并组织实施对小组成员的绩效考核	
任务要求	1. 绩效考核指标确定前需进行调研，可以采取问卷或访谈等形式开展调研 2. 以小组为单位对指标进行研讨，形成研讨总结 3. 形成最终的评价指标 4. 打印评价指标，进行匿名调查，并上交调查结果	
任务准备	熟悉绩效考核指标制定的流程和方法，搜集绩效考核量表的范例，思考如何避免绩效考核中的各项误差	
实施建议	1. 至少选取 5 名组内或组外的人员进行考核指标访谈，记录访谈内容，总结并提取指标 2. 小组研讨要明确时间、步骤、研讨成果和研讨记录，注意讨论时要避免绩效考核误差的设计 3. 评价指标形成后，制作成格式美观、具有小组标识的绩效考核表 4. 绩效考核过程匿名进行，统计绩效考核结果并提交给老师	
实施计划	包括时间、步骤、各步骤准备事项、过程记录、结果提交	
实施过程记录	从以下三个方面记录： 访谈记录、研讨记录、绩效考核表	
任务成果	形成绩效考核表并提交考核结果	

项目一　酒店绩效管理概述

一、绩效概述

（一）绩效的含义

绩效有组织绩效、群体绩效和个体绩效三个层次，个体绩效是基础，组织绩效和群体绩效是个体绩效的表现形式。就个体层面来说，绩效是指员工在一定时间、空间等条件下，从事某种活动所表现出来的与组织目标相关的并且能够被评价的行为和所取得的结果。

（二）绩效的特点

员工的绩效是其自身各项素质在具体工作时空条件下的综合反映，它随着工作时间、空间、任务及环境的变化而变化，呈现出明显的多因性、多维性和动态性等特点。

1. 多因性

绩效的多因性是指绩效的优劣不是取决于单一的因素，而是受主、客观多种因素影响，既有员工个体因素，如知识、能力、价值观等，也有企业环境因素，如组织的制度、激励机制、工作的设备和场所等。绩效和影响绩效的因素之间的关系可以用公式表示：

$$P = f(S, O, M, E)$$

公式中，f 表示一种函数关系；P 为绩效，S 为技能，O 为机会，M 为激励，E 为环境，公式说明绩效是技能、激励、环境和机会四个变量的函数，高绩效是多因素共同作用的结果，需要内因与外因、主观与客观等多方面的协同。

2. 多维性

多维性就是指员工的绩效往往是体现在多个方面的，员工的工作结果和工作行为都属于绩效的范围。一般来说，我们可以从工作业绩、工作能力和工作态度三个维度来评价员工的绩效。当然，不同的维度在整体绩效中的重要性是不同的。

3. 动态性

动态性就是指员工的绩效并不是固定不变的，在主客观条件变化的情况下，绩效是会发生变动的。这种动态性就决定了绩效的时限性，绩效往往是针对某一特定的时期而言的。这实际上向我们解释了为什么绩效评价和绩效管理中存在绩效周期的问题。因此，在评估员工的绩效时，应以发展的眼光看待员工的绩效，切忌以主观僵化的观点看待员工的绩效。

二、绩效管理概述

绩效管理，是把对组织绩效的管理和对员工绩效的管理结合在一起的体系，它是管理者为确保员工的工作活动和产出与组织目标保持一致而实施的管理手段与过程。但是这个过程是复杂的，组织必须按照一定的绩效目标和标准，采用科学的方法收集与绩效相关的信息，定期对员工的绩效水平做出评价和反馈，所以绩效管理是一个过程，包括目标和计划的制定、实施、评估和反馈一系列活动，通过这样一个环环相扣的管理过程，将员工的个人行为和企业的目标紧密结合在一起。因此从过程角度来阐释绩效管理，就是组织按照一定的绩效目标和标准，采用科学的方法收集与绩效相关的信息，定期对员工的绩效水平作出评价和反馈，以确保员工的工作活动和结果与组织要求相一致，进而保证组织目标完成的管理手段和过程，如图 6-1 所示。

微课视频链接：
绩效管理小故事——
三只老鼠偷油与
绩效考核

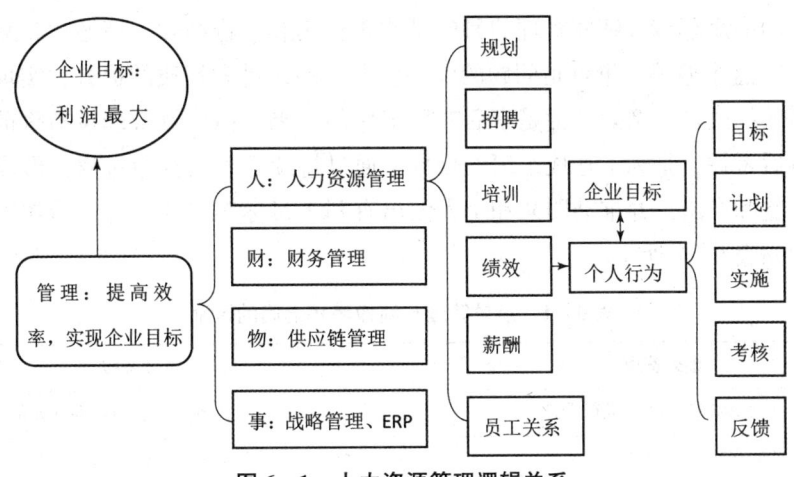

图 6-1　人力资源管理逻辑关系

三、绩效管理对酒店的作用

（一）绩效管理有利于酒店战略的有效执行与落地

绩效管理将员工的工作活动与组织战略目标联系起来，通过采取关键绩效指标、平衡计分卡、目标与关键成果法等管理工具，把组织、部门和个人的绩效紧密联系起来，帮助高层管理者实现战略性经营目标，明确达成组织目标所需要的员工特质、行为方式和工作结果，构建相应的绩效衡量与反馈系统，在员工提升个人绩效的同时促进组织绩效的提高，引导员工向着组织目标冲锋。

（二）绩效管理有利于酒店管理水平的不断提升

绩效管理为组织做出各种员工管理决策提供有效和有价值的信息，如调薪、晋升、调动、培训、留用、解雇等；同时为员工制订具体可行的计划，在计划执行过程中为员工提供支持和帮助，并采取科学、规范的绩效考评系统对员工的绩效进行评价，从而不断提高组织的管理水平。

（三）绩效管理有利于员工的进一步开发

在绩效管理过程中，可以很好地发现员工的优势与劣势以及绩效不佳的原因，如技能缺陷、动力不足、机制不畅等，进而找出提升员工绩效的方法，这样可以有效地提高员工的知识储备、技能和素质，从而促进员工进行工作重塑和优化职业生涯发展路径。

四、绩效管理的常见误区

（一）将绩效管理与绩效考核等同

在现实的人力资源管理过程中，绩效管理存在一个误区——往往把绩效考核等同于绩效管理，或者在绩效管理中只强调绩效考核，但事实上二者有很大区别。绩效考核是绩效管理中的一个环节，绩效管理的目的是改善行为和改进绩效，遵循"计划—辅导—检查—改进"这个循环，重点是问题的解决、方法的改进和素质的提升，实现员工行为的改善和绩效的改进。绩效考评是事后考评工作的结果。而绩效管理包括事前计划、事中管理、事后考评，是为了达成组织的目标，通过持续开放的沟通过程，形成组织目标所预期的利益和产出，并推动团队和个人做出有利于目标实现的行为。绩效管理与绩效考核的区别如表6-1所示。

表6-1 绩效管理与绩效考核之间的区别

绩效管理	绩效考核
从战略高度对绩效进行管理	对个人或部门的绩效进行评价
着眼于组织绩效和长远发展	着眼于个人或部门的绩效
一个完整的管理过程	管理过程中的局部环节和手段
侧重于信息沟通与绩效提高	侧重于判断和评估
伴随管理活动的全过程	只出现在特定的时期
事先的沟通与承诺	事后的评价

混淆绩效管理与绩效考核的教训

（二）角色分配错误

企业普遍的一个认识误区即人力资源管理是人力资源部的负责范畴，认为绩效管理是人力资源管理的一部分，应该由人力资源部负责实施。总经理往往只是做一些关于实施绩效管理的指示，剩下的工作全部交给人力资源部，做的成效由人力资源部一力承担，这也是绩效管理得不到有效实施的一个非常重要的原因。

人力资源部在绩效管理实施中主要扮演流程/程序的制定者、工作表格的提供者和咨询顾问的角色，至于流程与程序、制度的推行与实施则与人力资源部关系较小。推行的责任在企业的高层，尤其要取得最高层的支持和鼓励，离开了高层的努力，人力资源部的一切工作都是白费。高层的推行要贯穿整个过程的始终，直到绩效管理的完全实施以及绩效管理系统的完善更新进步，这里的每一步都离不开酒店高层管理者的支持和监督。

（三）过于追求形式上的完美

追求完美是企业管理者的一个共同特点，凡事总是想找到一个完美的解决方案，希望能够解决一切问题。因此,管理者对绩效管理的形式表现出了极大的关注,对于绩效管理方案和绩效表格反复修改,过于追求形式上的完美。这种错误认识造成了人力资源部大量的工作浪费,无形中浪费了许多人力资本。

在绩效管理过程中,绩效管理方案和绩效表格只是其中一个环节,绩效管理绝对不是简单解决考核这一个问题,而是更多地转变管理者的管理方式和员工的工作方式,提醒大家关注绩效,经理和员工共同就绩效进行努力并取得成果,共同实现企业的经营目标。

(四) 认为绩效管理与员工无关

这种认识与观念有关,没有跳出以前绩效考核的误区,认为只要管理者知道绩效管理就可以了,员工知不知道无所谓。更为严重的是除了人力资源部和总经理之外,没有更多人知道绩效管理是怎么回事,这也是绩效管理得不到推行的一个重要原因。最终导致直线经理不明白,就无法认真执行,更谈不上融会贯通;员工不明白,本身就对考核持有恐惧心理,就会更加远离。

因此,在绩效管理实施之前要对员工进行培训,让员工明白绩效管理对他们的好处,这样才会配合经理做好绩效工作,做好绩效计划和绩效沟通。让经理明白绩效管理对自己的好处,经理才愿意接受、参与和推动。因此,在正式实施之前,必须就绩效管理的目的、意义、作用、方法等问题对经理和员工进行认真培训,保证绩效管理实施的效果。

微课视频链接:
两熊赛蜜,绩效大不同

项目二 酒店绩效管理流程

绩效管理是一个系统性的工程,从开篇案例可以发现绩效管理具有很强的导向作用,因此绩效管理是保证酒店战略目标实现的重要工具,它始于酒店的战略目标,通过对绩效目标体系的设计、对绩效执行过程的监控、对绩效结果的考核,以及对绩效结果的反馈优化绩效目标的制定,这种闭环的持续优化的过程就是绩效管理的过程,如图6-2所示。

一、依据酒店战略目标制订绩效计划

(一) 如何确定绩效目标

从绩效管理流程中,我们可以明确酒店的绩效管理始于其战略目标,而绩效管理按照层次也可以划分为组织层面绩效管理、部门层次绩效管理和员工绩效管理(见图6-2)。

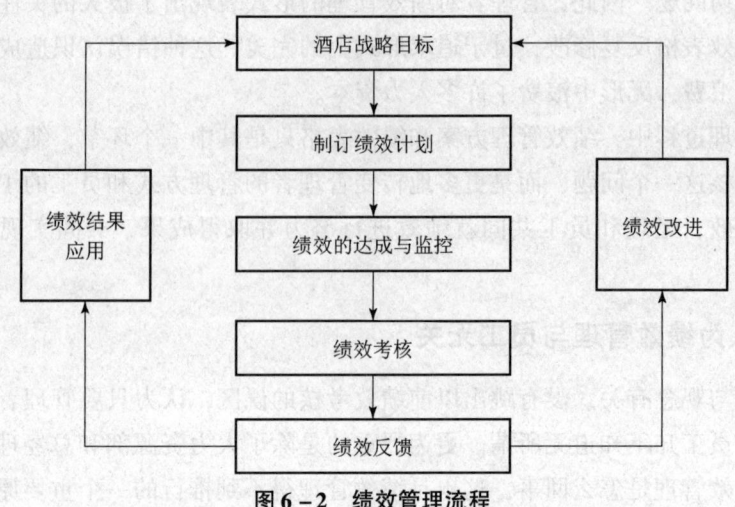

图 6-2 绩效管理流程

1. 组织层面的绩效目标确定

在衡量组织层面的绩效目标时，经常用到的战略与绩效结合的工具就是平衡计分卡。平衡计分卡（Balanced Score Card），源自哈佛大学教授 Robert Kaplan 与诺朗顿研究院（Nolan Norton Institute）的执行长 David Norton 于 1990 年所从事的未来组织绩效衡量方法。当时该计划的目的在于找出超越传统以财务量度为主的绩效评价模式，以使组织的策略能够转变为行动；平衡计分卡体现的就是"平衡"二字，在考虑财务指标的同时，兼顾客户、业务流程和成长创新三个方面，是一个综合性的评价体系。后续两位学者在原有的平衡计分卡理论上加入了战略地图，至此平衡计分卡就不单纯是一个绩效管理工具，而是上升到企业战略管理工具的高度。

(1) 平衡计分卡的特征。

①平衡计分卡自上而下体现着公司的使命和战略。相比之下，大多数公司追踪的指标是自下而上的，但是这些来自各个业务单元的经营活动或特定流程的衡量指标，往往与公司的整体战略无关。

②平衡计分卡具有前瞻性。平衡计分卡致力于当前以及未来的成功。传统的财务衡量指标描述的只是公司在上一个报告期的经营情况，而没有指出管理者怎样才能在下一个报告期提高业绩。

③平衡计分卡整合了外部和内部的衡量指标。这种整合可以帮助管理者发现，过去对于各种绩效衡量指标进行了怎样的权衡取舍，同时有助于确保未来在实现指标的过程中不会出现顾此失彼的现象。

④平衡计分卡帮助企业聚焦重点事项。很多公司往往追踪的衡量指标过多，超出了自身所需。平衡计分卡要求管理者只关注那些与公司战略成功息息相关的衡量指标，并就此达成共识。

(2) 平衡计分卡的四个维度，如图 6-3 所示。

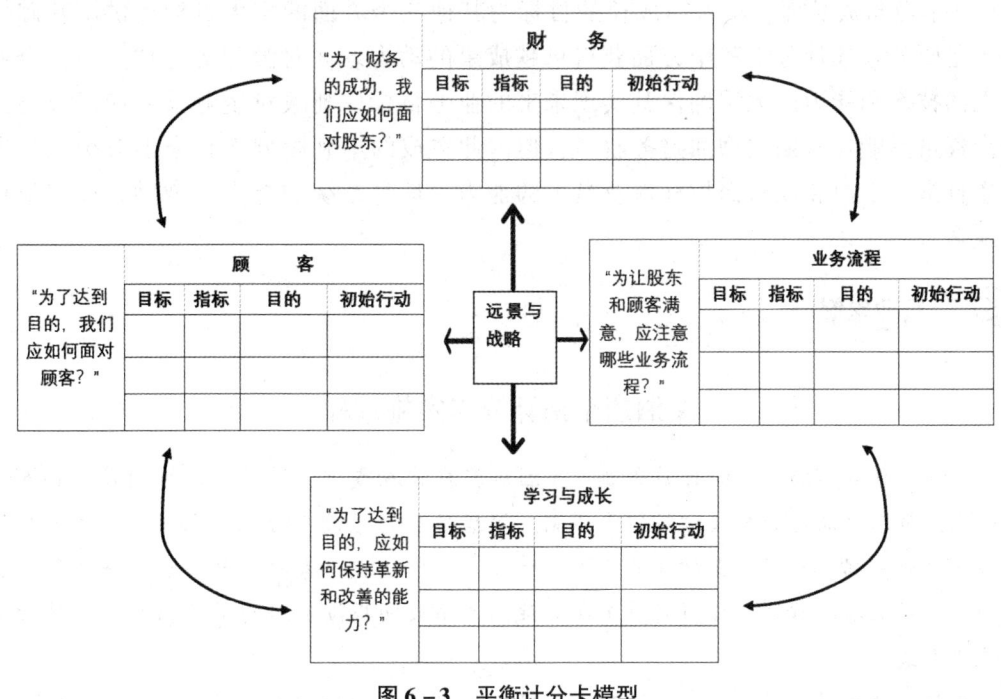

图6-3 平衡计分卡模型

①财务维度。财务性指标是一般企业常用于绩效评估的传统指标。财务性绩效指标可显示出企业的战略及其实施和执行是否正在为最终经营结果（如利润）的改善做出贡献。但是，不是所有的长期策略都能很快产生短期的财务盈利。非财务性绩效指标（如质量、生产时间、生产率和新产品等）的改善和提高是实现目的的手段，而不是目的本身。财务性指标衡量的主要内容有：收入的增长、收入的结构、降低成本、提高生产率、资产的利用和投资战略等。

②客户维度。平衡计分卡要求企业将使命和策略诠释为具体的与客户相关的目标和要点。企业应以目标顾客和目标市场为导向，专注于是否满足核心顾客需求，而不是企图满足所有客户的偏好。客户最关心的不外乎五个方面：时间、质量、性能、服务和成本。企业必须为这五个方面树立清晰的目标，然后将这些目标细化为具体的指标。客户面指标衡量的主要内容有：市场份额、老客户挽留率、新客户获得率、顾客满意度、从客户处获得的利润率。

③内部营运维度。建立平衡计分卡的顺序，通常是在先制定财务和客户方面的目标与指标后，才制定企业内部流程方面的目标与指标，这个顺序使企业能够抓住重点，专心衡量那些与股东和客户目标息息相关的流程。内部运营绩效考核应以对客户满意度和实现财务目标影响最大的业务流程为核心。内部运营指标既包括短期的现有业务的改善，又涉及长远的产品和服务的革新。内部运营面指标涉及企业的改良/创新过程、经营过程和售后服务过程。

④学习与成长面。学习与成长的目标为其他三个方面的宏大目标提供了基础架构，是驱使上述计分卡三个方面获得卓越成果的动力。面对激烈的全球竞争，企业今天的技术和能力已无法确保其实现未来的业务目标。削减对企业学习和成长能力的投资虽然能在短期内增加财务收入，但由此造成的不利影响将在未来对企业带来沉重打击。学习和成长面指标涉及员工的能力、信息系统的能力与激励、授权与相互配合。

行业案例

A 酒店平衡计分卡实施过程

背景：随着市场竞争的日益激烈，A 酒店客户收入减少、餐饮和康乐项目的收入入不敷出，员工对酒店的绩效考核体系不满。酒店目前的考核指标基于预算，以财务指标为唯一考核依据，采用相互打分的方式，绩效考核仅实现了考核功能。员工并不清楚自己的工作对酒店的贡献，公司对员工所关注的高绩效回报没有客观的评价标准，绩效考核流于形式。

据此，酒店对发展战略进行梳理，并根据平衡计分卡的四个维度，总结了成功关键要素，提取了绩效指标，形成了下一年度酒店的关键绩效指标。

步骤一：酒店经营环境的 SWOT 分析，如图 6-4 所示。

优势：	劣势：
● 基础设施完备，可以满足客户各种不同需要 ● 管理层执行力较强 ● 多年的酒店管理经验	● 员工流动性大，远高于全国平均水平 ● 激励机制简单 ● 营销手段单一 ● 收入构成不合理，主要依赖客户收入
S	W
机会：	威胁：
● 城市每年的中高端游客 100 万人次，连年增加 ● 城市旅游收入连年增加 ● 城市酒店人才丰富，有利于引进高素质人才	● 竞争对手数量逐渐增加 ● 客户对服务质量的要求越来越高 ● 新业务增长点市场压力逐渐增大
O	T

图 6-4　A 酒店经营环境 SWOT 分析图

步骤二：关键绩效的选择，如图 6-5 所示。

财务层面：利润的增长主要在于收入的增加和成本的控制。客户创造价值的增加、康体项目的转型都会带来新的收入，对酒店资产的使用效率也是关键。

客户层面：通过客户的视野来看酒店，从质量、服务、成本等几个方面关注客户需求。酒店品牌建设也有利于引入新客户。

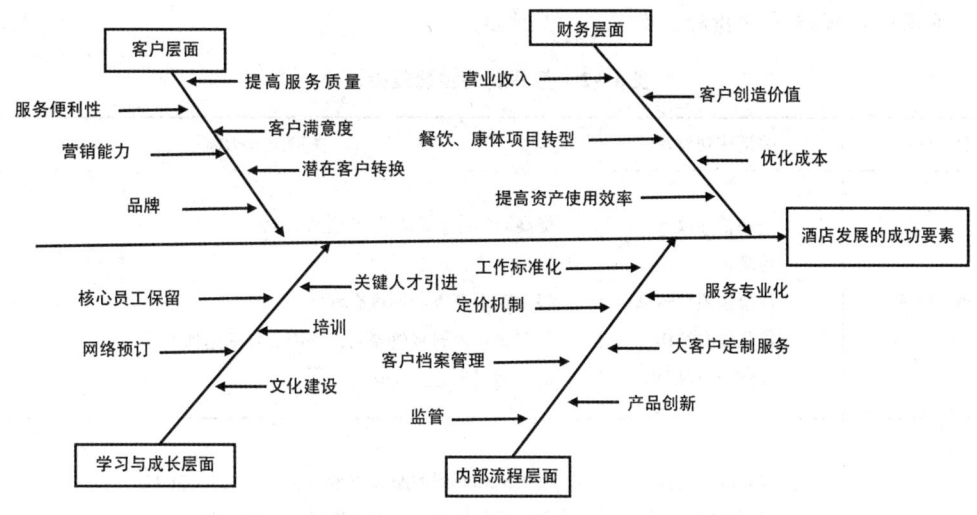

图6-5　某酒店关键绩效指标

内部流程层面：对客户满意度影响最大的流程在于工作标准化、服务专业化。根据竞争对手的经验，灵活的定价机制和大客户定制服务也可以提高酒店产品的竞争力。

学习与成长层面：酒店运营人才是关键，既要留住核心人才，也要加强关键人才的引进，同时注重通过培训不断提高现有员工的素质。信息化建设方面，重点在于网络预警系统。

步骤三：导出公司战略，如图6-6所示。

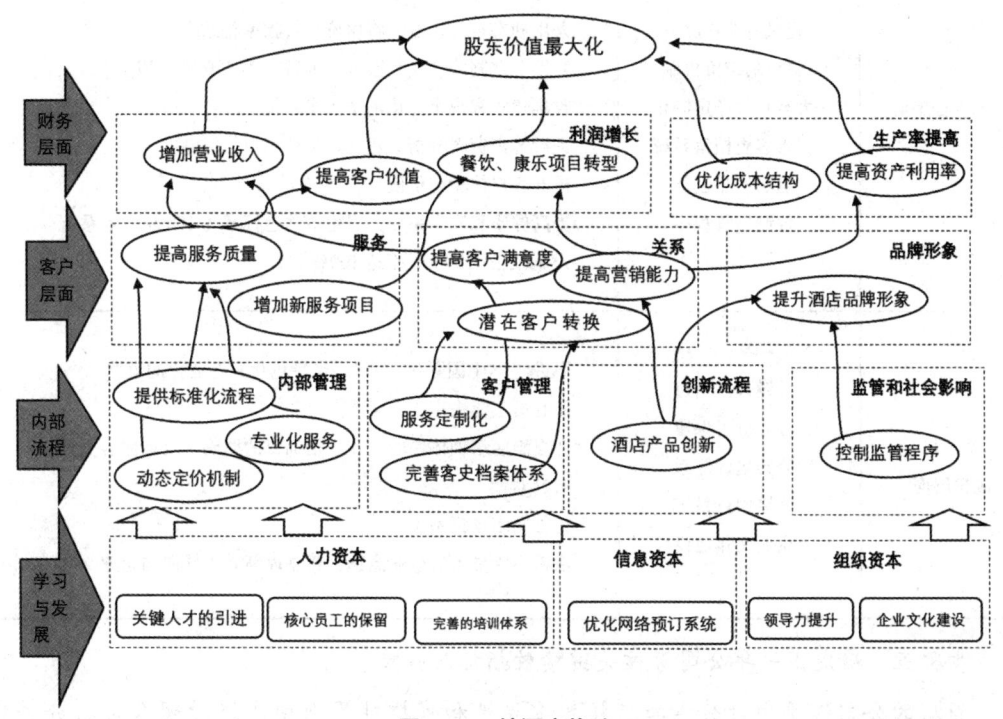

图6-6　某酒店战略

步骤四：提取关键指标，如表6-2所示。

表6-2 某酒店关键绩效指标表

业务层面	关键成功要素	关键绩效指标
财务层面	增加营业收入 提高客户价值 餐饮康乐项目转型 优化成本结构 提高资产利用率	提高酒店净资产收益率达到1.8% 提高单位客户购买力 餐饮康乐销售计划达成率 经营成本得到有效控制，费用节省率达到10% 资产利用率达到65%
客户层面	提高服务质量 提高服务便利性 提高客户满意度 提高营销能力 潜在客户转换能力 提高酒店品牌形象	引用国际通用的服务质量测评问卷SERVQUAL 提高服务效率，完善各部门工作量化指标 客人投诉率下降3% 营销渠道多样化，做好直销和会员体系 建立潜在客户数据库，策划有针对性的营销活动 强化品牌认知度、保持品牌忠诚度
内部流程层面	提供标准化流程 提供专业化服务 灵活的定价机制 大客户服务定制化 完善客史档案系统 酒店产品创新 控制监管程序	完善各部门、各岗位工作标准化流程 建立专业化服务标准 采用动态定价机制，将房价与折扣率相结合 开发可定制的产品和服务，推行"客户自助"服务 收集建立客户个性化消费档案系统 进行客户资料分析，建立科学的客户信息制度 提升客户体验与价值 提高健康和安全系数，卫生清洁达标率为100%，各系统设施设备维修及时率达100%
学习与 成长层面	关键人才引进 核心员工保留 完善培训体系 网络预订系统 企业文化建设	引进"本土国际化人才"，走特色化、专业化的道路 核心员工流失率 加强酒店培训体系的运转，培训目的明确，培训内容完整，有针对性 完善网络预订系统 增强酒店员工的企业意识，建立以绩效为导向的企业文化

步骤五：确定下一年公司考核关键绩效指标及权重。

酒店的公司级平衡计分卡指标按照重要性和可控性原则由高级管理人员打分并排序，然后将排名在前七名的指标作为公司级绩效考核指标并赋予相应的权重。在权重设计时，重要性越高的指标权重越大，单个指标权重最低不低于5%，权重总和为100%。

酒店下一年度考核的关键绩效指标为：
➢ 餐饮康乐销售计划完成100%，权重30%；
➢ 提高酒店净资产收益率，使其达到1.8%，权重25%；
➢ 引用国际通用的服务质量测评问卷，权重15%；
➢ 引进"本土国际化人才"4名，权重10%；
➢ 核心员工流失率控制在10%以内，权重10%；
➢ 直销和会员体系营业收入分别达到总收入的10%和15%，权重5%；
➢ 酒店员工培训时长达到人均20日，培训一次通过率90%，权重5%。

步骤六和步骤七：确定各部门和员工指标。

在酒店级绩效指标确定之后，要进一步将酒店级关键绩效指标分解到各个部门，形成各个部门的绩效指标，并确定各个部门的关键绩效指标。各部门按照同样的方法分解其部门绩效指标，并将各个指标分解到岗位。酒店高管层的绩效指标就是酒店级指标。部门主管的绩效指标就是部门级指标。各岗位员工的绩效指标除了按照该岗位职责确定的指标之外，还要承担一部分酒店级指标和部门级指标。

2. 酒店绩效指标的分解

在确定了酒店层面的衡量指标之后，就需要对酒店绩效指标进行层层分解，在这个过程中一般会使用关键绩效指标方法来进行。酒店关键绩效指标（Key Performance Indicator，KPI）是通过对组织内部流程的输入端、输出端的关键参数进行设置、取样、计算、分析，衡量流程绩效的一种目标式量化管理指标，是把酒店的战略目标分解为可操作的工作目标的工具，是酒店绩效管理的基础。KPI可以使部门主管明确部门的主要责任，并以此为基础，明确部门人员的业绩衡量指标。建立明确而切实可行的KPI体系是做好绩效管理的关键。关键绩效指标是用于衡量工作人员工作绩效表现的量化指标，是绩效计划的重要组成部分。

KPI法符合一个重要的管理原理——"八二原理"。在酒店的价值创造过程中，存在着"80/20"的规律，即20%的骨干人员创造企业80%的价值；而且在每一位员工身上"八二原理"同样适用，即80%的工作任务是由20%的关键行为完成的。因此，必须抓住20%的关键行为，对之进行分析和衡量，这样就能抓住业绩评价的重心。

××酒店前厅部人员绩效考核方案

方案名称	前厅部人员绩效考核方案	受控状态	
		编号	

一、总则

（一）目的

为规范前厅工作管理，提高前厅服务接待水平，激发员工工作的积极性，特制定本方案。

（二）范围

本方案适用于对前厅各岗位工作人员的考核。

（三）原则

定性与定量相结合，公开、公正。

二、考核内容

本方案主要对前厅各岗位服务质量、操作规范、对客态度、服务意识等方面进行考核。

三、考核指标与评分标准

根据前厅各岗位的工作特点，分别设置相应绩效考核指标，如下表所示。

前厅各岗位人员绩效考核指标一览表

岗位类别	绩效指标	评分标准	分值	得分
行李服务	行李运送工具管理	行李车、行李寄存单等设备用品齐全、完好，摆放位置得当，检查中每出现1次差错扣1分	25	
	行李接送	接送行李迅速、清点件数准确、交接手续清楚、暂存堆放整齐、运送行李细心，无任何损坏、丢失、差错等责任事故发生，每发生1次差错扣2分	25	
	行李寄存	主动热情，件数清点，发放准确，手续完善，每发生1次差错事故扣2分	25	
	服务态度	热情、礼貌、周到，不向客人索取小费。每发生1次客人投诉扣2分	25	
前厅接待服务	入住接待	手续办理不超过3分钟，记录准确，每发生1次客人投诉或出现1次差错，扣1分	30	
	分房	熟悉房态信息，分房准确，每发生差错1次，扣1分	30	
	特殊情况处理	对客人换房、降低房费等要求及时请示，及时答复，记录准确，处理得当，每出现1次差错或客人投诉扣2分	20	
	服务态度	礼貌、热情、周到，每发生1次客人投诉扣2分	20	
总机服务	接转电话	迅速、准确，无错接、漏接、误转现象发生，每发生1次差错或引起客人投诉扣0.5分	25	
	接听电话	语言规范、迅速及时，抽查中出现长时间无人接听或占线，1次扣0.5分	25	
	接受留言	应准确记录客人姓名、房号、留言内容，并及时转告，发生1次漏转现象扣2分	25	
	叫醒服务	准确掌握叫醒客人姓名、房号、叫醒时间，输入电脑应正确无误，电脑叫醒5分钟后，人工叫醒确认一遍，每发生1次漏叫或引起客人投诉扣2分	25	

续表

方案名称	前厅部人员绩效考核方案	受控状态	
		编 号	

续表

岗位类别	绩效指标	评分标准	分值	得分
商务中心服务	服务意识	态度热情，微笑服务，语言运用准确得当，每出现1次客人投诉扣2分	25	
	传真、打印、复印等服务	操作准确、迅速，符合客人要求，差错率0，每出现1次差错扣2分	25	
	订票服务	准确、及时，符合客人要求，每出现差错1次、发生客人投诉1次均扣2分	25	
	工作记录	完整、准确、无人为差错，每出现1次差错扣1分	25	
离店服务	客人离店手续办理	办理结账手续快速准确，提取寄存行李准确无误，每出现1次差错扣1分	35	
	欢送客人	主动告别，欢迎客人再次光临、祝福客人旅途愉快等，每发生一次客人投诉，扣2分	30	
	离店信息记录	迅速将离店信息输入电脑，调整预订、分房及查询信息，迅速通知客房中心整理房间，为继续迎接新客人提供优质服务，每出现1次差错扣2分	35	

四、考核实施

1. 前厅部经理制定各岗位绩效考核指标及评分标准，制定绩效考核表。
2. 根据各岗位员工日常工作记录、工作报表、客人评价及投诉情况等对员工进行考核评分。
3. 员工在考核期内填写"员工自评表"，作为绩效考核参照依据。
4. 前厅部考核周期分为：月度、季度、年度考核三种。

五、考核结果应用

本部门各岗位员工绩效考核结果为员工培训与发展、薪资调整、职位变动等方面提供依据，其具体应用如下表所示。

绩效考核结果的运用

等级	等级定义	分值	结果运用
S	优秀	90~100分	薪酬上调3个等级或升职1级
A	良	80~89分	薪酬上调2个等级
B	好	70~79分	薪酬上调1个等级
C	一般	60~69分	薪资待遇保持不变
D	差	60分以下	减少5%的工资

相关说明					
编制人员		审核人员		批准人员	
编制日期		审核日期		批准日期	

拓展阅读

××国际大酒店绩效考核试行方案

（1）KPI相关概念理解。

在制定酒店关键绩效指标体系中一般需要对关键过程领域、关键结果领域、关键绩效指标和平衡计分卡进行充分的理解。其中关键绩效指标和平衡计分卡在上文已经做过解释，这里主要对关键过程领域和关键结果领域进行说明。

KPA（Key Process Area）意为关键过程领域，这些关键过程领域指出了酒店需要集中力量改进和解决问题的过程。同时，这些关键过程指明了为了要达到该能力成熟度等级所需要解决的具体问题。每个KPA都明确地列出一个或多个的目标（Goal），并且指明了一组相关联的关键实践（Key Practices）。实施这些关键实践就能实现这个关键过程域的目标，从而达到增加过程能力的效果。或者也可以理解为关键行为指标，当一件任务暂时没有找到可衡量的KPI或一时难以量化的时候，可以对完成任务关键的几个分解动作进行要求，形成多个目标，对多个目标进行检查，达到考量的结果。KPA是做好周计划和日计划的常用工具，通过KPA的检查考量统计可以将一个任务的KPI梳理出来。

KRA（Key Result Areas）意为关键结果领域，它是为实现酒店整体目标、不可或缺的、必须取得满意结果的领域，是酒店关键成功要素的聚集地。每个KRA都涵盖了几个KPI。KRA和KPI是把企业的战略目标分解为可操作的工作目标的工具，是企业绩效管理的基础，建立明确的切实可行的KPI体系是做好绩效管理的关键。

如果把KPA、KPI、KRA、BSC系统地联系起来，就会发现KPA是指标量化执行阶段，KPI是指标量化考核阶段，KRA是指标必要达成的结构性目标管理阶段，BSC是指标的战略管理阶段，这四个名词是绩效量化管理不断升级的关键词。这也是企业实施绩效量化管理发展的四个阶段。

（2）KPI指标分解步骤。

在KPI指标分解的过程中可以使用到头脑风暴法、鱼骨分析法以及关键成功因素分析法等来对关键绩效指标进行分解。一般包括五个步骤。

第一，明确企业的战略目标，利用价值树模型找出酒店的业务重点，按照业务对酒店价值创造的贡献大小进行排序，建立酒店的价值体系也就是酒店价值评估的重点。然后，再用头脑风暴法找出这些关键业务领域的关键业绩指标（KPI），即酒店组织级 KPI。

第二，各部门的主管需要依据企业级 KPI 建立部门级 KPI，并对相应部门的 KPI 进行分解，确定相关的要素目标，分析绩效驱动因素（技术、组织、人），确定实现目标的工作流程，分解出各部门级的 KPI，以便确定评价指标体系。

第三，各部门的主管和部门的 KPI 人员一起再将 KPI 进一步细分，分解为更细的 KPI 及各职位的业绩衡量指标。这些业绩衡量指标就是员工考核的要素和依据。

第四，指标体系确立之后，还需要设定评价标准。一般来说，指标指的是从哪些方面衡量或评价工作，解决"评价什么"的问题；而标准指的是在各个指标上分别应该达到什么样的水平，解决"被评价者怎样做，做多少"的问题。

第五，必须对关键绩效指标进行审核。审核的主要内容就是指标和标准的信度和效度。

课堂小练习

> 通过以上概念以及 KPI 指标分解方法，小组讨论确定对于一家五星级酒店而言 KPA、KRA 和 KPI 都体现在哪些方面？
> _____
> _____
> _____

（3）关键绩效指标的制定原则。

关键绩效指标制定时要遵循 SMART 原则来确保指标的有效性。

S 代表具体（Specific），指绩效考核要切中特定的工作指标，不能笼统；

M 代表可度量（Measurable），指绩效指标是数量化或者行为化的，验证这些绩效指标的数据或者信息是可以获得的；

微课视频链接：
管理故事——
从唐僧分伞看绩效目标的制定

A 代表可实现（Attainable），指绩效指标在付出努力的情况下可以实现，避免设立过高或过低的目标；

R 代表关联性（Relevant），指绩效指标是与上级目标具有明确的关联性，最终与公司目标相结合；

T 代表有时限（Time bound），注重完成绩效指标的特定期限。

课堂小练习

以下列举的是某公司设置的一些业绩考核指标，请指出不符合量化考核标准的指标，并加以改正。

①及时收回货款＿＿＿＿＿＿＿＿＿＿＿＿＿＿＿＿＿＿＿＿＿＿＿＿＿
②有效地使用时间＿＿＿＿＿＿＿＿＿＿＿＿＿＿＿＿＿＿＿＿＿＿＿
③节约部门的开支＿＿＿＿＿＿＿＿＿＿＿＿＿＿＿＿＿＿＿＿＿＿＿
④扩大市场占有率＿＿＿＿＿＿＿＿＿＿＿＿＿＿＿＿＿＿＿＿＿＿＿
⑤保证数据的准确性＿＿＿＿＿＿＿＿＿＿＿＿＿＿＿＿＿＿＿＿＿＿
⑥提高前台服务员办理入住手续的效率＿＿＿＿＿＿＿＿＿＿＿＿＿

拓展阅读

某城市××商务酒店的绩效沟通缺失

酒店各部门（KPI）绩效考核指标

二、绩效指导（绩效达成与监控）

员工在进行工作的过程即绩效达成的过程，在这个过程中有一个非常重要的角色就是部门主管，这个阶段应该是部门主管发挥最大效用的过程。为什么呢？绩效考核是有周期的，可能是一个月、半年或一年，在这个过程中，员工的行为可能会有偏差，那我们是否会不管它的偏差，一直到考核期呢？答案是否定的。酒店需要在员工绩效达成的过程中不断去纠偏，去鼓励，去收集他们的绩效表现。这就是部门主管的重要性。

如果在酒店里实习过的学生就会认识到部门主管在绩效体系中的重要作用，很多时候绩效管理的成败不是掌握在人力资源部门或者部门总监的身上，而是在一线领导者身上。一个专制、命令、控制性的领导不能成为一个好的绩效指导者。

（一）绩效指导的作用

绩效指导的作用在于能够前瞻性地发现问题并在问题出现之前解决，还在于能把管理者与员工紧密联系在一起，管理者与员工经常性就存在和可能存在的问题进行讨论，共同解决问题，排除障碍，达到共同进步和共同提高，实现高绩效的目的。绩效指导还有利于建立管理者与员工良好的工作关系。通常来说，绩效指导的作用如下：

（1）了解员工工作的进展情况，以便于及时进行协调调整。

（2）了解员工工作时碰到的障碍，以便发挥自己的作用，帮助员工解决困难，提高绩效。

（3）可以通过沟通避免一些考核时意外的发生。

（4）掌握一些考核时必须用到的信息，使考核有目的性和说服力。

（5）帮助员工协调工作，使之更加有信心地做好本职工作。

（6）提供员工需要的信息，让员工及时了解自己的想法和工作以外的改变，以便管理者和员工步调一致。

绩效指导的根本目的就在于对员工实施绩效计划的过程进行有效的管理，因为只要过程都是在可控范围之内，结果就不会出太大的意外。

什么样的人能够成为一个好的绩效管理指导者呢？

在绩效监控的过程中，要成为一个好的指导者需要具备以下能力。

（1）交往能力：可以倾听员工的问题，并且能够用书面和口头方式来明确给予员工指示。

（2）谈判能力：能够处理员工与工作、员工与员工之间的矛盾。

（3）任务管理能力：能够分配任务、培养团队精神。

（4）解决问题与决策能力：独立发现问题、解决问题和做出决策。

（5）自我管理能力：合理安排时间、缓解压力、规划发展、处理好个人生活。

（二）绩效指导的原则

指导者在指导的过程中要注意方式方法，才能有效开展指导工作。在绩效指导的过程中一般要遵循COACH法则。

（1）Contract：约定，与员工明确主要的行为规范，具体说明达到标准后的奖励或不达到的后果，应有一个纸质版的具有效力的文件来清楚地说明员工需要做什么，需要怎么做。

（2）Observation：观察，仔细观察员工的工作表现，发现他们的成绩和不足。

（3）Assess：评价，定期对员工的表现进行评估，让员工知道他们近期的行为是否在既定的线路上，离目标还有多远，要怎样才能实现。

（4）Challenge：挑战，要知道员工是否对工作产生了倦怠，什么时候应该给予他们激励，给他们更多的责任。

（5）Handle failure：处理绩效欠佳的员工，帮助他们成长，如果无法改善就辞退，否则会降低顾客满意度。

（三）在绩效指导时应该注意的问题

（1）在绩效管理过程中要及时开展绩效沟通，正式的沟通方式一般有书面报告、会议沟通和一对一面谈沟通等。每种沟通方式都有其优点和缺点，都依其当时的情景而定。

（2）对员工的指导不能仅限于帮助绩效欠佳或落后的员工，还应该鼓励突出贡献者，给予重视或奖励。

（3）关注优秀员工。培养明星员工，让明星员工起到对团队的带动作用。

拓展阅读

某商务连锁酒店的绩效指导实践

三、绩效考核

（一）绩效考核的方法

实践中，进行绩效考核的方法有很多。这些方法可以大致归结为三类：一是比较法，二是量表法，三是描述法。各种方法都有自己优缺点，企业在进行考核时应当根据具体情况选择合适的考核办法，如表6-3所示。

表6-3 绩效考核方法对比表

方法		主要特点
比较法	——个体排序法 ——配对比较法 ——人物比较法 ——强制分配法	——简单、易操作 ——适用于作为奖惩的依据 ——无法提供有效的反馈信息 ——无法对不同部门之间的员工进行比较
量表法	——评级量表法 ——行为锚定评价法 ——行为观察量表法 ——混合标准测评法	——具体客观的标准，可以在不同的部门之间进行考核结果的横向比较，具有具体的考核指标，可以确切地知道员工到底在哪些方面存在不足和问题，有助于改进员工的绩效，为人力资源管理的其他职能提供科学的指导 ——开发量表的成本比较高，需要制定合理的指标和标准
描述法	——业绩记录法 ——能力记录法 ——态度记录法 ——综合记录法	——提供了对员工进行考核和反馈的事实依据 ——一般只作为其他考核方法的辅助方法使用

1. 比较法

比较法是一种相对考核的方法，通过员工之间的相互比较从而得出考核结果。这类方法比较简单而且容易操作，可以避免宽大化、严格化和中心化倾向的误区，适用于作为奖惩的依据。但是，这种方法对实现绩效管理的目的，发挥绩效管理的作用帮助却不大，不能提供有效的反馈信息，而且无法对不同部门的员工做比较。比较法主要有以下几种。

（1）个体排序法。此方法也叫排队法，就是把员工按照从好到坏的顺序进行排列。该方法适用于人员比较少的组织。

（2）配对比较法。此方法就是把每一位员工与其他员工——配对，分别进行比较；每一次比较时，给表现好的员工记"＋或1"，另一个员工记"－或0"。所有员工都比较完后，计算每个人"＋或1"的个数，依此对员工做出考核——谁的"＋或1"多，谁的名次就排在前面。

（3）人物比较法。此方法就是在考核之前，先选出一位员工，以他的各方面表格为标准，对其他员工进行考核。

（4）强制分配法。此方法指首先确定出绩效考核结果的等级，然后按照正态分布的原理确定出各个等级的比例，最后按照这个比例，根据员工的表现将他们归入不同的等级中。

2. 量表法

量表法就是指将绩效考核的指标和标准制作成量表，以此来对员工的绩效进行考核。这是最为常用的一类方法，它的好处是：因为有了客观的标准，因此可以在不同的部门之间进行考核结果的横向比较；由于有了具体的考核指标，因此可以确切地知道员工到底在哪些方面存在不足和问题，有助于改进员工的绩效，为人力资源管理的其他职能提供科学的指导。这种方法的问题：开发量表的成本比较高，需要制定出合理的指标和标准，这样才能保证考核的有效性。量表法主要有以下几种：

（1）评级量表法。这种方法指在量表中列出需要考核的绩效指标，将每个指标的标准区分成不同的等级，每个等级都对应一个分数。考核时考核主体根据员工的表现，给每个指标选择一个等级，汇总所有等级的分数，就可以得出员工的考核结果，如表6－4所示。

表6－4 评级量表法举例

考核内容	考核项目	说明	评定
基本能力	知识	是否充分具备现任职务所要求的基础知识和实际业务知识	A B C D E 30 24 18 12 6
业务能力	理解力	是否能充分理解上级指示，干脆利落地完成本职工作任务，不需要上级反复指示	A B C D E 10 8 6 4 2
	判断力	是否能充分理解上级意图，正确把握现状，随机应变，恰当处理	A B C D E 10 8 6 4 2
	表达力	是否具备现任职务所要求的表达力（口头文字），能否进行一般联络、说明工作	A B C D E 10 8 6 4 2
	交涉力	在和企业内外的人员交涉时，是否具备使双方诚服接受同意或达成协议的能力	A B C D E 10 8 6 4 2
工作态度	纪律性	是否严格遵守工作规章，如早退、缺勤等。是否严格遵守工作汇报制度，按时进行工作汇报	A B C D E 10 8 6 4 2

续表

考核内容	考核项目	说明	评定
工作态度	协作性	在工作中，是否充分考虑别人的处境，是否主动协助上级、同事做好工作	A B C D E 10 8 6 4 2
	积极性 责任感	对分配的任务是否不讲条件，主动积极，尽量多做工作，主动进行改进，向困难挑战	A B C D E 10 8 6 4 2
评定标准： A：非常优秀，理想状态 B：优秀，满足要求 C：基本满足要求 D：略有不足 E：不满足要求		分数换算： A：90 及以上 B：80－89 C：70－79 D：60－69 E：60 及以下	合计分数
评语			
考核人签字			

(2) 行为锚定评价法。此方法由美国学者帕特丽夏·史密斯（Patricia C. Smith）和洛恩·肯德尔（Lorne Kendall）在美国护士联合会的资助下于1963年经过研究提出的一种考核方法。这种方法利用特定行为锚定量表上不同的点的图形测评方法，在传统的评级量表法的基础上演变而来，是评级量表法与关键事件技术的结合。在这种考核方法中，每一水平的绩效均用某一标准行为来加以界定。

(3) 行为观察量表法。此方法指在考核各个具体的项目时给出一系列有关的有效行为，考核者通过指出员工表现出各种行为的频率来评价他的工作绩效。例如，将一个五分量表分为"几乎没有"到"几乎总是"五个等级，通过将员工在每一种行为上的得分相加得到各个考核项目得分，最后根据各个项目的权重得出员工的总得分。

3. 描述法

描述法是指考核主体用叙述性的文字来描述员工在工作业绩、工作能力、工作态度方面的优缺点、需要加以指导的事项和关键事件等，由此得到对员工的综合考核。通常，这种方法是作为其他考核方法的辅助方法来使用的，因为它提供了对员工进行考核和反馈的事实依据。根据记录事实的不同，描述法可以分为业绩记录法、能力记录法、态度记录法和综合记录法，这里我们选取综合记录法中最具代表性的一种方法——关键事件记录法来进行具体的解释。

关键事件法是由美国学者福莱·诺格（John C. Flanagan）和伯恩斯（Baras）在1954年共同创立的，它是由上级主管者记录员工平时工作中的关键事件：一种是做得特别好的，一种是做得不好的。在预定的时间，通常是半年或一年之后，利用积累的记录，由主管者与被测评者讨论相关事件，为测评提供依据。包含了三个重点：第一，观察；第二，书面记录员工所做的事情；第三，有关工作成败的关键性的事实。

其主要原则是认定员工与职务有关的行为，并选择其中最重要、最关键的部分来评定其结果。它首先从领导、员工或其他熟悉职务的人那里收集一系列职务行为的事件，然后，描述"特别好"或"特别坏"的职务绩效。

关键事件法的主要优点是研究的焦点集中在职务行为上，因为行为是可观察的、可测量的。同时，通过这种职务分析可以确定行为的任何可能的利益和作用。但是这种方法比较费时，需要花大量的时间去搜集那些关键事件，并加以概括和分类；另外，由于关键事件的定义是显著的对工作绩效有效或无效的事件，但是，这就遗漏了平均绩效水平。而对工作来说，最重要的一点就是要描述"平均"的职务绩效。利用关键事件法，对中等绩效的员工就难以涉及，因而全面的职务分析工作就不能完成，如表6-5所示。

表6-5 员工关键事件考核记录表示例

员工关键事件考核记录表			
员工姓名		所属部门	
职　　务		直接上级	
记录期	月　日　至　月　日	考核期	年　月　日
事件序号	关键事件描述记录（STAR记录法）		
1	时间： 事件描述： 奖励/处罚：		
2	时间： 事件描述： 奖励/处罚：		
3			
被考核人签名：		考核人签名：	

(二) 绩效考核的主体

常见的对员工的评估方式是你的直接领导，但是这种评估方式可能存在一些问题，因为你的领导不能够在100%的工作时间都跟员工在一起，所以具有一定的片面性。在这种情况下，企业为了保证评估结果的全面性，会让同事和顾客对员工进行评估，同时也会有自我评估，但是每一项拿出来都会有片面性。360度绩效评估，最早由被誉为"美国力量象征"的典范企业英特尔首先提出并加以实施的，又称"360度绩效反馈"或"全方位评估"。

360度绩效评估是指由员工自己、上司、直接部属、同人同事甚至顾客等全方位的各个角度来了解个人的绩效：沟通技巧、人际关系、领导能力、行政能力等，通过这种理想的绩效评估，被评估者不仅可以从自己、上司、部属、同事甚至顾客处获得多种角度的反馈，也可从这些不同的反馈清楚地知道自己的不足、长处与发展需求，使以后的职业发展更为顺畅。

1. 自我评价

自我评价是指让经理人针对自己在工作期间的绩效表现，评估其能力并据此设定未来的目标。当员工对自己做评估时，通常会降低自我防卫意识，从而了解自己的不足，进而愿意加强、补充自己尚待开发或不足之处。

2. 同事的评价

同事的评价，是指由同事互评绩效的方式，来达到绩效评估的目的。对一些工作而言，有时上级与下属相处的时间与沟通机会，反而没有下属彼此之间多。在这种上级与下属接触的时间不多，彼此之间的沟通也非常少的情况下，上级要对下属做绩效评估也就非常困难。但相反地，下属彼此间工作在一起的时间很长，所以他们相互间的了解反而会比上级与部属更多。此时，他们之间的互评，反而能比较客观。而且，部属之间的互评，可以让彼此知道自己在人际沟通这方面的能力。

3. 下属的评价

由下属来评价上司，这个观念对传统的人力资源工作者而言似乎有点不可思议。但随着知识经济的发展，有越来越多的公司让员工评估其上级主管的绩效，此过程称为向上反馈（upward feedback）。而这种绩效评估的方式对上级主管发展潜能的开发，特别有价值。管理者可以通过下属的反馈，清楚地知道自己的管理能力有什么地方需要加强，若自己对自己的了解与部属的评价之间有太大的落差，则主管亦可针对这个落差，深入了解其中的原因。因此，一些人力资源管理专家认为，下属对上级主管的评估，会对其管理才能的发展有很大的裨益。

4. 客户的评价

客户的评价对从事服务业、销售业的人员特别重要。因为唯有客户最清楚员工在客户服务关系、行销技巧等方面的表现与态度如何。所以，在酒店行业中，一般都会将来自顾客的评价纳入评价体系中。

5. 主管的评价

主管的评价是绩效评估中我们最常见的方式,即绩效评估的工作是由主管来执行。因此身为主管必须熟悉评估方法,并善用绩效评估的结果作为指导员工,发展员工潜能的重要武器。

除以上人员外,在360度绩效考核中还有可能会引入更多的评价主体,比如股东、间接上级、绩效管理专家等,如图6-7所示。

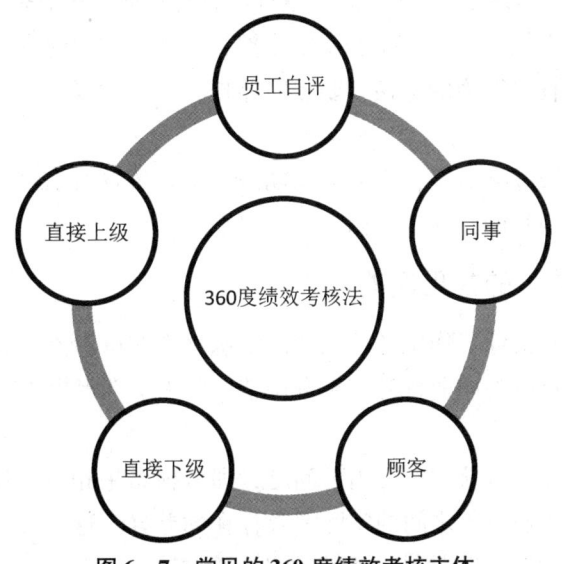

图6-7 常见的360度绩效考核主体

(三)绩效考核的时间

绩效考核周期也可以叫作绩效考核期限,是指多长时间对员工进行一次绩效考核。绩效考核通常也称为业绩考评或"考绩",是针对企业中每个职工所承担的工作,应用各种科学的定性和定量的方法,对职工行为的实际效果及其对企业的贡献或价值进行考核和评价。

由于绩效考核需要耗费一定的人力、物力,因此如果考核周期过短,会增加企业管理成本的开支;但是,如果绩效考核周期过长,又会降低绩效考核的准确性,不利于员工工作绩效的改进,从而影响绩效管理的效果。因此在设定绩效考核周期时需要考虑以下因素。

(1)职位的性质。不同的职位,工作的内容是不同的,因此绩效考核的周期也应当不同。一般来说,职位的工作绩效比较容易考核的,考核周期相对要短一些。

(2)指标的性质。不同的绩效指标,其性质是不同的,考核的周期也应不同。一般来说,性质稳定的指标,考核周期相对要长一些;相反,考核周期相对就要短一些。

(3)标准的性质。在确定考核周期时,还应当考虑到绩效标准的性质,就是说考核周期的时间应当保证员工经过努力能够实现这些标准，这一点其实是和绩效标准的适度性联系在一起的。

比如对管理类岗位的绩效考核，其实就是对整个公司、部门和团队的业绩完成和管理状况进行评估的过程。由于这些管理人员要对公司战略的实施负主要责任，在短期内难以取得成果，高层领导的考核周期可以是一年，中层管理者可以是半年。

而对销售人员的绩效考核，考核的指标集中在销售额、回款、利润率、客户满意度等，这些指标的收集一般以自然月为周期进行，所以对销售人员的考核可以以月度加年度为主，而对于超额奖的部分可以即时兑现，这样的及时奖励有利于提升他们的积极性。

对职能类员工的考核，虽然工作有制度依据，但工作结果量化成本较高，考核的重点在于对完成工作过程中行为的考核，要随时监控，及时记录，一般宜采用月度或季度的考核方式。

对于酒店的运营服务类员工，服务的周期短，主要考核其服务的质量和差错率，因此考核周期适宜缩短到月度，这样有利于及时奖励。

（四）绩效考核中的常见误差

绩效考核误差是指实际工作中考核结果的准确性与实际存在一定的误差，员工业绩优劣判定往往失真，难以为职业晋升、工资调整、员工培训等提供有效的信息。

1. 趋中现象

趋中现象是企业绩效考核中最突出的问题，即考核结果相近，所有员工都集中在某一分数段，没有真正体现员工之间的实际绩效存在的差异，这往往是考核标准不明确或主管在考核中存在"大锅饭"情结、平均主义心理造成的。其直接后果是绩效考核流于形式，员工工作"干多干少一个样、干好干坏一个样"，难以区分优劣。

2. 过分宽大或严格

理论上讲，员工的工作绩效应呈现正态分布趋势，即绩效最好的和最差的员工占少数，绩效中等水平的员工占多数。然而，在实际的考核结果分析中，经常出现偏态分布的情形。比如，宽厚误差即评定结果呈负偏态分布，也就是大多数员工被评为优良。其形成原因主要是，员工有意在考核指标和标准上"避重就轻"或在较容易完成的绩效指标上设置过大的权重，造成评价标准过低；考核指标未量化，采用了主观性较强的定性考核指标。

绩效考核结果过松过宽，就容易使低绩效的员工滋生侥幸心理，期望在考核中"蒙混过关"，不仅不利于组织的发展，形成狭隘的内部保护主义，更不利于促进个人绩效的改进与提高，对工作绩效优秀的员工会造成较大的伤害。

再如，苛严误差即评定结果呈正态分布，也就是大多数员工被评为不合格。其形成原因主要是，对下属的期望过高，考核标准过高；初期制定考核标准时未充分论证，目标实现较为困难。考核结果过于严格，也有其不利的方面，对于组织容易造成紧张的工作氛围；对于个人，容易增加员工压力，降低工作满意度，致使离职率居高不下。

3. 首因误差和近因误差

首因误差，是指主管根据下属最初的绩效信息对其考核期内的全部表现作出总评价，以考核前期的部分信息替代整个考核周期的全部信息，从而出现"以偏概全"的考核误差。近因误差，是指主管根据下属最近的绩效信息，对其考核期内的全部表现作出的总评价，从而出现"以近代远"的考核误差。

对主管们来说，清晰地记住最近发生的事情是很自然的，但是对员工来说就可能会造成考核的不公平。例如，一个员工在考核前的一段时间表现欠佳，结果可能会对他以前的非常好的工作业绩造成影响。而且另一个员工意识到绩效考核快要进行了，就会在考核之前更加努力地工作，产生虚假的考核结果。

4. 晕轮误差

晕轮误差是指在考核中，因某一个人某一方面的特征淹没了其他方面的特征。如，某位主管特别注重"文笔能力"，当他考核一个写作能力欠佳的下属，往往不仅会在这一项下打低分，还有意无意地殃及其他要素，使大多数考核要素评分处于较低水平，从而与此下属的实际业绩不符。

5. 感情误差

人是有感情的，而且不可避免地把感情带入他所从事的任何一种活动中，绩效考核也不例外。考核人喜欢或不喜欢（熟悉或不熟悉）被考核人，都会对被考核人的考核结果产生影响。考核人往往会给自己喜欢（或熟悉）的人较高的评价，而对自己不喜欢（或不熟悉）的人给予较低的评价。

6. 压力误差

当考核人了解到本次考核的结果会与被考核人的薪酬或职务变更有直接的关系，或者惧怕在考核沟通时受到被考核人的责难，以及面临来自被考核人的其他压力时，考核人可能会做出偏高的考核结果。

7. 比较误差

考核人不自觉地将被考核人与自己或者最优秀的个体进行比较，以自己或过高的对比对象作为衡量被考核人的标准，这样就会产生比较误差。若考核人是一位完美主义者，可能会放大被考核人的缺点，给被考核人较低的评价；若考核人自己有某种缺点，则可能无法看出被考核人也有同样的缺点。

（五）如何避免误差

在国外绩效考核的结果是具有法律效力的，因为它可能决定对员工的评价和工资的多少，所以绩效评估的过程更加科学和严格。所以在绩效评估中需要注意一些问题。

（1）业绩标准必须基于工作分析。

（2）评估必须评价的是特定层面，而不是宽泛的评价。

（3）业绩标准应该是客观的，可观察的。

（4）评分应该记录归档。

（5）要对评估人评分的有效性进行评价。

（6）评估内容需要写成书面形式。

（7）采用多人评价。

（8）评估人要向被评估人反馈评估结果。

（9）企业应该建立起申诉机制。

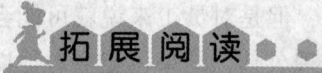

HR 如何帮部门
做好绩效改进

如何通过绩效考核
优化人员结构？

四、绩效反馈

绩效反馈，就是将绩效评价的结果反馈给被评估对象，并对被评估对象的行为产生影响。绩效反馈是绩效评估工作的最后一环，也是最关键的一环，能否达到绩效评估的预期目的，取决于绩效反馈的实施。因此绩效反馈并不是为了训斥员工，证明其做得不好，而是为了改进员工的工作表现。它主要通过考核者与被考核者之间的沟通，就被考核者在考核周期内的绩效情况进行面谈，在肯定成绩的同时，找出工作中的不足并加以改进。

绩效反馈的目的是让员工了解自己在本绩效周期内的业绩是否达到所定的目标，行为态度是否合格，让管理者和员工双方达成对评估结果一致的看法；双方共同探讨绩效未合格的原因所在并制订绩效改进计划，同时，管理者要向员工传达组织的期望，双方对绩效周期的目标进行探讨，最终形成一个绩效合约。由于绩效反馈在绩效考核结束后实施，而且是考核者和被考核者之间的直接对话，因此，有效的绩效反馈对绩效管理起着至关重要的作用。

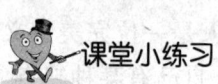

绩效反馈角色扮演

角色设定：

——人力资源部绩效管理者（HRM）：负责监督和管理酒店员工的绩效评估，确保绩效管理过程的公正性与有效性，协助员工提升工作表现。

——销售人员（Sales Rep）：酒店销售团队的一员，近期的销售业绩未能达到既定目标，需接受绩效反馈并讨论改进措施。

场景设定：

本次角色扮演设定在一个私密的会议室，HRM 准备与 Sales Rep 进行一次关于最近绩效评估的反馈会议，目的是识别问题，提出改进建议，并制订后续行动计划。

角色扮演：

两位同学一组分别扮演 HRM 和 Sales Rep，完成一次绩效反馈。

练习反思：

通过本次角色扮演，希望同学们能够体会到绩效反馈的重要性，学习到如何以建设性的方式进行沟通，同时理解到作为绩效管理者如何提供具体、可行的改进建议和支持。请同学们在角色扮演后讨论，总结有效绩效反馈的关键要素，并思考在实际工作中如何应用。

绩效反馈对话示例：

HRM（开场）：你好，[Sales Rep 的名字]，感谢你抽空参加这次绩效反馈会议。首先，我想说我们的谈话目的是共同探讨如何帮助你在销售工作中取得更好的成绩，而不是批评。让我们从你上个季度的销售业绩谈起，你觉得哪些地方做得比较好，哪些方面存在挑战？

Sales Rep：谢谢您的开场白，让我感觉轻松了不少。我觉得在维护老客户关系方面做得还不错，续订率比较高，但是新客户开发上遇到了一些挑战，尤其是在线上推广和新市场开拓这块，没达到预期。

HRM：很好地自我分析。确实，我们数据也显示你的客户续订率高于团队平均值，这证明了你在客户关系管理上的强项。关于新客户开发，我注意到你的在线推广活动参与度较低，想了解一下，你认为是什么原因呢？

Sales Rep：嗯，可能是我对最新的数字营销工具和策略不太熟悉，加上工作量大，没能抽出足够时间去深入学习和实践。另外，我也在寻找新市场时有些迷茫，不太确定应该优先关注哪些区域。

HRM：明白了。针对这些问题，我们有几项具体的建议和计划。首先，我们会为你安排数字营销的专项培训，提升你的在线推广技能。其次，关于市场开发，市场部会提供一份分析报告，帮助你锁定潜在高价值市场。同时，建议你每周设定具体的新客户开发目标，并与我定期检查进度，这样可以更有效地追踪改进情况。你觉得这样的方案如何？

Sales Rep：听起来非常有帮助，我很乐意参加培训，也非常感谢市场部的报告支持。定期检查进度也能给我动力和方向。我会全力以赴，争取下个季度有所突破。

HRM：非常好，[Sales Rep 的名字]，我们相信你有这个潜力。记得，绩效管理是为了支持你的成长，有任何困难或需要帮助，随时可以找我或者你的团队。让我们一起努力，期待你接下来的表现！

Sales Rep：谢谢您的支持和鼓励，我会加油的！

绩效反馈主要由员工的直接领导完成，而一般的反馈程序是 BEST 反馈法则。

（一）BEST 反馈法则

B：Behavior Description 行为描述

通过对员工绩效结果的通报，使员工明确其绩效表现在整个组织中的大致位置，激发其改进现有绩效水平的意愿。在沟通这项内容时，主管要关注员工的长处，耐心倾听员工的声音，并在制定员工下一期绩效指标时进行调整。

E：Express Consequence 表达后果

表达后果的主要内容就是表达员工绩效表现与绩效标准之间的差距。绩效管理的目的是通过提高每一名员工的绩效水平来促进企业整体绩效水平的提高。因此，每一名主管都负有协助员工提高其绩效水平的职责。改进措施的可操作性与指导性来源于对绩效差距分析的准确性。所以，每一位主管在对员工进行过程指导时要记录员工的关键行为，按类别整理，分成高绩效行为记录与低绩效行为记录。通过表扬与激励，维持与强化员工的高绩效行为。还要通过对低绩效行为的归纳与总结，准确地界定员工绩效差距。在绩效反馈时反馈给员工，以期得到改进与提高。

S：Solicit Input 征求意见

确定改进措施与沟通协商下一个绩效考评周期的工作任务与目标。绩效反馈既是上一个绩效考评周期的结束，同时也是下一个绩效考评周期的开始。在考核的初期明确绩效指标是绩效管理的基本思想之一，需要各主管与员工共同制定。各主管不参与会导致绩效指标的方向性偏差，员工不参与会导致绩效目标的不明确。另外，在确定绩效指标的时候一定要紧紧围绕关键指标内容，同时考虑员工所处的内外部环境变化，而不是僵化地将季度目标设置为年度目标的四分之一，也不是简单地在上一期目标的基础上累加几个百分比。

T：Talk about Positive Outcomes 着眼未来

绩效反馈不是简单地总结过去的上一个绩效周期员工的表现，更重要的是要着眼于未来的绩效周期。在明确绩效任务的同时确定相应的资源配置，对主管与员工来说是一个双赢的过程。对于员工，可以得到完成任务所需要的资源。对于主管，可以积累资源消耗的历史数据，分析资源消耗背后可控成本的节约途径，还可以综合有限的资源情况，使有限的资源发挥最大的效用。

（二）在绩效反馈中最容易犯的错误

（1）对不良工作表现表述不清。如前台接电话不及时，应该告诉前台员工电话应该在响铃 3 声内接起，而不是告诉他/她服务不好。

（2）批评指责。要采用正面指导"你应该怎么做"，而不是"你不应该怎么做"。

（3）不规定完成工作的期限。要明确告知员工完成任务的时间截止点。

管理力度不够：如迁就表现不佳的员工，对低劣工作不作处理。

(三) 如何避免上述误区

（1）制定明确的工作要求。明确工作内容、工作操作的步骤以及达到的效果。

（2）强调正面指导。向员工提供具体的指导，说明怎么做能够很好地完成工作而非规定他们不能怎么做。

（3）态度严肃。明确告知后果，但不能专制，年轻的管理者如果过于严厉会招致不敬，牺牲自己的人际关系。

（4）及时反馈信息。表现好的员工要奖励，表现欠佳的员工如果做出改正也要给予表扬，拒不改正的员工要及时作出处理，但不能进行人身攻击。

（5）对于拒不改正的员工一般的处理方式包括口头警告、书面警告、停职、解雇。

在实施处罚的时候需要注意的事项：

①及时反应。对未执行规则的员工要及时处理。

②个别处理。不要当众指责员工的缺点。

③保持冷静。无论员工的表现多么糟糕，都要保持冷静的头脑进行分析和沟通，以达到较好的效果。

④倾听意见。多倾听员工的意见，找到双方协商沟通的渠道并达成共识。

⑤得到承诺。在和员工沟通或实施处罚的时候需要注意一定要与员工进行充分的沟通并获得员工的承诺。

如何帮助员工制订绩效改进计划？

五、绩效改进与绩效结果应用

绩效考核结果是组织花费大量成本获得的，对于改进酒店的绩效和强化酒店管理都具有重要的作用和价值。但是目前却有很多酒店不重视对绩效考核结果的运用，止步于考核结果的得出，不仅造成了大量的浪费，而且容易在酒店内部造成一种流于形式和不公平的酒店文化，不利于酒店的良性发展。总体而言，绩效考核结果的运用包括两个层次的内容：一是改进作用，即对绩效考核的结果进行分析，诊断员工存在的绩效问题，找到产生问题的原因，制订绩效改进计划，帮助员工提高绩效；二是管理作用，即根据绩效考核结果做出相关的人力资源管理决策。

为了便于考核结果的运用，往往需要计算出最后的考核结果并将结果区分成不同的等级。当用于不同的方面时，绩效项目在最终结果中所占的权重应当有所不同，一般来

说，用于第一个方面时，工作业绩和工作态度所占的比重应当相对较高；用于第二个方面时，工作业绩和工作能力所占的比重相对较高，如规定绩效考核结果用于奖金分配和工资调整时，在最终结果中，工作业绩占60%，工作态度占30%，工作能力占10%；而用于职位调整时，工作业绩占50%，工作能力占40%，工作态度占10%。

此外，还要将最终计算出的考核结果划分成不同的等级，据此给予员工不同的奖惩，绩效越好，给予的奖励就要越大；绩效越差，给予的惩罚就要越大。例如，在百分制下，规定90分以上为A等，80~89分为B等，70~79分为C等，60~69分为D等，59分以下为E等。用于工资调整时规定，考核结果为A等的，工资增长幅度为10%；考核结果为B等的，工资增长幅度为5%；考核结果为C等的，工资不变；考核结果为D等的，工资下调4%；考核结果为E等的，工资下调8%。用于职位调整时的规定，连续三年考核结果为C等以上的才有资格晋升；连续两年考核结果为D等的，公司有权解除劳动合同。

（一）绩效改进

绩效管理的根本目的就是要不断提高员工和企业的绩效，以实现企业的发展目标，所以利用绩效考核结果来帮助员工提高绩效，是考核结果使用的一个非常重要的方面。绩效改进是一个包括系列活动的过程：第一，分析员工的绩效考核结果，明确其中存在的不足和问题；第二，由管理者和员工一起对绩效问题进行分析，找出导致绩效问题出现的原因；第三，和员工一同沟通，针对存在的问题制订绩效改进计划，并与员工达成一致；第四，以绩效改进计划补充绩效计划，进入下一个绩效考核周期，适时指导和监控员工的行为，与员工保持沟通，帮助员工实现绩效计划。

1. 绩效诊断

绩效诊断的过程包括两层内容：指明绩效问题和分析问题出现的原因。绩效诊断通过绩效反馈面谈来实现。绩效反馈面谈提供了一个正式的场合，既让员工接受自己绩效的反馈，提高了员工的重视程度；同时也能够在面谈中获得员工的意见、申诉和反馈。诊断员工的绩效问题通常有两种思路：第一，从知识、技能、态度和环境四个方面着手分析绩效不佳的原因。第二，从员工、主管和环境三个方面来分析绩效问题。不管用哪种方法，要全面地分析导致员工绩效不佳的可能原因，究竟是员工个人能力或经验不足，还是外界环境等因素造成绩效不佳。这一点也证实了前文所讲述的绩效的多因性的特点。

2. 制订绩效改进计划

在绩效改进过程中，员工和直接上级都扮演着非常重要的角色。员工个人对自己的绩效负有责任，应尽力提高自己的绩效，以胜任工作岗位的职责要求；直接上级也应该对员工提供指导和支持，以帮助员工顺利提高绩效。

（1）个人绩效改进计划。制订个人绩效改进计划，应包括如下几方面的内容：首先，回顾自己上个周期的工作表现、工作态度以及反馈面谈中所确认的绩效制约因素。思考如何通过自己的努力去改善绩效不佳的状况。其次，制订一套完整的个人改进计划，针对每项不良的绩效维度提出个人可以采取的改进措施。如需要学习的新知识和技能；通过何种方式实现，如向老员工讨教、接受哪些培训、再学习等；需要实现的掌握程度和时间框架等（见表6-6）。最后，针对改进措施，向组织申请必要的资源支持，综合调配自己的时间和可以利用的现实资源，以确保改进措施能够付诸实施。当然，个人绩效改进计划需要组织的支持和上级的配合，制订完毕后应与上级主管沟通，获得上级认可。

表6-6 个人绩效改进计划表

需改进项目	形式	掌握程度	所需资源	需要组织的支持	时间框架	取得的成果
办公软件操作知识	自我学习	熟练操作办公软件	相关书籍、在线视频课程、电脑	无	2024年3月1日前完成	
沟通技能	参与沟通技能培训课程	掌握沟通技能；学习共情表达；改正自己的认知误区	培训费用、上课时间	报销培训费用；时间调配	2024年4月15~16日参加培训课程	

（2）组织绩效改进支持。上级和组织的支持对于员工的绩效改进具有重要作用。上级在这个过程中的工作主要包括：第一，凭借自己的经验为员工提供建议，告诉员工在改进绩效的过程中，需要或可以采取哪些措施来实现目标，帮助员工制订个人改进计划；第二，针对员工的计划，提出完善意见，确保该计划是现实可行的，并且对绩效改进确实有帮助；第三，为员工提供必要的支持和帮助，如准假等，满足员工的需求；第四，管理者也可以从组织的角度出发，为员工指定导师或让员工参与某些通用的培训课程。

3. 指导和监控

在制订绩效改进计划后，员工进入下一个绩效改进周期，管理者在这个过程中要保持与员工的沟通，适时向员工提供指导和辅助，帮助员工克服改进过程中遇到的困难，避免员工再次出现偏差，确保在下个绩效考核周期中员工的绩效能够顺利实现提升。

（二）根据绩效考核结果做出相关的人力资源管理决策

根据绩效考核结果做出人力资源管理决策包括以下几个方面的内容。

第一，薪酬奖金的分配。按照强化理论的解释，当员工的工作结果或行为符合企业的要求时，应当给予强化，以鼓励这种结果或行为；当工作结果或行为不符合企业的要求时，应当给予惩罚，以减少这种结果或行为的发生。最直接的奖惩就体现在薪酬的变动中，一般来说，为增强薪酬的激励效果，员工的报酬中有一部分是与绩效挂钩的，不同性质的工作，挂钩的比例有所不同。根据绩效的好坏来调整薪资待遇或给予一次性奖金鼓励等，有助于员工继续保持努力工作的动力。

第二，职务的调整。绩效考核结果是员工职位调动的重要依据，这里的调动不仅包

括纵向的升降，也包括横向的岗位轮换。如果员工在某岗位上的绩效非常突出，则可以考虑将其适当地调到其他岗位上或承担更大的责任；如果员工不能胜任现有的工作，在查明原因后可以考虑将其调离原有岗位，去从事他能够胜任的工作岗位。另外，对于调换多次岗位仍无法达成绩效标准的员工，则应该考虑解聘。

第三，员工培训。培训的目的包括两方面：帮助员工提高现有的知识和技能，使其更好地完成目前岗位的工作和开发员工从事未来工作的知识和技能，以更好地胜任未来将要从事的工作。绩效考核结果正好可以为员工的培训与开发提供依据，根据员工现在工作绩效的好坏，决定让员工参与何种培训和再学习。

第四，员工的职业生涯规划。根据员工目前的绩效水平和长期以来的绩效提高和培训过程，和员工协商制订长远的绩效和能力改进的系统计划，明确其在企业中的发展途径。

项目三　数字化绩效管理

一、数字化绩效管理的概念

在数字化时代背景下，新兴技术的发展进一步促进了传统绩效管理在工具、方法等方面的创新与进步，正逐渐成为企业人力资源绩效管理的新趋势。数字化绩效管理是指利用各种数字化工具和技术，如OA系统、数据分析工具、人工智能等，自动化收集、整理和分析员工的绩效数据，实现绩效计划、绩效监控、绩效考核和反馈的实时动态化的绩效管理过程。

二、数字化绩效管理的内容

传统绩效管理常存在数据获取不完全或不及时、沟通不到位等问题，而数字化绩效管理借助了先进的数据技术，是现代信息技术和传统绩效管理的有机结合，可以确保实时获取和监控绩效数据，线上与线下相结合展开沟通和对话，能有效提高企业绩效管理的准确率和整体效率。

（一）绩效计划的数字化

绩效计划是数字化绩效管理工作的起点。管理者利用各种数字化工具和技术，与员工在绩效考核周期开始前就绩效目标以及如何完成这些目标达成共识，并在绩效周期推进过程中不断调整，一般通过层层分解组织战略目标和部门目标来确定员工个人的目标。绩效计划的数字化有助于管理者阶段性地量化绩效目标，确保员工清楚了解他们在该周期内的绩效目标、工作职责和期望的绩效水平。

(二) 绩效监控的数字化

绩效监控的数字化就是在绩效计划的执行过程中，利用数字化技术对员工与各部门的工作表现及绩效目标完成情况进行实时监控，并依托数字化平台定期与员工沟通绩效工作进展、遇到的困难以及需要改进的地方，提供及时的反馈、指导和资源支持，更加高效地确保绩效目标的顺利实现。绩效监控的数字化有助于确保目标实现、促进内部沟通与协作、识别培训和发展需求、激励员工以及改进绩效管理流程。

(三) 绩效考核的数字化

绩效考核的数字化是指通过数字化手段对企业或个人的绩效结果进行管理和评估。具体需要基于设定的绩效目标，采取科学的数字技术方法，对参与考核员工的工作实绩和结果做出价值判断的过程。依托数字化技术对员工的工作绩效进行定期评估，管理者可以更便捷地了解员工是否达到了预期的绩效水平，有助于识别出表现优秀的员工和需要改进的员工，并为未来的晋升、奖励或培训提供依据。

(四) 绩效反馈的数字化

绩效管理的最终目的是帮助员工提高绩效水平。绩效反馈是该目的能达成的最后保障。绩效反馈的数字化是通过数字化手段将绩效评价的结果反馈给被评估对象，并对被评估对象的行为产生影响的过程。传统的人工绩效反馈，往往因为管理者和员工都难以抽出足够的时间来进行面对面交谈，从而导致绩效反馈要么不做，要么常常流于形式，没有达到绩效反馈应达到的效果。依托数字化技术工具，企业可以确保所有绩效结果都能及时而透明地反馈给员工。并且，基于大数据分析，可以了解员工对绩效结果的态度，从而预测和预警绩效反馈结果在员工中的接受程度以及是否存在异常情况，以便做出及时的纠偏反应。这样，管理者只需要重点关注那些异常情况，再进一步做面对面反馈，帮助员工实现绩效改进和绩效目标的一致。

三、数字化绩效管理的目标

数字化绩效管理作为人力资源管理领域迈向数字化转型的关键步骤，其核心目标在于通过高效的信息技术手段来提升绩效管理的精确度与响应速度。其致力于实现对员工绩效的精准评估与优化配置资源的合理化运用，从而促进企业整体绩效水平的显著提高。在这个过程中，数字化工具和平台的引入不仅简化了烦琐的流程，还通过数据分析为管理者提供了决策支持，有助于企业灵活地调整战略方向，以适应不断变化的市场环境。此外，也有助于构建一个透明、公正的工作环境，增强员工的参与感和满意度，进一步推动企业文化的正向发展。

(一) 提高管理效率

通过数字化手段，不仅可以实时跟踪、收集和分析员工的绩效数据，从而快速、准确地评估员工的绩效表现。还可以将组织的整体目标与员工的个人目标紧密结合，通过明确的绩效指标和评价标准，确保员工的行为和产出与组织的战略方向保持一致，从而推动组织目标的实现。这极大减少了传统绩效管理中烦琐的手动操作和数据处理时间，提高了管理效率。

（二）优化资源配置

通过数字化绩效管理，企业可以更加准确地了解员工的工作能力和潜力，从而根据员工的实际情况进行合理的资源配置。此外，还可以实时反馈员工的绩效表现，让员工及时了解自己的工作成果和不足之处，增强他们的归属感和组织认同感。并且，这种及时的反馈还可以激发员工的积极性和工作动力，促使他们更加努力地工作，提升个人绩效。这些最后又将有助于企业建立更加科学、系统的绩效管理体系。

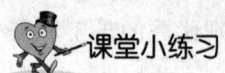

> **线上收集绩效数据与纸质收集绩效数据的利弊对比**
>
> 随着数字化技术的发展，绩效监控与考评的数据收集工具也在向数字化转型。但是，数字化工具在给绩效管理工作带来便利的同时，也会带来一些新的风险与问题。
>
> 你认为绩效数据采用线上和纸质这两种收集方式分别有哪些优劣势？在利用数字化工具提升绩效管理工作效率的同时，如何减少其带来的风险与问题？
>
> _____
> _____
> _____

四、数字化绩效管理的应用案例

一家跨国物流企业的数字化绩效管理变革

日邮物流是一家全球供应链物流公司，拥有60多年的专业货代和运输经验，在中国有21家分公司和1200多位员工。核心业务涵盖了国际空运、国际海运、合同物流及专业的供应链解决方案，其服务范围涉及汽车、医疗、零售、航空航天、科技以及食品等多个行业领域。

随着该公司业务的迅速扩张和数字化转型的不断深入，传统的绩效管理模式已明显滞后于人力资源部门的工作需求，使得人力资源部门面临以下困境：首先，主要依赖于 Excel 和邮件进行表单的发送与接收以完成原始绩效回顾，缺乏有效的数据汇总和查看工具，导致管理人员在进行批量评分审批和校准时需要投入大量的线下工作。其次，由于公司业务和行业本身的复杂性，加之绩效管理对精细化的高要求，员工需要填写复杂的"绩效与发展评估"表单，为每个目标设定五级标准并附加详细描述，增加了员工的工作负担。最后，由于线下和原有系统的绩效管理无法兼容，人力资源部门难以精确催办和通知，同时也缺乏对当前管理进度的实时监控，极大地影响了绩效管理的效率。

经过一系列需求调研及前期准备工作，日邮物流上线了易路"People+"绩效管理系统，并已初获成效。新的绩效管理系统的主要优势在于如下几方面：

首先，是一键分配团队目标。以往是首先通过业务部门内部会议讨论确定部门目标，再由员工各自填写目标表单，并将电子版表单发送给部门管理者进行逐一审核。一旦发现问题，表单需退回员工进行修改。对于管理者而言，这样的流程难以从整体上把握目标的分解情况；对于员工而言，由于多次修订目标，往往难以清晰理解个人目标与组织目标的内在联系。而易路"People+"系统提供了多种灵活的绩效目标设定模式，包括 HR 预定义目标和用户自行创建编辑目标。针对特定需求的岗位，HR 还可以预先在系统中导入核心 KPI，从而简化员工的指标制定过程，让他们无须费心思考如何设置合理的指标。这不仅增强了目标的清晰度和可执行性，也极大提高了整体的工作效率。

其次，是可视化的目标管理。此前，该公司主要依赖于手工操作和 Excel 表格管理绩效。员工设定年度目标不仅需要在纸质表单上签名，还需要将所有表单汇总后通过快递寄送至总部进行存档。这不仅耗费了大量的人力、物力与时间，而且纸质资料也面临着难以长期保存和查找的难题。同时，员工在设定目标时，往往需要在线下与直线部门经理沟通后自行设定年度目标，使得员工难以深入理解公司的整体战略，管理者也难以从全局的角度审视员工不同目标之间的关联性和协调性。而在新的绩效系统上线后，管理者可以将公司目标层层分解至部门与团队，继而分解至个人。员工在线完成目标设定后，通过可视化地图查看当前绩效计划中目标的对齐情况以及完成状态，各级用户也都可以更好地了解绩效状态和公司战略目标。

此外，系统还能对关键目标执行过程进行全闭环管理和监控，跟踪目标实施过程，树立员工实现目标的信心，提升最终目标的达成率。

总的来看，日邮物流的数字化绩效管理系统一方面简化了员工设定目标的工作量和复杂度，节约了工作时间，实现了绩效活动的降本增效；另一方面，实现了目标管理的可视化，将个体目标与组织目标相连接，过程中所产生的数据也便于后续的人才分析。

【课后实作任务】

任务名称	工作绩效反馈面谈	
组名		小组成员
任务描述	在今后的职业生涯中，大家总会走向管理层岗位，现在有两个人物角色供选择： A 角色：中餐厅经理——林经理 B 角色：中餐厅员工——小郑 环境设定：小郑最近由于失恋消极怠工，而且在主管小王管理期间与之发生了语言冲突，造成了部分顾客投诉和主管投诉。现在请选出两个同学分别扮演两个角色，由 A 角色针对 B 角色的情况实施一次绩效反馈面谈	
任务要求	1. 分配角色 2. 设计角色对话 3. 形成绩效反馈面谈总结	
任务准备	熟悉绩效反馈面谈的流程、步骤和注意事项；提前进入角色，设计角色对话	
实施建议	1. 选取两人为一组进行角色分配，其他同学对绩效反馈面谈过程进行观察 2. 两人根据自己的角色设计人物表现和详细背景 3. 进行模拟绩效反馈面谈时，设计部分即兴表演环节 4. 对绩效反馈面谈环节同学的表现进行总结，说明做得好的地方、不好的地方以及改进的办法	
实施计划	包括时间、步骤、各步骤准备事项、结果提交	
实施过程记录	从以下三个方面记录： 角色分配、角色扮演过程、绩效反馈面谈总结	
任务成果	形成绩效反馈面谈总结	

【课后练习测试】

一、单选题

1. 关于绩效管理的描述下列哪一项是错误的？（   ）

    A. 绩效管理保证组织战略目标的实现

    B. 绩效管理主要目的是提升个人绩效而非组织绩效

    C. 绩效管理促进管理流程和业务流程优化

    D. 绩效管理帮助酒店甄选优秀人才

2. 下列哪一项不是平衡计分卡衡量的四个方面？（   ）

A. 财务 B. 顾客
C. 内部流程 D. 市场份额

3. 下列哪一项是关键绩效指标的简称？（ ）
   A. KRA B. KPA
   C. KPI D. BSC

4. 下列哪一项不是关键绩效指标制定时需要遵循的原则？（ ）
   A. 高挑战的 B. 可衡量的
   C. 有时限的 D. 具体的

5. 以下哪一项不是绩效指导能够达到的目标？（ ）
   A. 严格控制员工的言行
   B. 了解员工工作的进展情况，以便于及时进行协调调整
   C. 帮助员工解决困难，提高绩效
   D. 通过沟通避免一些考核时意外的发生

6. 绩效指导中的 COACH 法则中的 A 指的是以下哪一项？（ ）
   A. 约定 B. 评价
   C. 观察 D. 挑战

7. 采用"正态分布"，对考核评价结果或考核者进行合并归类，避免主管偏宽的评价是以下哪一种评价方法？（ ）
   A. 行为等级评价法 B. 等级鉴定法
   C. 强制分配法 D. 关键事件法

8. 下列哪一个角色不参与到360°绩效考核中？（ ）
   A. 直接上级 B. 直接下级
   C. 同事 D. CEO

9. 主管根据下属最初的绩效信息对其考核期内的全部表现做出总评价属于绩效考核误差中的哪一种？（ ）
   A. 晕轮效应 B. 首因误差
   C. 比较误差 D. 感情误差

10. 绩效反馈中的 BEST 反馈法则中的"S"指的是什么？（ ）
    A. 行为描述 B. 表达后果
    C. 征求意见 D. 着眼未来

11. 在数字化时代背景下，新兴技术的发展主要是促进了传统绩效管理在方法和（ ）等方面的创新与进步。
    A. 观念 B. 工具
    C. 战略 D. 结果

12. 以下哪个选项属于数字化绩效管理的核心目标？（ ）

A. 实现绩效薪酬的合理分配
B. 实现员工晋升通道的打通
C. 提高绩效管理效率，优化资源配置
D. 打造以企业实际状况与时代发展需求为根本的绩效管理模式

二、判断题

1. 绩效管理就是绩效考核。（　　）
2. 绩效指导一般只针对绩效欠佳、落后的员工。（　　）
3. 行为锚定等级评价法是一种将同一职务工作可能发生的各种典型行为进行评分度量，建立一个锚定评分表，以此为依据，对员工工作中的实际行为进行测评级分的考评办法。（　　）
4. 采用360°绩效考核中，每一个员工都需要总经理的评价。（　　）
5. 晕轮误差是指在考核中，因某一个人某一方面的特征淹没了其他方面的特征。（　　）

单选题答案

1. B；2. D；3. C；4. A；5. A；6. B；7. C；8. D；9. B；10. C
11. B；12. C

判断题答案

1. ×；2. ×；3. √；4. ×；5. √

【课后复习总结】

1. 绩效管理对于企业有何价值？
2. 绩效管理的流程分为几个步骤？
3. 平衡计分卡包括哪些方面的评价？
4. 如何设计关键绩效指标KPI？
5. 绩效监控过程中的COACH法则是什么？
6. 常见的绩效考核方法有哪些？有什么优缺点？
7. 绩效考核面临哪些误差？
8. 绩效反馈如何开展？有哪些注意事项？

【课后案例分析训练】

阳光海岸酒店是一家位于热门海滨度假胜地的豪华酒店，近期，酒店引入了一套新的绩效管理体系以提升服务质量和运营效率。新体系主要包括绩效目标设定、绩效评估、绩效反馈和绩效激励四个方面。然而，在实施过程中，酒店遇到了一些挑战，特别是关于绩效目标设定和绩效反馈环节。

酒店在实施新的绩效管理体系初期,员工对于绩效目标的设定普遍感到困惑,反映目标设定过高或不切实际。在绩效反馈环节,酒店采取了每季度一次的正式绩效评估会议,但员工反馈表示这样的频率不足以及时了解自己的工作表现和需要改进的地方。

思考:
1. 请分析酒店在绩效目标设定中可能的原因,并提出改进建议。
2. 请分析如何改进绩效反馈机制,使之更加高效和有效。

分析提示:

问题1解析:

可能的原因:(1)目标设定过程中缺乏员工参与,导致员工对目标缺乏认同感;(2)目标设定过于理论化,未能充分考虑实际工作中的具体挑战和资源限制;(3)缺乏对目标的明确指导和解释,员工不清楚如何达成这些目标。

改进建议:(1)引入SMART原则(具体、可衡量、可达成、相关性、时限性)设定目标,并邀请员工参与目标设定过程,确保目标既具挑战性又可实现;(2)为每个目标设定明确的衡量标准和达成路径,提供必要的培训和支持;(3)定期回顾目标,根据实际情况进行必要调整,保持目标的灵活性和现实性。

问题2解析:

改进建议:(1)增加绩效反馈的频次,除了每季度的正式评估之外,可以实施月度或双周的非正式反馈会议,及时沟通工作进展和问题;(2)引入360°反馈机制,除了上级评价之外,也包括同事、下级和自我评价,以及顾客反馈,多角度了解员工表现;(3)利用数字工具,如绩效管理软件,让员工可以实时查看自己的绩效指标和进度,自我管理,同时便于即时反馈和沟通;(4)培养积极的反馈文化,确保反馈以建设性、正面为主,强调发展导向,鼓励员工持续改进而非单纯批评。

第七章

酒店员工薪酬管理

中国管理哲学：公平合理的分配原则

【典型思想及核心理念】

孔子："不患寡而患不均"，强调公平分配的重要性。

法家思想："功当其禄，禄当其位"，这与薪酬管理的公平性一致。

【人力资源管理启示】

孔子的理念与党的"共同富裕"理念一致。薪酬管理不仅是劳动报酬的分配，更是对员工价值的认可。因此，薪酬体系设计应该体现薪酬公平性，构建平等互助的组织文化，如股权共享、利润分配计划等。

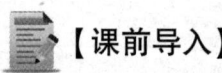【课前导入】

微课视频链接：企业的人力成本到底包括哪些？——别忽视了显性成本背后的隐性成本

J集团薪酬福利体系变革——
从"统一标准"到"精准激励"

J集团是全球排名前列的酒店集团，旗下超1.5万家酒店，员工总数18万人。然而，曾经在中国市场却面临着以下痛点：首先，员工年均流失率28%，超过行业平均水平22%，一线城市门店店长任职周期不足2年。其次，薪酬调查显示，基层员工月薪比华住低8%–12%，但福利成本占比却高3个百分点（薪酬：福利≈7∶3）。2020年疫情后，上海某高端事业部更是爆发了37%员工因"薪酬缺乏竞争力"而提交离职，客户满意度季度环比下降11%。

2021年，J集团启动以下薪酬管理变革措施：

1. 薪酬结构重组

原薪酬体系存在问题：固定工资占比过高，为80%（行业标杆为60%），绩效奖金模糊；店长薪酬与RevPAR（每间可售房收入）仅弱挂钩。

调整后的薪酬结构新方案："3+3+4"弹性结构。各部分占比为：固定工资（占30%，保障基础生活），绩效工资（占30%，与个人KPI如服务评分、投诉率绑定），利润分享（占40%，与门店GOP率强挂钩，一线员工亦可参与）。

经调查，薪酬结构重组后，试点门店的员工人效提升19%，离职率降至15%。

2. 福利精准化设计

原有福利存在以下痛点：存在"大锅饭"主义（如全员健身房会员），使用率不足20%；而针对90后员工的调研显示，61%更看重"即时激励"而非长期福利。

对此，调整了福利创新方案：开发了"J福利云"平台，员工可按职级兑换积分（如店长年度积分池为5000分，服务员为1500分）。并且，通过集团采购，福利实际支出降低12%，而覆盖率从45%升至78%。其中，可选福利包括：

（1）技能类：携程大学线上课程（200分/门）
（2）健康类：私立医院挂号绿色通道（300分/次）
（3）生活类：子女暑期托管补贴（500分/月）；

3. 区域差异化策略

据调研，二、三线城市员工对"住房补贴"的需求（调研占比73%）远高于一线城市（28%）。对此，J集团在成都、西安等城市增设"安家计划"（服务满3年可申请50%租房补贴）；在北上广深则强化"通勤关怀"（如错峰打车报销）。

实施薪酬福利变革后，J集团的员工流失率、单店人力成本占比、员工满意度、客户推荐值等指标均得到显著改善。J酒店集团的薪酬管理不仅体现了对传统薪酬构成的精准把握，如基本工资、绩效奖金、福利待遇等，更展示了在新时代背景下，对员工个性化需求的深度理解和灵活应对。体现了其企业价值观，如"以人为本""追求卓越"等理念，增强了员工的归属感和忠诚度。

【本章课前思考】

1. 在薪酬设计过程中，如何平衡固定薪资与浮动奖金的比例，以达到最佳激励效果？

2. 面对顾客日益增长的个性化需求，酒店如何在薪酬管理体系中嵌入对员工创新服务意识的评价和奖励？

3. 在设计酒店薪酬管理体系时，如何平衡短期业绩目标与长期人才培养之间的关系，确保既满足当前运营需要，又兼顾员工职业发展规划？

4. 在当前酒店行业数字化转型的背景下，技术手段将给薪酬福利管理带来哪些变革和便利？

【本章教学目标】

知识目标

1. 理解薪酬管理的基本概念
2. 阐述薪酬体系的构成
3. 熟悉薪酬设计原则
4. 掌握薪酬水平市场调研的方法
5. 阐述薪酬水平的基本影响要素

技能目标

1. 能够根据酒店战略目标、财务状况及员工需求,设计合理的薪酬结构体系
2. 能够进行员工工资和酒店薪酬成本预算的计算
3. 能够科学设计员工福利
4. 能够运用数据分析工具,评估薪酬计划的实施效果

德育目标

1. 培养学生在薪酬管理中坚持公平、公正的原则,强化公平正义意识
2. 树立以人为本的管理观,引导学生理解薪酬不仅是经济补偿,更是对员工价值的认可和尊重
3. 引导学生认识到薪酬管理与员工职业发展之间的关联,培育自立自强的精神和科学规划职业发展的主动意识

【本章实践项目任务】

开展薪酬水平调查就像开展市场调查一样,对于提升学生的市场分析能力、统计分析能力以及对行业的熟悉了解程度等均有极大作用。

任务名称	××市五星级酒店薪酬水平调查设计	
组名		小组成员
任务描述	你所在城市的某五星级酒店,一直秉承"一流的公司要用一流的员工,支付一流的薪水。"的用人思路,确定了"市场领先型"的薪酬战略,90%以上的岗位薪酬都位于同行业薪酬水平的首位。为了确保自己的薪酬水平处于领先地位,酒店每年都会进行两次薪酬调查,如果发现调查数据显示自己的薪酬水平已经被超越或部分超越,则会马上做出薪酬的调整。 现在,假定你是该酒店人力资源总监,公司总经理要你提交一份2024年度本市同等级酒店业的薪酬水平调查方案	
任务要求	要求内容包括: 1. 调查目的 2. 调查范围 3. 调查方式及方法 4. 调查数据的统计分析 5. 薪酬水平调查分析报告	

续表

任务名称	××市五星级酒店薪酬水平调查设计	
组名		小组成员
任务准备	熟悉薪酬管理的内容及薪酬调查的相关方法，小组成员明确分工	
实施建议	与校企合作酒店取得联系，取得对方的支持，以小组为单位，利用课外时间，组织完成任务	
实施计划	包括以下四个方面： 人员分配、时间安排、解决步骤、设备和工具	
实施过程记录	从以下三个方面记录： 搜集的资料、过程记录、实施中遇到的问题及解决办法	
任务成果	形成一份调查方案及调查报告	

【**本章知识导图**】

通过本章的学习，希望能够启发学生对酒店员工薪酬管理的深入理解，探索如何在复杂多变的环境中，构建既符合时代要求，又富有创新精神的薪酬管理体系。

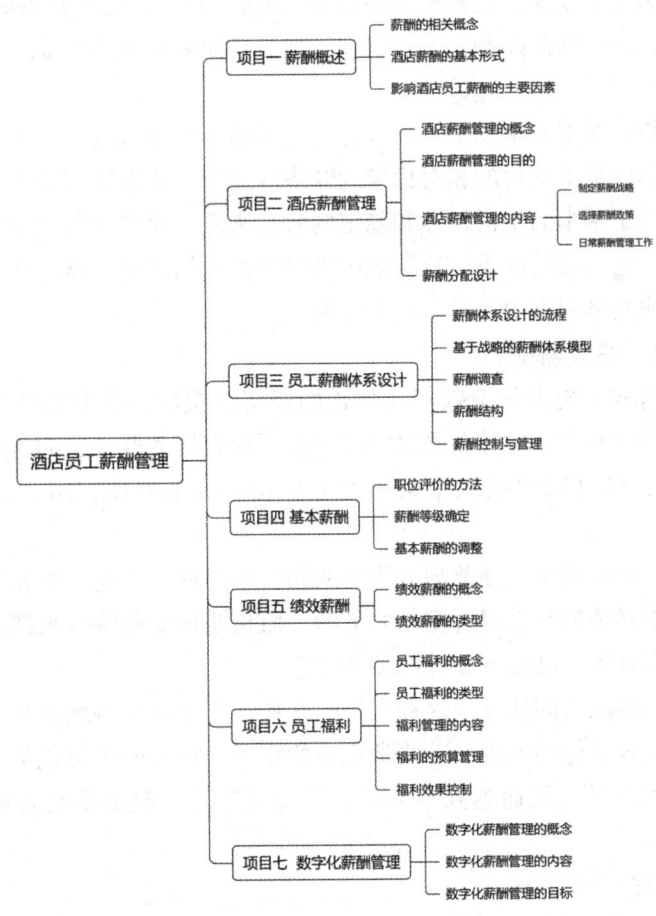

项目一 薪酬概述

一、薪酬的相关概念

(一) 薪酬

薪酬在本质上是组织为获取员工的劳动而提供的一种回报或报酬。从广义上讲,薪酬是员工因为雇佣关系的存在而从雇主那里获得的各种形式的经济收入及有偿服务和福利。广义的薪酬概念包括薪资(直接经济报酬)和福利(间接经济报酬)。然而在实践中,最常采用的是相对狭义的薪酬概念,即薪酬中不包括福利,而薪酬与福利两部分之和称为总薪酬或薪酬包,薪酬还被称为直接薪酬,而福利则被称为间接薪酬。

(二) 总薪酬

总薪酬也称为全面薪酬,它概括了各种形式的薪酬和福利,包括基本薪酬、可变薪酬、福利或服务,还包括津贴和补贴、股权计划等其他多种经济性报酬。

1. 基本薪酬

基本薪酬是指一个组织根据员工所承担或完成的工作本身或者员工所具备的完成工作的技能或能力而向员工支付的相对稳定的经济性报酬。基本薪酬又称为"固定薪酬",它不仅为员工提供了基本的生活保障和稳定的收入来源,而且往往是确定可变薪酬的一个主要依据。在一些特殊情况下,总薪酬中也可能不包括基本薪酬,比如针对销售人员的纯佣金或纯提成薪酬制度中就没有基本薪酬。

2. 可变薪酬 (绩效薪酬)

可变薪酬是薪酬系统中与绩效直接挂钩的经济性报酬,有时也称为浮动薪酬或奖金。可变薪酬的目的是在绩效和薪酬之间建立起一种直接的联系,而这种绩效既可以是员工个人的绩效,也可以是组织中某一业务单位、员工群体、团队甚至整个公司的绩效。

通常情况下,可以将可变薪酬划分为短期和长期两种。短期可变薪酬或短期奖金一般都是建立在非常具体的绩效目标基础之上的,而长期可变薪酬或长期奖金的目的则在于鼓励员工努力实现跨年度或多年度的绩效目标。

由于在绩效和薪酬之间建立了这种直接的联系,所以可变薪酬对员工具有很强的激励性,对于组织绩效目标的实现起着非常积极的作用。它有助于强化员工个人、群体乃至全体员工的优秀绩效,从而达到节约成本、提高产量、改善质量及增加收益等多种目的。

3. 津贴和补贴

津贴是指补偿员工在特殊条件下的劳动消耗及生活费额外支出的工资补充形式。

常见的津贴包括高温津贴、山区津贴、保健津贴、医疗卫生津贴等。补贴则是为了保证员工的收入水平不受物价变动影响而支付的各种工资补充形式，如副食品价格补贴、粮价补贴、煤价补贴等。这部分薪酬构成在计划经济体系下很重要，在市场经济体系下通常不再单独列出，如有需要，完全可以通过基本薪酬的调整来达到相同的目的。

4. 股权计划

股权计划是指企业面向内部员工制定的一种激励计划，它使员工有机会分享企业的经营利润，其目的是鼓励员工与企业保持长期雇佣关系。股权计划既可以是基于实际股权设计的，也可以是在虚拟股权的基础上设计的；既可以面向全体员工，也可以仅针对中高层管理人员等部分组织成员；既可以是要求员工必须出资购买的股权，也可以是让员工自行选择在未来是否实际购买的股票期权。

5. 福利或服务

福利或服务不是以员工向组织提供的工作时间为计算单位的，它一般包括非工作时间付薪、向员工个人及其家庭提供的服务（如儿童看护、工作期间的餐饮服务等）、健康及医疗保健、人寿保险及法定和组织补充养老金等。

福利分为法定福利和非法定福利。前者是国家法律要求组织必须提供给员工的福利项目，比如各类社会保险项目；后者则是组织根据自身的情况酌情制定的相关福利项目，如企业年金、补充医疗保险，以及工作时间的免费或低价餐饮供应，等等。福利还可分为货币性福利和非货币性福利两类，其中货币性福利往往具有延期性，比如养老保险和补充养老保险。

二、酒店薪酬的基本形式

酒店薪酬的主要形式有工资、奖金和福利。

（一）工资

一般由基础工资、职务工资、工龄工资及各种津贴和补贴等构成。

（1）基础工资。基础工资又称为基本工资，是用来保障员工基本生活的工资，随着生活费用的提高而做调整，但基本保持稳定。

（2）职务工资。职务工资又称为岗位工资，是按照员工所在岗位的责任大小、工作轻重和劳动条件等因素决定的工资。员工所在岗位等级高，职务工资就高；反之则低。

（3）工龄工资。工龄工资是指根据员工工龄的长短或者在酒店工作年限的长短所确定的工资。它是对员工工作经验和劳动贡献的积累所支付的报酬，是随着员工工龄的增长而逐年增长的。工龄工资的确定，可以激发员工为酒店服务的热情，进而保证人员队伍的稳定性。

（4）津贴和补贴。津贴是对员工在特殊劳动条件（时间、地点、岗位、环境）下工

作，所支付的超额劳动及额外的生活费用，或对有损身心健康的职位所给予的报酬，是工资的补充形式。人们习惯上把属于工作（生产）性质的称作津贴，属于生活性质的称作补贴，酒店可以根据自身实际和收入分配的需要进行适当调整。

（二）奖金

奖金是酒店薪酬中十分重要的组成部分，是基本工资制定的一种辅助形式，它是酒店对员工超额劳动部分或劳动绩效突出部分所支付的奖励性报酬，是酒店为了鼓励员工提高劳动效率和工作质量付给员工的货币奖励。

1. 奖金的特点

（1）灵活性。酒店可以根据实际经营状况，设置不同种类、不同奖励对象和不同奖励条件的奖金。同基础工资相比，奖金具有很大的灵活性。

（2）及时性。奖金考核的周期可以比较短，只要员工提供了有效的超额劳动，就能及时得到奖金报酬。奖金能及时将员工的劳动和报酬直接联系起来，有利于激励员工为了增加报酬而努力工作。

（3）激励性。奖金的激励机制在于它与员工对酒店贡献直接相关联。员工的贡献越大，所获得的奖金就越多；贡献越小，所获奖金就少；没有贡献，就没有奖金。所以，奖金具有较强的奖勤罚懒、奖优罚劣的激励功能。

（4）荣誉性。奖金不仅是对员工的物质奖励，还是精神鼓励，获得奖金的员工会得到周围员工的称颂，使其获得一种精神上的满足。

2. 奖金发放方式

目前，奖金发放通常依据个人表现、团队或小组表现及酒店整体表现来发放。

（1）面向员工个人的奖金发放，包括全勤奖金和绩效考核奖金。全勤奖金每月以员工出勤状况进行分配，缺点在于只注意是否缺勤，而不关心实际的工作绩效。绩效评核奖金则先设计考评项目并给予评核，根据考评的结果发放奖金。

（2）面向团队或小组的奖金发放。以团队或小组为对象的奖金设置，虽然其目的在于推动团队或小组成员间的合作，但在具体方式上，同以员工为对象的奖金设置方式并无多大区别。

（3）酒店整体奖励制度。酒店根据一年的总业绩，确定对全体员工进行奖励。

（三）福利

福利是酒店基于雇佣关系，根据国家的强制性法令及相关规定，以酒店的支付能力为依托，向员工提供的用以改善其本人和家庭生活质量的各种补充性报酬与服务，它以非货币性工资和延期支付形式为主。在员工整体薪酬中，福利已经成为越来越重要的组成部分，对酒店的人工成本有着十分重要的影响。

（1）传递酒店的文化和价值观。现代酒店越来越重视员工对酒店文化和价值观的认同。酒店拥有员工普遍认同的组织文化，有利于酒店的运营。福利体现了酒店的管理特色,体现了酒店对于员工的关怀,可以为员工创造一个良好的工作氛围。

(2) 吸引和保留人才。求职者在选择工作时,酒店提供的福利待遇是其考虑的一个十分重要的因素。如果酒店能为员工提供富有吸引力的、个性化的福利待遇,那将有利于酒店更好地吸引和保留人才。

(3) 税收减免。很多福利对员工来说是免税的,税收减免也是福利区别于工资和奖金的一个重要特点。如果酒店把为员工提供的各种保障计划、服务和实物等以工资来替代,员工则必须为这些福利支付个人所得税。以福利待遇的形式提供给员工,则员工的这部分报酬就可以获得税收的减免。另外,酒店利用自身的规模经济优势为员工购买商品和福利,也要比员工自己购买的价格更便宜。总之,用福利来代替等值的工资或奖金可以提高酒店成本支出效用。

三、影响酒店员工薪酬的主要因素

酒店员工薪酬的确定是一个复杂的过程,受到多种因素的影响,这些因素既包括员工个人的表现和资质,也涉及企业的经营状况、市场环境以及行业标准等多方面,更多如图7-1所示。

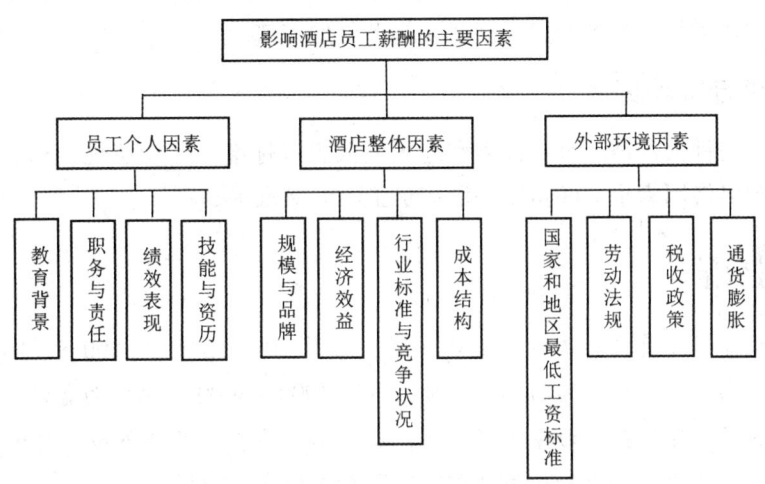

图7-1 酒店员工薪酬影响因素

(一) 员工个人因素

(1) 技能与资历。员工的专业技能、工作经验以及在酒店行业的资历是决定薪酬的重要基础。通常,技能越专精、经验越丰富、资历越深的员工,其薪酬水平也相对较高。

(2) 绩效表现。员工的工作绩效是影响薪酬的直接因素之一。酒店通常会根据员工的业绩考核结果,如客户满意度、销售业绩、工作效率等,来调整其薪酬或发放绩效奖金。

(3) 职务与责任。员工在酒店中的职位高低、所承担的责任大小也是决定薪酬的关键因素。高级管理岗位或关键职能岗位因需承担更大责任，其薪酬相应较高。

(4) 教育背景。教育程度和专业资质也是影响薪酬的因素之一，尤其是在特定岗位上，如财务、市场营销等，拥有相关专业学位或证书的员工可能会获得更高的薪酬。

（二）酒店整体因素

(1) 酒店规模与品牌。大型连锁酒店或知名品牌酒店往往能提供更有竞争力的薪酬待遇，以吸引和保留人才，同时也因为它们能承受更高的运营成本。

(2) 经济效益。酒店的经营状况直接影响薪酬水平。盈利状况良好时，酒店可能提供更高的薪酬和奖金；反之，若经营困难，则可能减少薪酬增长或调整薪酬结构以控制成本。

(3) 行业标准与竞争状况。酒店行业内的薪酬水平受市场供需关系影响。在同一地区，如果竞争对手提供的薪酬较高，为吸引和留住人才，酒店也需相应调整薪酬策略。

(4) 成本结构。酒店的运营成本，包括租金、物料、能源费用等，也会影响其薪酬预算。高成本压力可能导致酒店在薪酬安排上更加谨慎。

（三）外部环境因素

法规政策与社会经济环境：国家和地区最低工资标准、劳动法规、税收政策、通货膨胀率等宏观经济因素也会间接影响酒店员工的薪酬水平。

☞ 行业数据

北京的软件行业员工的工资普遍比较高，月薪 5000 元或者 8000 元都是很普通的；但服务业中，比如酒店客房部的工作人员，月薪 3000～4000 元则较为普遍。为什么会有这么大的区别呢？你可能以为学历不一样，技能不一样，或其他各种各样的解释，但是从根本上讲，是这两个行业和业务性质决定了工资标准不一样。

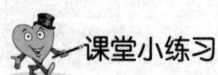

请分析一下，为什么不同行业（比如软件和服务行业）间的工资差别会如此大呢？

以下将基于成本结构对软件业和服务业的薪酬差别进行分析。

1. 人力成本与利润贡献

软件行业：作为技术和知识密集型产业，软件行业的核心资产在于人才和创新。员工通过编程、设计、项目管理、市场分析等工作直接创造高附加值产品和服务，能够带来高额利润。软件产品一旦开发成功，复制成本低廉，边际收益高，因此企业愿意支付高薪以吸引和保留顶尖人才，促进技术创新和市场竞争力。

酒店服务业：相比之下，酒店客房部属于劳动密集型服务行业，其主要成本构成中人力成本占比较大，但每名员工直接产生的利润有限。客房服务虽是酒店运营的重要组成部分，但其收益相对固定且增长空间有限，主要依赖于入住率和房间价格。因此，即使是在高星级酒店，客房部员工的工资水平相比软件行业仍然较低，因为其对利润的直接贡献度相对较小。

2. 技能要求与培训成本

软件行业：对员工的技术要求高，需要持续学习新技术、新语言、新框架，这不仅需要个人投入大量的时间和精力，企业也需要提供培训或资助继续教育，因此高薪是对这种高技能和持续学习成本的补偿。

酒店服务业：虽然酒店服务业也重视员工的服务技能和专业培训，但相比软件行业，所需技能门槛较低，培训成本和周期较短。因此，即使提供优质服务需要良好的培训，但整体人力成本控制上仍低于对高技术人才的投资。

3. 市场供需关系

软件行业：全球范围内，特别是像北京这样的科技中心，对软件工程师的需求持续增长，而具备高技能的人才供应相对有限，这导致了劳动力市场的竞争，推高了薪资水平。

酒店服务业：客房服务人员的市场需求虽然稳定，但供应相对充足，加上行业门槛较低，导致了薪资水平难以大幅提升。

4. 行业利润与增长潜力

软件行业通常具有较高的利润率和快速的增长潜力，特别是在数字化转型加速的今天，企业愿意为技术创新支付高薪以保持竞争优势。

酒店服务业虽然稳定，但增长速度相对缓慢，特别是在经济波动时更容易受到冲击，因此在薪酬设置上趋于保守，以维持成本控制和盈利能力。

综上所述，软件行业与服务业在成本结构、利润模式、技能需求、市场供需以及增长潜力等方面的差异，共同导致了两者间工资水平的巨大差距。

微课视频链接：
从四个方面做好
酒店薪酬管理优化

【延伸思考】

根据上述分析，你认为酒店行业的薪酬未来趋势是怎样的？

项目二 酒店薪酬管理

一、酒店薪酬管理的概念

酒店薪酬管理是指酒店在经营战略和发展规划的指导下，综合考虑酒店内外各种因素的影响，确定自身的薪酬水平、薪酬结构和形式，并进行薪酬调整和薪酬控制的整个过程。

薪酬水平是指酒店内部各类职位和人员平均薪酬的高低状况，它反映了酒店薪酬的外部竞争性。薪酬结构是指酒店内部各类职位和人员之间薪酬的相互关系，它反映了酒店支付薪酬的内部一致性。薪酬形式则是员工和酒店总体的薪酬中，不同类型薪酬的组合方式。薪酬调整是指酒店根据内外各种因素的变化，对薪酬水平、薪酬结构和薪酬形式进行相应的变动。薪酬控制是指酒店对支付的薪酬总额进行测算和监控，以维持正常的薪酬成本，避免给酒店带来过重的经济负担。

响应党的二十大关于"促进社会公平正义""民主管理和监督"的要求，酒店薪酬管理应确保透明、公正，体现多劳多得、优绩优酬。酒店应建立健全薪酬信息公开机制，确保薪酬政策、考核标准、晋升路径等信息的透明度，增强员工对薪酬管理的信任和支持。将员工薪酬与个人及团队绩效紧密挂钩，通过设定明确、量化的绩效指标，定期评估员工工作成果，实施差异化的奖金和激励计划，激发员工提高工作效率和服务质量的动力。通过设立多元化奖励机制，即除了基本工资之外，增加股权激励、利润分享、职业发展机会等多种激励方式，激发员工的积极性和创造性，同时提升员工工作满意度。

微课视频：
酒店人力资源薪酬

二、酒店薪酬管理的目的

酒店进行薪酬管理的目的在于吸引和留住符合酒店组织要求条件的员工；激励员工达到组织要求的高工作绩效，进一步促进酒店组织获利。

（1）吸引和保留人才。合理的薪酬待遇能够吸引高素质的人才加入酒店，同时也能保留现有的优秀员工。具有竞争力的薪酬和福利能够满足员工的基本生活需求，提高他们对酒店的忠诚度。

（2）激励员工绩效。薪酬与绩效挂钩的机制能够激发员工的工作积极性，提高工作效率和服务质量。例如，酒店前台员工如果按照接待顾客的数量和顾客满意度来发放奖金，他们会更加积极主动地提供优质服务，从而提高顾客满意度。

（3）提升员工满意度。合理的薪酬结构和福利能够提高员工的满意度，增强他们的工作积极性。公正的薪酬制度还能促进公平，减少内部矛盾，维护和谐的组织氛围。

（4）控制成本。通过合理的薪酬预算管理，酒店可以控制人力成本，保持财务健康。透明的薪酬制度也有助于减少内部矛盾，维护和谐的组织氛围。

（5）塑造酒店形象。酒店对待员工的薪酬态度反映了其企业形象。公平合理的薪酬制度能够让员工感受到酒店的尊重和认可，从而在工作中展现出积极向上的态度，这种态度会传递给顾客，提升酒店在顾客心目中的形象。

三、酒店薪酬管理的内容

薪酬管理作为酒店人力资源管理的重要组成部分，到底是如何发挥吸引、留住、激励人才等方面的作用的呢？薪酬管理的内容主要包括以下几方面。

（一）制定薪酬战略

酒店薪酬管理的目的是实现企业战略。为了使薪酬管理成为企业战略成功的关键因素，薪酬战略应以酒店的总体战略为基础，依照企业的人力资源战略来制定。

（二）选择薪酬政策

酒店薪酬政策，就是酒店管理者对企业薪酬管理运行的目标、任务和手段选择的组合，是酒店在员工薪酬制度上所采取的方针策略。选择酒店薪酬政策主要包括以下方面：

（1）薪酬总额管理。根据酒店的实际状况确定一个合理的薪酬总额，薪酬总额的确定取决于酒店的支付能力、酒店业人才的市场行情以及员工的基本生活费用。酒店通过对薪酬总额的控制来实施有效的薪酬管理。

（2）酒店个别薪酬管理。对酒店而言，在关键岗位上掌握着核心技能的人才，要实行特殊的薪酬政策，以便更好地保留、激励他们，这也是酒店赢得相对竞争优势的重要手段。

（3）员工薪酬等级管理。在工作任务、责任和工作环境上有差别的员工，在薪酬的支付标准上体现等级差别。薪酬等级的数量和相邻等级之间差额的确定，是薪酬等级管理的主要内容。

（三）日常薪酬管理工作

酒店薪酬管理工作具体包括：开展薪酬调查、统计分析薪酬调查结果、制定薪酬计划、计算统计员工作薪酬、薪酬调整等。

四、薪酬分配设计

【思考讨论】什么样的薪酬分配制度会让职场人感到沮丧？如图7-2所示。

优秀动画短片：让猴子做一样的事，却给不平等奖励的实验（建议课后自行网络观看）

图7-2 薪酬分配漫画

（一）薪酬分配分析

薪酬的分配形式可分为两大类，经济形式与非经济形式。经济形式主要有工资、奖金、福利以及津贴、股权等。其中，工资是对一个人在组织中承担的责任和能力表现的回报，奖金是对员工目前业绩的直接回报，股权是对员工未来贡献的预期回报，福利是对员工历史贡献的回报。

厘清各种分配形式的作用，就可以根据酒店的不同历史发展阶段和战略目标来组合各种分配形式，使薪酬分配成为有力的杠杆，撬动酒店向预定的战略目标前进。例如，同样是100万元可以分配给员工，如果酒店强调让员工共同开创未来的事业，则股权分配的比重可以大些；如果酒店当前经营业绩不好，要求员工立即出业绩，则奖金的比重可以大些；如果酒店希望建立起一支优秀的员工队伍，则工资的比重可以大些。一个酒店要想充分发挥薪酬分配的激励作用，就要灵活运用不同分配形式的组合。

在考虑评价要素时，要特别关注以下四个方面：

（1）优点突出的人往往缺点也突出，对公司来说需要的主要是员工创造价值的能力。一个"完人"往往是庸人，庸人对公司是没有价值的。有句话说得很好："贤者居上，能者居侧，庸者居下。"

（2）除了从内部来考虑评价客观性之外，还要从外部来考虑薪酬的竞争性。有时为了从外部招到合适的人才，需要打破内部的薪酬平衡。市场竞争性也是决定薪酬分配的重要因素。

（3）从单个分配因素来说，奖金看业绩，股权看潜力，工资看责任和能力。单项分配形式有所偏重和欠缺。但从整体来看，各种分配形式的组合已经涵盖了对员工的全面评价。

（4）个人意志高于组织规则。这种现象在民营酒店中比较普遍，尤其是在刚建立规范不久时。一方面，由于新建立的评价和分配制度存在某些不足，如果完全按照制度来做，则明显存在一些不公平现象，因此酒店老板要推翻制度化的评议结果，最后还是一支笔说了算。另一方面，由于习惯于个人决策，而且过分相信个人的感觉，因此难以改变自己的习惯。这两方面使得酒店花大力气所建立起来的制度规范难以真正在现实中落实。酒店决策者本来出于好心，想尽量使分配结果公平、合理，殊不知员工根本就弄不清决策者的标准到底是什么。要让每个人觉得公平，必须做到程序公正、标准公开。否则，决策者认为公正的结果，员工并没有这种感觉，那么就起不到应有的激励作用。

（二）薪酬分配的四个基本命题

薪酬分配要解决的根本问题是什么呢？薪酬分配对酒店的发展有持久的影响力，对员工的行为形成内在的驱动力。因此，一个酒店设计薪酬体系时必须从酒店生存的根本命题出发来系统地思考。薪酬分配的设计必须回答以下四个基本命题。

1. 关于价值创造者——谁创造了酒店价值

对这个问题做出明确回答，就能够确定酒店价值分配的对象。只有酒店的价值创造者才有权利分享酒店的价值。不同价值创造要素的重要性排序，决定了价值分享的量值。

2. 关于价值贡献度——创造了多少价值

价值贡献度解决的问题是评价价值创造者各自的价值贡献，即出资者、经营者以及劳动者在酒店经营活动中各自的贡献是多少。在确定价值贡献度时，需要明确两个问题：评价原则和评价要素。评价原则反映了酒店的价值导向和发展战略，它指出了各个价值创造者应做出什么样的贡献，如经营者要关注经营效益，劳动者要关注劳动效率。只有各阶层人员形成合力，才能使酒店持续发展。评价要素是对各价值创造者的评价标准。只有明确了标准，才能规范各自的行为和承担相应的责任。

价值评价是价值分配的基础。价值评价是撬动酒店管理的有力杠杆，又贯穿于酒店经营的各个主体和整个业务流程。有学者指出：没有评价就没有管理。确实，如果一个酒店做不好价值评价，就不可能做好价值分配。

价值评价又有什么内涵呢？对企业家来说，它包括酒店当年经营业绩、酒店股市价值、酒店发展活动等因素的评价。对知识劳动者来说，它包括对工作业绩、发展潜力、品德等因素的评价。对操作工人来说，它包括工作数量、工作质量、劳动技能等因素的评价。

3. 关于价值分配形式——拿什么分给价值创造者

价值分配的形式可以是股红、奖金、工资、股权、津贴、福利、培训及社会荣誉。由于不同的价值创造者扮演着不同的角色，因此其分配的形式也不同。

另外，对于同一个对象，为了起到不同的激励作用，采取的分配方式也不一样。对企业家，采用的分配方式有股权、股红、奖金、工资等；对一般劳动者，采用的分配方式有工资、奖金、津贴等；对技术开发人员，采用的分配方式有工资、奖金、股权、培训等。

分配形式的选择通常基于价值创造者贡献的形式以及分配形式的激励效果来综合考虑。如果一个酒店能灵活、有效地运用各种分配方式，发挥各个价值创造者的最大效能，而且能拧成一股绳，那么酒店的快速发展趋势是不可阻挡的。

4. 关于价值分配量值——给价值创造者分多少

一个酒店能分享的利益是有限度的，价值分配的根本目的是为酒店创造更大的价值。在具体分配时要解决两个问题：一是出资者、经营者、劳动者所得到的分配比例应该是多少；二是分配形式的比例如何设定。同样是 100 万元，奖金发多少，工资发多少，两者比例不同，会产生完全不同的激励导向。工资比例高有利于人才的引进和保留以及员工技能的培养，奖金比例高就会使员工更加关注工作结果和创造短期效益。

在价值分配中还要掌握两个基本原则：二八原则和分层分类原则。二八原则是指根据价值创造的规律，在一个酒店中 20% 的人创造了 80% 的价值。因此，在价值分配中，一定要弄清楚对于本酒店来说哪些人属于这 20%。分层分类原则是指客观公正的分配必须建立在客观公正的评价基础上。由于酒店中各层各类人员扮演着不同的角色，其贡献性质与形式也不一样，为了保证激励的有效性，必须对不同人员采取不同的分配形式，设置不同的分配权重。

（三）薪酬分配的根本目的

薪酬分配的目的绝不是"分蛋糕"，而是通过"分蛋糕"使得酒店今后的蛋糕做得更大。价值分配不仅是一项技术工作，也是一种战略思考。因此，设计薪酬体系时，必须弄清楚其根本目的，而不是局限于解决酒店眼前的薪酬问题和人力资源部的专业工作。否则，虽然眼前的问题暂时解决了，薪酬制度也建立起来了，但新的问题一旦出现，薪酬制度又无法适应，甚至会阻碍酒店的发展。另外，如果经常变动酒店的薪酬制度必然会给酒店带来震荡，甚至引发一系列问题。

从根本上来思考，酒店薪酬分配的根本目的是：促进酒店的可持续发展，强化酒店的核心价值观，支持酒店战略的实施，培育和增强酒店的核心能力，营造响应变革和实施变革的文化。

项目三　员工薪酬体系设计

> 如果任命你为成都一家即将开业的五星级酒店的人力资源总监，你将如何来完成开业酒店的薪酬体系设计？请描述你完成此项任务的工作思路。

根据党的二十大强调的"共同富裕"和"社会公平正义"的要求，酒店应建立公平合理的薪酬体系。薪酬管理应确保薪酬体系的内外公平性，通过市场调研，合理设定薪酬水平，确保员工薪酬与行业标准、岗位价值、个人贡献相匹配，减少收入差距，增强员工的获得感和满意度。

一、薪酬体系设计的流程

薪酬体系设计有严谨的方法，需要遵循一定的程序。薪酬体系设计的流程如图7-3所示。

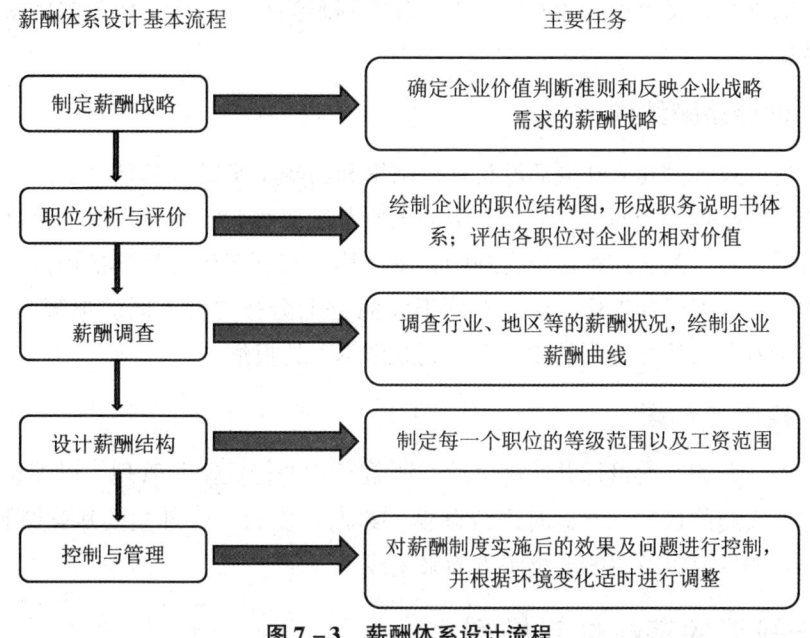

图7-3 薪酬体系设计流程

（一）制定薪酬战略

酒店的薪酬水平主要取决于制定的薪酬战略，薪酬应服务于企业的发展战略。处于不同的市场发展阶段的企业，其薪酬战略也会有所不同；同时企业文化也会影响薪酬战略的制定。因此，在进行薪酬体系设计时，首要考虑的是确定本酒店的薪酬战略。

（二）职位分析与评价

确立员工工资管理的基础依据是企业的职位体系（职能部门、职业、职系、职位组、职位）。人力资源部需要根据职位体系、企业业务特点和市场行情制定企业的工资结构和工资标准。

职位体系和工资体系是紧密联系在一起的，职位体系是人力资源工作或企业管理理念、组织管理理念最基本的载体。工资结构合理的分配和层次是建立在职位体系上的，可以说有什么样的职位体系就有什么样的工资体系。

（三）薪酬调查

薪酬调查的选择对象一般是本地区与自己类似的或与自己有竞争关系的酒店。调查对象选择好后，要进行职位的选择。所选择的职位应该是与本酒店性质和内容相似的职位，这些职位在不同的酒店之间具有可比性。

通过薪酬调查可以了解本地区酒店业现行的薪酬水平，调查结果可作为薪酬水平定位和调整的重要依据。在某些情况下，薪酬调查所发挥的作用比组织内部进行的职位评价更大。例如，一些市场稀缺的厨师，其薪酬水平可能偏离他在酒店内部相应的位置。通过薪酬调查还能使酒店了解竞争对手的薪酬策略，增强酒店薪酬决策的针对性。在整理分析调查数据后，得出市场的薪酬水平，并绘制薪酬水平曲线，作为酒店薪酬水平定位的参考依据。

（四）设计薪酬结构

薪酬结构的设计是建立在酒店职位评价结果和薪酬水平定位基础之上的一个重要步骤。薪酬结构包括每一个职位或职位等级的工资范围等级数、每一等级的最高工资、中位工资和最低工资。酒店通过确定合理的薪酬结构，有利于体现薪酬的内部公平。一方面，在工作任务、责任和工作条件上差别很大的员工会被支付不同的报酬；另一方面，在本质上，没有什么明显差别的职位会得到差别不大的报酬。

（五）控制与管理

薪酬结构、薪酬制度设计并实施以后，还需对其进行控制与管理，以评价其是否达到了薪酬制度实施的目的，并适时进行调整、纠偏。控制与管理主要从薪酬预算管理、沟通调查、薪酬发放以及薪酬调整等方面来完成。

二、基于战略的薪酬体系模型

要使薪酬体系持久地促进酒店向战略目标方向发展，必须从结构上来思考薪酬体系，从酒店战略层面来思考薪酬分配与战略目标的内在关系，从整体薪酬分配框架结构来考虑各项分配制度的独特作用和相互关系，再从技术层面上来有效设计各项分配制度，使制度能有效运用。

酒店与酒店之间的竞争，实质上就是人与人之间的竞争。从外部来看，人力资源管理就是要在酒店内形成良好的人才生态环境，使得酒店能不断吸纳优秀人才。从内部来看，人力资源管理就是要创造一种人才成长的管理机制，使人才不断为酒店创造价值。没有战略就没有方向，人力资源战略为人力资源管理提供了方向。

制度是战略落实的载体。在战略指引下，制度设计的方向更加明确，制度的存在有了意义。在薪酬制度设计时要避免孤立地去考虑单个制度，因为酒店在从小到大的发展过程中遇到的问题不同，因此薪酬制度设计的出发点也不同。许多酒店的薪酬制度都是在酒店发展过程中逐步形成的，如去年设计工资制度、今年设计奖金制度、明年还要设计股权制度。酒店设计这些制度时往往没有考虑工资、奖金、股权之间的关联性，而且设计这些制度的人可能也是不同的。因此，不对薪酬制度进行系统化结构设计，就可能造成各种制度都强调一种导向，而不能发挥各项制度的个性化作用。

薪酬设计技术是操作层面的东西，许多人力资源专业人员经常因此陷入技术误区，采用各种所谓先进的科学方法来设计制度，而没有从战略层面来思考制度设计。战略、制度和技术是一个不可分割的有机体，它是一个酒店薪酬体系设计的系统工具，如图7-4所示。

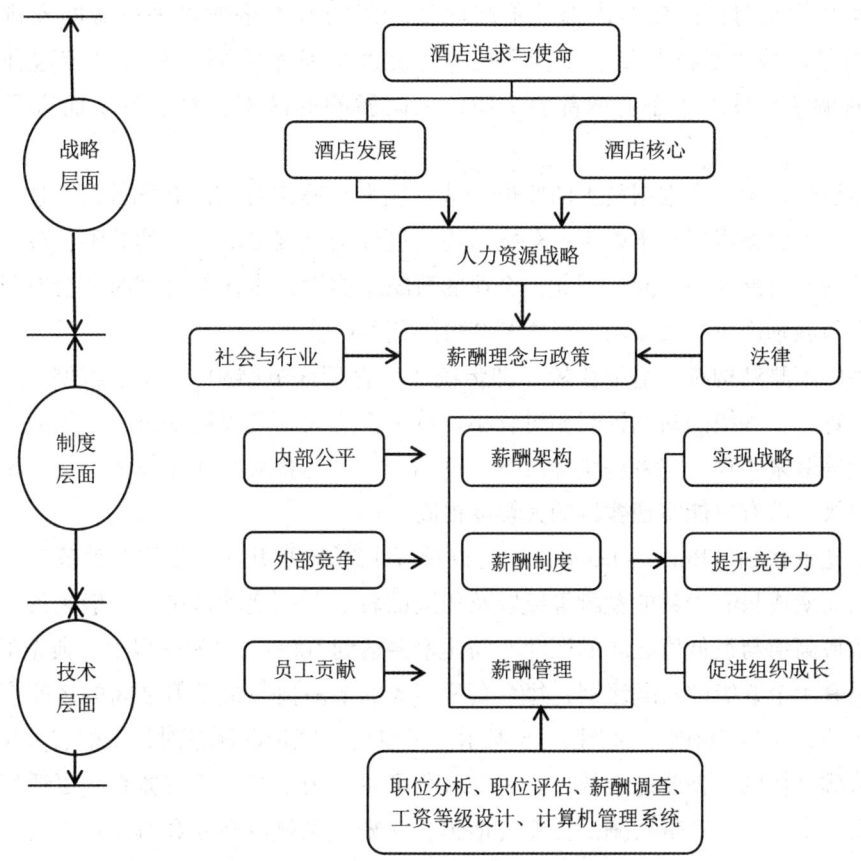

图7-4 基于战略的薪酬体系模型

三、薪酬调查

薪酬调查是指一个组织通过收集信息来判断其他组织所支付的薪酬状况的系统过程。薪酬调查能够向实施调查的组织提供市场上的各种相关组织（有时也包括竞争对手）向员工支付的薪酬水平和薪酬结构等方面的信息。这样，实施调查的组织就可以根据调查结果确定自己当前的薪酬水平相对于竞争对手在既定劳动力市场上的位置，从而根据自己的战略定位调整自己的薪酬水平甚至薪酬结构。

而从调查方式来看，薪酬调查可以分为正式薪酬调查和非正式薪酬调查两种类型。从调查的组织者来看，正式调查又可分为商业

视频：许红豆的岗位和工资是多少？听酒店人来分析

性薪酬调查、专业性薪酬调查和政府薪酬调查。商业性薪酬调查一般是由咨询组织完成的,其中有的是应客户要求对某一行业进行调查,有的是咨询组织为获利而主动进行的调查。专业性薪酬调查是由专业协会针对薪酬状况所进行的调查。

四、薪酬结构

薪酬结构是对同一组织内部的不同职位之间的基本薪酬水平所做的安排。它所要强调的是职位等级的数量、不同职位等级之间的基本薪酬差距及确定这种差距的标准。薪酬结构反映了企业内部各个职位之间薪酬的区别,对于员工而言具有重要的价值。

在薪酬管理中,会根据员工的职位(或者能力)确定员工的薪酬等级,这一等级确定后,员工的薪酬也就基本确定。薪酬结构的设计会直接影响员工的薪酬,以及今后员工薪酬变动的可能性与区间。因此,企业的薪酬结构设计得比较合理时,会对员工的吸引、保留与激励产生积极作用,反之则会带来负面影响。

典型的薪酬结构有:窄带薪酬(即传统的垂直型薪酬结构)、宽带薪酬。窄带薪酬等级多,每一个等级的薪酬区间相对较小。员工要想大幅度提高薪酬,必须通过提高自己的薪酬等级来实现。宽带薪酬等级少,每一个等级的薪酬区间比较大。员工不需要提高薪酬等级,就有可能实现薪酬的大幅度提高。

所谓宽带薪酬(Broad - banding)是指对多个薪酬等级及其薪酬变动范围进行重新组合,从而变成只有少数的薪酬等级以及相应的较宽薪酬变动范围。一般来说,每个薪酬等级的最高值与最低值之间的区间变动比率要达到100%或100%以上。典型的宽带薪酬可能只有4个等级的薪酬级别,每个薪酬等级的最高值与最低值之间的区间变动比率则可能达到200%~300%,如图7-5所示。可以说,宽带薪酬是对传统的有大量等级的垂直型薪酬结构的一种改进或替代。宽带薪酬可以应用于职位工资体系,更适用于技能工资体系。事实上,宽带薪酬是技能(能力)工资体系赖以建立和有效运营的一个重要平台。

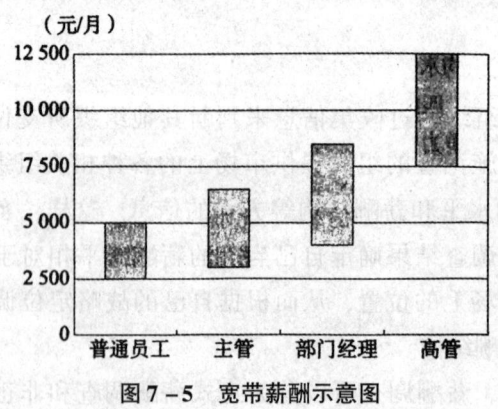

图7-5 宽带薪酬示意图

拓展阅读

白天鹅宾馆　宽带薪酬助力企业发展

（一）通用型结构工资制

通用型结构工资制是指基于工资的不同功能，将工资总额划分为若干个相对独立的工资单元，单元又规定不同的结构系数，组成有质的区分和量的比例关系的工资制度。通常构成工资一般包括6个部分：①基本工资；②岗位工资；③技能工资；④绩效工资；⑤浮动工资；⑥年功工资。该类型的薪酬结构体现了各种劳动要素的特点，适用于我国所有的国有企业、民营企业和合资企业。

（二）以岗位技能为导向的工资制

以岗位技能为导向的工资制是以按劳分配为原则，以劳动技能、劳动责任、劳动强度和劳动条件等基本劳动要素评价为基础，以岗位和技能工资为主要内容的基本工资制度。从本质上说，岗位技能导向工资制也是结构工资中更为规范化的一种具体形式，与其他结构工资制形式不同的是岗位技能工资制建立在职位评价的基础上，充分体现了工资中职位与技能这两个结构单元的特点，更有利于贯彻按劳分配的原则，更能够调动员工努力提高技术和业务水平的积极性。岗位技能导向工资制具有极强的适应性，各种企业，不论大小，均可采用，特别是对生产型企业和技术含量较高的企业，更能显示其优越性。

（三）岗位薪点工资制

岗位薪点工资制是在岗位劳动评价"四要素"（岗位责任、岗位技能、工作强度、工作条件）的基础上，用点数和点值来确定员工实际劳动报酬的一种工资制度。岗位薪点工资制的特点是：员工的点数通过一系列量化考核指标来确定，点值与企业和部门效益实际挂钩；工资标准不是以金额表示，而是以薪点数表示，点值取决于经济效益。薪点工资制实际操作灵活，适用于经济比较发达地区的企业，如现代化的国有企业、外资企业及合资企业等。我国的港澳地区的酒店行业较为盛行此种工资制。

（四）以技术等级为导向的工资制

技术等级导向工资制是按照员工所达到的技术等级标准确定工资等级，并按照确定的等级工资标准计付劳动报酬的一种制度。技术等级工资制由工资标准、工资登记表和技术等级标准3个基本要素组成，通过对这3点组成要素的分析和量化，给具有不同技术水平或从事不同工资的员工规定适当的工资等级。技术等级工资是员工工资等级制度的一种形式，其主要作用是区分技术工种之间和工种内部的劳动差别和工资差别。这种工资制度适用于技术复杂程度比较高、员工劳动差别较大、分工较粗及工资不固定的工种。

（五）岗位等级工资制

岗位等级工资制是根据劳动条件、技术要求、劳动责任等要素的差异对劳动岗位进行分类，并在同一岗位内部按技术复杂程度划分等级，从而确定员工工资收入的一种基本工资制度。实施岗位等级工资制，企业必须具有一定的劳动工资管理基础，有先进合理的定额标准，对各类岗位功能、劳动规范、技术等级能运用科学的方法进行测评考核和管理。岗位等级工资制主要有以下3种形式：

（1）一岗一薪制，即一个岗位只有唯一的工资标准，凡在同一岗位上的员工都执行同一工资标准。岗位工资标准从由低到高的顺序，形成一个统一的岗位工资标准体系。

（2）一岗数薪制，即在一个岗位内设置几个工资标准，以反映这一岗位内部不同员工之间的劳动差别，岗内级别是根据岗位内不同工作的技术复杂程度、劳动强度、责任大小等因素确定的。

（3）复合岗薪制，即每个职位内设置若干个工资标准，但不同职位的工资标准有部分等级交叉。其特点是一职数薪，同职可不同薪，标准适当交叉，不同职亦可同薪，不升职亦可增薪。岗位等级工资制适用于岗位生产特点比较明显，且同一岗位内部又有技能要求差异的企业和工种。一般来说，对那些自动化程度较高、生产连续性较大的工种，均适宜实行。

企业要做到员工之间的工资平衡就要有一个很好的工资结构。而合理的工资结构应该是公平的结构，能够做到相对公平。这种结构要覆盖所有员工，不能只解决某些人或者几个职位的问题，只有这样才不会碰到或者尽可能地减少各种各样的矛盾。薪资的设计应该参考激励理论来作为指导。

依据员工的贡献，而不仅依据其服务时间的长短以及岗位的高低来付酬，已经成为薪酬管理的一大趋势。只有把员工的努力提升绩效与其获得的报酬直接联系在一起，才能真正激励到员工，薪酬制度也才是有效的。

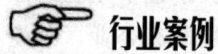

职场新人谨慎离职

A对B说："我要离开这个公司。我恨这个公司，他们给我的薪水简直是对人才的侮辱！"B建议道："我举双手赞成你报复！破公司一定要给他点颜色看看。不过你现在离开，还不是最好的时机。"A问："为什么？"B说："如果你现在走，公司的损失并不大。你应该趁着在公司的机会，拼命去为自己拉一些客户，成为公司独当一面的人物，然后带着这些客户突然离开公司，公司才会受到重大损失，非常被动。"A 觉得 B 说得非常在理，于是努力工作，事遂所愿，一年多的努力后，他有了许多忠诚客户。再见面时 B 问 A：现在正是时机，要赶快行动哦！A 淡然笑道：老总跟我长谈过了，准备升我做经理，我暂时没有离开的打算了。其实这也是 B 的初衷。

启示：作为员工，想要工资收入高，这是人之常情，可是在抱怨公司开给你的薪水低的同时，应该先问问自己"我值什么价？"尤其作为职场新人，踏实地提升自己的职场技能水平才是首要的，当你自身过硬时，身价自然也会水涨船高了。

课堂小练习

> ①讨论——中国酒店业的服务附加费可以算是向客人收取的小费吗？这与国外的小费制度有何异同？
> _____
> _____
> _____
>
> ②辩论——小费、服务附加费等的受益人应是公司还是服务人员？
> _____
> _____
> _____
>
> 任务说明：
> 以小组为单位，查阅资料并讨论上述议题，然后抽签分出辩论题的正反双方，根据小组的讨论结果进行辩论。

优秀动画短片：雇佣人生（建议课后自行线上观看）

五、薪酬控制与管理

薪酬的控制与管理主要从薪酬预算管理、沟通调查、薪酬发放以及薪酬调整等方面来完成。

（一）人工成本核算指标

工资总额 = 计时工资 + 计件工资 + 奖金 + 津贴和补贴 + 加班加点工资 + 特殊情况下支付的工资

人工成本 = 工资总额 + 社会保险费用 + 福利费用 + 教育费用 + 劳动保护费用 + 住房费用 + 其他人工成本

人均产值 = 公司产值（销售收入）/公司员工总数

人均利润 = 公司利润总额/公司员工总数

单位人工效率 = 单位人工成本产出（利润）率

= 公司产值（利润）总额/人工成本

（二）薪酬总额的预算

1. 简单预算法

$$K = F \times (1 + r\%) + n \times M$$

K——下年度薪酬总额预算值

F——上年度实际支付的薪酬总额

r——预计涨幅

n——预计增加人数

M——增加人数的平均工资

2. 累计预算法

$$K = \sum_{i=1}^{12} \sum T_m \times (1 + B)$$

i——12 个月

K——下年度薪酬总额预算值

$\sum T_m$——某月 m 个人的工资

B——预计利润涨幅

公司现有员工100人，非生产人员20人，平均工资为3500元，生产工人80人，平均工资为1000元。6月因新生产线的投入，需提前2个月扩招30人（含4名非生产人员），员工新进公司3个月为转正期，转正后平均工资增幅为20%，从而达到公司平均工资水平。公司总体估计今年利润增长比例为5%。请估算一下明年的工资总额。

（三）工资的计算

1. 日工资的计算

日工资制一般用于非全日制工资的计算，这种工资形式一般按照职工的实际工作时间支付劳动报酬，计算公式如下：

$$日工资率 = 月工资 / 月工作日$$

$$应付计时工资 = 出勤天数 \times 日工资率 + 病假日数 \times 日工资率 \times 病假工资发放比例$$

小A是酒店厨房里负责打荷的员工，当月基本工资为2300元，8月实际出勤18天，请事假2天、病假3天、双休假日8天。按规定，小A病假期间的工资按照当月工资的80%支付。请计算小A 8月的工资。

2. 月工资的计算

在月薪制下，不论各月日历天数多少，只要职工全勤，即可得到相同的工资标准。若遇有缺勤，缺勤工资应从标准工资中扣除。

$$当月工资 = 月工资标准 - 缺勤日数 \times 日工资率$$

小C为酒店里的客房部员工，其月基本工资为2500元，5月请事假5天，病假6天，事假和病假中各有法定节假日1天。小C参加工作已经1年，按照公司规定，小C病假期间的工资按其月岗位工资的70%支付。请计算小C 5月的工资。

3. 计件工资的计算

酒店实行计件工资的岗位比较少，实行计件工资制的岗位，应付工人的计件工资是按产量工时记录的个人（或班组）完成的合格完工产品产量乘以计件单价计算的。此外，生产中产生的废品，如果是材料缺陷（材废）原因造成的，则按相应的计件单价照付工资，如果是加工失误造成的，不付计件工资。计算公式为：

$$应付计件工资 = (合格品数量 + 废料品数量) \times 计件单价$$

如果工人（或小组）在 1 个月内加工多种不同产品，而且各种产品的计件单价不同时，则分别按上式计算每种产品的计件工资后汇总即为应付该职工（小组）的计件工资额。上述公式中的计件单价，应该是某种产品的定额工时数，乘以制造该种产品所需要的某种等级工人的小时工资率求得。

实际工作中，计件工资还可以按完成定额工时乘以工时单价（经测算确定的小时工资率）计算。首先，计算月份内完成的各种产品的定额工时数，公式为：

完成定额工时数 = ∑（每种产品完成数量 × 该种产品单位定额工时）

其中产品完成数包括合格产品数量和料废品数量。其次，根据定额工时数和小时工资率计算应付计件工资，公式为：

应付计件工资 = 完成定额工时数 × 工时单价

在企业实行小组集体计件工资时，应按上述方法首先计算出小组应得的计件工资总额，然后在小组成员间进行分配。

> 洗涤部员工小 K 5 月共洗涤床单 2000 件，经检验，其中合格产品为 1800 件，其中料废品为 50 件，工废品为 150 件，合格品的计件单价为 2 元/件，工废品的单位赔偿金额为 4 元/件，那么小 K 5 月的计件工资是多少？

拓展阅读

缺勤如何扣工资

项目四　基本薪酬

在企业的薪酬体系中，基本薪酬是最基础的部分，对于大多数员工来说，这也是他们所获得的薪酬中最主要的部分。基本薪酬的设计，通常要考虑两个因素：一是内部公平性，这是通过职位评价来实现的；二是外部公平性，这是通过薪酬调查来实现的。基本薪酬有职位薪酬体系、技能薪酬体系两种体系，每一种体系关注的重点不一样，一个关注"职位"，一个关注"人"，但是从基本薪酬设计的思路来看，两者是基本一致的。本项目重点讨论职位薪酬体系的设计。

一、职位评价的方法

职位评价是对酒店各职位进行岗位职责与任职资格的分析，并结合分析该职位的付酬因素以及公司薪酬战略等，以此来评价该职位的价值，以为不同职位的薪酬水平的确定提供依据。职位评价方法有排序法、分类法、要素比较法、要素计点法等。

（一）排序法

排序法是一种简单的职位评价方法，就是根据不同职位的相对价值或它们各自对酒店的相对贡献进行排序，如表7-1所示。

表7-1 排序法

职位名称	职位价值排序（从高到低）
经理	1
副经理	2
经理助理	3
领班	4
服务员	5
实习生	6

排序法的优缺点是显而易见的，它的优点在于简单易操作、省时、花费小；而缺点在于实际运用中过分依赖"主观估计"的因素，不够科学、客观；它适用于规模小、岗位少的小型酒店或组织。

（二）分类法

分类法即根据职位说明书将工作内容相似的岗位划为同一类，再对这一类岗位按工作复杂程度或其他因素进行岗位分级定薪。该法是对排序法的改进方法，如表7-2所示。

表7-2 某酒店职位薪酬等级

职位类别	管理人员	技术员工	基层员工	办公室职员
职位等级	总经理（一级）			
	副总经理（二级）	总工程师 总会计师		
	A级经理（三级）	工程师	大堂副理	总经理办公室主任
	B级经理（四级）		特色餐厅经理	行政助理
	主管（五级）	A级销售员	服务师	部门秘书
	领班（六级）	B级销售员	普通服务员	联络员、文员

（三）要素比较法

要素比较法是一种量化的职位评价方法，它不仅确定了哪项职务对企业更加重要，而且还确定了重要多少，从而能够更容易将薪酬要素的价值转化成货币工资。它是在确定关键职位和付酬因素的基础上，将关键职位中的付酬因素排序后编制成因素比较尺度表，然后将待评价职位的付酬因素与关键岗位进行比较，从而确定待评价职位的工资率，如表7-3所示。

表7-3 要素比较尺度表

工资率\比较要素	身体及心理要求	技能及经验要求	创造性	责任	工作条件
1			职位1		
2		职位1		职位1	职位2
3		职位2		职位×	
4	职位1		职位2		
5					
6	职位2			职位2	
7					

要素比较法的操作要点如下：

(1) 确定关键职位。

(2) 选择付酬因素。

(3) 编制要素比较尺度表。

(4) 进行职位评价。

课堂小练习

> 你能对应上表中不同职位的比较要素以及对应的工资率，在酒店中列举1~2个职位吗？
> _____
> _____
> _____

（四）要素计点法

要素计点法是指确定几个报酬要素，并且将每个要素分为几个等级。要素等级的划分要与职位的实际状况相符合。

（1）确定要评价的职位系列。由于不同部门的职位差别很大，通常使用多种点值评定方案来评价组织中所有的职位，因此，要先划分职位系列，如行政系列、工程系列、管理系列等，对每个职位系列，委员会一般要制订一种方案。

（2）收集职位信息。包括职位分析、职位描述和职位说明书。

（3）选择薪酬要素。可供选择的薪酬要素有教育、身体或技术要求等，通常不同的职位系列有不同的薪酬要素。

（4）界定薪酬要素。仔细界定每个薪酬要素，以确保评价人员在应用这些要素时能够保持一致。

（5）确定要素等级。确定每个要素的等级后，评估者才可以评定每个职位的要素等级，每个要素的等级不宜超过6个，实际等级数主要取决于评价者的评价需要。

（6）确定要素的相对价值，即确定每个要素的权重。对于不同的职位系列，各要素的重要性是不同的。例如，对于行政系列来说，"心理要求"要素的权重要大于"身体要求"，对于保安职位系列来说，很可能正好相反。

（7）确定各要素及各要素等级的点值。

（8）编写职位评价指导手册。制定职位点值方案的最后一步是编写点值指南或职位评价手册。这一步只是把各要素及其等级的定义、点值汇编成一本便于使用的指导手册。

二、薪酬等级确定

基本薪酬与其等级密切相关，为了建立薪酬等级，首先需要将职位划分成不同的等级，划分的依据是职位评价的结果。每一等级中的职位，其职位评价的结果应当接近或类似。如果使用的是排序法，就应当包括几个邻近等级的职位；如果使用的是要素计点法，就应当包括一定点值范围的职位；如果使用的是要素比较法，就应当包括一定薪酬范围的职位。

在图7-6中，根据职位评价的结果，可以将全部职位划分成六个职位等级，每个职位等级对应的点值变动幅度都是100。职位等级划分的数量取决于多种因素，如企业内部职位的数量、职位评价的结果、企业的薪酬政策等，但一个基本的原则是应当能够反映出职位的价值差异。

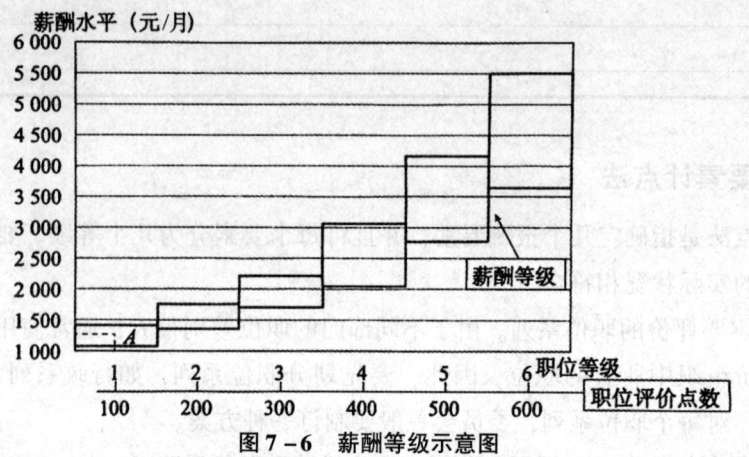

图7-6　薪酬等级示意图

职位等级确定以后，就要确定各个等级薪酬变动范围的大小，即薪酬幅度。首先要确定薪酬区间的中值，某一等级的薪酬区间中值是由处于该等级中间位置的职位的薪酬水平决定的（见图7-7）。

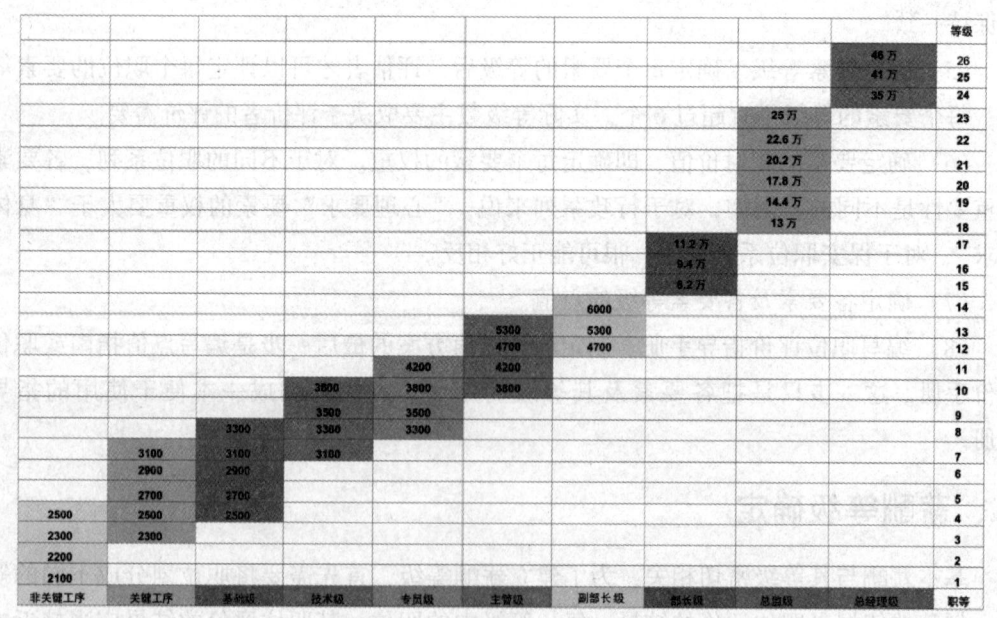

图7-7　某企业职位薪酬等级

三、基本薪酬的调整

基本薪酬虽然是相对稳定的，但是并不意味着员工所获得的基本薪酬就不会发生变动。在一定条件下，员工的基本薪酬也会做出调整，这种调整主要分为两个层次：一是整体性的调整；二是个体性的调整。

整体性的调整指按照统一的政策针对企业内部所有的员工进行基本薪酬的调整，通俗地讲就是"普调"，而调整的原因则往往与员工个人没有关系，调整的原因主要有：物价水平发生变化；基本生活费用发生变化；市场的平均薪酬水平发生变化；企业的薪酬策略做出调整；企业的经济效益发生变化；等等。

个体性的调整指针对员工个人进行基本薪酬的调整，调整的原因大多是由于员工个人造成的，原因主要有：职位等级或技能等级的变化；工作绩效的好坏；工作的年限不同；等等。

项目五 绩效薪酬

一、绩效薪酬的概念

绩效薪酬是指员工的薪酬随着个人、团队或者组织绩效的某些衡量指标所发生的变化而变化的一种薪酬设计。绩效薪酬是建立在对员工行为及其实现组织目标的程度进行评价的基础之上的，因此，绩效薪酬有助于强化组织规范激励员工调整自己的行为，并且有利于组织目标的实现。

二、绩效薪酬的类型

对于绩效薪酬，可以从两个维度对其进行分类。从激励对象维度来看，分为个人绩效薪酬和群体绩效薪酬；从时间维度来看，分为短期绩效薪酬和长期绩效薪酬。

（一）个人绩效薪酬

1. 直接计件工资计划

这是一种运用最为广泛的奖励计划，薪酬直接根据产出数量而发生变化。这种奖励计划的优点是简单明了，容易被员工了解和接受，其主要缺点是确定标准存在困难。

2. 标准工时计划

标准工时计划是指首先确定正常技术水平的工人完成某种工作任务所需要的时间，然后确定完成这种工作任务的标准工资率。

3. 差额计件工资计划

差额计件工资计划的主要内容是使用两种不同的计件工资率：一种适用于那些产量

低于或等于预定标准的员工,而另一种则适用于产量高于预定标准的员工。在莫里克计件工资计划中,甚至将计件工资率划分为三个等级:完成标准任务100%以上的(0.7美元/件)、完成标准任务83%~100%的(0.6美元/件)、完成标准任务83%以下的(0.5美元/件)。

(二)群体绩效薪酬

1. 利润分享计划

利润分享计划是指根据对某种组织绩效指标(通常是指利润等财务指标)的衡量结果,向员工支付报酬的一种绩效薪酬模式。

2. 收益分享计划

收益分享计划是组织提供的一种与员工分享因生产率提高、成本节约和质量提高而带来收益的绩效薪酬模式。

3. 成功分享计划

成功分享计划又称为目标分享计划,它的主要内容是运用平衡计分卡的思想,为某个经营单位制定包括财务和非财务目标、过程和结果目标等在内的若干目标,然后对超越目标的情况进行衡量,并根据衡量结果向经营单位提供绩效奖励。

(三)短期绩效薪酬

1. 绩效加薪

绩效加薪是指根据员工个人的绩效等级决定其基本薪酬增长幅度的加薪方式。从绩效加薪的时间安排来看,常见的绩效加薪是年度加薪,即在年度绩效考评结束时,组织根据员工的绩效考评结果及事先确定的绩效加薪规则,决定员工在下一年可以得到的基本薪酬。

2. 一次性奖金

从广义上讲,一次性资金属于绩效加薪的范畴,不是在基本薪酬基础上的累积性增加,而是一种一次性支付的绩效加薪。一次性奖金不仅可以有效解决薪酬水平已经处于薪酬区间最高点的员工的薪酬激励问题,而且有助于避免组织固定薪酬成本的增加。

3. 特殊绩效认可计划

特殊绩效认可计划是对那些出人意料的单项高水平绩效表现给予一次性的现金奖励或者其他实物性奖励。特殊绩效认可计划或奖励计划提高了报酬系统的灵活性和自发性,为组织提供了一种让员工感觉到自己的重要性和价值的机会。

(四)长期绩效薪酬

1. 长期绩效薪酬的内涵及其特点

长期绩效薪酬是指绩效衡量周期在1年以上的,对既定绩效目标的达成提供奖励(主要是以股票的形式)的计划。长期绩效薪酬强调长期规划和对组织的未来可能产生影响的决策，它能够创造一种所有者意识，有助于组织招募、保留和激励高绩效的员工，从而为组织的长期资本积累打下良好的基础。

2. 股票所有权计划的类型及其发展趋势

股票所有权计划是指组织以股票为媒介所实施的一种长期绩效薪酬。传统的股票所有权计划主要是针对组织中高层管理人员的，目前有向普通员工扩展的趋势。常见的股票所有权计划可以划分为三类：现股计划、期股计划及期权计划。

项目六　员工福利

一、员工福利的概念

福利是指企业以组织成员身份为依据，而不是以员工的劳动情况为依据支付给员工的间接薪酬。在劳动经济学中，福利曾被称为小额优惠，是组织为提高员工的满意度，向员工及其家属提供的旨在提高其生活质量的措施和活动的总称。

为进一步落实党的二十大关于增进民生福祉的要求，酒店应提供全面的福利保障，如健康保险、退休福利计划、员工培训、带薪休假等，同时关注员工的工作生活平衡，实施弹性工作制度，增强员工的幸福感和忠诚度。

微课视频：
酒店员工幸福感

👉 行业案例

华住酒店集团作为中国具有较大影响力的多品牌酒店集团，其员工福利发放的具体做法或措施如下。

1. 全面的薪酬体系：华住酒店集团为员工提供行业内具有竞争力的基本薪资，并根据员工的岗位、工作经验、绩效表现等因素定期进行调整。该集团还设有年终奖、绩效奖金等激励措施，以表彰员工的优秀表现和贡献。

2. 社会保险与公积金：按照国家规定，为员工缴纳"五险一金"（养老保险、医疗保险、失业保险、工伤保险、生育保险、住房公积金），确保员工的基本社会保障权益。

3. 健康与福利：提供定期的健康体检，关注员工的身体健康；部分酒店还设有员工餐厅，提供免费或优惠的工作餐，确保员工饮食健康；有的地区可能还提供补充商业医疗保险，增加医疗保障。

4. 工作生活平衡：华住酒店集团重视员工的工作与生活平衡，提供带薪年假、婚假、产假、陪产假等，以及弹性工作制度（根据岗位性质），帮助员工更好地平衡工作与家庭生活。

5. 员工关怀：节日福利、员工生日礼物、员工活动、团队建设活动等，旨在增强员工的归属感和团队凝聚力。部分酒店还可能设立员工互助基金，帮助遇到紧急困难的员工。

6. 住宿与交通：对于外地员工，部分酒店可能提供或协助寻找住宿解决方案，减轻员工的生活负担；同时，对经常需要出差的员工，集团有明确的差旅费报销政策，确保员工差旅无忧。

二、员工福利的类型

在不同的企业中，福利的内容各不相同，存在非常大的差异。一般来说，可以将福利的项目划分为两大类：一是国家法定的福利；二是企业自主的福利。

（一）国家法定的福利

这是由国家相关的法律和法规规定的福利内容，具有强制性，所有企业都必须执行。法定福利为员工提供了工作和生活的基本保障，当员工在遭遇失业、疾病、伤残等特殊困难时给予及时救助，提高了员工防范风险的能力。从我国目前的情况看，法定福利主要包括以下几项内容。

1. 法定的社会保险

包括基本养老保险、基本医疗保险、失业保险、工伤保险和生育保险，也就是通常企业所说的"五险"。

2. 住房公积金

住房公积金是用人单位和在职员工共同缴存的长期住房储金，由两部分组成：一是员工个人每月按规定从工资中扣缴的部分；二是单位每月按规定为员工个人缴存的部分。

3. 公休假日

指企业要在员工工作满一个工作周后让员工休息一定的时间，我国目前实行的是每周休息两天的制度。《中华人民共和国劳动法》第三十八条规定：用人单位应当保证劳动者每周至少休息一日。

4. 法定休假日

指员工在法定的节日要享受休假，我国目前的法定节日包括元旦、春节、清明节、国际劳动节、端午节、中秋节和国庆节和法律法规规定的其他休假节日。

5. 带薪休假

指员工工作满规定的时期后，可以带薪休假一定的时间。《中华人民共和国劳动法》第四十五条规定：国家实行带薪年休假制度。劳动者连续工作一年以上的，享受带薪年休假。

（二）企业自主的福利

除了法定的福利之外，许多企业也自愿地向员工提供其他种类的福利，比如企业补充养老金、团体人寿保险计划、健康医疗保险计划,除了法定假期之外的各种假期、休假,为员工及其家属提供的各种服务项目(比如儿童看护、老年人护理等),以及灵活多样的员工退休计划等,这类福利称为企业自主福利。自主福利与法定福利本质上的不同之处在于:它们不具有任何强制性,具体的项目也没有一定的标准,企业可以根据自身的情况灵活决定。

课堂小练习

> **"创意福利我最多" PK 比赛**
>
> 以小组为单位,列举你所知道的福利,尽可能多,尽可能有创意,各小组之间展开 PK,创意福利条数最多者获胜。
>
> _____
> _____
>
> 注意:福利的设置既要考虑员工的需要,也要考虑企业的承受力和可实现性。

三、福利管理的内容

根据福利工作的性质,福利管理工作大致可以概括为 5 种类型,如表 7-4 所示。

表 7-4 福利管理内容

福利管理的类型	工作内容
福利项目的管理和开发	如住房、交通车、员工休假的管理开发
行政事务处理与管理	如住房、建房、分房、宿所管理、班车管理、食堂、浴室管理等,非常琐碎,工作量很大
组织活动	员工活动如俱乐部、春游、联欢会、运动会
福利待遇核实、发放、报销、计算缴纳管理	如保险、医疗、休假、补贴等方面的跟踪管理(一些企业实行台账制)
员工福利问题的处理	如果福利政策制定得不是很完善,如住房(住所、补助、贷款)、医疗(病假、医疗期、医疗费)等问题就会特别多,就需要福利工作人员处理

四、福利的预算管理

福利管理的重点在于项目的规划开发和管理。怎样才能管好项目,把握好重点?福

利工作的一个关键就是如何有效地把企业的福利预算更好地花在员工身上。要想保证钱花得有效，预算就起到一个很关键的作用，通过预算可以估算出员工福利的总开支以及带来的转化收益是多少，从而使福利管理更加明确、可控。

比如人身意外伤害保险，每年花在员工身上的费用比例为 0.3% 的话，假如员工的人均年薪是 10 万元，保险额就是 300 元，如果企业有 1000 个员工，总的保险福利开支就是 30 万元。那么，怎么知道这些保险福利开支带来了多少效益呢？其实很简单，就是在过去的 1 年里，这 1000 名员工有没有发生意外伤害，如果发生了意外伤害，那他们得到了多少赔偿？这就是保险福利开支产生的效益。1000 个员工中有一两个发生意外伤害比较普遍，如果公司投了 30 万保险，发生意外伤害的员工获得十几万甚至几十万的保险赔偿，那么，这个效益就体现出来了。因为对于企业来说可能不算什么，但对于当事员工来说意义就非常重大了。

五、福利效果控制

在做福利管理的时候，每一个政策、每一个项目都是有目的的，都有预期需要达到的效果，福利工作者需要明确这些效果是什么。比如，福利管理总的目的就是给员工提高必要的工作条件和生活保障，使员工能够安心工作；养老的目的就是让员工在退休之后没有后顾之忧；医疗保险的目的是，让员工不至于因为生病需要花很多钱而导致生活困难；而工伤、失业、女工生育保险，都是为了在员工出现一些意外情况或有需要的时候能够提供一种保障。所以，对所有的福利项目和福利政策的目的都了解得很清楚，才能够保障员工福利的效果。因此，一定要确定必不可少的项目并通过调查跟踪保障其效果。

微课视频链接：福利创新——外企家有保姆，专管员工婆妈小事

对于确定福利项目的必要性而言，一方面要确定必不可少到什么程度，是企业员工要求的，还是法律规定的，另一方面要确定这些项目有没有达到预期的效果。具体的工作就是调查和跟踪，比如医疗保障制度，员工对医疗报销政策满意吗？钱有没有花得恰到好处，有没有滥用，有没有浪费？这是做福利管理工作的时候要调查和跟踪的。

总之，福利的目的就是保障员工安心工作。在需要的方面员工满意程度如何，这就是福利工作的收获和产值。

👉 **行业案例**

A 酒店福利改革：从"标配"到"竞争力"的转变

A 酒店是某省会城市的四星级商务酒店，拥有 200 名员工，过去采用传统福利模式（国家法定福利 + 基础补贴），但近年来面临以下挑战：

1. 员工满意度下降：年度满意度调查显示，福利项评分仅为 62 分（行业平均 75

分）;

2. 招聘竞争力弱：应聘者对福利的咨询中，关于"是否有差异化福利"的提问占比达 40%；

3. 预算压力：总部要求人力成本占比控制在 28% 以内，但近 3 年福利支出年增速为 5%，而效益却没有提升。

该酒店现有福利清单如下：

法定福利：五险一金、带薪年假、产假/陪产假；

企业自有福利：年度体检（200 元/人标准）、节日礼品（中秋/春节，100 元/次）、员工餐（免费工作餐，成本 15 元/餐）。

该酒店人力资源部展开了调查，发现：竞争对手 B 酒店推出"弹性福利积分制"，员工可自选培训、健康保险或额外假期，这使得其招聘页面点击量同比增加 25%。此外，本酒店预算出现福利成本超标预警：2023 年第三季度，该酒店员工餐成本因物价上涨超支 12%，HR 已被财务部要求压缩福利。与此同时，近日有前厅员工联名提出诉求，要求增加"夜班交通补贴"和"职业资格认证资助"等福利。

据此，A 酒店根据"成本 – 价值"矩阵，对现有福利分为高成本低价值（统一节日礼品，员工反馈"不如折现"）、高成本高价值（员工餐，刚需但成本敏感）、低成本高价值（空缺，需新增）等类别，以此明确福利改进和福利预算分配优先级的方向。其次，明确了强制保留项（占比 65%，法定福利 + 员工餐）、优化削减项（占比 20%，取消统一节日礼品，改为部门自主团建经费，人均 50 元，较之前节省 50%）和新增投入项（占比 15%，包括夜班交通补贴，10 元/次，预估年增 2 万元；职业认证补贴，通过后报销 50%，封顶 1000 元/人）。

6 个月后，该酒店针对新福利实施了效果调查，分别从员工层面（福利满意度提升率、自愿离职率下降幅度）、成本层面（人均福利成本占比、招聘周期缩短天数）和管理工具（每月"福利使用率"数据看板，例如积分兑换率、学习基金申请量）等方面展开福利政策实施效果的控制管理。数据显示，A 酒店的福利竞争力明显上升。

思考：

1. 请为 A 酒店设计一个包含优先级排序的福利预算分配方案。（需说明取舍逻辑，如"保留体检→砍去节日礼品 → 新增交通补贴"等）

2. 请对 A 酒店现有福利分类，并提出 2 项高价值低成本的福利改进建议。

3. 请为 A 酒店设计一套量化评估指标，用于 6 个月后检验新福利体系的有效性。

分析提示：

可以参考学习竞争对手的福利措施，选择性增加一些低成本高价值的福利项目，以增强对人才的吸引力和福利市场竞争力。最后，根据福利控制主要的内容来设计评估指标，着重从成本、效果等方面来展开评估。

项目七　数字化薪酬管理

一、数字化薪酬管理的概念

数字化薪酬管理是指依托数字人才、数字工具、数字管理以及数字场景等元素，利用数字化技术推动组织进行薪酬管理业务模式的创新升级和薪酬福利文化的变革等，借助大数据、物联网、云计算等一系列新型技术，打通组织内外部运营管理系统，以数据驱动提升组织薪酬管理体系设计与实施的效率与效果，让薪酬福利充分发挥对人才的吸引、留用与激励等功能，实现对员工薪酬管理体系的全面优化升级。

数字化薪酬管理意味着薪酬管理在以下几个方面的改变。

（1）技术赋能。数字化薪酬管理不会改变薪酬管理的内容，它更强调用数字化技术来为薪酬管理赋能。因此，也需坚持薪酬结构、薪酬设计的基本原则，根据薪酬管理发展趋势，从企业发展特点和发展实际出发，用数字化技术让薪酬设计更加凸显公正性、合理性以及竞争性。

（2）工具支持。数字工具是进行员工薪酬管理体系优化的重要载体，能够为企业员工薪酬管理提供强大数据和信息平台支持。通过对大数据、物联网等数据处理技术的应用，能够创新员工薪酬管理体系，实现企业员工薪酬管理的自动化、智能化发展以及对员工薪酬的数字化处理。

（3）数据驱动。数字化薪酬管理绝不是将传统薪酬管理的功能简单地转移到数字化平台上，而是要充分依托于数字化技术手段，充分挖掘数据价值，让数据来驱动组织对薪酬福利体系的设计、效果评估、跟进反馈以及控制管理等。

二、数字化薪酬管理的内容

（一）基本薪酬的数字化

在薪酬体系中，基本薪酬是员工工资和薪资结构中最基础、最稳定的组成部分，是员工在执行其职责和工作任务时所获得的固定薪资部分。通常以月薪或年薪的形式支付，是员工工资的固定部分，与员工的职位、级别、工作内容以及市场行情等因素相关。基本薪酬管理的数字化并不改变薪酬管理的内容，而是依托数字工具、数字人才对基本薪酬进行数字化管理赋能，根据不同的参数和规则实现自动化薪酬计算、数据收集、报告生成等，以提高企业基本薪酬管理的效率性、准确性、透明度和灵活性。

> 拓展阅读

薪酬计算有多繁，智能代替人工就有多"香"

（二）绩效薪酬的数字化

企业可以应用数字化技术，自动测评并监控员工的工作状态和绩效，以节约时间成本、妥善处理人力资源管理部门与员工之间的关系；打造数字化薪酬绩效管理平台，以降低薪酬人工计算差错等问题出现的概率。数字化绩效薪酬管理并不是要颠覆传统的绩效薪酬管理体系，而是要通过数智技术等先进手段，制定出合理的绩效薪酬体系，实现对员工的激励作用。绩效薪酬数字化可以提升绩效薪酬体系的公开性和透明性，提升员工对目标的专注程度，从而提升绩效薪酬的激励作用。

（三）福利的数字化

福利的数字化可以分别从员工健康、法定福利、定制化福利、福利预算控制、福利数据分析和福利满意度调查等方面实现为企业的福利管理赋能。例如，通过建立数字化福利平台，企业可以方便地管理员工的合法福利，包括社会保险、住房公积金、带薪年假等，确保员工的权益得到充分保障。通过建立员工健康档案、定期体检、健康促进等方式，可以有效管理员工的健康状况，提供相应的健康服务和保障，从而提高员工的工作效率和生产力。企业可以了解员工的福利需求，并提供相应的定制化福利方案，从而提高员工对福利管理的满意度和忠诚度。通过数据分析和预测，实现福利预算的精细化管理和有效控制。通过对员工福利数据的分析，企业可以预测未来的福利支出，制订更加合理有效的福利预算方案。通过对调查数据的分析，企业可以了解员工对福利管理的满意度和存在的问题，从而优化福利政策，提高管理水平，等等。

三、数字化薪酬管理的目标

（一）发挥薪酬对资源配置的优化与促进作用，实现企业"人、财、业"一体化

在企业"人、财、业"一体化进程不断加深的当下，为了更加科学有效地进行精益管理与业务资源配置、核定投产效益并最终实现资源最优动态调配，人力资源作为企业关键资源，加入"一体化"进程已成为必然趋势。薪酬福利管理作为人力资源管理中与财务结合最紧密的内容，实现与企业的生产、财务等其他业务板块的数字化整合是企业实现"人、财、业"数字化升级的关键。所以，企业应不仅关注组织每个业务部门的投

入产出，还应关注每个工作环节的人力资本合理配置，即以工资总额管控为基础，进行整体人力资源的配置和管控，通过将薪酬管理系统与企业内部的财务、人事、考勤、绩效等系统打通关联，共享数据，实现实时自动算薪。这样，企业各部门以及员工可以实时查看到业绩排行榜、部门人员使用情况以及个人绩效薪资等，从而在组织范围内重新调配生产资源，盘活存量人力资源，精准配置增量人力资源，促进人力资源的合理配置。

（二）发挥薪酬对人才的激励作用

在中国经济增速放缓和用人成本增加的双重压力下，企业必然要转向精细化运营，向管理要质量，向管理要效益。未来，企业将越来越关注人效，薪酬将逐渐向高价值人才、骨干人才等倾斜，以更好地发挥薪酬对人才的激励作用。那么，如何识别高价值人才？如何用薪酬有效地激励高价值人才？数字化薪酬管理系统为此提供了可能性和便利性，它能帮助企业更清晰、及时地识别出真正的高价值人才，并促进组织对人才激励的政策落实，强化员工收入与其工作业绩的匹配关系。通过数字化薪酬管理，使个人薪酬和组织薪酬分布等信息清晰直观并实时展示。此外，还应充分发挥大数据信息搜集与预测的作用，应着重对产品、技术等核心部门以及重点岗位进行薪酬市场调查与预测。在评估公司薪酬水平后，我们需要对老员工和重点岗位员工薪酬待遇进行专项分析，确保薪酬向关键岗位人员、绩效优异人员、未来新业务发展所需人员等倾斜，从而营造良好的吸引、保留和激励人才的薪酬环境。

（三）成为组织提升科学管理、前瞻决策效率等的依据

数字化薪酬管理还应成为组织科学管理、前瞻决策等的依据。通过将薪酬管理与业务经营、财务结果等内容充分融合，预警各类薪酬管理潜在的重大经营风险。例如，实时监督经营成果、保证企业各地各分公司的薪酬福利政策合规合法执行，避免产生员工薪酬福利方面的舆情，从而对企业发展造成影响等。

（四）实现内部管理数字化体验提升

随着移动办公、分散办公的普遍化，以及更多被称为互联网原住民的"90后""00后"进入职场，人力资源管理为员工提供"面对面"服务的机会已经越来越少，取而代之的是体验更好、更便捷的数字化解决方案。因此，与员工自身结合最紧密的薪酬福利管理应率先实现数字化，这是新时代优化企业内部管理数字化体验的基本目标。

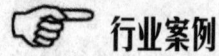
行业案例

宁波太平洋大酒店的数字化薪酬管理实践

1. 案例概况

在本书第一章关于酒店业人力资源管理数字化实践的案例中，宁波太平洋大酒店通

过应用数字化人力资源管理方案（企业概况详见第一章），有效实现了降本增收，在人效、客效、财效等方面均实现了较好的应用效果。本章将重点介绍该企业的数字化薪酬管理实践。

2. 解决方案中有关数字化薪酬管理的应用场景

(1) 薪资自动核算以及电子工资单查询。

酒店薪资核算之前都是依赖于手工，现在则依托于数字化系统自动核算。员工的工资单查询也在线化，工资明细一目了然，降低了每月工资单下发后员工咨询疑问的概率，HR的电话咨询接听量下降70%。并且，提前几天开放工资预查询，让员工可以提前查到本月工资，有错误的可以及时反馈、更正，极大地减少了错误率，提升了员工体验度。

(2) 员工服务质量与薪酬强关联，充分发挥薪酬对员工服务质量的激励作用。

作为服务行业，服务质量是酒店的生命线。而服务质量的管控一直是困扰整个行业的一大难题。如何用薪酬有效激励员工的服务绩效？梵志的解决方案是，要及时评估员工的服务质量并及时作出回应，让服务质量与员工的薪酬强关联。依托于数字化平台，太平洋大酒店建立起自上而下多层级的服务质量质检体系。鼓励酒店各层级领导和一线服务部门的主管领导走到一线，随时检查评估服务人员的服务质量及服务状态，实时给出评估结果，并在系统上以小哭脸/小太阳/小红花等不同等级兑现奖金奖励。此外，建立员工服务质量等级和服务质量排行榜，用等级评定与晋升以及排行榜等多种形式来形成氛围、促进比拼、引导行为，员工可以在系统上看到自己每天的工作表现与对应的奖金奖励情况，以激励和引导员工提升服务质量。

(3) 销售提成与薪酬强关联，充分调动全员营销。

酒店的产品种类丰富，且产品多为生活类消费品，如宴会、客房、各种中秋/端午/春节等节庆套餐。这些产品通过员工发挥自身的人脉圈就可以实现大量的销售。因此，酒店的每个员工都应该是产品的销售员，全员营销对酒店行业极为重要。依托于数字化平台，该酒店上线了两个核心功能来充分调动全员营销，分别是员工商机汇报和产品销售提成兑现。

员工商机汇报：酒店产品场景特性决定了其可以与周边的相关商家合作，开展互相引流和产品捆绑销售，如与月子中心合作开发月子药膳套餐等。太平洋酒店鼓励每个员工都可以去发现并汇报商机，商机一旦被采纳并为酒店带来了营业收入，汇报商机的员工就可以得到相应的奖励。员工在数字化系统上汇报商机信息，并跟踪查询自己汇报的商机是否被采纳、是否被落实、是否转化成营业收入以及自己获得的奖励金额等情况。这个功能极大地激励了全员主动去发现商机。上线当年，该酒店营收中20%来自该板块。

产品销售提成兑现：酒店的全员营销实施中，对员工的销售提成规则设定是难点、提成兑现是关键。依托于数字化系统，各部门可以模拟各种销售提成规则，比较筛选最佳方案，然后由 HR 在系统上完成规则设定。员工有销售业绩完成时，可以自己发起审批，系统便可自动计算提成金额，部门主管/财务审批后，员工即可在当月工资条中看到自己的提成明细。并且，还对员工的销售业绩进行排行榜设定（部门排行+个人排行），对排行靠前的员工再次兑现奖金奖励，进一步让薪酬发挥对员工积极性的调动作用。

(4) 灵活用工薪酬灵活结算，解决行业用工痛点。

酒店业由于生意淡旺季时间分布不均衡且难以提前准确预测等原因，招工用工一直是极大的行业痛点，灵活用工成为行业解决临时性用工需求的主要方式。灵活用工主要来自内部员工临时帮工和外部聘用小时工等方式。依托于数字化系统，酒店充分激发了员工内部帮工的积极性，也促进了对外聘小时工机制的灵活化管理。

内部帮工/共享员工：由于内部帮工的员工对企业文化以及服务标准更熟悉，因此他们的服务质量更稳定，但如何激励内部员工来帮工则是个难题。太平洋大酒店鼓励员工以"接单"的形式来内部帮工，建立了"阿米巴承包制"，鼓励有能力的员工承包临时性的宴会帮工业务，形成内部的小老板，调动内部员工跨部门工作，完成接待任务。并且，内部帮工比外聘小时工的薪酬高，帮工工时的计算和薪酬的兑现也很准确、及时，极大地促进了员工在内部帮工的积极性。

外聘小时工：对于 HR 来说，小时工聘用越临时、越紧急，那么聘用难度越大、费用越高。对此，太平洋大酒店鼓励各部门要提前提对小时工的用工需求，这就需要各部门准确预估自己的生意和用工需求。而且，外聘小时工由于人员不稳定，导致服务质量没有保障，加之涉及购买保险等事宜，存在一定的用工风险。并且，各部门小时工的费用支出情况不透明，人工结算周期太长等问题也困扰着很多 HR。针对行业痛点，梵志数字化人资系统中专门设置了"帮宴系统"，收集了 2000 余人的帮宴小时工储备，活跃数有 200 余人，可以做到多种结算方式并存，灵活方便，为满足酒店的用工需求和人力成本的控制提供了很大的支撑。

(5) 数据驱动人力运营。

梵志 ES 平台为太平洋酒店沉淀了大量运营管理的数据，对数据进行充分地挖掘使用，使酒店实现了数据驱动人力资源运营管理。

例如，"商机发现"板块上线当年的数据中，酒店发现了 30 个员工在商机发现上有着很敏锐的嗅觉，贡献卓著，随即就将他们作为骨干员工进行培养和进一步挖掘。而在"销售提成排行榜"和"服务质量排行榜"等章的数据，也让酒店清楚地看到了哪些是真正的销售骨干、服务明星，数据让企业发现了高价值员工，并确保薪酬分配向这些高价值员工倾斜。总经理还可以在数据中发现对"高级宴会师""金钥匙"等骨干员工有多久没有加薪了，当天的 10 个宴会员工中有几个是小时工等问题，从而对酒店的用工情况、薪资分配情况、服务质量以及销售业绩等情况更加心中有数。

思考：

1. 酒店业的薪酬管理难点何在？数字化薪酬管理系统是如何解决的？
2. 你认为酒店业薪酬管理过程中的重点何在？

备注：案例选自由中国饭店协会数字化办公室联合盈蝶咨询、北京第二外国语学院旅游科学学院共同编录的2021《酒店数字化场景应用案例精选集》。后期，经本教材编委会与案例中的梵志ES平台技术提供方联系，由该企业补充、提供了更详细的场景展示说明及相关数据。

【课后练习测试】

一、单选题

1. 以下不属于"五险一金"的是（   ）。
   A. 工伤险　　　　　　　　　　B. 生育险
   C. 养老险　　　　　　　　　　D. 商业险

2. 以下不属于薪酬体系模式的是（   ）。
   A. 以职位为基础的薪酬体系模式
   B. 以能力为基础的薪酬模式
   C. 以业绩为基础的薪酬模式
   D. 以学历为基础的薪酬模式

3. 以下关于奖金的主要特点的说法，不正确的是（   ）。
   A. 奖金的针对性和灵活性较差
   B. 奖金可以弥补基本工资制度的不足
   C. 奖金可以起到有效的激励作用
   D. 奖金可以有效地将员工的贡献、收入与饭店效益三者结合起来

4. 在不同的薪酬形式中，对吸引员工加入企业影响程度最大的是（   ）。
   A. 奖金　　　　　　　　　　　B. 福利
   C. 工资　　　　　　　　　　　D. 补贴

5. 以下关于薪酬的说法，正确的是（   ）。
   A. 常见的薪酬形式包括工资、奖金、补贴和福利
   B. 高薪酬就能产生高激励
   C. 五险一金也属于直接的显性薪酬收入
   D. 工资、奖金、福利三者在对员工的吸引、留住和激励方面效应是一样的

6. 在制订薪酬制度时，酒店如何对不同岗位进行价值评价？（   ）

A. 对于规模小、岗位少的小型酒店，可以采用最简单直接的岗位价值排序法

B. 酒店可以按照部门类别来进行岗位归类，不同一类别的岗位直接定为同一价值

C. 对于关键工种，采用岗位类别法

D. 要素计点法由于计算较为复杂，一般很少采用

7. 在酒店，常用的薪酬模式是（　　）。

A. 以绩效为导向的薪酬模式

B. 以职位为导向的薪酬模式

C. 宽带薪酬模式

D. 以绩效为导向、以能力为导向、以岗位为导向的综合薪酬模式体系

8. 薪酬设计的第一步是（　　）。

A. 薪酬调查　　　　　　　　B. 职位分析

C. 薪酬定位　　　　　　　　D. 制定薪酬制度

9. 以下哪一项是数字化薪酬管理对传统薪酬管理提出的要求？（　　）

A. 薪酬管理的技术赋能

B. 岗位价值评估方式要合理

C. 绩效薪酬的设计要与员工的工作绩效挂钩

D. 实现薪酬的内部和外部公平性

10. 数字化薪酬管理的内容不包括（　　）。

A. 员工任免的数字化

B. 基本薪酬的数字化

C. 绩效薪酬的数字化

D. 福利的数字化

二、判断题

1. 福利不属于薪酬。（　　）

2. 基本工资按发放时间和计算方式可分为：计时工资和计件工资。（　　）

3. 常见的薪酬形式包括：基本工资、奖金、津贴和福利。（　　）

4. "五险一金"中的"一金"指的是养老金。（　　）

5. 宽带薪酬将组织原来较多的薪酬等级压缩成几个级别，同时将同一级别内的薪酬活动范围扩大，从而形成的一种较新的薪酬管理系统及操作。（　　）

单选题答案

1. D；2. D；3. A；4. C；5. A；6. A；7. D；8. A；9. A；10. A

判断题答案

1. ×；2. ×；3. √；4. ×；5. √

【课后复习总结】

1. 简述酒店员工福利的意义。
2. 薪酬体系设计的基本流程是怎样的？
3. 宽带薪酬有什么样的特点及优缺点？
4. 员工福利管理的趋势是怎样的？
5. 数字化技术给员工绩效管理带来了哪些变革和变化？

【课后案例分析训练】

某公司的一位薪酬福利主管，由于离职后失误留下了一份公文袋被一位女员工发现。出于好奇，这位女员工打开了这个文件袋，她看过后，感到无比震惊！这份文件不仅有包括她在内的20多名主管级别的员工表现排名，还包括基本工资、工资增幅以及奖金等信息。最让她感到烦恼的是：一个平日无所事事的"闲散"员工一年的收入竟然远远高于大多数可以胜任工作的同事的收入，另外，三个去年入职的员工的月薪几乎要比那些比他们更有经验的同事多出好多！而且这还是上年度的数据。

这个发现让她开始质疑，为什么自己加班加点却没有其他人拿的薪水多。最终爆发了跟上司进行加薪谈判。但谈话不欢而散，三天后，因不满于上司的胁迫，这位女员工自己选择了离职，只是在离职前把这份文件拍了照片，并用自己的私人邮箱把图片发给了其他公司的高层，还抄送给了所有的相关员工。收到这封充满挑衅和不满的邮件时，公司的高管既愤怒又无奈。

思考：

假如你是人力资源部主管，遇到这种情况，你的解决方法有哪些呢？

第八章

酒店员工职业生涯规划与管理

> *中国管理哲学：修身齐家的人生智慧，*
> *实现个人价值与社会责任统一*
>
> **【典型思想及核心理念】**
> 儒家思想："修身、齐家、治国、平天下"，这与职业生涯发展阶段对应。
> 《大学》："物有本末，事有终始"强调规划的重要性。
>
> **【人力资源管理启示】**
> 修身齐家的儒家思想与党的"将个人梦融入中国梦"理念一脉相承。当代大学生应该将个人发展与社会责任相结合，树立正确的职业观，为实现中华民族伟大复兴贡献力量。此外，"上下同欲者胜"，人力资源管理者应通过科学的职业发展规划留住核心人才。

【课前导入】

在中国酒店业的广阔舞台上，本土品牌首旅如家酒店集团以其独特魅力与稳健发展，成为业界的焦点。在员工职业生涯规划领域，首旅如家通过构建全方位、多层次的职业发展体系，不仅培育了一大批行业精英，更为广大员工铺设了清晰的成长路径。

首旅如家通过前期的职业倾向测试、职业咨询等方式，帮助员工认识自我，进而制定符合个人特点的发展蓝图。首旅如家根据不同员工的特点和职业志向，设计了个性化的职业规划方案。作为酒店行业的一大特色，首旅如家实施管理与技术双轨晋升体系：管理路径中的"储备干部计划"与技术路径中的"专家路线"，以及员工可以在这两轨之间根据个人兴趣和能力做出选择。

集团通过其内部培训学院和在线学习平台，提供了持续的职业教育和技能培训，以及如何通过实战模拟、案例研究等教学方法，提升员工的专业技能和行业视野。另外，集团将倡导的"家文化"渗透到员工职业生涯规划中，强调个人成长与企业使命的和谐统一。

【课前思考】

1. 思考当前酒店行业的主要发展趋势（如数字化、可持续性、顾客体验个性化）如何影响酒店员工的技能需求和职业规划方向？

2. 结合首旅如家的案例，思考一个酒店如何通过具体的职业发展规划措施，使得满足企业战略需求，又促进员工个人职业成长？

3. 作为未来的酒店行业从业者，你认为自己在这样的变革时代中，应如何规划自己的职业生涯路径，以确保自身竞争力并实现职业发展目标？

4. 在追求个人职业发展的同时，如何平衡创新思维与酒店传统服务精髓的传承，以适应并引领行业发展方向？

【本章教学目标】

知识目标

1. 理解职业生涯规划的基本概念
2. 熟悉职业生涯规划的理论模型
3. 阐述职业生涯规划的步骤
4. 酒店行业职业路径
5. 理解在职业生涯规划中将个人价值观与企业目标相匹配

技能目标

1. 能够进行自我评估与职业定位，制定个人职业目标
2. 能够制定职业发展规划，描绘个人职业发展通道
3. 能够拟定一份职业生涯规划文本

德育目标

1. 树立正确的职业观，理解个人职业发展与企业成长的共生关系
2. 增强责任感与团队精神，培养高度的责任心和良好的团队协作能力
3. 道德伦理与职业操守，理解并遵循酒店行业职业道德规范，形成良好的职业操守

4. 适应与创新能力：在职业生涯规划中，培养适应行业变革的能力，鼓励创新思维，勇于在工作中尝试新方法、新思路，为酒店业注入新鲜活力。

【本章知识导图】

通过本节课的学习，我们将深入了解酒店员工职业生涯规划的理论框架与实践策略，探讨如何在行业变革中把握个人发展机遇，为成为一名适应未来需求的酒店管理人才奠定坚实基础。

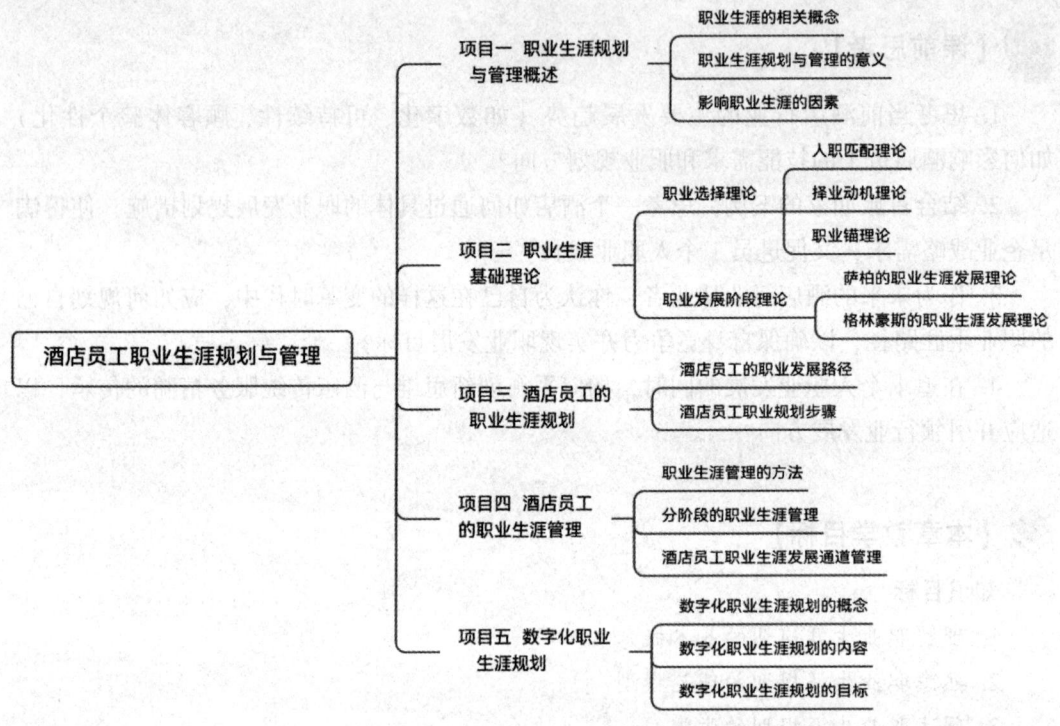

【本章实践项目任务】

任务名称	利用"优势识别器"探索个人优势与职业定位	
组名		小组成员
任务背景	在人力资源管理中，理解个人优势与职业发展之间的关系是至关重要的。通过识别并利用个人优势，学生不仅能提升自我认知，还能在职业规划中做出更加明智的选择，这对于未来的职业生涯具有深远的影响。本实践教学任务旨在通过"优势识别器"这一工具，引导学生深入探索自我，识别个人优势，进而为确立适合自己的职业发展方向奠定基础。	

续表

任务名称	利用"优势识别器"探索个人优势与职业定位		
组名		小组成员	
任务准备	1. "优势识别器"在线测试平台账号或纸质版问卷(如 Gallup Strengths Finder 等)。 2. 学生手册:包含测试指南、优势解读示例、职业探索活动说明。		
教学步骤及任务要求	1. 引入与动机激发 教师简要介绍"优势识别器"的概念及其在职业发展中的应用。分享几个基于个人优势成功转型或职业晋升的真实案例,激发学生兴趣。 2. 个人测试 指导学生登录在线平台或分发纸质问卷,确保每位学生都能独立完成"优势识别器"测试。 3. 优势解读与自我反思 学生根据测试结果,查阅手册中的优势解读部分,理解自己前五大优势及其含义。 个人反思:写下每个优势如何体现在过去的学习、生活或兼职等经历中,以及这些优势如何助力未来职业发展。 4. 小组讨论 小组内轮流分享个人优势及反思,讨论如何相互学习、互补优势。 5. 职业探索与规划 使用职业兴趣与优势匹配案例研究,引导学生思考如何将个人优势与潜在职业领域相结合。每位学生根据讨论结果,制定一份包含短期和长期目标的职业发展规划,特别强调如何在实际行动中强化和利用个人优势。 6. 总结与反馈 小组汇报:每组选一名代表分享小组讨论的主要发现和职业探索的成果。 教师总结:强调个人优势识别对于职业发展的重要性,鼓励学生持续探索自我,勇于尝试,灵活调整职业规划。		
评价标准	1. 个人测试的参与度与诚实度 2. 小组讨论中的贡献度与协作能力 3. 职业探索与规划的逻辑性和可行性		
考核成绩	互评(40%)+ 教师评价(60%)		

项目一 职业生涯规划与管理概述

积极响应党的二十大关于人才强国的号召,酒店应将人才培养和发展置于战略高度,建立完善的员工职业发展规划和管理体系,确保每位员工都能在组织内找到成长路径，实现个人价值与企业发展同步提升。

一、职业生涯的相关概念

（一）职业生涯

职业生涯是指个体一生中在某个职业领域或不同职业领域内发展的职业历程。

（二）职业生涯规划

职业生涯规划是指个体在职业生涯发展历程中，通过了解自身兴趣和能力的内在动机和需要、所处环境等各类主客观因素确立职业生涯目标，并根据目标制订相应的职业发展计划，采取必要的行动以实现职业生涯目标的整个过程。

（三）职业生涯管理

职业生涯管理是指组织为了帮助员工更好地实现职业目标而提供的有利于员工职业发展的通道、资源和培训等机会，并在此过程中加以计划、组织、领导、控制，以实现个人职业的成功，最终促进组织发展的管理过程。

二、职业生涯规划与管理的意义

职业生涯规划与管理为员工的职业生涯发展提供了坚实的基础，不仅有利于员工个人的长远发展，也对组织管理和战略目标的实现具有重要意义。

（一）对员工的意义

1. 有助于员工实现职业目标和职业理想

首先，通过职业生涯规划，员工可以初步确定自己的职业定位、职业兴趣和职业目标。经过职业选择，员工进入组织以后，企业结合员工个人的职业发展意愿帮助员工设定在组织中的发展路径和发展目标，并帮助员工一步步向该目标迈进以最终实现目标。

2. 帮助员工使整个职业历程中的工作更富有成效

职业生涯规划和职业生涯管理可以帮助员工规划自己有限的职业生涯，更好地配置有限的资源，使个人在整个职业历程中的工作富有成效。

3. 帮助员工更好地控制职业生活，平衡好工作和家庭

做好职业生涯规划和职业生涯管理，员工可以有清晰的职业目标和通畅的职业发展通道，专注于重要的核心工作，避免浪费精力和时间在不必要的工作上，从而有更多的时间照顾家庭，平衡好工作和家庭。

(二) 对企业的意义

1. 可以稳定员工队伍，减少人员流失

做好职业生涯规划和职业生涯管理，结合员工的职业兴趣和职业发展意愿对员工的职业发展通道和发展路径进行有效管理，帮助员工实现职业进步和职业成功，这对于员工来说，是企业富有吸引力的因素；对于企业来说，可以稳定员工队伍，减少人员流失。

2. 进行有效的职业生涯管理可以提高企业的绩效

在员工和企业之间，存在一种心理契约。当企业满足了员工对企业的期望和要求，员工也会反过来回报企业，积极努力地投入工作，帮助组织提高绩效。所以，企业进行有效的职业生涯管理，员工才能够在组织内部满足自己的发展需求，增强对企业的归属感和工作积极性，从而帮助企业提高绩效。

3. 重视职业生涯规划和职业生涯管理有助于企业文化的建设和推进

企业文化是凝聚企业力量的灵魂和核心价值观的体现。企业关注员工的职业发展，为员工的职业成功提供帮助，这些都向员工传达了企业对员工的重视和关怀，可以塑造组织的整体形象，营造以人为本的文化氛围，提高企业文化的推动力。

三、影响职业生涯的因素

(一) 个体因素

个体因素是影响职业生涯的最基本因素，包含个人所受教育、年龄、家庭、需求和心理动机等，这些因素在一定程度上影响着员工确定其职业生涯规划的方向和目标。因此，员工首先会对自身条件形成基础认知，然后根据认知选择职业生涯的切入点或转折点。

(二) 环境因素

环境因素是影响个体职业生涯的重要因素，包括家庭环境、组织环境、行业环境和社会环境等，个体不可能脱离所处环境进行职业生涯规划与发展。例如，家庭环境如父母所从事的职业潜移默化地影响着子女未来的职业生涯规划；组织文化、行业发展现状及前景又直接或间接地影响着人们的职业生涯发展过程。因此，员工需要考虑多方面的环境因素，让其职业生涯发展不仅满足个体需求，也促进社会的发展。

项目二　职业生涯基础理论

一、职业选择理论

在选择职业的过程，有多种职业选择理论可以参考，其中最为常见的有人职匹配理论、择业动机理论和职业锚理论。

（一）人职匹配理论

人职匹配理论的基本思想是，个体差异是普遍存在的，每一个个体都有自己的个性特征，而每一种职业由于其工作性质、环境、条件、方式的不同，对工作者的能力、知识、技能、性格、气质、心理素质等有不同的要求。进行职业决策（如选拔、安置、职业指导）时，就要根据一个人的个性特征来选择与之相对应的职业种类，即进行人职匹配。

在人格和职业的关系方面，霍兰德提出了以下一系列假设：

（1）在现实的文化中，可以将人的人格分为六种类型：实际型、研究型、艺术型、社会型、企业型与传统型。每一特定类型人格的人，会对相应职业类型中的工作或学习感兴趣。

（2）环境也可区分为上述六种类型。

（3）人们寻求能充分施展其能力与价值观的职业环境。

（4）个人的行为取决于个体的人格和所处的环境特征之间的相互作用。

在上述理论假设的基础上，霍兰德提出了人格类型与职业类型模式。不同类型人格的人需要不同的生活或工作环境。

实际型（Realistic）：基本的人格倾向是，喜欢有规则的具体劳动和需要基本操作技能的工作，缺乏社交能力，不适应社会性质的职业。具有这种类型人格的人，其典型的职业包括技能性职业（如一般劳工、技工、修理工、农民等）和技术性职业（如制图员、机械装配工等）。

研究型（Investigative）：具有聪明、理性、好奇、精确、批评等人格特征，喜欢智力的、抽象的、分析的、独立的定向任务这类研究性质的职业，但缺乏领导才能。其典型的职业包括科学研究人员、教师、工程师等。

艺术型（Artistic）：基本的人格倾向是，具有想象、冲动、直觉、无秩序、情绪化、理想化、有创意、不重实际等人格特征。喜欢艺术性质的职业和环境，不善于事务工作。其典型的职业包括艺术方面的（如演员、导演、艺术设计师、雕刻家等）、音乐方面的（如歌唱家、作曲家、乐队指挥等）与文学方面的（如诗人、小说家、剧作家等）。

社会型（Social）：具有合作、友善、助人、负责、圆滑、善社交、善言谈、洞察力强等人格特征。喜欢社会交往、关心社会问题、有教导别人的能力。其典型的职业包括教育工作者（如教师、教育行政工作人员）与社会工作者（如咨询人员、公关人员等）。

企业型（Enterprising）：具有冒险、野心的人格特征。喜欢从事领导及企业性质的职业、独断、自信、精力充沛、善社交等，其典型的职业包括政府官员、企业领导、销售人员等。

传统型（Conventional）：具有顺从、谨慎、保守、实际、稳重、有效率等人格特征。喜欢有系统有条理的工作任务，其典型的职业包括秘书、办公室人员、计事员、会计、行政助理、图书馆员、出纳员、打字员、税务员、统计员、交通管理员等。

然而，上述的人格类型与职业关系也并非绝对地一一对应。霍兰德在研究中发现，尽管大多数人的人格类型可以主要划分为某一类型，但个人又有着广泛的适应能力，其人格类型在某种程度上相近于另外两种人格类型，则也能适应另两种职业类型的工作。也就是说，某些类型之间存在较多的相关性，同时每一类型又有种极为相斥的职业环境类型。

根据霍兰德的人格类型理论，在职业决策中最理想的是个体能够找到与其人格类型重合的职业环境。一个人在与其人格类型相一致的环境中工作，容易得到乐趣和内在满足。因此在职业选拔与职业指导中，首先就要通过一定的测评手段与方法来确定个体的人格类型，然后寻找到与之相匹配的职业种类。

（二）择业动机理论

美国心理学家佛隆（Victor. H. Vroom）通过对个体择业行为的研究认为，员工个体行为动机的强度取决于效价大小和期望值的高低。效价越大，期望值越高，员工行为动机越强烈，就是说为达到一定目标，他将付出极大的努力。如果效价为零乃至负值，表明目标实现对个人毫无意义。在这种情况下，目标实现的可能性再大，个人也不会产生追逐目标的动机，不会为此产生任何积极性，付出任何的努力。如果目标实现的概率为零，那么无论目标实现意义多么重大，个人同样不会产生追求目标的动机。

在期望理论的基础上，将其具体转化为择业动机理论。该理论的应用，即个人如何进行职业选择，分两步走。

第一步，确定择业动机。用公式表示为：择业动机 = 职业效价 × 职业概率。

其中择业动机表明择业者对目标职业的追求程度，或者对某项职业选择意向的大小。职业效价是指择业者对某项职业价值的评价，取决于：

（1）择业者的职业价值观。

（2）择业者对某项具体职业的要求如兴趣、劳动条件、工资、职业声望等的评估。

即：职业效价 = 职业价值观 × 职业要素评估。

职业概率是指择业者获得某项职业可能性的大小，通常主要决定于以下4个条件。

①某项职业的需求量。在其他条件一定的情况下,职业概率同职业需求量呈正相关。

②择业者的竞争能力,即择业者自身的工作能力和求职就业能力。竞争力越强,获得职业的可能性越大。

③竞争系数是指谋求同一种职业的劳动者人数的多少。在其他条件一定的情况下,竞争系数越大,职业概率越小。

④其他随机因素。

因此,职业概率=职业需求量×竞争能力×竞争系数×随机性。

择业动机公式表明,对择业者来讲,某份职业的效价越高,获取该项职业的可能性越大,择业者选择该项职业的意向或者倾向越大;反之,某项职业对择业者而言其效价越低,获得此项职业的可能性越小,择业者选择这项职业的倾向也就越小。

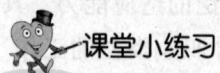

> 选择三个你比较心仪的职业,然后采用择业动机理论比较三个职业的优劣,并针对你比较的过程和结果进行陈述。
>
> _____
> _____
> _____

(三) 职业锚理论

"职业锚"是在职业生涯规划领域具有"教父"级地位的概念,是由麻省理工学院斯隆商学院、美国著名的职业指导专家埃德加·H.施恩(Edgar. H. Schein)教授通过对该学院44名MBA毕业生的12年职业生涯研究并分析总结出的理论,又称为职业定位理论。概括地说,职业锚就是你的最佳职业定位。

埃德加·施恩认为,职业设计是一个持续不断的探索过程,随着一个人对自己越来越了解,这个人就会越来越明显地形成一个占主要地位的"职业锚"。这个所谓的"职业锚"就是指当一个人不得不做出选择的时候,无论如何都不会放弃的职业中的那种至关重要的东西或价值观,即人们选择和发展自己的职业时所围绕的中心。

影响一个人职业锚的因素有:天资、能力和兴趣;工作动机和需要;人生态度和价值观。

1. 职业锚的特点

(1) 职业锚是以员工的工作经验为基础的。

个人在面临各种各样的实际工作生活情境之前,不可能真切地了解自己的能力、动机和价值观以及与之对应的、合适的职业选择。

当员工已经工作若干年，习得工作经验后，方能选定自己稳定的长期贡献区。换言之，职业锚在某种程度上由员工的实际工作经验所决定，而不只是取决于个人潜在的才干和动机。

(2) 职业锚不是预测。

虽然有各种职业锚的测试模型，但职业锚不是根据各种测试而来的能力、才干或者职业动机、价值观所做的预测，而是员工在工作实践中，依据自我发掘的和已被证明的才干、动机、需要和价值观，现实地选择和确定的职业定位。

一个人的职业倾向可以预测，但职业锚一定是经过实践后才能确定的。但值得庆幸的是，一个人的职业锚通常在他的职业倾向范围之内。因此，进行职业倾向测评对确定自己的职业锚会有极大的指导作用。

(3) 从确认职业锚的那时起，你的职业转变为事业。

当一个人确定了自己的职业锚之后，他的职业生涯将转变为事业生涯，这就是职业锚的作用。

(4) 职业锚不是固定不变的。

职业生涯规划是一个持续不断的探索过程。或许在每一个职场人的整个职业生涯过程中，都会一次又一次地确立职业定位，然后打破，然后再确立。

2. 职业锚的类型

(1) 技术/职能型职业锚。

属于这一类型的人在进行职业选择时，主要的注意力是工作的实际技术或职能内容，他们会在自己的领域不断地提高专业水平。他们的认同感来自在专业领域不断地得到锻炼和挑战，直到成为该领域的专家。

他们总是围绕着特定领域安排自己的职业，虽然在其技术或职能领域也会接受管理职责，但他们对管理职业并不感兴趣。在许多岗位上都会有倾向技术或职能型职业锚的人，如咨询公司的项目经理、工厂的技术副厂长、企业中的研究开发人员、统计人员和会计人员等。

(2) 管理型职业锚。

管理型职业锚的人把管理本身作为职业目标，而具体的技术工作或职能工作仅被看作通向更高的管理层道路上的必经阶段。

他们倾心于全面管理，掌握更大的权力，肩负更大的责任，他们具有强有力的升迁动机和价值观，以提升等级和收入作为成功的标准，他们具有分析能力、人际沟通能力和情感能力的强强组合。管理型职业锚的主要职业领域是政府机构、企事业组织的主要负责人，如市长、局长、校长、厂长和总经理等。

(3) 创造/创业型职业锚。

创造/创业型职业锚的人时时追求建立或创造完全属于自己的成就。他们要求拥有自主权、管理能力和施展自己才华的特殊能力，创造是他们自我发展的核心。他们意志坚定，敢于冒险，个人的强烈需要是能够感受到所发生的一切都是与自己的创造成果联系在一起的。

他们希望用自己的能力去创建属于自己的公司或创建完全属于自己的产品（或服务），而且愿意去冒风险，并克服面临的障碍。创造型/创业职业锚的主要职业领域是发明家、冒险性投资者、产品开发人员和企业家等，该型职业锚同其他类型职业锚存在一定程度的重叠。

（4）自主/独立型职业锚。

属于自主与独立型职业锚的人希望随心所欲地安排自己的工作方式、工作习惯和生活方式，追求一种能最大限度地摆脱组织约束，施展自己职业能力的工作情景。他们追求在工作中享有自身的自由，他们宁愿放弃提升或工作发展的机会，也不愿意放弃自由与独立。

只有当某一项工作允许他们有弹性的工作时间和方式时，他们才愿意继续留任。该锚的主要职业领域是学者、科研人员、职业作家、个体咨询人员、手工业者和个体工商户等，与其他类型的职业锚有明显交叉。

（5）安全稳定型职业锚。

安全稳定型职业锚的人倾向追求安全、稳定的职业前途，比如工作的安全、体面的收入、有效的退休方案和津贴，等等。对他们来讲，工作挑战性、丰富性和其他内部动机并不重要，他们关注于工作的情境（如发展前途、工作条件、福利等）而不是工作内容本身。

他们依赖组织，倾向根据组织的要求行事，寻求组织的认同和高度的感情安全，没有太大的抱负，认为成功的标准是一种稳定、安全、良好而合理的家庭和工作环境。该锚的主要职业领域是公务员或稳定性非常强的企事业单位职员。

二、职业发展阶段理论

虽然个体对于自身的职业选择、职业规划和目标都不尽相同，但职业发展过程都存在一定的规律，这种规律使得个体的职业生涯发展过程具有阶段性和周期性等特点，个体可以借助这个普遍性规律提前预知并规划自身的职业生涯。在众多职业生涯发展理论中，萨柏的职业生涯发展理论和格林豪斯的职业生涯发展理论应用较为广泛。

（一）萨柏的职业生涯发展理论

美国职业生涯发展学家唐纳德·萨柏在本领域学者研究的基础上，于1957年提出了职业生涯发展理论，该理论运用发展心理学、人格发展理论和职业社会学等理论精髓，依据不同年龄阶段的个体对职业的需求和态度的不同，将个体的职业生涯发展划分为五个阶段:成长阶段、探索阶段、建立阶段、维持阶段和衰退阶段。

1. 成长阶段(0~14岁)

此阶段属于认知阶段。家庭成员、朋友和老师等可接触的角色都在逐步影响个体对自我的认定,此外,个体所产生的职业好奇心、幻想和兴趣,也会对自我能力的培养产生影响。

2. 探索阶段(15~25岁)

此阶段属于基础学习阶段。个体通过在学校的学习和生活进行自我兴趣和能力的考察、角色定位和职业方向的探索,尝试性做出职业的初步选择,在正式进入职场后,会选定工作领域开始从事某种职业。

3. 建立阶段(26~45岁)

此阶段属于职业确立阶段。在以上两个时期的择业基础上,个体会通过调整和探索逐渐稳定职业,在后期专注于实现职业目标,追求在职业领域中有所成功,是整个职业发展的核心阶段。

4. 维持阶段(46~65岁)

此阶段属于职业上升阶段。此时的个体大多已经在工作领域中有所建树,拥有一定的社会地位,同时也面临青年员工的挑战,仍会不断开发专业技能,希望维持和巩固已有的工作,并致力于传授工作经验,寻找接替人选。

5. 衰退阶段(66岁以上)

此阶段属于退休阶段。个体由于其生理机能逐渐退化,工作意愿和工作能力逐步衰减,准备结束职业发展生涯,适应退休生活。

(二)格林豪斯的职业生涯发展理论

美国心理学博士格林豪斯从个体不同年龄阶段所面临的主要任务差异出发,对职业生涯进行了新的划分,将其划分为职业准备阶段、进入组织阶段、职业生涯初期、职业生涯中期和职业生涯后期五个阶段。

1. 职业准备阶段(0~18岁)

个体对职业产生想象力,并有意识地培养职业兴趣和能力,初步评估并选择职业,接受相应的职业培训与教育。

2. 进入组织阶段(19~25岁)

个体的职业生涯起步阶段,个体根据职业信息,选择适合自己的、较为满意的职业,并力争在组织中获得一份工作。

3. 职业生涯初期(26~40岁)

逐步适应职业工作,了解组织文化并遵守规范,逐渐融入组织以获得组织正式职位,为了获得职业生涯成功不断学习新的职业技能,提高自身能力。

微课视频链接:
职业生涯规划小故事

4. 职业生涯中期（41~55岁）

重新评估早期职业生涯，进而继续或转换职业目标和发展道路；努力工作，争取获得职业成功。

5. 职业生涯后期（56岁至退休）

保持已有的职业成绩，由工作者逐渐转变为工作的指导者，将经验传授给他人，准备退休。

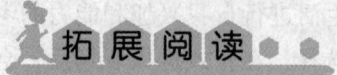

比转行更重要的，是培养你一直被需要的能力

项目三　酒店员工的职业生涯规划

一、酒店员工的职业发展路径

酒店员工的职业发展路径取决于酒店的岗位层级划分，一般情况下酒店员工的职业发展路径遵循实习生、员工、领班、主管、经理、总监、总经理的晋升通道。在晋升的过程中要面临以下两次重要的角色转换。

（一）角色转换1：员工到主管的转换

这一阶段的角色转换是员工职业发展过程中要经历的第一次角色转换，转换的内容包括从参加班前会听取工作任务，到组织召开班前会安排工作任务的转变；从过去听从他人指挥到指导他人工作的转变；从按时完成自身工作到合理安排他人工作的转变；从参与小团队互助工作到管理小团队的转变；以及从接受培训到做个合格培训者的转变。

（二）角色转换2：从主管到经理和总监的转换

这一阶段的转换是员工从基层领导者向中层和高层领导者晋升的一次转换，转换的内容包括从管理小团队到管理多个下级主管人员的转变；从面对相对简单的管理工作，到面对更多复杂的部门整体运作的转变；从掌握管理技巧，到掌握管理领导艺术技能的转变；从部门内部沟通，到部门之间沟通协调的转变；从完成岗位工作指标，到担当营业指标的转变（见图8-1）。

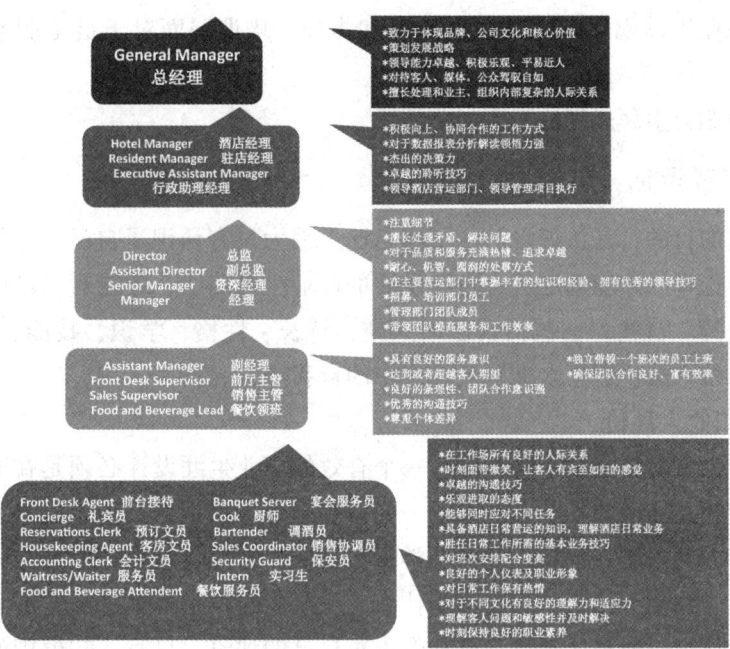

图 8-1 酒店员工职业发展路径

> 根据自己的兴趣，规划自己在酒店业的职业发展路径。
> _____
> _____
> _____

拓展阅读

一个职业成长期 HR 的困惑

员工工作迷茫，如何
帮助员工做好职业生涯规划？

二、酒店员工的职业规划步骤

　　酒店员工职业生涯规划根据规划主体的不同分为自我规划和企业规划两种，其中自我职业生涯规划从员工本身出发，根据自我分析和环境分析，确定目标和实现路径。企业对员工的职业生涯规划则侧重于从制度和指导、培训层面对于员工职业生涯规划的管理。

员工自我职业生涯规划的步骤如下所示。

（一）自我评估

自我评估的目的，是认识自己、了解自己。因为只有认识了自己，才能对自己的职业做出正确的选择，才能选定适合自己发展的职业生涯路线，才能对自己的职业生涯目标做出最佳抉择。自我评估包括自己的兴趣、特长、性格、学识、技能、智商、情商、思维方式、思维方法、道德水准以及社会中的自我等。

1. 自我和他人评价

自我评价也就是要全面了解自己。一个有效的职业生涯设计必须是在充分且正确认识自身条件与相关环境的基础上进行的。要审视自己、认识自己、了解自己，做好自我评估，包括自己的兴趣、特长、性格、学识、技能、智商、情商、思维方式等。即要弄清我想干什么、我能干什么、我应该干什么、在众多的职业面前我会选择什么等问题。

对自己的认识一般都是来自自己和他人对自己的评价，自我认知模糊的时候主动倾听一下朋友、师长、家人对你的看法，有助于更客观地了解自己。

2. 正式评估

正式评估是采用结构化、标准化的测量工具来进行的评估，它给出的评估结果既是定性的，也是定量的。

主要的评估工具按照测评目的主要有以下一些：

智力测验：韦克斯勒治理测验，瑞文标准推理测验。

创造力测验：吉尔福特测验（测验发散性思维）、托兰斯创造性思维。

职业兴趣测验：霍兰德职业兴趣量表（VPI—职业偏好量表，SDS—自我导向搜寻表）、斯特朗—坎贝尔兴趣问卷（SCII）、库德职业兴趣调查表。

能力倾向测试：又分为多重能力倾向测验和特殊能力倾向测验、美术能力测验、音乐能力测验，多重能力测验中比较著名的是一般能力倾向成套测验（GATB），我国有本土化的中国GATB。我国政府公务员的行政能力考试其实也是一种多重能力倾向测验。

人格因素测验：明尼苏达多相人格测验（MMPI）、梅尔斯—布瑞格斯类型指标（MBTI）、卡特尔16种人格因素问卷（16FP）、埃森可人格问卷（EPQ）、投射测验等。

（二）职业生涯机会的评估：职业环境的评估

职业生涯机会的评估，主要是评估各种环境因素对自己职业生涯发展的影响，每一个人都处在一定的环境之中，离开了这个环境，便无法生存与成长。所以，在制定个人的职业生涯规划时，要分析环境条件的特点、环境的发展变化情况、自己与环境的关系、自己在这个环境中的地位、环境对自己提出的要求以及环境对自己有利的条件与不利的条件，等等。只有对这些环境因素充分了解，才能做到在复杂的环境中避害趋利，使你的职业生涯规划具有实际意义。

环境因素评估主要包括：

1. 家庭环境分析

家庭环境好坏对人的心态影响非常大，进而会影响到个人工作和事业的发展。对家庭环境的了解和分析主要包括以下几个方面：家庭关系、父子关系、家庭生活环境；家庭经济状况；学生学业情况；家庭成员健康状况；等等。

2. 学校环境分析

学校是学生成长、成才的重要场所，所在学校的行业地位、专业优势、教育资源等都应该考虑在内。学校环境的分析有助于学生了解自己的专业特点、利用学校资源丰富地自主学习。比如，在选择考取研究生方面，可以重点分析所在学校的具体情况，选择适合的专业进行考取，所谓近水楼台先得月，可以帮助学生尽早地了解到相关信息，为自己的学习选择方向。

3. 职业环境分析

所谓职业环境分析，就是要认清所选职业在社会大环境中的发展状况、技术含量、社会地位、未来发展趋势等。进行职业环境分析的要求是，通过职业环境分析弄清职业环境对职业发展的要求、影响及作用，对各种影响因素加以衡量、评估并作出反应。关注当前热点职业有哪些，发展前景怎么样，社会发展趋势对所选职业有什么影响，总的来说，职业环境包括两大方面的内容：社会环境分析和组织（企业）环境分析。社会环境对职业生涯规划有着重要影响，要做好长期的职业生涯规划，就应对社会环境做深入的分析。社会环境具有很大的变动性，其内容也纷繁复杂。组织环境对个人职业生涯有很大影响，当组织环境适合个人发展时，个人更容易取得职业上的成功。个人在选择组织（企业）实力时有必要通过个人获得一切渠道来了解，比如，通过网络、新闻出版机构的新闻报道情况、当地各种商业活动等。

（三）职业的选择

职业选择正确与否，直接关系到人生事业的成功与失败。在选择职业时应考虑以下几点：

（1）性格与职业的匹配。

（2）兴趣与职业的匹配。

（3）特长与职业的匹配。

（4）内外环境与职业相适应。

（四）确定职业生涯路线

在职业确定后，向哪一路线发展，此时要做出选择。是向行政管理路线发展，还是向专业技术路线发展；是先走技术路线，再转向行政管理路线……由于发展路线不同，对职业发展的要求也不相同。因此，在职业生涯规划中，需做出抉择，以便使自己的学习、工作以及各种行动措施沿着你的职业生涯路线或预定的方向前进。通常职业生涯路线的选择须考虑以下三个问题：

(1) 我想往哪一路线发展？
(2) 我能往哪一路线发展？
(3) 我可以往哪一路线发展？

通过对以上三个问题进行综合分析，以此确定自己的最佳职业生涯路线。

（五）设定职业生涯目标

职业生涯目标的设定，是职业生涯规划的核心。一个人事业的成败，很大程度上取决于有无正确而适当的目标。其抉择是以自己的最佳才能、最优性格、最大兴趣、最有利的环境等信息为依据。通常目标分短期目标、中期目标、长期目标和人生目标。短期目标一般为一至二年，短期目标又分日目标、周目标、月目标、年目标；中期目标一般为三至五年；长期目标一般为五至十年。

（六）制订行动计划与措施

在确定了职业生涯目标后，行动便成了关键的环节。没有达成目标的行动，目标就难以实现，也就谈不上事业的成功。这里所指的行动，是指落实目标的具体措施，主要包括工作、训练、教育、轮岗等方面的措施。例如，为达成目标，在工作方面，你计划采取什么措施来提高工作效率？在业务素质方面，你计划学习哪些知识，掌握哪些技能，提高你的业务能力？在潜能开发方面，采取什么措施开发你的潜能等，都要有具体的计划与明确的措施。并且这些计划应特别具体，以便于定时检查。

（七）评估与回馈

俗话说："计划赶不上变化。"是的，影响职业生涯规划的因素诸多。有的变化因素是可以预测的，而有的变化因素难以预测。在此情况下，要使职业生涯规划行之有效，就需不断地对职业生涯规划进行评估与修订。其修订的内容包括：职业的重新选择；职业生涯路线的选择；人生目标的修正；实施措施与计划的变更，等等。

微课视频链接：
五个阶段，规划好你的职业生涯

酒店职业经理人的职业生涯规划

项目四　酒店员工的职业生涯管理

一、职业生涯管理的方法

职业生涯管理既是个体自我管理的一部分,也是组织长期关注员工的管理过程。个体与组织需要在职业发展过程中努力配合以实现有效的职业生涯管理,组织可以从以下几个方面进行管理。

(一) 开展各类职业生涯管理活动组织

(1) 职业生涯研讨会。人力资源管理部门可阶段性地组织内部员工开展职业生涯研讨会。邀请组织内部的职业发展专家或组织外部的职业顾问,通过开展交流研讨、培训等方式,调动员工对自己的职业生涯进行管理的积极性。在研讨会结束后,组织员工及时针对研讨会内容进行总结,强化职业生涯管理的可实施性。

(2) 职业生涯咨询面谈。针对不同的个体在职业生涯发展中所遇到的特殊问题,开展职业生涯咨询面谈,为员工提供一对一的指导与建议,为员工正确地选择职业生涯发展道路、实施职业生涯发展计划提供有力的支撑。

(二) 制定职业生涯管理相关制度

良好的职业生涯管理需要制度的保障,同时,制度的出台也会保证员工在组织的职业发展更加公平和规范。职业生涯管理相关的规章制度可以通过职业生涯手册和职业生涯发展方案来具体体现。

(1) 职业生涯手册。职业生涯手册包括员工在组织的职业生涯发展过程中所需要的信息支持、实用工具等。

(2) 职业生涯发展方案。职业生涯发展方案是组织对员工职业生涯发展各个阶段的管理策略,它反映了职业生涯管理实施的具体操作流程,为员工不同阶段的职业生涯发展方案的制定提供参考依据。

二、分阶段的职业生涯管理

职业生涯分阶段管理的目的是通过分析员工个体各阶段的特征和任务对其职业生涯进行有效管理。根据党的二十大中关于"以人为本"的理念,酒店应根据员工职业生命周期所处阶段,并结合其个人职业兴趣和发展意愿,提供定制化的职业规划咨询服务,帮助员工明确职业定位,设计个性化发展路径,以增强员工的职业认同感和归属感。

(一) 职业生涯早期管理阶段

在职业生涯早期,个体刚刚步入工作,对组织的发展模式、文化、制度等情况尚

未熟悉，力求获得组织的接纳和认同。参照党的二十大关于加强青年工作的要求，酒店应为对自身职业目标和发展方向尚不明确的年轻员工提供职业指导服务，包括职业咨询、心理辅导、职业伦理教育等，帮助他们树立正确的择业观和职业价值观，尽快让员工明确职业生涯发展目标并适应组织发展节奏，为职业生涯的可持续发展打下坚实基础。

（二）职业生涯中期管理阶段

在完成职业生涯早期阶段的发展后，个体已经对工作和组织有了充分的认知，拥有大量的工作成果和工作业绩，积累了较多的工作经验，逐步走向职业生涯发展的成功。由于行业发展和新员工加入等因素，个体会面临更多的职业挑战，同时还需要处理职业与家庭的平衡关系，组织需要发挥作用以满足员工职业发展的需要，帮助员工解决工作与家庭平衡的问题。

（三）职业生涯后期管理阶段

职业生涯后期属于员工工作的最后阶段，员工面临即将退休的局面。由于年龄原因，员工的竞争力和进取心逐渐衰退，需要接受逐渐退出所在职位这一现实，组织要为员工顺利度过职业生涯后期提供相应引导。

三、酒店员工职业生涯发展通道管理

职业生涯发展通道是指个体为实现职业发展目标所走的路线或路径，它为员工明确了可能的发展方向和发展机会，有利于激励员工提升自身业绩和能力进而为胜任职业通道中的下一职位做好必要准备。因此，组织要建立完善的职业生涯发展通道，对员工的职业生涯发展进行规范式的管理。

组织中职业生涯发展通道的结构一般从三个方面衡量：职业通道的宽度、速度和高度。职业通道的宽度决定了员工可以在不同部门或职位的工作范围，职业通道越宽，对员工的综合素质要求越高；职业通道的速度是指员工在通道上获得职位晋升所需时间的长短，这需要组织根据人才发展战略制定相应的制度以合理管控；职业通道的高度决定了员工可以晋升到组织中职位的层次，对于员工潜能的激发具有十分重要的意义。

在酒店行业，常见的职业生涯发展通道模式有以下四种。

（一）纵向模式职业通道

纵向模式职业通道又称传统模式或直线模式职业通道。酒店员工从基层员工到高级管理层体现了此通道。例如：一名前厅接待员开始其职业生涯，负责办理客人入住与退房手续，解答问询；通过出色的工作表现和不断积累经验，该员工被提升为前台主管，负责前台团队的日常管理和调度；继续晋升至前厅部经理，负责整个前厅部门的运营，包括客户服务、前台、礼宾服务等；最终可能达到酒店总经理的位置，全面负责酒店的运营管理、财务决策、市场营销和团队领导。

（二）横向模式职业通道

横向模式职业通道将员工的发展路径扩充到其他职能领域或部门，员工可以通过横向的发展通道实现跨领域工作调动，有利于员工拥有更广泛的工作经历，掌握更多的专业技能，进而增加员工的发展机会。例如：一名优秀的客房服务员，最初负责清洁和维护客房标准。基于其细致的服务意识和对酒店流程的熟悉，员工有机会选择横向转移到餐饮部，成为餐厅服务员或宴会协调员，从事餐饮服务或活动策划工作，体验不同业务领域的挑战和乐趣。

（三）网状模式职业通道

网状模式职业通道结合了纵向模式和横向模式的特征，员工可以利用在同一层次获取的工作经验的可替换性为横向的工作变动做缓冲准备，在综合素质和能力提升后，实现纵向发展，是一种跨职能与跨层级的发展路径。例如：一位财务部门的会计助理，最初负责日常账务处理。随着能力提升和对业务的深入了解，该员工有机会参与跨部门项目——IT系统升级的财务对接工作，拓宽技术知识。后续，基于其在项目中的出色表现和对技术的兴趣，该员工选择进一步发展为财务IT项目经理，融合财务与信息技术，甚至成为跨领域的战略分析师，负责酒店的综合业务优化。

（四）多重模式职业通道

多重模式职业通道为员工的发展提供了多种选择：管理通道、技术通道和项目通道等。例如，餐饮部厨师助手，最初专注于菜品制作。随着技能的提升，该员工得到纵向发展，晋升为厨师，然后成为主厨，负责菜单设计和厨房团队管理。在担任一段时间主厨后，选择横向转到餐饮管理，成为餐饮部经理，负责整个餐饮部门的运营。在餐饮管理岗位上积累一定经验后，员工发现自己对酒店营销感兴趣，于是通过内部培训和自学，逐步过渡到市场部，担任市场推广经理，利用对餐饮业务的深刻理解，制定更贴合市场需求的营销策略。

网易公开课：你应该选择什么工作？

网易公开课：职业生涯规划

项目五　数字化职业生涯规划

一、数字化职业生涯规划的概念

随着人工智能、大数据、云计算等新兴科技的快速发展，个人的职业发展面临新的挑战，很多传统工作正在逐步实现自动化或被替代。借助数字技术与工具的数字化职业生涯规划由此应运而生。具体来看，数字化职业生涯规划是指组织或员工利用机器学习、信号处理、计算机、人工智能等数字化技术，综合分析与权衡自己的兴趣爱好、技术、能力与职业倾向，针对职业生涯发展进行的规划、管理和优化，以适应快速变化的工作环境。我们要在数字技术运用的基础上，关注个体当前的职业目标，提升员工在数字时代背景下的职业能力，根据实时人力资源数据制定长期的职业发展路径。此外，数字化职业生涯规划也重视跨团队或跨界的合作，通过数字化系统在不同领域和行业之间可以进行经验分享和技能转移，以增强个人的职业竞争力、实现职业增值和多元化发展，并最终实现更长远的职业目标。

二、数字化职业生涯规划的内容

（一）自我认知的数字化

在自我分析阶段，员工利用先进的技术手段，通过员工画像和人力资源管理软件等工具获取数据来深入挖掘自己的潜能和兴趣。这一过程不仅是对个人信息的简单罗列，而是一个全面而细致的自我认知。它要求员工基于客观数据深入探究自己的兴趣、擅长的领域、秉持的价值观、独特的职业性格以及掌握的各种专业技能。通过这样的分析与评估，有效避免了员工的自我偏差影响，员工不仅能清晰地认识到自身的优势与劣势，更能明确自己未来职业道路上可能遇到的挑战与机遇。因此，融合了数字化的自我认知成为他们做出明智职业选择、制订个人发展计划的重要依据。

（二）职业环境分析的数字化

职业环境的数字化分析是数字化职业生涯规划中的另一个重要环节。它要求个人对所处的职业环境进行全面的了解和分析，包括行业趋势、职业需求、就业前景等。在进行职业环境分析时，员工可以借助人工智能、信息集合等数字技术，更快捷地查阅相关资料、参加行业会议、与从业者交流。数字技术的应用甚至还能够协助预测未来几年内职业市场可能出现的变革，比如新兴技术的兴起可能会重塑某些职业的工作性质或需求。这种前瞻性的分析能力使得组织和员工能够及时调整自己的职业规划，以便更好地适应不断变化的工作环境，确保他们在职业发展的道路上始终处于有利地位。

（三）职业目标设定的数字化

职业目标设定的数字化是数字化职业生涯规划的核心内容之一。要求组织和员工利用先进的数字化工具和技术，结合自我认知的深度挖掘以及对职业环境的数字化分析，形成一个清晰、具体且切实可行的职业成长路径图。通过数字化系统与智能 AI 平台交互，可以帮助个体更深入地理解自己的长处、短处以及职业兴趣所在。同时，借助外部专业人士的智慧和经验,可以为自己提供更为精准的职业指导和建议。这些信息的整合与应用成为设定职业目标的基础。在设定职业目标时,需要注意这个目标可以是短期的,也可以是长期的,但需要遵循 SMART 原则,即应该是具体的、可衡量的、可实现的、相关的和时限性的。只有通过科学合理的数字化目标设定,才能保证职业规划的可行性。

(四) 行动计划设计的数字化

员工根据自己结合数字技术设定的职业目标,使用数字化咨询和互动规划出一条符合自己实际情况的职业发展路径。通过运用数字化咨询工具和互动平台,员工可以更加个性化地定制自己的职业发展路径,以确保这条路径既符合个人的能力与兴趣,也适应发展需求。为了将职业目标转化为具体的成果,员工还需要设计行动计划,包括学习计划。它要求员工不断提升自己的专业技能,如参加各种在线课程、研讨会或是获取相关的认证证书等;还有工作经验积累计划,即在工作实践中积极寻求机会,利用每一次的工作经历去深入了解并掌握相关领域的知识和技巧。为了保证计划的可行性,可以进行数字化的计划可行性分析,并根据企业战略、资源和环境等的动态变化不断调整。

三、数字化职业生涯规划的目标

(一) 帮助组织和员工实现技能更新与提升

为了让数字化职业生涯规划发挥最大效用,首先我们需要掌握有助于职业生涯规划的数字技术和能力,如数据分析的深度挖掘、云计算平台上的高效管理等。这些技能不仅能帮助个人更好地理解和处理信息,还能为企业提供前所未有的决策支持和业务优化方案。因此,在数字化职业规划的初期,组织和员工都需要不断提升自己的自我学习能力,这样才能在不断变化的数字化环境中立于不败之地,持续地为应对未来的工作挑战做好准备,更好地完成职业规划目标,实现职业的长远发展。

(二) 做好切实可行的职业规划与定位

数字化职业生涯规划的最根本的目的是帮助我们明确自己在数字化时代的职业定位和发展方向。这不仅能指引职业成功,还有助于实现个人价值。所以,借助数字技术帮助员工自我认知,确定自己在短期和长期内的职业发展方向其实只是数字化职业生涯规划的"标配"。除此之外,我们还应该引导员工基于职业发展方向,借助数字化工具,建立符合 SMART 原则的职业目标,制订出切实可行的行动计划,实时监控目标和计划执行情况,最终实现职业生涯的健康发展。

(三) 实现组织和员工的可持续发展

除了实现当前职业目标之外,我们更要利用数字技术强大的洞察和预测能力,把握

未来发展的方向，培养员工关注企业乃至个人的长期可持续发展目标的前瞻性思维，培养员工自主学习知识和技能，让他们能够向着更加长期的职业目标迈进。总之，数字化职业生涯规划不仅要帮助员工在职业生涯的各个阶段获得成功，更应该关注员工自身价值的提升，实现个人职业成功与企业战略目标之间的动态持续统一。

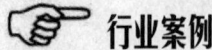 行业案例

施耐德电力股份有限公司的数字化职业生涯规划实践

施耐德电力股份有限公司是一家总部设在法国的全球性的电力公司，是世界500强企业，全球顶级电工企业，在能源效率管理及自动化方面处于世界领先地位。主要业务包括电力、工业自动化、基础设施、节能增效、能源、楼宇自动化与安防电子、数据中心和智能生活空间等业务领域。施耐德致力于为客户提供高效率、可持续发展的数字化合作伙伴。

施耐德深知，不论在业务的平稳运行期，还是变革转型的关键时刻，员工的职业生涯管理都是企业不可或缺的一环。在业务与员工都相对稳定的阶段，施耐德通过构建明确的职业通道，为员工规划了长期且稳定的发展路径，确保员工能在企业中持续成长和贡献。然而，随着近年来市场环境的急剧变化和业务需求的快速增长，施耐德传统的职业生涯管理模式也面临诸多挑战。从业务角度看，公司正在积极响应数字化转型的浪潮，这意味着传统的知识、技术和能力需要不断迭代更新，对员工进行技能重塑（包括再技能化和提升技能）成为迫切需求。从员工层面来说，外部市场提供了更多元化的职业机会，这使得员工的职业稳定性和忠诚度面临考验，传统的职业发展模式已难以满足他们日益多样化的发展需求。施耐德开始积极探索并寻求适应新时代要求的职业生涯管理新模式，以确保企业与员工能共同应对市场变革，实现双方的可持续发展。

具体实施策略为搭建平台和流动机制，助力员工职业生涯的选择。施耐德积极引导员工进行价值观的转变，鼓励他们主动塑造自己在不断变化环境中的未来。为实现这一目标，施耐德在内部构建了一个名为"开放人才市场"的平台，为员工提供了学习、交流、展示自我才华的广阔空间，助力他们实现个人职业发展的飞跃。施耐德打造的职业生涯平台不仅提供了公司内部各类招聘岗位的详尽信息，使员工能够轻松搜索并申请自己感兴趣的职位；而且还融合了先进的AI技术，能够根据员工搜索和表现出兴趣的内容，智能推送相关岗位，从而让员工发现并把握更多开放的岗位机会。平台上汇聚了多种灵活且敏捷的由经理或员工根据项目需求自发在平台上创立的各种类型的项目小组，项目负责人可以在平台上发布项目招募信息，员工则能浏览这些招募信息并主动申请加入。项目发起人将根据申请者的资质和经验背景进行筛选，挑选出最适合的人选，进而展开高效的协作。

【课后练习测试】

一、单选题

1. 根据一个人的个性特征来选择与之相对应的职业种类，是哪一种职业选择理论？（ ）

   A. 职业锚理论

   B. 人职匹配理论

   C. 择业动机理论

   D. 职业效价理论

2. 以下哪一项不是择业动机理论中应该考虑的要素？（ ）

   A. 个性特征

   B. 职业价值观

   C. 职业需求量

   D. 职业各要素评估

3. 影响职业锚的因素不包括以下哪一项？（ ）

   A. 个人的天赋、能力和兴趣

   B. 人生态度和价值观

   C. 工作动机和需要

   D. 职业需求量

4. 以下哪一项不属于埃德加·H. 施恩提出的五种职业锚？（ ）

   A. 技术/职能型职业锚

   B. 管理型职业锚

   C. 竞争型职业锚

   D. 自主/独立型职业锚

5. 以下哪一项不是个人成长阶段应该完成的主要任务？（ ）

   A. 发现和发展自己的需求、兴趣、天赋和能力

   B. 形成的简单、理想、明确的家庭生活观念

   C. 通过学校的教育和社会活动，学习和获得职业方面的知识和技能

   D. 接受教育和培训，培养相应职业活动素质和能力

6. 以下哪一项是进入工作阶段可能面临的主要矛盾？（ ）

   A. 对企业抱有的不切实际的过高期望与实际情况对比而产生落差和失望

   B. 能力与实际工作之间的差距

   C. 工作态度与公司要求之间的差距

   D. 企业内部人际关系相处之间的落差

7. 以下哪一项是企业员工 30～40 岁应该解决的主要问题？（ ）

   A. 提出新的职业构想，强化调整自己的职业理想

B. 进一步明确职业定位，创造更多更优的绩效

C. 努力在企业的工作和职业中找到自己的位置

D. 从个人收益、企业认同和社会价值三个方面进行自我评估

8. 以下哪一项不是职业生涯规划对于员工个人的作用？（　　）

A. 准确评价个人特点和强项，以既有的成就为基础，确立人生的方向

B. 重新认识自身的价值，实现自我价值的不断提升和超越，增强职业竞争力

C. 通过科学的规划，将个人、事业与家庭生活和谐地联系起来，经营更美好的人生

D. 可以更深入地了解员工的兴趣、愿望、理想，以使他能够感觉到自己是受到重视的人，从而发挥更大的作用

9. 职业环境评估中不包括对以下哪一项的分析？（　　）

A. 家庭环境分析

B. 学校环境分析

C. 职业环境分析

D. 个人分析

10. 从企业的角度来看，以下哪一项不是企业对员工职业生涯规划的步骤？（　　）

A. 根据企业的发展战略规划，形成系统的人力资源开发规划

B. 设定个人职业生涯目标

C. 确定公司的职系说明及岗位说明书，形成核心员工的胜任力模型

D. 根据公司的规划要求、岗位说明书、职系图和胜任力模型，形成员工的职业发展晋升通道图

11. 数字化职业生涯规划的内容不包括（　　）。

A. 自我认知的数字化

B. 职业环境分析的数字化

C. 考勤打卡的数字化

D. 职业目标设定的数字化

12. 在员工职业生涯规划中，数字化技术的运用主要能帮助实现以下哪项目标？（　　）

A. 限制职业发展机会

B. 增加主观判断能力

C. 提供基于数据的个性化职业路径建议

D. 减少对职业顾问的需求

13. 在数字化技术的助力下，以下哪一项能最有效地促进员工的职业发展？（　　）

A. 基于云平台的电子学习系统

B. 人力资源信息系统的简历管理

C. 自动化的工作报告生成

D. 年度绩效评估的数字化表格

二、判断题

1. 某项职业的需求量越大，职业概率越低。（　　）
2. 追求建立或创造完全属于自己的成就属于创造/创业型职业锚。（　　）
3. 职业中期危机一般都在50~60岁的时候发生。（　　）
4. 酒店员工发生从员工到主管的身份转换时，从面对相对简单的管理工作，到面对更多复杂的部门整体运作的转变。（　　）
5. 驻店经理晋升到上一级是总经理。（　　）

单选题答案

1. B；2. A；3. D；4. C；5. B；6. A；7. C；8. D；9. D；10. B

11. C；12. C；13. A

判断题答案

1. ×；2. √；3. ×；4. ×；5. √

【课后复习总结】

1. 中西方对于职业是如何分类的？
2. 职业选择有哪几种理论？
3. 如何使用择业动机理论来选择职业？
4. 职业锚分为哪几种类型，其特点如何？
5. 职业生涯可以划分为哪几阶段，每个阶段的任务分别是什么？
6. 酒店员工的职业发展路径是什么？
7. 员工对自己进行的职业生涯规划分为哪些步骤？
8. 企业如何对员工的职业生涯进行管理？

【课后案例分析训练】

让我们先来看看Susan的真实案例。

Susan大学毕业后，拥有英语专业八级证书、高级口译证书，口语水平相当出色，她选择的第一份职业是某外贸公司翻译，但这份工作她只做了一年多。Susan认为，这份工作根本不具有任何挑战性——她总觉得自己的工作就是在机械地把别人听不懂的语言转化为能听懂的语言，简直把自己变成了一台没有思想，只会传声的老式机器。

通过一位亲戚的关系，也凭借自己出挑的学历、能力，Susan来到了一家中外合资企业做总经理助理。由于亲戚重量级的关照，以及上司特殊的青睐，在这里，Susan四处受宠。但最后，这份工作她还是只干了不到一年，原因出奇的简单——她感到公司事务性的工作实在太多、太琐碎了，丝毫没什么成就感，于是，她再一次义无反顾地离职。之后 Susan 又发现，市场咨询是一项相当有挑战性和趣味性的工作，于是她又来到一家刚刚起步的小型企业，为外企的新产品在中国上市做市场调查和消费者情况分析。正如她所愿，这份工作给予了她挑战性和趣味性，月薪也令她满意。可是，这份工作工作量特别大，常常是几个项目一起进行，加班加点使她根本没有个人休闲的时间，强大的工作压力使她不堪重负。Susan 竟又一次萌生了辞职的想法……

一次次的转换工作让 Susan 心力交瘁，感觉也越来越差。Susan 发现，自己在职场中摸爬滚打竟也有 4 年多了，可是，自己跳来跳去，为何总也找不到自己的归属？自己到底想要什么？究竟适合做什么样的工作？表面看上去，自己似乎可以胜任很多职业，但为什么每一样都做不好，也做不长？Susan 心里清楚，作为一名女性，到了二十七八岁，手上的青春剩下的已不算太多，就像走到了三岔路口，是该认真选择自己人生的时候了。到了现在这个时候，都还不明白自己到底要什么，究竟何去何从……

思考：

用职业生涯规划的相关知识分析一下，为什么 Susan 的职业生涯并不顺利？你有何建议帮她调整生涯规划吗？

第九章 酒店劳动关系管理

中国管理哲学：和谐共赢的管理理念

【典型思想及核心理念】

儒家思想："和为贵"，这与党的"构建和谐社会"目标一致。

墨家思想："兼爱非攻"强调平等和尊重。

道家思想："水善利万物而不争"，倡导管理者以柔克刚，通过非权力性影响力（如人格魅力）推动团队。

【人力资源管理启示】

劳动关系管理的目标是实现雇主与员工的和谐共赢，从而推动社会和谐发展。因此，构建和谐的劳动关系是每个人力资源管理者的责任。此外，道家推崇的"上善若水"与柔性领导也是构建和谐劳动关系的关键，柔性领导力在多元化团队中尤为重要，如跨文化管理中的包容性策略。

【课前导入】

随着全球化竞争加剧和消费者对服务质量要求的日益提升，维持和谐稳定的劳动关系成为酒店人力资源管理中不可或缺的一环。特别是在中国，随着《中华人民共和国劳动合同法》的不断完善和劳动者权益保护意识的增强，酒店必须采取更为先进和人性化的劳动关系管理策略，以构建一个支持员工成长、促进企业发展的良好职场生态。

以中国著名酒店品牌锦江酒店集团为例，其通过一系列创新举措，有效提升了员工满意度，降低了劳动争议，成为业界劳动关系管理的典范。锦江酒店集团在劳动关系管理上的亮点包括：实施公平透明的招聘与晋升机制，确保每位员工都有平等的发展机会；建立完善的员工沟通平台，鼓励员工参与决策过程，增强归属感；推行灵活的工作制度，关注员工工作与生活的平衡；以及提供全面的福利保障和职业发展培训，投资于员工的长期成长。这些措施不仅提升了员工的整体幸福感，也促进了酒店服务质量的持续改进，彰显了良好的劳动关系对酒店业可持续发展的重要性。

【本章课前思考】

1. 在酒店行业中，如何将国家劳动法律法规与企业的实际管理策略有效结合，确保合规的同时，提升劳动效率和员工满意度？

2. 以锦江酒店集团为例，分析开放沟通机制如何在预防劳动冲突、增强员工参与感方面发挥作用？

【本章教学目标】

知识目标

1. 掌握劳动关系的定义、类型及其在酒店行业中的特殊性，理解劳动法律与政策框架

2. 熟悉《中华人民共和国劳动法》《中华人民共和国劳动合同法》等相关法律法规，理解酒店在雇用、薪酬、工时、福利等方面的具体法律规定

3. 阐述酒店行业劳动市场的现状与趋势，包括劳动力供需、员工流动率、工会作用等

4. 阐述劳动争议的种类、处理流程及解决机制，包括协商、调解、仲裁和诉讼等途径

5. 熟悉数字化劳动关系管理

技能目标

1. 能够根据法律规定和企业实际情况，设计公平、合规的劳动合同或协议

2. 能够通过建立有效的沟通渠道和运用协商技巧，促进管理层与员工间的理解和信任

3. 具备初步处理和预防劳动纠纷的能力，能够采取积极的措施维护双方权益，避免法律风险

第九章 酒店劳动关系管理

德育目标

1. 树立尊重与公平的价值观，培养尊重每一位员工，公平对待所有劳动者的伦理观，强化人权意识和公正性

2. 促进团队合作与包容性，让学生意识到建立良好的劳动关系管理有利于促进酒店内部多元文化的融合，增强团队凝聚力和包容性

3. 提高对党的二十大精神中法治社会建设精神的认识，鼓励学生学习劳动法律法规，提升自我保护意识，倡导持续学习与进步，促进个人与组织的共同成长

【本章知识导图】

通过本节课程的学习，深入剖析酒店劳动关系管理的核心要素与策略，借鉴成功案例的经验，进一步理解并掌握在新时代背景下，如何通过科学有效的劳动关系管理，构建一个和谐、高效、共赢的酒店工作环境。

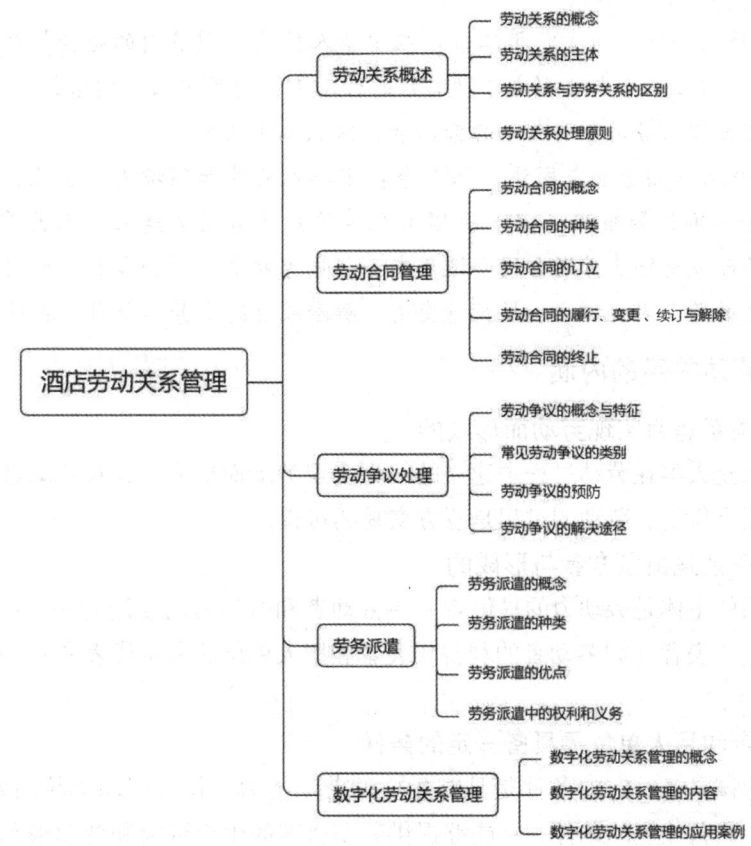

项目一 劳动关系概述

一、劳动关系的概念

劳动关系由英文"labor relations"一词翻译而来，我国1995年开始实施的《中华人民共和国劳动法》和2008年开始实施的《中华人民共和国劳动合同法》中都明确地说明调整对象主要是劳动关系，但对劳动关系的定义没有任何解释，但是无论从《中华人民共和国劳动法》还是《中华人民共和国劳动合同法》，可以总结出劳动关系是一种劳动者和用人单位建立在书面的劳动合同的基础上形成的一种社会关系。

拓展阅读

《中华人民共和国劳动法》第二条：在中华人民共和国境内的企业、个体经济组织（以下统称用人单位）和与之形成劳动关系的劳动者，适用本法。国家机关、事业组织、社会团体和与之建立劳动合同关系的劳动者，依照本法执行。

《中华人民共和国劳动合同法》第二条：中华人民共和国境内的企业、个体经济组织、民办非企业单位等组织（以下简称用人单位）与劳动者建立劳动关系，订立、履行、变更、解除或者终止劳动合同，适用本法。国家机关、事业单位、社会团体和与其建立劳动关系的劳动者，订立、履行、变更、解除或者终止劳动合同，依照本法执行。

（一）劳动关系的内涵

1. 劳动关系是为实现劳动而形成的

劳动关系是人类在劳动过程中建立的，为实现劳动而形成，并且劳动者为用人单位提供的劳动是有偿的，劳动的过程是双方交易的过程。

2. 劳动关系是由多方参与形成的

劳动关系的主体是劳动力的提供者——劳动者和劳动力的使用者——用人单位，以及相关的利益代表者（如劳动者的利益代表者和用人单位的利益代表者）和组织协调者（如政府部门）。

3. 劳动者和用人单位需具备一定的条件

劳动者应该具备一定的条件是具有相应的劳动能力，符合劳动年龄的要求。同样，用人单位也应具备相应的条件——能够提供劳动所需的生产资料和劳动报酬，以促进劳动力和生产资料的结合。

4. 劳动关系的基本性质是社会经济关系

劳动关系体现了劳动过程中不同个人或组织具体的社会经济地位，因此是劳动过程中各方参与的社会经济关系的总和。

(二)劳动关系的实质

劳动者和用人单位之间的利益是对立统一的,为使各自利益最大化,劳动者、用人单位和政府之间处在连续的博弈当中。劳动关系表现出来的是力量的较量,包括合作与冲突等形式。

1. 合作关系

劳动者和用人单位之间的合作主要基于劳动者本身的劳动力作为一种生产资料投入用人单位的生产过程中,在这个过程中双方之间的合作程度越高,用人单位产出的效益越大,可能支付给劳动者的报酬也越高,这也是双方达成合作的基本条件。

2. 冲突关系

冲突是劳资双方的目标、利益出现分歧时,出现的对立摩擦状态,如工人罢工、旷工、怠工等,用人单位关闭工厂、恶意裁员、克扣工资等。它通常具有很强的破坏性。

罢工是劳动关系冲突最常见的表现形式,是劳动者提出经济利益诉求的渠道,是工人受压抑的敌对情绪的宣泄方式。

☞ 行业案例

2023 年,当地时间 7 月 3 日,美国加利福尼亚州洛杉矶县和奥兰治县的很多酒店员工继续举行罢工,抗议房租等生活成本高涨,并争取更高的工资和福利待遇。这次罢工涉及该地区众多酒店员工,是近年来美国规模最大的酒店罢工之一。

当天,客房服务员、行李员、厨师等酒店工作人员及其家属,在多个大型酒店附近举行罢工游行。相关工会组织者表示,酒店行业的利润不断增长,而员工们却难以负担不断上涨的房租等生活成本,不少人不得不搬到更远的地方居住。

二、劳动关系的主体

劳动关系中的一方应是符合法定条件的用人单位,另一方只能是自然人,而且必须是符合劳动年龄条件,且具有与履行劳动合同义务相适应的能力的自然人;劳务关系主体类型较多,如可以是两个用人单位,也可以是两个自然人。

(一)员工

员工是指在就业组织中,本身不具有基本经营决策权力并从属于这种权力的工作者。通过在社会经济生活中受雇于他人,以劳务付出获得收入,作为基本生活来源的体力和脑力劳动者。

各国对劳动者的称谓有所不同,如 labor(劳动者、劳工),worker(工人、职工),personnel(员工),employee(雇员、雇工),wage worker(工薪收入者),employed labour(雇用工人)。《中华人民共和国劳动法》第十五条规定:禁止用人单位招用未满十六周岁的未成年人。

（二）工会

工会是劳动者（雇员）组成的旨在维护和改善其就业条件、工作条件、工资福利待遇以及社会地位等权益的组织，工会主要通过集体谈判的方式来代表劳动者（雇员）在就业组织和整个社会中的权益。

《中华人民共和国工会法》第二条中明确说明工会是职工自愿结合的工人阶级的群众组织。分为职业工会、行业工会和总工会三种类型。

我国工会的职权主要包括：

（1）通过职工大会、职工代表大会等形式，参与民主管理或与用人单位进行平等协商。

（2）代表职工与企业谈判和签订集体合同。

（3）对劳动合同的签订和履行进行监督。

（4）对企业遵守劳动法律法规进行监督。

（5）参与劳动争议的调解和仲裁。

其中，职工代表大会是中国劳动者参与企业民主管理的一种基本形式，是职工行使民主管理权力的机构。

（三）雇用者

雇用者即雇主或用人单位，是指在一个组织中，使用雇员进行有组织、有目的的活动，并向雇员支付工资报酬的法人或自然人，享有用人单位财产的所有权和主要经营决策权。

在我国，法律界定的用人单位包括：

（1）企业，包括各种所有制经济、各种组织形式的企业。

（2）个体经济组织，即个体工商户，一般雇工在7人以下。

（3）国家机关，包括国家权力机关、行政机关、审判机关和检察机关、执政党机关、政治协商机关、参政党机关、参政团体机关。

（4）事业组织，包括文化、教育、卫生、科研等各种非营利性单位。

（5）社会团体，包括各行各业的协会、学会、联合会、研究会、基金、联谊会、商会等民间组织。

（6）民办非企业单位，指企业事业单位、社会团体和其他社会力量以及公民个人利用非国有资产设立、从事非营利性社会服务活动的社会组织。

（四）雇主协会

雇主协会是由雇主（用人单位）组成，旨在维护雇主利益，并规范雇主与雇员之间关系以及雇主与工会之间关系的组织。雇主协会的主要作用是在集体谈判中支持会员组织，维护雇主利益，并积极宣传和游说政府。雇主协会与工会一样，代表着会员的利益和意见。比如，中国企联是中国企业联合会和中国企业家协会合署的中文简称。

(五) 政府

在现代社会中,政府的行为已经渗透到社会经济、政治生活的各个方面,政府作为劳动关系的主体一方,在劳动关系的运作过程中扮演着重要的角色。具体体现为:
(1) 作为雇主的政府。
(2) 作为调解者、立法者的政府。
(3) 作为第三方机制中的政府。

所谓三方性原则,是强调法律不仅要规定当事人双方的权利、义务,而且要同时规定作为第三方的政府的权力和义务。三方性原则表明了劳动关系制度对公共权力的承认。

三、劳动关系与劳务关系的区别

劳动关系中劳动者向用人单位提供劳动具有长期性和稳定性,作为用人单位的一员,劳动者对外是以用人单位的名义在工作,国家则多以强制性法律规范对劳动关系进行干预;而劳务关系中提供劳务者向用工者提供劳务具有临时性、不固定性和流动性,双方是平等的合同关系,提供劳务者以自己的名义从事劳务工作,劳务关系与劳动关系相比受到国家干预的程度亦相对较低。

总体上,劳动关系和劳务关系二者之间主要存在以下区别。

(一) 在适用法律依据方面

劳动关系主要由《中华人民共和国劳动法》(以下简称《劳动法》)进行规范和调整,法律的适用也更多地体现出国家的强制性和对劳动者的保护。同时,劳动关系的建立需要以当事人双方的劳动合同为依据,为了更好地对用人单位进行规范,必要时还可以由工会代表职工和用人单位签订集体合同,就劳动报酬、工作时间、休息休假等方面做出约定。

而劳务关系的法律依据主要来源于《中华人民共和国民法典》,在当事人双方建立劳务关系的条件上并没有劳务关系要求的那么严格,而是可以根据当事人之间的约定来决定是否需要书面的凭证,对于工资报酬、劳动休息等方面也更多地体现出双方的自主性。

(二) 在主体方面

劳动关系的主体一方必须是具有用人资格的法人或者组织,而另一方必须是年龄适合,具有相应劳动能力的自然人。劳务关系的主体在立法上则表现得更加宽泛,当事人双方既可以是自然人,也可以是单位和个人,体现出国家对灵活就业,鼓励就业的一种政策考量。

(三) 在当事人双方的隶属关系方面

劳动关系中,用人单位和劳动者之间存在隶属关系,劳动者加入用人单位,成为用人单位的职工,用人单位依据相关单位章程对职工的工作活动进行有效监管。在劳务关系之中用人单位和当事人之间是一种平等的关系,不存在隶属的情况,双方当事人之间

体现出很大的自主性，提供劳务者也不是用人者的职工。

（四）在当事人之间的权利、义务关系方面

劳动关系中，用人单位必须按照法律或规章的规定为劳动者办理社会保险，单位职工在从事工作的过程中受到损害时可以进行工伤认定，而在劳务关系中用人者不负有为提供劳务者办理社会保险的法定义务，对于在提供劳务的过程中受到损害的则根据不同情况区别对待：提供劳务者因工作对第三人构成侵害的，则由接受劳务一方对外承担责任；对于提供劳务者因提供劳务导致自身受到损害的，则根据双方当事人间的过错来负担相应的责任。

（五）在人事管理方面

在劳动关系中，用人单位对于违反劳动纪律和规章制度的劳动者可以采取如降级、撤职和解除劳动关系等处分。而在劳务关系中，用人者虽然也可以对提供劳务者做出解除劳务关系甚至罚款等行为，但是并不存在解除提供劳务者某种"身份"关系的做法。

（六）在工资待遇方面

劳动关系中，用人者要严格按照劳动法律规定在劳动报酬、休息休假、保险福利等方面对劳动者进行保障，以及承担相应的工伤、医疗、失业、养老等方面的社会保险责任。同时，在劳动报酬方面要遵循按劳分配的原则和执行最低工资的原则，对于劳动派遣方面也有着明确的规定；在劳务关系中，当事人双方的权利义务都是双方在不违反法律的强制性规定和社会公共利益的前提下自愿协商的结果，体现出很大的自治性。

四、劳动关系处理原则

（一）劳动权利义务相统一原则

《中华人民共和国宪法》第四十二条中规定："中华人民共和国公民有劳动的权利和义务。"这一规定被确立为劳动法的一项基本原则。它表明，有劳动能力的公民从事劳动，既是行使法律赋予的权利，又是履行对国家和社会所承担的义务。

每一个有劳动能力的公民都有从事劳动的平等权利，即享有劳动权。所谓劳动权，指的是公民按照法律的规定，享有平等的就业机会权和职业选择权。劳动既是公民的权利，也是公民的义务。《中华人民共和国宪法》明文规定，劳动是一切有劳动能力的公民的光荣职责。国家提倡劳动者参加义务劳动。劳动者在劳动岗位上应认真履行各项劳动义务，要按时按量完成劳动任务，提高职业技能，执行劳动安全卫生规程，遵守劳动纪律和职业道德。

（二）保护劳动者合法权益原则

在我国，要保护劳动者合法权益，应当通过一系列具体措施落实《中华人民共和国

宪法》中的规定，使劳动者的合法权益得到全面、平等保护。

所谓全面保护，是指劳动者的合法权益，包括劳动财产权益、劳动报酬权益、劳动者人身权益。涉及经济、政治、文化等方面的权益，都应该得到保护。

所谓平等保护，是指劳动者的合法权益都要受到平等的保护。首先，对各种劳动者平等保护。对于不同性别、民族、种族、职业、职务的劳动者，他们在《劳动法》上法律地位一律平等，禁止对劳动者有任何歧视。其次，应该注意对特殊群体的特殊保护。对于特殊劳动者群体（如妇女、未成年人、残疾人、少数民族劳动者等），除了要给予他们《劳动法》的一般保护之外，还应该对他们的特殊利益给予特殊的保护。

（三）劳动法主体利益平衡原则

《劳动法》的主体主要包括国家、用人单位和劳动者，《劳动法》主体利益包括国家的利益、用人单位的利益和劳动者的利益。劳动法主体利益平衡就是要求尽量实现这三方利益的平衡。国家的利益是整体利益，在《劳动法》中，主要表现在通过保障和促进劳动关系的健康、稳定发展，实现国家政治稳定、社会安宁和经济文化发展，从而为劳动者劳动权的实现和用人单位的发展创造良好的外部环境。只有用人单位的利益得到了保障，才能更好地改善生产条件，改进经营管理，为劳动者提供更好的劳动条件，保障劳动者劳动权的实现。

项目二　劳动合同管理

一、劳动合同的概念

遵循党的二十大关于法治建设的要求，酒店应严格遵守《中华人民共和国劳动合同法》等相关法律法规，规范劳动合同管理，确保合同内容合法、公平，保护双方合法权益，明确劳动关系的权利与义务。

根据《中华人民共和国劳动法》第十六条第一款规定，劳动合同是劳动者与用工单位之间确立劳动关系，明确双方权利和义务的协议。根据这个协议，劳动者加入企业、个体经济组织、事业组织、国家机关、社会团体等用人单位，成为该单位的一员，承担一定的工种、岗位或职务工作，并遵守所在单位的内部劳动规则和其他规章制度；用人单位应及时安排被录用的劳动者工作，按照劳动者提供劳动的数量和质量支付劳动报酬，并且根据劳动法律法规规定和劳动合同的约定提供必要的劳动条件，保证劳动者享有劳动保护及社会保险、福利等权利和待遇。

劳动合同的主体即劳动法律关系当事人：劳动者和用人单位。劳动合同的主体与其他合同关系的主体不同：其一，劳动合同的主体是由法律规定的具有特定性，不具有法律资格的公民与不具有用工权的组织不能签订劳动合同；其二，劳动合同签订后，其主体之间具有行政隶属性，劳动者必须依法服从用人单位的行政管理。

拓展阅读

劳动合同范本

视频链接：
新闻——劳动争议案中，
劳动合同纠纷占比98%
（北京市高院）

二、劳动合同的种类

劳动合同的类别有多种划分方法，一般包括：

（1）根据订立合同具体目的的不同，可分为录用合同、聘用合同、借调合同、内部上岗合同、培训合同等。

（2）根据在同一份劳动合同上签约的劳动者人数的不同，可以分为个体劳动合同和集体劳动合同。

（3）根据劳动合同期限的不同，可分为固定期限劳动合同、无固定期限劳动合同、以完成一定工作任务为期限的劳动合同。

①固定期限劳动合同，是指用人单位与劳动者订立的有一定期限的劳动合同，是实践中运用较多的一种劳动合同。合同期限届满，双方当事人的劳动法律关系即终止。如果双方同意，还可以续订合同，延长期限。

②无固定期限劳动合同，是指用人单位与劳动者订立的无确定终止时间的劳动合同。无确定终止时间，是指劳动合同没有一个确切的终止时间，劳动合同的期限长短不能确定，但并不是没有终止时间。

订立无固定期限劳动合同有三种情形：一是劳动者在该用人单位连续工作满十年的；二是用人单位初次实行劳动合同制度或国有企业改制重新订立劳动合同时，劳动者在该用人单位连续工作满十年且距法定退休年龄不足十年的；三是连续订立两次固定期限劳动合同（除规定的情形外），续订劳动合同的。另外，用人单位与劳动者协商一致，也可以订立无固定期限劳动合同。

③以完成一定工作任务为期限的劳动合同，是指以劳动者所担负的工作任务来确定合同期限的劳动合同。这种劳动合同实际上属于固定期限的劳动合同，只不过表现形式不同。

👉 行业案例

张某于 2012 年 8 月进入某酒店从事餐饮部厨师的工作，并与酒店签订为期三年的劳动合同，该劳动合同到期后，双方又进行多次续订劳动合同，其中张某与酒店最后一份劳动合同于 2023 年 4 月到期。在这份劳动合同到期时，张某得知自己已经具备签订无固定期限劳动合同的条件，要求酒店与其签订无固定期限劳动合同，但是酒店却拿出一张空白的劳动合同，要求张某在上面签字，并且告知会考虑张某的具体意见。过了两天，张某收到劳动合同，发现酒店与其签订了为三年的固定期限劳动合同，张某向酒店询问此事时，酒店方表示签订此劳动合同是双方协商一致的结果，张某感觉自己受骗，向劳动仲裁委员会提请申诉，要求酒店与其签订无固定期限劳动合同。

思考：酒店是否需要与员工签订无固定期限劳动合同？

分析提示：

根据中国相关法律规定，特别是《中华人民共和国劳动合同法》（以下简称《劳动合同法》）的相关条款，酒店确实有义务在特定条件下与员工签订无固定期限劳动合同。针对张某的情况，我们可以从以下几个方面进行分析。

1. 连续工作年限。根据《劳动合同法》的规定，如果劳动者在同一用人单位连续工作满十年，除劳动者提出订立固定期限劳动合同外，应当订立无固定期限劳动合同。张某自 2012 年 8 月起在该酒店工作，至 2023 年 4 月，已连续工作超过十年，符合签订无固定期限劳动合同的条件。

2. 续订劳动合同的意愿表达。张某在最后一份固定期限劳动合同到期时，明确表达了希望签订无固定期限劳动合同的意愿，这意味着他并未主动提出订立固定期限劳动合同。

3. 酒店的行为。酒店提供空白劳动合同并告知会考虑张某的意见，这种做法本身存在误导性，且最终未按照张某的意愿签订无固定期限劳动合同，而是单方面决定续订了三年的固定期限劳动合同，这并不符合《劳动合同法》关于无固定期限劳动合同的规定。

4. 协商一致原则。酒店声称签订固定期限劳动合同是双方协商一致的结果，但根据张某的陈述，这显然不是基于真实意思的表达，而是酒店单方面的决定，未充分尊重张某的合法权益。

综上所述，酒店应当与张某签订无固定期限劳动合同。张某向劳动仲裁委员会提请申诉是合理且符合法律规定的。根据相关法律，劳动仲裁委员会可能会裁定酒店与张某补签无固定期限劳动合同，并可能要求酒店承担相应的法律责任，如支付张某在应签订无固定期限劳动合同期间因未签订而可能遭受的损失等。

三、劳动合同的订立

（一）劳动合同的订立原则

《劳动合同法》第三条规定，订立劳动合同应当遵守如下原则。

1. 合法原则

劳动合同必须依法以书面形式订立。做到主体合法、内容合法、形式合法、程序合法。只有合法的劳动合同才能产生相应的法律效力。任何一方面不合法的劳动合同，都是无效合同，不受法律承认和保护。

2. 协商一致原则

在合法的前提下，劳动合同的订立必须是劳动者与用人单位双方协商一致的结果，是双方"合意"的表现，不能是单方意思表示的结果。

3. 合同主体地位平等原则

在劳动合同的订立过程中，当事人双方的法律地位是平等的。劳动者与用人单位不因为各自性质的不同而处于不平等地位，任何一方不得对他方进行胁迫或强制命令，严禁用人单位对劳动者横加限制或强迫命令的情况。只有真正做到地位平等，才能使所订立的劳动合同具有公正性。

4. 等价有偿原则

劳动合同明确了双方在劳动关系中的地位作用，是一种双务有偿合同，劳动者承担和完成用人单位分配的劳动任务，用人单位付给劳动者一定的报酬，并负责劳动者的保险金额。

（二）劳动合同订立的程序

劳动合同订立是指劳动者和用人单位经过相互选择和平等协商，就劳动合同条款达成协议，从而确立劳动关系和明确相互权利义务的法律行为。它一般包括确定合同当事人和确定合同内容两个阶段，内含要约和承诺两个程序。

1. 要约

要约是指一方当事人以订立合同为目的向另一方就合同主要内容作出的意思表示。因而，要约的发出人和接受人均须特定，且要约的内容足以构成合同的主要条款，同时应作出缔约的表示，否则不算有效要约。如果仅有订约的意思而未就合同主要内容作出表示，只能称为要约邀请，不能产生要约的效力。要约仅在要约有效期内对要约人具有法律拘束力，要约期满其效力自动解除。

例如，用人单位如果仅在招工启事、广告、简章中介绍自身情况，并发出招工信息，并未就合同主要内容给予说明，该行为只能算是要约邀请，不构成有效要约。而如果用人单位在招工简章中对合同条件给予明确说明，则属于要约，一旦应招者承诺，用人单位有义务与劳动者签订劳动合同。如应招者不同意所列条件，并提出新的条件，则属于反要约，用人单位可以承诺，也可不予承诺而不成立合同。

2. 承诺

承诺是指受要约人完全无条件地接受要约以成立合同的意思表示。承诺必须由受要约人本人在有效期内作出，且应当完全接受要约条款，如果接受的意思与要约不一致而改变了要约的实质性内容，则只能视为反要约，不构成有效承诺。劳动者或用人单位一旦同意对方要约而作出承诺，劳动合同即告成立。

任何一个劳动合同的成立，一般都要经过上述两个阶段，但具体可能要经过要约—反要约—再要约—承诺等反复协商，最后成立合同的过程。合同一经成立，即对双方当事人产生法律拘束力。

（三）劳动合同的内容

劳动合同的条款包括必备条款和约定条款两部分，劳动合同的八条必备条款如下所示。

1. 劳动合同期限

劳动合同期限是指双方当事人所订立的劳动合同起始和终止时间，也是劳动关系具有法律效力的时间。

2. 工作内容和工作时间

工作内容主要包括劳动者从事劳动的工种和岗位，应完成的生产（工作）任务等内容，工作时间主要是指劳动者为用人单位进行劳动的时间，包括工时制度和休息休假等。

3. 劳动保护和劳动条件

劳动保护和劳动条件包括劳动安全卫生的设施、设备及防护措施，女工和未成年人的特殊保护，以及为劳动者提供的保证生产（工作）任务顺利进行的各种物质条件和生产（工作）环境。

4. 劳动报酬

劳动报酬是指劳动者劳动成果的返还和履行劳动合同义务后应当享有的权利，包括劳动者的工资、奖金、津贴和补贴等内容。

5. 社会保险

社会保险是指国家通过强制保险的方法，以保障劳动者基本生活需求的一种社会保障制度、包括用人单位应当按照国家和省的有关规定为劳动者所交的社会保险。

6. 劳动纪律

劳动纪律包括用人单位规章制度、劳动纪律等内容及其执行程序。

7. 劳动合同终止的条件

劳动合同终止的条件主要指劳动合同期满或者法定终止条件或当事人约定条件出现，劳动合同的法律效力即行消灭，双方当事人之间的权利义务关系终止。

8. 违反劳动合同的责任

违反劳动合同的责任是指当事人不履行劳动合同或者不完全履行劳动合同，所应承担的相应法律责任。

劳动合同除以上规定的必备条款外，劳动合同当事人还可以通过协商订立约定条款。双方当事人可以就职业技能培训、保守商业秘密等事项，约定双方的权利和义务。但双方的约定条款不能违背法律法规和有关规章。

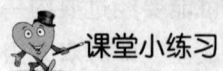

> 王丽2023年从云南某大学毕业，一直未找到合适的工作，这次好不容易得到某酒店市场销售职位的面试机会，这次面试很顺利，面试官比较满意。面试快结束时，面试官告诉王小姐："我们酒店的这个岗位要求女职员在工作期间不能结婚、生育。"王丽尽管很犹豫，但为了获得这份工作，还是答应了。
>
> 王丽到公司报到后，公司让王丽交了2000元押金，如果在工作期间结婚生育将不予退还，劳动合同等3个月试用期结束后再签。王丽有些疑惑，想问个明白。但人事经理不耐烦地说："所有人都是这样。"
>
> **思考**：此案例中该公司的做法有什么问题？
> _____
> _____
> _____

（四）劳动合同签订流程

1. 审查劳动者的主体资格

（1）身份审查。人力资源部门人员首先要对劳动者提供的身份证原件及复印件进行审查核对，然后让其在复印件上签字确认。

（2）劳动者学历、资格及工作经历的审查。用人单位应让劳动者提供学历、资格的原件及复印件，以及工作经历证明，并确保信息的真实性。

（3）审查劳动者与其他用人单位是否还存有劳动关系。一个劳动者只能与一个用人单位签订劳动合同，确认一个劳动关系。如果录用了与其他用人单位还存在劳动关系的人员，对原录用单位造成损失的，该用人单位承担连带赔偿责任，且这种赔偿要承担较大的责任。

（4）劳动者身体健康审查。因可能涉及录用条件和医疗期及职业病的可能，用人单位为了减少风险，可要求劳动者提供县级以上或用人单位规定的医院出具的健康证明或到指定医院的体检证明。

2. 双方履行告知义务

根据《劳动合同法》第八条规定，用人单位应如实告知劳动者工作内容、工作条件、工作地点、职业危害、安全生产状况、劳动报酬，以及详细解答劳动者要求了解的其他情况。同时，听取劳动者相对应的告知情况，并做好书面记录，让录用员工签字确认。

3. 签订劳动合同

劳动合同文本应至少提前一天交给劳动者查阅。对于双方要协商的情况，要有一定的时间进行沟通，达到有效沟通、协商一致的目的。

在签订劳动合同时，应当注意必须双方当事人在一起当面签字。一般先让劳动者签字，再让用人单位法人或委托人签字，后统一盖章。盖章要做到最后有盖章，每页还有骑缝章。这样确保书面合同签字的真实性和有效性，以防被篡改。最后，将两份劳动合同，一份交给劳动者保管，并有劳动者领取的签收凭单；另一份由用人单位保存并及时归档。

劳动合同签订的时间，一般在正式入职报到后的一周时间内完成。已经建立劳动关系的，未同时订立书面劳动合同的，应当自用工之日起一个月内订立书面劳动合同。

4. 办理入职手续

入职手续一般包括填写《入职登记表》、提交入职材料、办理报到手续、建立职工名册等。同时在规定的时间内，到所在区县的职业介绍所进行用工登记备案和相关社会保险的转移。

四、劳动合同的履行、变更、续订与解除

（一）劳动合同的履行

劳动合同的履行是指劳动合同双方当事人按照劳动合同的约定履行各自义务、实现各自权益的行为。

1. 履行的原则

劳动合同的履行要遵循全面履行原则、亲自履行原则和协作履行原则。

劳动合同的全面履行要求劳动合同的当事人双方必须按照合同约定的时间、期限、地点、约定的方式，按质、按量全部履行自己承担的义务，既不能只履行部分义务而将其他义务置之不理，也不得擅自变更合同，更不得任意不履行合同或者解除合同。

对于用人单位而言，必须按照合同的约定向劳动者提供适当的工作场所和劳动安全卫生条件，并按照约定的金额和支付方式按时向劳动者支付劳动报酬；对于劳动者而言，必须遵守用人单位的规章制度和劳动纪律，认真履行自己的劳动职责，并且亲自完成劳动合同约定的工作任务。

劳动合同的全面履行要求劳动合同主体必须亲自履行劳动合同。因为劳动关系是具有人身性质的社会关系，劳动合同是特定主体间的合同。劳动者选择用人单位，是基于自身经济、个人发展等各方面利益关系的需要；而用人单位之所以选择该劳动者也是由

于其具备用人单位所需要的基本素质和要求。劳动关系确立后劳动者不允许将应由自己完成的工作交由第三方代办,用人单位也不能将应由自己对劳动者承担的义务转嫁给其他第三方承担,未经劳动者同意不能随意变更劳动者的工作性质、岗位,更不能擅自将劳动者调到其他用人单位工作。

劳动合同的全面履行,还需要劳动合同双方当事人之间相互理解和配合,相互协作履行。

2. 用人单位在劳动合同履行中的义务

(1) 及时、足额支付劳动报酬。

劳动报酬是劳动者为用人单位提供劳动而获得的各种报酬。劳动者一方只要在用人单位的安排下按照约定完成一定的工作量,劳动者就有权要求按劳动取得报酬。劳动者通过自己的劳动获得劳动报酬,再用其所获得的劳动报酬来购买自己和家人所需要的消费,才能维持和发展自己的劳动力和供养自己的家人,从而实现劳动力的再生产。劳动报酬不仅是劳动者及其家属有力的生活保障,也是社会对其劳动的承认和评价。

(2) 提供劳动安全卫生保护。

在劳动生产过程中,存在各种不安全、不卫生的因素,如不采取措施对劳动者加以保护,就会危害劳动者的生命安全和身体健康,妨碍生产的正常进行。因此,我国严格保护劳动者在履行劳动合同、进行生产劳动过程中的劳动安全卫生权利。

(二) 劳动合同的变更

劳动合同的变更是指劳动合同双方当事人依据法律规定或约定,对劳动合同内容进行修改或者补充的法律行为。

劳动合同变更是在用人单位的客观情况发生极大变化,有必要对当事人的权利义务加以调整的情况下发生的。其可以发生在劳动合同订立后但尚未履行时,也可以发生在履行过程中。从用人单位方面来说,由于转产、调整生产结构或经营目标等客观原因,需要对产品、经营方式等进行相应调整时,劳动者的岗位也有可能做相应的调整;从劳动者方面来说,由于劳动者身体健康、劳动能力、职业技能等方面的原因,在不能适应原工作岗位的情况下,也可以要求对其岗位加以调整。

1. 变更的原则

变更劳动合同,应当遵循平等自愿、协商一致的原则,不得违反法律、行政法规的规定。

2. 变更的情形

用人单位变更名称、法定代表人、主要负责人或者投资人等事项,不影响合同的履行。

用人单位发生合并或分立等情况,原劳动合同继续有效,劳动合同由承继其权利和义务的用人单位继续履行。

根据《劳动合同法》,劳动合同订立时所依据的客观情况发生重大变化,致使劳动合同无法履行,经用人单位与劳动者协商,未能就变更劳动合同内容达成协议的,用人单位提前三十日以书面形式通知劳动者本人或者额外支付劳动者一个月工资的,可以解除劳动合同。而所谓的劳动合同订立时所依据的客观情况发生的重大变化,包括以下情况:

（1）订立劳动合同所依据的法律法规已经修改或者废止。

（2）用人单位方面的原因。用人单位经上级主管部门批准或者根据市场变化决定转产、调整生产任务或者生产经营项目等。在这种情况下,有些工种、产品生产岗位就可能因此而撤销或者为其他新的工种、岗位所替代,原劳动合同就可能因签订条件的改变而发生变更。

（3）劳动者方面的原因。如劳动者的身体健康状况发生变化、劳动能力部分丧失、所在岗位与其职业技能不相适应、职业技能提高了一定等级等,造成原劳动合同不能履行或者如果继续履行原合同规定的义务对劳动者明显不公平。

（4）客观方面的原因。这种客观原因的出现使得当事人原来在劳动合同中约定的权利义务的履行成为不必要或者不可能。这时应当允许当事人对劳动合同有关内容进行变更。一是由于不可抗力的发生,使得原来合同的履行成为不可能或者失去意义。不可抗力是指当事人所不能预见、不能避免并不能克服的客观情况,如自然灾害、意外事故、战争等。二是由于物价大幅度上升等客观经济情况变化致使劳动合同的履行会花费太大代价而失去经济上的价值。这是民法的情势变更原则在劳动合同履行中的运用。

3. 合同变更的形式

合同的变更应当采用书面形式,变更后的文本由用人单位和劳动者各执一份。

语言沟通难奏效,书面通知勿忘掉

行业案例

许某于 2018 年 7 月到某酒店工作。2018 年 12 月 12 日,酒店进行管理岗位调整,撤销了经营部,将其并入房务部。12 月 31 日,许某与酒店签订书面合同,约定许某的工作岗位为经营部员工,月工资 3500 元,期限自 2018 年 12 月 31 日至 2023 年 12 月 31 日。然而,2022 年 2 月 19 日至 4 月 18 日,许某却在房务部门工作。4 月 19 日,酒店将其调至餐饮部工作,随后又将其调至停车场工作。10 月 21 日,酒店通知将许某调至房务部工作,若逾期不报到,则按照《员工手册》的规定处理。因双方未能就岗位调整达成一致,之后许某未能再上班。11 月 12 日,酒店以许某违反《酒店考勤及假期管理制

度》及《员工手册》为由解除了与许某之间的劳动关系。

思考：酒店频繁调整劳动者工作岗位的做法是否正确？

分析提示：酒店没有严格按照劳动合同的约定履行，未与劳动者协商，不断为劳动者更换工作岗位，违反了《劳动合同法》中"用人单位与劳动者协商一致，可以变更劳动合同的约定内容"的规定，属违法行为。

（三）劳动合同的续订

劳动合同期满，如果双方协商一致，可以续订劳动合同。双方可以就劳动合同的具体内容和条款重新进行协商，也可以在上期劳动合同的内容不改变的情况下进行续订。但续订劳动合同不得约定试用期。

劳动合同续订的程序包括：

（1）用人单位发出续订意向。用人单位根据考评情况，在劳动合同到期前做出续订合同与否的决策。如果续订合同，应该在合同到期前30～60天内向员工发出《劳动合同续订意向书》；对于一些关键职位的员工，应该在合同到期前更长的时间内发出《劳动合同续订意向书》。

（2）员工做出续订决定。员工收到用人单位的《劳动合同续订意向书》后，决定是否续订劳动合同。针对用人单位提出的续订条件，员工如果同意续订，则在《劳动合同续订意向书》的回执上签订"同意续订"的意见后将其反馈给人力资源管理部门。

（3）双方协商确认后签订。员工与用人单位双方重新对合同的内容、条款进行协商和信息确认，达成一致意见后，双方签字、盖章，合同成立，续订程序结束。

（四）劳动合同的解除

劳动合同解除是指劳动合同履行过程中，劳动合同期限届满之前，因出现法定的或用人单位与劳动者约定的情形，一方单方通知或双方协商提前终止劳动关系的法律行为。劳动合同解除分为双方协商解除、用人单位单方解除、劳动者单方解除等几种情况。

1. 双方协商解除劳动合同

经劳动合同当事人协商一致，劳动合同可以解除。双方协商解除劳动合同的条件：一是双方自愿，二是平等协商，三是不得损害另一方利益，四是双方达成解除劳动合同的书面协议。

2. 用人单位单方解除劳动合同

具备法律规定的条件时，用人单位享有单方解除权，无须双方协商达成一致。用人单位单方解除劳动合同有以下三种情况：

（1）随时解除，即因劳动者的过失，用人单位单方解除劳动合同。一般适用于因劳动者不符合录用条件或者严重违纪、违法的情形。根据《劳动法》第25条及有关规定，劳动者有下列情形之一的，用人单位可解除劳动合同：①在试用期间被证明不符合录用条件的；②严重违反劳动纪律或用人单位规章制度的；③严重失职，营私舞弊，对用人单位利益造成重大损害的；④被依法追究刑事责任的；⑤劳动者同时与其他用人单位建立劳动关系，对完成本单位工作任务造成严重影响，或经用人单位提出，拒不改正的；⑥劳动者违反《劳动合同法》相关规定致使劳动合同无效的。

（2）须预告的解除，即用人单位应当提前30日以书面形式通知劳动者本人方可解除合同。根据《劳动法》第26条的规定，劳动者有下列情形之一的，用人单位可解除劳动合同：①劳动者患病或者非因工负伤，医疗期满后，不能从事原工作，也不能从事由用人单位另行安排的工作的；②劳动者不能胜任工作，经过培训或者调整工作岗位，仍不能胜任工作的；③劳动合同订立时所依据的客观情况发生变化，致使原劳动合同无法履行，经当事人协商不能就变更劳动合同达成协议的。

（3）经济性裁员，即用人单位濒临破产进行法定整顿期间或者生产经营状况发生严重困难，用人单位为改善生产经营状况而辞退成批人员。用人单位濒临破产进行法定整顿期间或者生产经营状况发生严重困难，确需裁员20人以上或者裁减人员不足2人但占企业员工总数的10%以上的，应当提前30日向工会或者全体员工说明情况，听取工会或者员工的意见。经向劳动部门报告后，可以裁减人员。用人单位依照该规定裁减人员，又在6个月内录用人员的，应当优先录用被裁减的人员。

在以下情况下用人单位禁止无过错解除员工：①从事接触职业病危害作业的劳动者未进行离岗前职业健康检查，或者疑似职业病病人在诊断或者医学观察期间的；②在本单位患职业病或者因工负伤并被确认丧失或者部分丧失劳动能力的；③患病或者非因工负伤，在规定的医疗期内的；④女职工在孕期、产期、哺乳期的；⑤在本单位连续工作满十五年，且距法定退休年龄不足五年的；⑥法律、行政法规规定的其他情形。

3. 劳动者单方解除劳动合同

具备法律规定的条件时，劳动者享有单方解除权，无须双方协商达成一致。劳动者单方解除劳动合同有以下两种情况：

（1）预告解除。劳动者应当提前30日以书面形式通知用人单位，方可解除劳动合同。劳动者无须说明任何法定事由，只需提前告知用人单位，超过30日，劳动者可以向用人单位提出办理解除劳动合同的手续，用人单位应予办理。同时为防止劳动者滥用这一权利而损害用人单位的利益，《劳动法》规定，劳动者违反该法规定的条件或者违反劳动合同的约定解除劳动合同，或违反劳动合同中应当遵守的保密义务，给用人单位造成经济损失的，应当依法承担赔偿责任。

视频链接：
人社部——单位
解除劳动合同
严禁设置障碍

（2）无须预告的解除。即劳动者无须提前告知用人单位，只要具备法律规定的正当理由，劳动者可随时通知用人单位解除劳动合同，还应对因用人单位的违约行为和侵权行为造成的损失要求用人单位予以赔偿，并有权提请有关机关追究用人单位的行政责任和刑事责任。适用的情形有：①劳动者在试用期内；②用人单位以暴力、威胁或者非法限制人身自由的手段强迫劳动；③用人单位未按照劳动合同约定支付劳动报酬或者提供劳动条件。

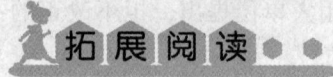

员工提出辞职，就等于办结劳动关系了吗？

五、劳动合同的终止

劳动合同终止是指劳动合同期满或终止合同的条件出现时，用人单位依法与劳动者解除劳动关系的一种法律行为。我国1995年开始实施的《劳动法》对劳动合同的终止只规定了两种情形：法定终止（即劳动合同期满终止）和约定终止（即当事人约定的终止条件出现）。为避免用人单位利用自己的不平等地位随意与劳动者约定劳动合同终止条件而损害劳动者权益及其他考虑，2008年1月1日开始实施的《劳动合同法》取消了劳动合同的约定终止，规定劳动合同只能因法定情形出现而终止，并列举了劳动合同终止的情形，2008年9月18日开始实施的《中华人民共和国劳动合同法实施条例》（以下简称《劳动合同法实施条例》）在此基础上又增加了4种可以终止劳动合同的情形。

（一）劳动合同终止的情况

一是劳动合同期限届满，劳动合同即告终止，这主要是针对有固定期限的劳动合同和以完成一定的工作为期限的劳动合同而言的。

二是当事人约定的合同终止的条件出现，劳动合同也告终止，这种情况既适用于有固定期限和完成一定的工作期限的劳动合同，也适用于无固定期限的劳动合同，劳动合同的这种终止属于约定终止。劳动者在医疗期、孕期、产期和哺乳期内，劳动合同期限届满时，劳动合同的期限应自动延续至医疗期、孕期、产期和哺乳期满为止。

（二）劳动合同终止的条件

根据《劳动合同法》及《劳动合同法实施条例》的相关规定，有下列情形之一的劳动合同终止：

（1）劳动合同期满。劳动合同期满是劳动合同终止的最主要形式，适用于固定期限的劳动合同和以完成一定工作任务为期限的劳动合同。一旦约定的期限届满或工作任务完成，劳动合同通常都自然终止。

（2）劳动者开始依法享受基本养老保险待遇。由于退出劳动力市场的劳动者的基本生活已经通过养老保险制度得到保障，劳动者不再具备劳动合同意义上的主体资格，因此劳动合同自然终止。只要劳动者依法享受了基本养老保险待遇，劳动合同即行终止。

（3）劳动者死亡、被人民法院宣告死亡或者宣告失踪、死亡，意味着劳动者作为自然人从主体上的消灭。当劳动者死亡、因下落不明被人民法院宣告失踪或者宣告死亡后，作为民事主体和劳动关系当事人，无法再享受权利和承担义务，自然也不能继续履行劳动合同，劳动合同当然终止。

（4）用人单位被依法宣告破产、被吊销营业执照、责令关闭、撤销。在劳动合同履行过程中，企业被依法宣告破产、被吊销营业执照、责令关闭或被撤销，意味着企业的法人资格已被剥夺，表明此时企业已无法按照劳动合同履行其权利和义务，只能终止劳动合同。

（5）用人单位决定提前解散。因公司章程规定的解散事由出现、股东会或者股东大会决议等原因，用人单位提前解散的，其法人资格便不复存在，必须终止一切经营和与经营业务有关的活动，原有的债权债务关系包括与劳动者的劳动合同关系，也随主体资格的消亡而消灭。

（6）自用工之日起一个月内，经用人单位书面通知后，劳动者不与用人单位订立书面劳动合同的，用人单位应当书面通知劳动者终止劳动关系。

（7）用人单位自用工之日起超过一个月不满一年未与劳动者订立书面劳动合同，有证据证明劳动者不与用人单位订立书面劳动合同的，用人单位应当书面通知劳动者终止劳动关系。

（8）劳动者达到法定退休年龄的，劳动合同终止。

（9）以完成一定工作任务为期限的劳动合同因任务完成而终止。

（10）法律、行政法规规定的其他情形终止。

（三）合同解除、终止的经济补偿

经济补偿是劳动合同依法解除或者终止后，用人单位依法向劳动者支付的补偿劳动者因失去就业岗位所遭受的经济损失的费用。

从解除来看，除了劳动者主动协商解除、劳动者单方无过错解除和用人单位单方过错解除外，用人单位都应支付经济补偿。一般情况下经济补偿按照劳动者在本单位工作的年限，每满一年支付一个月工资的标准向劳动者支付。六个月以上不满一年的，按一年计算；不满六个月的，向劳动者支付半个月工资的经济补偿。

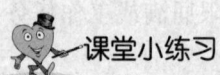 课堂小练习

职工辞职，如何向其追索培训费

林某是一家三星级酒店的厨师，2021年12月林某进入该酒店时与酒店签订了为期三年的劳动合同。2022年年初，酒店经过调查后发现港式口味的菜肴市场前景很好，于是酒店派遣林某到香港一家厨艺学校进行为期三个月的培训。在这三个月期间酒店照常发给林某基本工资，同时为林某在香港的培训支付了培训费32000元。林某回到酒店后推出的一系列港式菜肴果然给酒店带来了可观的经济效益。2023年1月林某向酒店提出要提前解除劳动合同。酒店与林某经过多次协商，林某仍然坚持要离开。在林某与酒店签订的劳动合同中约定提前解除劳动合同的乙方须承担违约金10000元。林某愿意交纳10000元违约金，但对酒店提出的支付培训费32000元的要求不同意。

思考：酒店向林某追索培训费的做法是否合法呢？

分析提示：

根据中国的相关法律法规，酒店向林某追索培训费的合法性取决于劳动合同中的具体约定以及相关法律法规的具体规定。

1. 合同约定：首先需查看林某与酒店签订的劳动合同中关于培训费用的具体条款。如果合同中有明确约定，例如在员工接受专项培训后需为酒店服务一定年限，否则需按比例或全额赔偿培训费用，则酒店有权依据合同条款追索培训费。关键在于确定合同中是否有关于服务年限、违约责任等具体约定，以及这些约定是否符合法律规定。

2. 《中华人民共和国劳动合同法》规定：根据《中华人民共和国劳动合同法》第二十二条规定，用人单位为劳动者提供专项培训费用，对其进行专业技术培训的，可以与该劳动者订立协议，约定服务期。劳动者违反服务期约定的，应当按照约定向用人单位支付违约金。违约金的数额不得超过用人单位提供的培训费用。用人单位要求劳动者支付的违约金不得超过服务期尚未履行部分所应分摊的培训费用。

3. 服务期与分摊计算：假设林某与酒店约定了服务期为三年，由于林某在培训后仅服务了一年即提出离职，剩余两年未完成服务期。因此，按照法律规定，林某需支付的培训费应为未履行服务期部分所应分摊的费用，即32000元÷3年×2年＝21333.33元（约数）。

4. 违约金与培训费的区分：林某愿意支付的10000元违约金与酒店追索的培训费是两个不同的概念。违约金通常用于补偿因提前解除合同给对方造成的直接经济损失或其他损失，而培训费的追索则是基于专项培训的成本回收。两者可以同时适用，但总计金额不应超出法律允许的范围。

综上所述，酒店向林某追索培训费的做法在符合上述法律框架及合同约定的前提下是合法的，但追索金额需合理计算，且与违约金分开考虑。林某应按法律规定和合同约定支付相应的培训费用分摊部分，而非酒店提出的全部培训费用。酒店应通过协商或法律途径合理解决此争议，确保双方权益得到平衡保护。

拓展阅读

违反培训协议而辞职，如何确定赔偿金额？

公司付费培训的结果真的是哑巴吃黄连？

项目三 劳动争议处理

一、劳动争议的概念与特征

劳动争议，是指劳动关系的当事人之间因执行劳动法律法规和履行劳动合同而发生的纠纷，即劳动者与所在单位之间因劳动关系中的权利义务而发生的纠纷。各国对劳动争议的处理一般有专门立法，我国劳动争议处理的专门立法是2007年年底颁布的《中华人民共和国劳动争议调解仲裁法》（以下简称《劳动争议调解仲裁法》）。

劳动争议的内容范围比较广，涉及劳动关系的方方面面。在我国，根据《劳动争议调解仲裁法》的规定，劳动争议的范围主要包括六个方面：①因确认劳动关系发生的争议；②因订立、履行、变更、解除和终止劳动合同发生的争议；③因除名、辞退和辞职、离职发生的争议；④因工作时间、休息休假、社会保险、福利、培训以及劳动保护发生的争议；⑤因劳动报酬、工伤医疗费、经济补偿或者赔偿金等发生的争议；⑥法律法规规定的其他劳动争议。

劳动争议与其他社会关系纠纷相比，具有下述特征：

（1）劳动争议的当事人是特定的。劳动争议的当事人就是劳动关系的当事人，即一方为企业，另一方为劳动者或其团体，并且只有存在劳动关系的企业和劳动者或其团体才有可能成为劳动争议的当事人，而其他纠纷的当事人则不具有这个特点。

（2）劳动争议的内容是特定的。劳动争议的标的是劳动权利和劳动义务。劳动权利和劳动义务是依据劳动法律法规、劳动合同、集体合同等确定的。因此，劳动争议在一定意义上说是因实施劳动法而产生的争议，如就业、工资、工时、劳动条件、保险福利、培训、奖惩等各个方面，内容相当广泛。凡是以劳动权利义务之外的权利义务为标的的争议都不属于劳动争议。

视频链接：
新闻——穿短裤上班被解雇，劳动争议案件日趋复杂

（3）劳动争议有特定的表现形式。一般的社会关系纠纷表现为争议主体劳动关系管理之间的利益冲突，其影响范围通常局限在争议主体之间，而重大的集体劳动争议、团体劳动争议除可表现为一般劳动关系纠纷的形式外，有时还会以消极怠工、罢工、示威、请愿等形式出现，涉及面广，影响范围大，甚至超越事发地区，有的甚至造成国际性影响。

视频链接：
新闻——劳动争议案中，用人单位败诉比例超过四成

二、常见劳动争议的类别

劳动争议按照不同的标准，可划分为以下几种。

（一）按照劳动争议当事人人数多少的不同

按照劳动争议当事人人数多少的不同，可分为个人劳动争议和集体劳动争议。个人劳动争议是劳动者个人与用人单位发生的劳动争议；集体劳动争议是指劳动者一方当事人在3人以上，有共同理由的劳动争议。

（二）按照劳动争议的内容不同

按照劳动争议的内容不同可分为：因履行劳动合同发生的争议；因履行集体合同发生的争议；因企业开除、除名、辞退职工和职工辞职、自动离职发生的争议；因执行国家有关工作时间和休息休假、工资、保险、福利、培训、劳动保护的规定发生的争议等。

（三）按照当事人国籍的不同

按照当事人国籍的不同可分为国内劳动争议与涉外劳动争议。国内劳动争议是指中国的用人单位与具有中国国籍的劳动者之间发生的劳动争议；涉外劳动争议是指具有涉外因素的劳动争议，包括中国在国（境）外设立的机构与中国派往该机构工作的人员之间发生的劳动争议、外商投资企业的用人单位与劳动者之间发生的劳动争议。

（四）按照劳动争议的客体不同

按照劳动争议的客体不同可分为履行劳动合同争议、开除争议、辞退争议、辞职争议、工资争议、保险争议、福利争议、培训争议等。

三、劳动争议的预防

积极响应党的二十大关于构建和谐劳动关系的号召，员工关系管理专业人员和人力资源管理部门要不断提升酒店的人力资源管理水平，加强与员工的沟通机制，建立有效的协商对话平台，及时解决员工关切的问题，建设积极和谐的员工关系，营造相互尊重、理解和支持的工作氛围，预防各种劳动争议。

第一，要根据《劳动法》《劳动合同法》《劳动争议调解仲裁法》《劳动合同法实施条例》等相关法律法规的要求，梳理企业现有的规章制度，特别是要对一些不完善甚至与国家法律法规冲突的管理制度进行修改、完善。

第二，在员工关系管理实践中，严格按照国家相关法律法规的规定执行，加强劳动合同管理，做好劳动合同的订立、续订、变更、终止和解除工作。

第三，积极构建和谐的员工关系。员工关系管理人员要清楚地了解员工的需求欲望，与员工进行良好的沟通。这种沟通应更多地采用柔性的、激励性的、非强制的手段，从而提高员工满意度，支持组织其他管理目标的实现。提升员工关系诊断水平，强化日常员工管理，及时化解员工的抱怨和不满，构建良好的员工关系。在员工关系管理中，做好员工的心理疏导工作，促进劳动关系和谐，有助于预防劳动争议的发生。

第四，建立健全企业劳动争议调解委员会。通过推行企业内部的调解制度，尽最大可能将劳动争议的苗头扼杀在企业内部。企业劳动争议调解委员会的调解工作，往往可以使劳动争议不出企业就及时妥善地得到化解，把劳动争议消灭在萌芽状态。

四、劳动争议的解决途径

根据《劳动争议调解仲裁法》，劳动争议的处理主要包括协商、调解、仲裁、诉讼。

（一）协商

协商是指劳动关系双方当事人采取自治的方法解决纠纷，根据劳动争议当事人的合意或者团体协议，双方进行磋商和讨论来解决争议。通过协商方式自行和解，是双方当事人应首先选择的解决争议的途径，也是解决争议过程中可以随时采用的途径。协商解决是以当事人自愿为基础的，不愿协商解决或经协商不能达成一致的，当事人可以选择其他方式。

（二）调解

调解是指由调解组织或法律规定的第三者调停争议，以帮助双方达成协议为目的，进行劝说和解决问题的过程。调解分为劳动争议调解委员会的调解和劳动争议仲裁委员会的调解两类。前者是自愿性的，即由当事人决定是否提请劳动争议调解委员会调解；后者是强制性的，即只要向劳动争议仲裁委员会申请仲裁，就必须先进行调解。这也是一项工作制度，一般经调解不成的，才进行裁决。

经调解达成协议的，制作调解协议书。自劳动争议调解组织收到调解申请之日起十五日内未达成调解协议的，劳动者可以依法申请劳动仲裁。经过调解达成的调解协议书并没有强制执行的效力，但一方违反调解协议的，另一方可以根据该协议进行仲裁或者诉讼。该调解程序并非法定必要程序，劳动者与用人单位在发生劳动争议后，也可以直接申请劳动仲裁。

（三）仲裁

仲裁是指劳动争议仲裁机构依法对争议双方当事人的争议案件进行居中公断的执法行为，其中包括对案件的依法审理和对争议的调解、裁决等一系列活动或行为。劳动争议仲裁委员会由劳动行政机关代表、工会代表和企业主管部门代表组成，三方代表应当人数相等，并且总数必须是单数，委员会主任由同级劳动行政机关负责人担任，其办事机构为劳动行政机关的劳动争议处理机构。

1. 劳动仲裁程序前置原则

劳动者与用人单位发生争议纠纷，通常情况下不能直接向人民法院起诉，应当先向有管辖权的劳动争议仲裁委员会申请劳动仲裁。

2. 仲裁时效

仲裁时效是指权利人向仲裁机构请求保护其权利的法定期限。当事人应当在知道或者应当知道自己的权利被侵害之日起一年内向劳动争议仲裁委员会申请劳动仲裁。劳动关系存续期间因拖欠劳动报酬发生争议的，劳动者申请仲裁不受前述规定的仲裁时效期间的限制；但是，劳动关系终止的，应当自劳动关系终止之日起一年内提出。

3. 管辖

仲裁管辖范围通常情况下是由劳动合同履行地或者用人单位所在地的区劳动人事争议仲裁委员会管辖。

4. 申请和受理

申请劳动仲裁应当提交书面仲裁申请书和相关的证据材料，并按照被申请人人数提交副本。

5. 开庭和裁决

劳动争议双方当事人应当按照仲裁庭送达的开庭通知所载明的时间到达指定的地点进行庭审。劳动者在仲裁过程中有权进行质证和辩论。质证和辩论终结时，首席仲裁员或者独任仲裁员应当征询劳动者的最后意见。

仲裁庭裁决劳动争议案件，应当自劳动争议仲裁委员会受理仲裁申请之日起四十五日内结束。案情复杂需要延期的，经劳动争议仲裁委员会主任批准，可以延期并书面通知当事人，但是延长期限不得超过十五日。逾期未作出仲裁裁决的，当事人可以就该劳动争议事项向人民法院提起诉讼。

(三) 诉讼

当事人对仲裁裁决不服的，可以自收到仲裁裁决书之日起十五日内向人民法院提起诉讼，期满不起诉的，裁决书发生法律效力。这里需要注意的是：劳动者或用人单位一旦提起诉讼，仲裁裁决书将不发生效力。因此，劳动者在提起诉讼时应当再次列明全部诉讼请求，以便法庭对全案进行审查后，针对全部诉讼请求作出判决。在用人单位不服仲裁裁决向法院提起诉讼的情况下，虽然用人单位未全部列明仲裁程序中劳动者的全部仲裁请求，人民法院在审理时也应当对全案进行审理，并在判决主文中明确用人单位对劳动者应承担的具体义务，不能仅表达为驳回用人单位的诉讼请求。

法院审判劳动争议的最大特点在于它的处理形式的严肃性、权威性及其法律效力。企业劳动争议的法律诉讼一般包括以下五个阶段。

（1）起诉、受理阶段。起诉是指争议当事人向法院提出诉讼请求，要求法院行使审判权，依法保护自己的合法权益。诉讼请求要尽可能详细，明确被告，说明要求被告承担何种义务等；同时，要尽可能多地提供争议发生的时间、地点、争议经过等情况和有关事实根据以及相应的法律文书等。

受理是指法院接收争议案件并同意审理。法院在对原告的起诉进行审查以后决定是否受理。对决定受理的案件，法院要在规定的时间内通知原告和被告；对决定不受理的案件，法院也应在规定的时间内通知被告，并尽量说明理由。当然，对法院裁定为不受理的案件，原告可以上诉。

（2）调查取证阶段。法院的调查取证除了对原告提供的有关材料、证据或仲裁机构掌握的情况、证据等进行核实之外，还要对争议的有关情况、事实进行重点调查，包括查明争议的时间、地点、原因、后果、焦点问题以及双方的责任和态度等。法院的调查取证要尽可能对各种证据进行仔细、认真地收集和核实。

（3）进行调解阶段。法院在审理企业劳动争议案件时，也要先行调解。法院的调解以双方当事人自愿为基础，不得强迫调解。法院调解成功的，要制作法院调解书。法院调解书要由审判人员、书记员签名，并加盖法院的印章；法院调解书在双方当事人签收后具备法律效力，当事人必须执行。法院调解不成或法院调解书送达前当事人反悔的，法院应当进行及时判决。

（4）开庭审理阶段。开庭审理是在法院调解失败的情况下进行的，这一阶段的活动主要有法庭调查、法庭辩论和法庭判决等。法庭调查主要是由争议当事人向法庭陈述争议事实,并向法庭提供有关证据;法庭辩论一般按照先原告后被告的顺序由双方当事人及其代理人对争议的焦点问题进行辩论;法庭判决是在辩论结束以后,由法庭依法作出判决。法庭判决要制作法庭判决书,法庭判决书要在规定的时间内送达当事人。

(5)判决执行阶段。法庭判决书送达当事人以后,当事人在规定时间内不向上一级法院上诉的,判决书即行生效,双方当事人必须执行。当事人不服一审判决的,有权向上一级法院上诉。

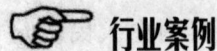

员工在餐厅就餐时受伤,能否认定为工伤

家住昆明市五华区的朱女士自2023年4月起,就在五华区一家酒店务工,岗位为保洁员,并签有两年的劳动合同。在酒店的规章制度和劳动合同中明确规定保洁员的工作分为早(上午6点至下午2点)、中(下午2点至晚上10点)、晚(晚上10点至第二天早上6点)三个班次,每班8小时,由酒店提前安排。午餐和晚餐由单位统一免费提供,就餐地点为员工餐厅,就餐时间规定为半小时。10月的一天,正值朱女士上早班,在午餐时间当其走进员工餐厅打好饭菜后,即将走到餐桌前准备就餐时因餐厅地面打滑,不慎滑倒。朱女士刚开始未出现任何不适的感觉,直到下午下班回家后,才感觉腰部疼痛难忍,随后到医院进行检查,被诊断为腰部轻度受伤。一个月后,朱女士拿着3000多元的医药费票据,找到酒店负责人要求认定工伤,酒店拒绝,朱女士愤然提起劳动争议仲裁。

思考:朱女士在员工餐厅就餐时受伤,能否认定为工伤?

分析提示:工伤认定有工作时间要素、工作场所要素、工作原因要素、主观过错要素等。在本案中,朱女士的就餐时间和就餐地点,都是由酒店按照其工作岗位特点,统一做出的安排,并受单位规章制度的约束,均不是朱女士的个人行为。结合以上分析,朱女士在员工餐厅就餐,可以被认定为工伤。

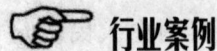

某酒店派小王参加培训,培训费用为3万元,酒店与小王签订了培训协议,该培训协议约定,服务期为3年,无论小王在服务期内何时提出辞职,都必须一次性向酒店支付违约金5万元。

思考:小王在培训结束1年后,向酒店提出辞职,小王是否应该向酒店支付5万元的违约金?

分析提示:该协议至少存在两处问题:第一,违约金大于培训费用,超出的2万元,法律不予支持;第二,有效的3万元违约金应按3年分摊。也就是说,如果小王工作满一年后辞职,就只需支付违约金2万元。

法律对劳动者违反培训服务期约定向酒店承担支付违约金的数额是有规定的，即约定违反服务期违约金的数额不得超过酒店提供的培训费用，违约时，劳动者所支付的违约金不得超过服务期尚未履行部分所应分摊的培训费用。

炒掉怀孕隐婚者
单位为何不违法

休息日加班可以用补休
代替加班费吗？

项目四　劳务派遣

一、劳务派遣的概念

劳务派遣，又称劳动派遣、劳动力租赁是指由派遣机构与派遣劳工订立劳动合同，由派遣劳工向要派企业给付劳务，劳动合同关系存在于派遣机构与派遣劳工之间，但劳动力给付的事实则发生于派遣劳工与要派企业之间。劳动派遣的最显著特征就是劳动力的雇用和使用分离。劳务派遣也叫作人事外包或者人才租赁等。

实行劳务派遣后，实际用人单位与劳务派遣组织签订《劳务派遣合同》，劳务派遣组织与劳务人员签订《劳动合同》，实际用人单位与劳务人员签订《劳务协议》，用人单位与劳动人员之间只有使用关系，没有聘用合同关系。劳动者与其工作的单位不是劳动关系，而是与另一人才中介等专门单位形成劳动关系，再由该人才机构派到用人单位劳动，用人单位与人才机构签订派遣协议。

二、劳务派遣的种类

（一）完全派遣

由派遣公司承担一整套员工派遣服务工作，包括人才招募、绩效评价、报酬和福利、安全和健康等。

（二）转移派遣

有劳务派遣需要的企业自行招募、选拔、培训人员，再由派遣公司与员工签订《劳动合同》，并由派遣公司负责员工的报酬、福利、绩效评估、处理劳动纠纷等事务。

（三）减员派遣

减员派遣指企业对自行招募或者已雇佣的员工，将其雇主身份转移至派遣公司。企业支付派遣公司员工派遣费用，由派遣公司代付所有可能发生的费用，包括工资、资金、福利、各类社保基金以及承担所有雇主应承担的社会和法律责任。其目的是减少企业固定员工的数量，增强企业面对风险时候的组织应变能力和人力资源的弹性。

（四）试用派遣

这是一种新的派遣方式，用人单位在新员工试用期间将其转至派遣公司，然后以派遣的形式试用，其目的是使用人单位在准确选才方面更具保障，免去了由于选拔和测试时产生的误差风险，有效降低了人事成本。

三、劳务派遣的优点

劳务派遣越来越受到外资企业、优势企业和国有大企业的欢迎，主要劳务派遣给企业带来了以下优点。

（一）有利于降低招聘成本

通过劳务派遣输入员工，招聘工作完全可由劳务公司来完成，或者由劳务公司来完成招聘中的大部分工作，这样可以减少很大一笔招聘开支。

（二）有利于降低培训成本

通过劳务派遣输入员工，用人单位可以同劳务公司一起完成新员工的岗前培训工作，而劳务公司也愿意配合此项工作。在此项工作中用人单位用较少的人力、财力就可以完成培训工作并达到工作要求。

（三）有利于降低薪酬支出

通过劳务派遣输入员工的薪酬低支出，往往用来作为一种激励制度来体现。派遣员工（又称劳务工）经过努力工作或工作表现优秀的，可以转为正式员工（直接与用人单位签订劳动合同的员工），这也是国家政策的趋向，而在实际用工中劳务工与正式员工工资和福利待遇确实存在差异。劳务工除正常工资、年终双薪及法定的福利外一般不享受正式员工的福利及奖励。

（四）有利于规避裁员的风险

一旦用人单位在激烈的市场竞争中由于种种原因导致人力资源使用数量上的裁减，如果是存在劳动关系的员工必然引起劳动关系的解除，这种解除无论在程序上还是在经济补偿方面都有一定的法律强制性规定，而对于劳务派遣人员，用人单位可以用提高管理费或双方约定支付一定的补偿金作为条件与劳务公司在劳务派遣协议中约定由劳务公司去承担由裁员而产生的大部分经济赔偿责任，从而达到转移风险的目的。

(五) 有利于规避或防范其他劳动保护方面的风险

由于劳动者的无过错行为导致劳动合同或特殊劳动关系的解除（如因不胜任工作、非因工疾病原因等）可能导致对其他员工产生负面影响，专业劳务派遣机构（劳务公司）的专业性和对劳动法律的熟悉性，可以有效地帮助用人单位摆脱上述困境，或风险在发生之前就由于有相应的防范措施而得到了化解。

(六) 其他优点

劳务派遣也是合法避税的一种手段。其有利于用人单位人力资源部门职能的变化，使用人单位把主要精力放在人力资源开发上，放在提升企业核心竞争力上，从而实现人力资源的有效运用及合理配置；也有利于增强用人单位的用人灵活性和劳动法律保护对其制约的束缚性。

四、劳务派遣中的权利和义务

(一) 劳务派遣单位的义务

（1）劳务派遣单位应当与被派遣劳动者订立两年以上的固定期限劳动合同，按月支付劳动报酬；被派遣劳动者在无工作期间，劳务派遣单位应当按照所在地人民政府规定的最低工资标准，向其按月支付报酬。

（2）劳务派遣单位应当将劳务派遣协议的内容告知被派遣劳动者。

（3）劳务派遣单位不得克扣用工单位按照劳务派遣协议支付给被派遣劳动者的劳动报酬。

（4）劳务派遣单位不得向被派遣劳动者收取费用。

（5）劳务派遣单位违反法律规定，给被派遣劳动者造成损害的，与用工单位承担连带赔偿责任。

(二) 用工单位的义务

（1）用工单位不得向被派遣劳动者收取费用。

（2）执行国家劳动标准，提供相应的劳动条件和劳动保护。

（3）告知被派遣劳动者的工作要求和劳动报酬。

（4）支付加班费、绩效奖金，提供与工作岗位相关的福利待遇。

（5）对在岗被派遣劳动者进行工作岗位所必需的培训。

（6）连续用工的，实行正常的工资调整机制。

（7）用工单位不得将被派遣劳动者再派遣到其他用人单位。

(三) 劳动者的权利

（1）被派遣劳动者享有与用工单位的劳动者同工同酬的权利。用工单位无同类岗位劳动者的,参照用工单位所在地相同或者相近岗位劳动者的劳动报酬确定。

(2) 被派遣劳动者有权在劳务派遣单位或者用工单位依法参加或者组织工会,维护自身的合法权益。

(3) 被派遣劳动者可以依法与劳务派遣单位解除劳动合同。

(四) 用工单位和劳务派遣单位的权利

用人单位拥有依法将劳动者退回劳务派遣单位的权利,劳务派遣单位拥有依法与劳动者解除劳动合同的权利。

项目五　数字化劳动关系管理

一、数字化劳动关系管理的概念

有效的劳动关系管理可以提高员工满意度,减少劳动争议,提高生产效率,然而,传统低效、对立的劳动关系管理方法却与其目标背道而驰。或许,数字化技术的出现会成为提高劳动关系管理效率和效果的一个契机。数字化劳动关系管理是指使用数据分析、人工智能、机器学习等技术来强化和优化劳动关系管理的过程,它旨在通过智能化的方式来管理劳动关系,提高劳动关系的效率、公平性和透明度,降低劳动争议和劳动关系风险,从而提高员工满意度和忠诚度,提高企业的整体竞争力。以下是数字化劳动关系管理的特点。

(一) 数据驱动

数字化劳动关系管理借助数据分析和机器学习算法来分析劳动关系数据,从而识别趋势和模式,预测劳动关系风险。

(二) 智能化

人工智能和机器学习算法在劳动关系管理中的应用主要体现在劳动关系管理流程的自动化转型,如在劳动合同签署及变更、劳动关系预测和预警等相对固定的劳动关系管理工作中,流程的自动化可以节约很多人力、物力在常规流程中的损耗,进而提升劳动关系管理的整体效率和准确性。

(三) 个性化

数据分析和机器学习算法可以帮助我们提供个性化的劳动关系管理服务,特别是员工关系管理服务。例如,根据员工的需求和行为提供个性化的员工发展计划。

（四）透明化

通过提供劳动关系数据的实时监控和分析结果，可以提高劳动关系管理的公开程度，一方面可以加强劳动关系管理的合规性，另一方面通过透明化的劳动关系管理，可提高员工的公平感知，从而提高员工的工作满意度。

二、数字化劳动关系管理的内容

（一）劳动数据收集及预处理

数字化技术和工具可以帮助我们收集与员工相关的劳动关系基础数据和劳动风险数据，如员工基本信息、工作环境、事故记录、聘用及违约记录等。然后，对收集到的数据进行整理与归类，再从数据中提取有价值的特征，如员工年龄、工作经验、工作事故等，从而为劳动关系管理提供基础的数据支撑。

（二）劳动争议和劳动事故预测、预警及防范

AI可以通过分析大量的劳动争议和劳动事故数据，预测和防范劳动争议和劳动事故等风险，如预测员工的伤害风险、事故风险和争议风险等，并提前采取预防措施，从而减少劳动事故和伤害的发生，降低企业的法律风险。

（三）劳动关系智能分析

我们可以通过分析大量的员工数据和劳动关系数据，识别企业劳动关系的趋势和模式，提供科学的劳动关系分析结果。例如，通过分析员工的行为和情感状态，预测员工流失的风险，并提供个性化的干预措施，帮助企业减少员工流失。此外，还可以对劳动关系进行深入分析，帮助企业了解员工的需求和期望，从而制定更加有效的人力资源策略。

（四）自动化劳动关系流程

机器学习和自然语言处理算法可以帮助我们实现劳动关系全流程的自动化，如自动处理员工请求、自动发送劳动关系信息等。还可以智能化劳动合同的管理，例如，自动化合同的生成、审查和执行，减少了劳动争议的可能性，也提高了劳动关系管理的效率和准确性。

虽然数字化技术和工具在劳动关系管理中的应用为我们带来了诸多便利，但是仍存在一些风险和挑战，如劳动风险数据可能包含员工的隐私信息，所以我们需要采取相应的措施来保护数据隐私。

三、数字化劳动关系管理的应用案例

☞ 行业案例

某连锁酒店的数字化劳动关系管理实践

某酒店是一家大型连锁企业，拥有近万名员工。如此大规模且分散的员工，要管理起来可不是容易的事。该企业过去的劳动关系管理方法是基于纸质文件和人工处理的，效率低、错误率高。为了提高劳动关系管理的效率和效果，该企业决定实施数字化技术赋能战略。

首先，该企业建立了劳动关系数据分析平台，用于收集和分析员工数据，如员工满意度、员工流失率等。该平台可以提供实时数据分析，帮助企业更好地理解员工需求和期望。

其次，该企业构建了人工智能系统，用于自动化劳动关系管理的常规任务，如员工信息更新、劳资管理等。该系统提高了劳动关系管理的效率和准确性。

最后，该企业布局了云计算平台，用于存储和管理员工数据，提供了更加安全和可靠的数据存储和管理方式。

五年后，数字化技术的应用提高了该酒店集团劳动关系管理的效率和效果，例如，员工满意度提高了 20%，员工流失率降低了 15%，并且累计有效防范劳动争议风险 102 起。

【课后实作任务】

说明：此任务有一定难度，但对于提升学生对数字化办公工具及技术在人力资源管理中的应用能力具有较大提升作用。建议教师可将此项目设置为加分项，不做硬性要求，但鼓励有能力的同学组队挑战完成该任务。

任务名称	自动化办公在员工管理中的运用	
小组名称		小组成员
任务说明	运用 Excel、Access 或腾讯智慧表格等办公软件，设计一个简单的员工关系管理系统，尝试整合员工花名册、职业生涯管理、劳动关系管理、考勤记录、人事仪表盘等多方面功能	
任务要求	1. 认真考虑一个酒店所涵盖的部门和员工类型及其需要的人力资源管理系统，思考需要在哪些信息上设置预警功能 2. 基于上述思考，设计简单的酒店员工管理系统，并尝试使用公式、链接等多种工具优化系统，实现初步自动化的功能	

续表

任务名称	自动化办公在员工管理中的运用	
小组名称		小组成员
任务成果	设计出简单的酒店员工管理系统	
任务设计的目的	使学生能回顾酒店人力资源管理各主要模块的任务，能应用常用的办公软件进行员工管理系统的简单开发设计及应用，以提高数字化工具在人力资源管理中的应用实践能力	
任务考察的知识点	人力资源全体系管理、自动化办公在员工管理中的运用等	
任务实施建议	1. 常见的较为简单的开发工具包括但不限于 Excel 内置函数、Visual Basic、SQL 等，同学们可以在社交媒体上初步探索，并进行简单尝试 2. 围绕该目标，思考应设计哪些关键环节和内容 3. 可以访谈酒店 HR 工作人员或学长学姐，结合网络收集更多参考资料	
其他补充说明	1. 工具相对完整，包含酒店人力资源管理应涉及的要素 2. 工具设计合理，符合酒店管理的现实，具有可操作性 3. 工具设计方案具有创新性，并非全盘照搬网络上其他员工管理工具	

【课后练习测试】

一、单选题

1. 以下哪一项不属于劳动关系的内涵？（　　）

A. 劳动关系是为实现劳动而形成的

B. 劳动关系是由多方参与形成的

C. 劳动关系的基本性质是社会经济关系

D. 劳动关系是雇佣关系

2. 以下哪一项不是劳动关系中的参与主体？（　　）

A. 第三方组织

B. 劳动者/员工

C. 用人单位

D. 政府

3. 下面关于劳动关系与劳务关系的说法，哪一项是错误的？（　　）

A. 劳动关系具有长期性和稳定性，劳务关系具有临时性、不固定性和流动性

B. 两者依据的法律都是《中华人民共和国劳动法》

C. 劳务关系的主体在立法上则表现得比劳动关系更加宽泛

D. 劳动关系中，用人单位和劳动者之间存在隶属关系，劳务关系之中当事人之间是一种平等的关系

4. 以下哪一项不是劳动关系的处理原则？（　　）

A. 劳动权利义务相统一原则

B. 保护劳动者合法权益原则

C. 协商一致原则

D. 劳动法主体利益平衡原则

5. 以下哪一项不是劳动合同订立的原则？（　　）

A. 劳动权利义务相统一原则

B. 合法原则

C. 等价有偿原则

D. 合同主体地位平等原则

6. 以下哪一项不是劳动合同中应该包含的内容？（　　）

A. 合同期限

B. 企业情况介绍

C. 工作内容与时间

D. 劳动报酬和条件

7. 下列哪一项是用人单位在劳动合同中应该履行的义务？（　　）

A. 监督并指导劳动者在用人的单位的工作行为

B. 定期开展与劳动者之间的谈话

C. 合同结束时及时告知劳动者

D. 提供劳动安全卫生保护

8. 在以下哪一种条件下，属于用人单位对劳动者的无因解除？（　　）

A. 劳动者不能胜任工作，经过培训或者调整工作岗位仍不能胜任工作的

B. 劳动者严重违反用人单位的规章制度的

C. 用人单位因自身的经济原因、经营原因而解除劳动合同的

D. 劳动合同订立时所依据的客观情况发生重大变化，致使劳动合同无法履行

9. 以下哪一项不是劳动合同终止的条件？（　　）

A. 劳动者在医疗期长时间无法康复

B. 劳动合同期满

C. 劳动者死亡或被人民法院宣告死亡或者宣告失踪、死亡

D. 用人单位被依法宣告破产、被吊销营业执照、责令关闭、撤销

10. 以下哪一项不是劳动争议的解决途径？（　　）

A. 调解 B. 强行终止
C. 劳动仲裁 D. 诉讼

11. 数字化劳动关系管理的有效运用可以（　　）。

A. 减少公司在与员工劳动纠纷中赔偿损失

B. 提高劳动关系的效率、公平性和透明度

C. 有效制订人才培训计划和后备人才储备计划

D. 建立健全企业人力资源培养机制

12. 以下哪一项不是数字化劳动关系管理的特点？（　　）

A. 智能化 B. 个性化
C. 扁平化 D. 透明化

13. 以下哪项是利用数字化技术进行员工劳动关系管理的一个实例？（　　）

A. 使用微信与员工沟通入职管理事宜

B. 通过电子邮件发送工资条

C. 减少劳动关系相关法规条款对公司员工关系管理的限制

D. 实施电子劳动合同系统，在线签署和管理合同

二、判断题

1. 劳动合同的主体是劳动者和用人单位。（　　）

2. 用人单位如果仅在招工启事、广告、简章中介绍自身情况，并发出招工信息，并未就合同主要内容给予说明，该行为可以算作有效要约。（　　）

3. 承诺必须由受要约人本人在有效期内做出，且应当完全接受要约条款，如果接受的意思与要约不一致而改变了要约的实质性内容，则只能视为反要约，不构成有效承诺。（　　）

4. 当酒店对产品、经营方式等进行相应调整时，劳动合同就可能因签订条件的改变而发生变更。（　　）

5. 当用人单位未按照劳动合同约定提供劳动保护或者劳动条件损害劳动者权益的情况下，劳动者必须提前十天通知用人单位解除合同。（　　）

单选题答案

1. D；2. A；3. B；4. C；5. A；6. B；7. D；8. C；9. A；10. B

11. B；12. C；13. D

判断题答案

1. √；2. ×；3. √；4. √；5. ×

【课后复习总结】

1. 劳动关系的主体包括哪些？

2. 劳动关系与劳务关系的区别。
3. 订立劳动合同的程序是什么？
4. 劳动合同的内容包括什么？
5. 劳动合同解除的方式有哪些？
6. 劳动争议的处理途径有哪些？
7. 劳动派遣对于企业的优点是什么？

【课后案例分析训练】

2022年12月16日，32岁的王女士通过某酒店各管理层领导人员面试，担任该酒店财务部财务助理工作。据王女士介绍，面试过程中双方曾经口头商定，试用期一个月，一个月内签订劳动合同并办理社会保险，底薪3600元。其间加班，酒店给付加班费，出满勤给付满勤奖。入职后，作为3名财务之一的王女士几乎天天加班2~3小时，每周只休息一天，其间王女士从来没有请过假，也没有迟到或者早退。

通过了一个月的试用期后，王女士并没有得到书面合同，酒店没有给其办理入职手续，致使她一直没有考勤记录。2023年2月下旬，王女士得知酒店公开向社会招聘并面试财务助理。王女士表示，2022年12月酒店只发给她1500元工资，2023年1月份的工资酒店拖延至2月25日才开出，而且金额与原定有差异，并以没有考勤记录为由，未发满勤奖和加班费。酒店也一直未与其签订劳动合同，王女士于2023年2月底辞职。

2023年2月28日，王女士以该酒店违反《劳动合同法》有关规定，向用人单位所在区劳动争议仲裁委员会申请仲裁，要求酒店支付双倍工资。但由于王女士未能提供相关证据，未被受理。王女士遂起诉至用人单位所在区人民法院，要求被告酒店支付其每月双倍工资补偿。

思考：

该酒店在用工的过程中，有哪些违反《劳动法》的行为？王女士是否应该被酒店赔偿？赔偿的标准应为多少？

第十章

新趋势：业务伙伴式人力资源管理

中国管理哲学：合作共赢的战略思维

【典型思想及核心理念】

《易经》："二人同心，其利断金"强调合作的重要性，这与党的"合作共赢"理念契合。

儒家思想："君子和而不同"体现伙伴关系的包容性。

【人力资源管理启示】

人力资源管理部门不是"救火队员"，与业务部门也不是管理与被管理的上下级关系，其应成为业务部门的战略伙伴，共同推动企业高质量发展。

【课前导入】

真的要和人力资源部说再见了吗？

1996年，托马斯·斯图尔特（《哈佛商业评论》前总编）在世界著名的财经杂志《财富》上，用近乎"刻薄"的笔调撰文称"炸掉人力资源部"。他在文章中称人力资源部为官僚机构，毫无客户导向的服务意识。他认为，在高度自动化系统的协助下，人力资源职能的大部分将被外包。

他向业界提出，人力资源职能中，如员工服务（退休咨询、离职后新工作介绍、重新安置）、信息系统与运营、培训，甚至绩效管理、薪酬福利设计等都具有外包潜力。

这样做可以为企业节约成本，同时减少责任、规避风险。

无独有偶，2005年，基思·哈蒙兹在美国最具影响力的商业杂志之一《快公司》杂志上撰文，向人力资源从业者发难，这篇文章产生了与斯图尔特的文章同样大的反响，观点被很多学者引用。他在文章中将HR（人力资源）丑化为一股黑暗的官僚主义力量，称其只会盲目地实施在员工看来荒谬的政策制度。此外，他认为HR拒绝创新，对于员工提出的建设性的变革意见，HR往往起着阻碍的作用。他进一步陈述了人力资源从业者的"四宗罪"：罪行一，人力资源从业者论天资不是公司中最聪明的人。罪行二，人力资源从业者追求效率大过创造价值。罪行三，人力资源从业者代表企业的利益在工作。罪行四，人力资源从业者经常隔岸观火。

【本章课前思考】

1. 为什么会有这些关于人力资源管理部门的负面评价？
2. 传统人力资源管理是否面临新的变革？

分析提示："不谋全局者不足以谋一域，不谋万世者不足以谋一时"，企业都在不断自我革新，人力资源管理作为企业管理中最具有挖掘潜力的工作，更需要进行持续的管理创新与变革。

【本章教学目标】

知识目标

1. 了解传统人力资源管理在当前存在的弊端，以及当前酒店人力资源管理面临的挑战
2. 掌握现代人力资源管理的发展趋势

技能目标

1. 能够描绘业务伙伴式人力资源管理的模型图并阐述其含义
2. 能够阐述酒店人力资源三支柱的功能

德育目标

1. 培养跟踪行业及学术前沿的学习习惯，洞察行业发展前沿及趋势
2. 培养洞察管理变革及研判趋势的管理能力
3. 培养顺应趋势、审视自我并调整个人职业发展规划的应变能力

【本章知识导图】

事物的发展是螺旋式的，人力资源管理界一直在不断自省、自我超越、螺旋式发

展。人力资源管理已经实现了从智能化人力资源管理发展到战略人力资源管理，再到人力资本价值增值管理阶段的蜕变。为了展示人力资源管理领域的最新研究成果和发展趋势，本章将系统介绍业务伙伴式人力资源管理这种新模式以及其在酒店业的应用。

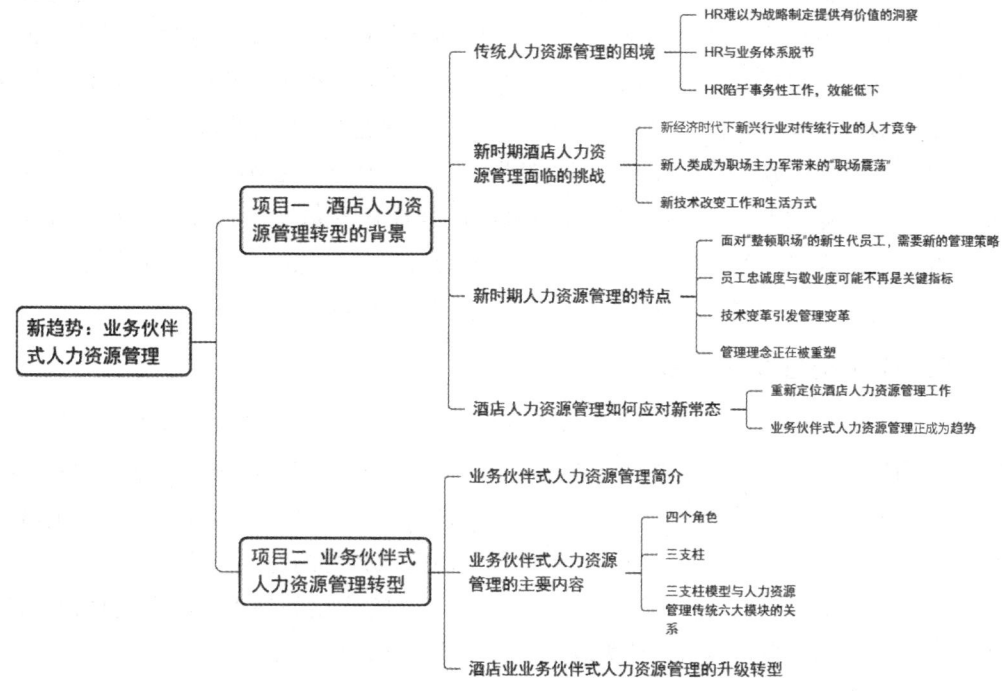

项目一　酒店人力资源管理转型的背景

党的二十大以来，从国家到地方，各行各业都将"高质量发展"作为新时期转型升级的重要方向。在过去的 100 多年间，人力资源这一职业可以说是历经冷眼、敷衍、赞赏、鼓励，以及被赋予更大责任等各式态度的变化。当人力资源方面潜藏的优势被忽视，从而未能充分发挥其价值时，人力资源从业者和学术界都开始思考和探究人力资源管理的困境和转型问题，实现人力资源管理的革新与高质量发展，真正让其为组织的高质量发展赋能。

一、传统人力资源管理的困境[①]

传统的人力资源管理所面临的困境可以概括为："上"不能支撑战略，"下"与业务

---

① 马海刚，彭剑锋，西楠. HR + 三支柱 [M]. 北京：中国人民大学出版社，2023.

体系脱节，"左"无法正确面对员工，"右"无法服务于内部客户。具体表现在以下几个方面。

（一）HR 难以为战略制定提供有价值的洞察

现实实践中，传统的人力资源管理更加强调招聘、培训、绩效等职能，而对流程迭代、文化变革、组织活力提升、领导力开发等职能却重视不够，缺乏这些方面的知识和经验积累，导致人力资源管理对战略制定起到的支撑作用有限，有的甚至与企业战略"两张皮"，徒增了企业内耗。这是其他业务部门常常抱怨人力资源部门的症结之一。因此，渐渐地，人力资源部的地位和作用受到质疑。人力资源部、财务部、法务部同为职能部门，但命运竟然差别很大。法务部门可以从全球化的角度为企业的并购、海外上市、产品境外风险控制等战略扫除障碍。财务部门可以从量化的角度为企业提供现状诊断和前景预判。但 CEO 们可能较少愿意倾听来自人力资源部门的意见。

（二）HR 与业务体系脱节

HR 在思考机制、制定政策或建立流程时，通常会陷入自身的专业深井中，把工具和方法论用到极致，却容易忽视产出的结果是否匹配业务部门的需求。传统人力资源管理即使进入战略人力资源管理阶段，也只是从传统的招聘、培训、绩效等方面转向战略与文化层面，而核心的人力资源政策制定过程依旧是从自身的专业角度提出。如果非要说有什么变化，那就是人力资源部的政策戴上了与战略联结的帽子，因而更具权威性、强制性，但业务部门执行时依旧认为政策缺乏对业务的理解和灵活性。

（三）HR 陷于事务性工作，效能低下

招聘经理 40% 的时间会想招什么样的人，60% 的时间用于行政事务工作。腾讯几年前做了一个招聘经理工作内容统计，一名招聘经理最大的价值是找到人才，跟用人部门沟通和权衡，找到吸引人才的方式方法。但现实可能是，招聘经理在这些应发挥最大价值的事情上所投入的精力还不到 50%。那么，他的其他精力都投到哪儿了？都投到与有价值的事情关系不大但必须做的事情上了，也就是事务性工作。而当 HR 陷入无休止的事务性工作时，根本无法将精力聚焦在能产生价值的事情上时，整体效能自然低下。

二、新时期酒店人力资源管理面临的挑战

中国经济进入新的时代后，经济发展结构与态势都与之前有着极大不同，这种新常态涉及以下三个方面：新经济、新人类、新技术。

（一）新经济时代下新兴行业对传统行业的人才竞争

在经济增速总体放缓的大局势下，经济结构性内部呈现出堪称剧烈的调整，传统行业与新经济体对市场的抢夺、重新定位，导致相当多的传统企业一落千丈。例如，电商对零售超市、百货商店及商铺的影响；再加上中国大力发展互联网经济，很多新兴行业

均得到了较快的发展。这种新经济形态的出现，影响了人才的流向，新兴行业吸引了大量传统行业人才，年轻人更倾向在新兴行业就业，如从事电商，在淘宝开店，等等。这使得包括酒店行业在内的传统行业人才的选择面变得更加窄小。

（二）新人类成为职场主力军带来的"职场震荡"

新人类指的是在新社会中成长的"90后""00后"人群。这些人的社会语言与之前有很大的差异。显著不同于老成持重、吃苦耐劳的"70后"员工，新生代员工接受了更好的教育，有着更强的经济基础，他们自我意识非常强烈，更加注重个人利益和个人感受，渴望一种和谐、平等、自由、宽松、民主、包容的工作环境，不太喜欢也不太适应复杂的人际关系，不希望别人对自己的干涉和管理，甚至对团建之类的集体活动也明确表示排斥。

一方面，他们初生牛犊不怕虎，有张扬的个性和新锐的价值观，"努力工作，尽情享受"，渴望着快速地成功、成长和自我实现，敢于推陈出新，不拘一格，为职场带来一股新风。另一方面，他们恣意任性，我行我素，反对加班，甚至给钱也不加班。如果被迫加班，就可能会用法律手段来维权等。这些变化正在不断冲击着现有的管理方式，让单位的管理者备受挑战，很多管理者甚至感觉他们在无理取闹和无厘头。此外，他们也更热衷于寻找自我认同、更乐于当粉丝、追求个性、看重参与感；同时，喜欢晒幸福、晒心情、等待被"点赞"。无论 HR 愿意或不愿意，这些新人类已逐渐成为职场主力军，他们的特点也势必会深远影响企业的管理理念和管理模式。

👉 行业案例

"裸辞"的"80后"，"闪辞"的"90后"[①]

一位前台接待员很伤心地来到酒店人力资源总监的办公室，说她很想离职，不想上班了。人力资源总监看状忙安慰及了解原因。

事因是这样的：今天上班时，该员工正在忙着给宾客办理入住手续，突然被财务以坚定的语气叫到办公室，要求其对昨天不清楚的账目给予解释，并且被不客气地训斥，该员工委屈得哭了，便不想上班，要请假。人力资源总监问她为什么要请假，她回答说今天没有心情上班。该员工称如果心情不好这个理由不充分，她可以去医院看病并开请假建议单，如果不被批准，她就辞职。

人力资源总监称，辞职也可以，但得将今天的班次完成。该员工称，今天她就是不想上班，她宁愿违反酒店规定，即使被开除也没有关系……

[①] 孔秋英. 创新现代酒店人力资源管理 [M]. 广州：广东旅游出版社，2017.

思考：
1. "90后""00后"的性格特征如何，其需求是什么？
2. 如何管理新人类已成为管理界的新挑战，对此，你怎么看？

分析提示： 网上流行一个段子："老板不听话"竟然是"00后"跳槽的主要理由之一。是不是感觉有些莫名其妙，荒诞不经？数据显示，51%的"00后"会因为与上级关系不融洽而选择离职，说明他们真的会因为"老板不听话"就离职。新生代员工的这些特点，当下管理者可能会不喜欢。但是，新生代员工成为职场主力军是一种趋势，谁也无法回避和阻挡。企业管理唯有顺应趋势，调整管理方式，方可赢得新生代员工主力军。

（三）新技术改变工作和生活方式

当今社会科学技术一日千里，特别是信息技术深远影响了各行各业。信息的流动给我们带来一个"零成本社会"，让人们可以更加容易且快捷地获得各类信息，并且成本极低。新技术的出现不仅改变了酒店的对客服务、酒店对员工的态度，也改变了酒店的管理模式。

有人称这个时代为"流变时代"，是因为"流"是有规律的，如水往低处流，"流"后面再加一个"变"字，非常形象地描述了这个时代的特征。可以说流变时代正是由新经济、新人类、新技术这三种力量所形成的。这是一个各方面对人力资源管理都会产生影响的年代，新的经济形势产生新的人力资源需求，人力资源管理从业人员是否已知晓并已做好准备去应对？

人力资源很丰满，现实却很骨感

我们经常听到众多大人物对人力资源管理地位的肯定与重视，对于企业人力资源部门的地位，我们经常听到这样的声音，如：

人力资源部门负责人在任何组织中都应该是第二号人物。

——GE（通用电气公司）前总裁杰克·韦尔奇

但是，更多的情况，我们听到的是这样的声音：

墨西哥的一次有5000名管理者参加的大会上，有人提问谁认为人力资源管理者的地位与CFO（首席财务官）等同，结果仅50人举手，即与会者数量的1%，这让提问者十分惊讶。

GE（通用电气公司）前总裁杰克·韦尔奇非常看重人力资源管理，但人力资源部门总是忙、茫、盲。

——某服务公司的CEO

CFO 可以清楚地说明自己的价值，但 HR 说不清，业务发展很快，HR 总是在拖后腿。

——某上市公司的 CEO

人力资源部门是衙门，欠缺服务意识，又得罪不起。

——某电力公司业务主管

我刚刚才搞清楚，原来薪酬不是财务部门的事，是人力资源部门的事。我想录用一个有 4 年工作经验的人才，但 HR 要求至少具有 5 年工作经验才能获得这个职位，否则要走批特流程，最后我嫌麻烦放弃了，这种事情经常发生。

——某高科技公司的业务主管

社会上存在两种不同的对企业人力资源部门地位的看法，既有认为极其重要的，也有不认同这个观点的，两种看法都能在现实当中找到各种案例来佐证，谁也说服不了谁，两种观点共存。

我们不妨回头看看我们所处的酒店行业。如果你向你所在酒店的总经理提问：人力资源是否重要？得到的答案几乎是一致的——当然重要！总经理解释道，招聘很重要，因为招到合适的员工才能保证酒店员工的稳定和高质量的管理、服务水平；员工关系很重要，因为只有满意的员工才会有满意的宾客；酒店培训很重要，因为它是员工成长的基本保证；等等。这些都是对人力资源工作的赞赏。然而现实中，酒店人力资源面临现实问题有：

①酒店有多少位总经理是由人力资源晋升的？
②酒店人力资源经理的薪资和其他同等级别部门的是否一样？
③当酒店人力资源部门与其他部门发生冲突时，总经理维护的是哪个部门？

当然这些问题可以解释为酒店人力资源部门没有发挥其应有的功能和作用，从而没有获得相应的提升及重视。但如果私底下和一些酒店管理人员进行沟通，他们却呈现出另一种"真情流露"。

酒店总经理说：

从一个运营者的角度思考人力资源部门，感觉人力资源部门还是很重要的。但相比业绩，人力资源部门是重要但不紧急的，而公司最核心的任务是活下来！

酒店业务部门经理称：

站在一个业务部门经理的角度而言，我最核心的工作不是人力资源，而是要完成业绩指标，要做好每个项目，说实话我觉得人力资源部的存在就是在发工资，其他所有的工作都是我们自己完成。我最讨厌填写这个表那个表，感觉在浪费时间！

酒店资深人力资源经理谈道：

当前酒店人力资源的专业性越来越强，但在实际工作中，我发现这种专业优势很多时候并没有起到积极的作用。这些人会花很多时间把自己负责模块的管理工具和技巧琢磨得更加完美，却不屑于考虑业务部门的现实需求。很多时候拿出去的东西让业务部门摸不着头脑，不但无法帮助业务部门实现目标，反而会增加各个业务部门之间的矛盾。

从以上言论中，我们似乎可以看到，酒店人力资源被正在边缘化，酒店人力资源在自娱自乐……

（材料引自孔秋英《创新现代酒店人力资源管理》）

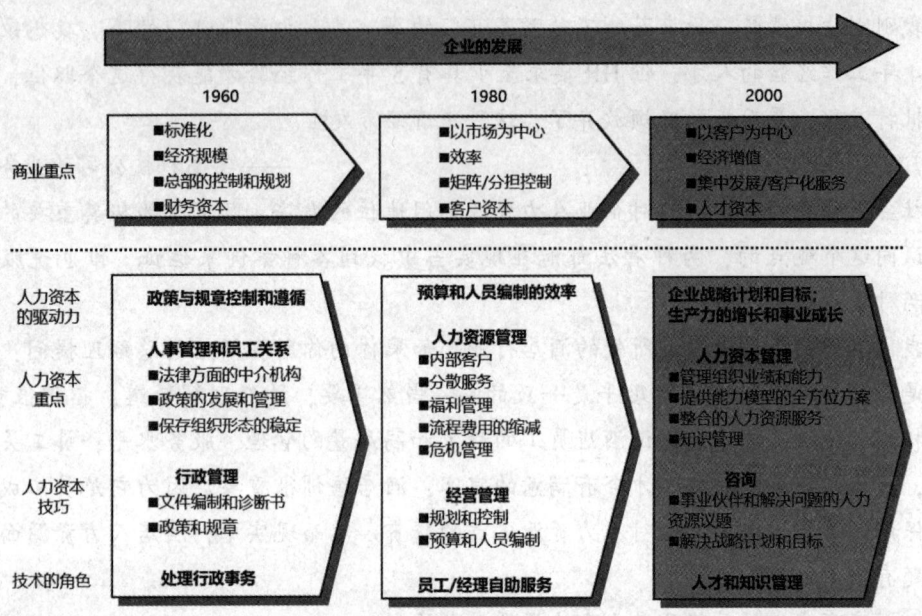

图10-1 人力资源管理发展趋势

人力资源管理，自问世以来就是一直处于发展变化之中。概括地讲，人力资源管理经历了四次转型变革：人事管理、人力资源管理、人力资源管理战略、由外而内的人力资本管理。每个阶段的模式与侧重点不尽相同。

三、新时期人力资源管理的特点

（一）面对"整顿职场"的新生代员工，需要新的管理策略

新生代"不差钱"员工真实到来。他们被称为是来"整顿职场"的一代人。之前一直提及员工发展、薪资待遇和管理方式等是员工稳定的重要因素。对于新生态群体而言，薪资待遇不再是最重要的因素。因为相比起艰苦环境中长大的"60后""70后"而言，这一代人经济条件较好，或者不再像之前那样看重金钱。那么，根据员工的不同需求在对其所采取的管理方式当中，薪资管理的工具和策略就需要相对应地做出调整。

微课视频：
争夺"00后"实习生，酒店方式该焕新啦

(二) 员工忠诚度与敬业度可能不再是关键指标

过去的人力资源管理强调员工的忠诚度和员工满意度。很多企业以提供工龄津贴的方式来增加员工的稳定性。其实，工龄津贴对新生代员工来说可能并非如此重要。而且，以前认为员工忠诚度是衡量员工绩效的重要指标，但现在的现实却是，员工可能越来越少关注忠诚度了。毕竟，VUGA 时代下，变化是常态。同样地，员工敬业度也呈下降的态势。

☞ **行业数据**

据前程无忧发布《2022 新生代员工职场现状调研报告》显示，"80 后"的第一份工作平均 3 年半一换，"90 后"则是 19 个月，"95 后"更是缩减到 7 个月。在入职 1 年以内的新生代人群中，已有 35% 的员工拥有两段及以上的工作经历。由此可见，随着时代发展，职场人第一份工作的平均在职时间呈现出代际显著递减趋势。此外，"拒绝画饼""WLB"（Work Life Balance）、"搞钱"等词成为"00 后"员工口中的高频词。显然，他们的自我性更明显，个性释放和自我价值的实现是一个重要的心理诉求。

企业总希望员工能不计报酬、不计较加班时间、起早摸黑努力工作、员工视企业为自己的、将企业的所有事情都当成自己的事情、以企业为家，等等。而现在这种精神正在减弱。不少新生代员工清醒地意识到：事情是永远做不完的，累坏的是自己的身体，做出的成绩是老板的，老板解雇员工时是无情的，企业无法给员工提供长期稳定的职业保障，甚至企业自身都无法保障其长期稳定地发展。那么，这样的时代下，人力资源管理该如何应对？

(三) 技术变革引发管理变革

1. 碎片时间管理与微时代下的移动互联网学习变革

在互联网时代，现代人在众多的碎片时间里有了更多选择。无论对于工作、生活还是学习来说，碎片时间都是可利用的，如何管理这些碎片时间，成为新时代的重要议题。此外，互联网技术的进步，使学习变得随时随地、触手可及，技术使学习与生活、学习与工作融为一体。现在仍然有相当大部分的企业采用线下公开课程，召集企业各部门人员集中进行培训。这种低效率、高成本的方式正在被颠覆，取而代之的是视频化的微学习、微培训、微分享等以自我学习为主的学习方式，可统称为"E‑Learning"（数字化学习）。

2. 智能机器人替代劳动力

随着中国劳动力红利逐渐消失、人力成本增长、科技进步等，将会有越来越多的行业特别是机械化程度较高的行业使用智能机器人替代人的劳动。企业只需一次性支付一台机器人的采购成本，就可享受机器人不休息、不用加班工资、更不必缴纳各类社会保险等的红利。作为劳动密集型行业的酒店业也不例外。据显示，人力成本在酒店经营成本中占比高达 30%。可以预见到，在未来的微利时代下，越来越多的酒店会选择用机器人来取代部分人力效益低的劳动力岗位。这将给未来的人力资源管理带来新对象和新课题。

3. 人力资源管理跨地区、跨国际化

也许从来没有哪个时代像现在一样实现人才全球化，人才互联共同体与区域一体化，使人才的融合与分享更加频繁。众多国际化的公司都已建立了全球人力资源平台。酒店业作为超级连锁集团型企业，业务遍布全球，其人力资源的区域化和国际化程度更明显。

（四）管理理念正在被重塑

1. 以奋斗者为本，强调价值创造

"以奋斗者为本"是华为企业文化里的重要理念。这种理念强调的就是企业的薪酬待遇要与员工的价值创造密切相关，向价值创造者倾斜。可见，价值创造者比过去越来越得到更多的关注与回报。这就是二八原理在人力资源管理中的体现。掌握公司80%业务量的20%员工不仅得到像之前一样的高薪与高提成，公司还可能为其提供更有吸引力的股权激励制度。

2. 追求人效，强调人力资源的极致效能

"人效"是近几年HR圈里最频繁提及的词，也是企业对人力资源管理部门的新考核指标。在企业普遍进入微利时代与人力成本不断上涨的双重压力下，企业要求人力资源产生更高的效能成果，这种效能成果更直观地体现在经济利益方面。例如，每位员工的平均工作效率、平均每单位薪酬能为企业创造多少收入和利润、这些收入或利润是否比之前更高，等等。

3. 用户思维导向，强调雇主品牌

新时代不再是企业挑选员工，而是员工挑选企业。雇主品牌是企业招聘员工的最后一根救命稻草，什么样的企业就会吸引到什么样的员工。现在的企业需要的不仅是树立其企业品牌、产品品牌，更要树立雇主品牌。首先要让候选人了解到企业能给员工带来什么好处，而不是员工能给企业带来什么好处。企业必须将人才作为客户来对待，让员工在企业里有良好的工作体验，员工才可能贡献更多价值。

思政小课堂

前沿观点——企业是有组织的人类生活2.0版本

以前，在有的国家，企业实行终身雇佣制，但其实在绝大多数国家，企业只是人类有组织生活的一种形态。如果称以前的乡村、部落、氏族为有组织的人类生活1.0版本，那么企业就是有组织的人类生活2.0版本，接下来的社会将会是自由人的自由联合——有组织的人类生活3.0版本。而我们现在也许处在"2.5版本"的状态。理解这一点，对于企业管理者来说，就不必过于纠结员工的敬业度及忠诚度低的问题，而是应该学习如何在更大的社会范围内进行人才共享计划。

四、酒店人力资源管理如何应对新常态

（一）重新定位酒店人力资源管理工作

人力资源管理业界在深深思考：人力资源本身的价值是什么，如何体现这些价值。同样地，越来越多的酒店人力资源管理人员发现其发展空间的瓶颈，其部门渐渐呈现出不受重视的态势。由于酒店面临业绩压力，总经理更关注市场销售及餐饮等部门，没有时间与精力顾及人力资源部门，如果后者与前两者发生争议，总经理会首先考虑的是前者，以稳定业绩。同时，现在酒店人力资源部门比之前更难招聘到足够数量和较高素质的员工，导致各部门对人力资源部门不满意。最后，人力资源部门沦落为只是办理人事手续、打杂的部门。

不仅如此，由于人力成本是酒店最大的成本，当酒店受到业绩的压力时，会将人力作为降低成本优先考虑的板块，由此会出现这种情况：酒店要求后勤部门减少人员甚至降低工资，或要求人力资源部门和其他部门讨价还价，降低其他部门的人力成本，却不愿意自己出面去要求各部门负责人，这样，人力资源部门便被孤立了。这也是很多人力资源经理或总监纷纷离职的原因。

事实上，对酒店人力资源管理常常存在几种误区：误区一，任何人都可以从事酒店人力资源管理工作；误区二，酒店人力资源管理的绩效考核无法量化，所以工作成绩也无法体现；误区三，酒店人力资源管理的工作重点是降低人工成本，但其实其重点应该是提高价值；误区四，人力资源管理工作是落实酒店政策和让员工满意；误区五，人力资源管理工作只是人力资源部门的事情。以上这些认识误区导致人力资源部在酒店的地位每况愈下。

对此，人力资源界也发起了很多讨论，对烦琐的工作进行思考和领悟。大家普遍认为，人力资源部门的新定位应该是：

◇HR 是老板的重要专家和执行助手，第一时间想到你；
◇HR 是战略传导的枢纽环节，第一时间通过你；
◇HR 变革的驱动者和参与者，第一个声音发自你；
◇HR 成为"专业管理"和"专业服务"机构；
◇HR 成为创新中心，不断创造好的 HR 服务产品和解决方案来服务业务；
◇HR 成为业务伙伴的内部专家和战友团队（因为专业，所以互补）；
◇HR 成为业务实现的直接力量，而不是间接力量。

（二）业务伙伴式人力资源管理正成为趋势

从上面的分析可见，新时期对酒店人力资源管理的角色提出了新的要求。人力资源部门需要从以往的后台支持部门走到台前，与业务部门紧密合作，为提升企业价值共同做出贡献。如果不能以动态的角度来认识人力资源管理的价值，那么人力资源管理势必

成为酒店发展的阻力，难有成就。事实上，酒店人力资源部门的价值体现在哪里呢？

酒店的竞争就是人才的竞争，人力资源部门要想在人才竞争中取胜，就得在人才挑选、人才管理和人才培养方面胜过竞争对手。然而人才挑选、人才管理与人才培养并非酒店人力资源部门力所能及的，需要酒店各部门的配合。而人才竞争是人力资源部门主导的一部永不落幕的连续剧，这就是现阶段酒店人力资源部门的价值所在。

酒店人力资源部门要想获得主导权，就要变人才竞争为业务竞争。在目前酒店行业的竞争态势下，酒店各部门需要人力资源部门更加灵活和更有弹性的支持，支持业务在与对手竞争当中更显优势。还需要人力资源部门更加紧密地配合，成为其他业务部门的业务伙伴。人力资源部唯有和酒店业务部门一起增强其业务筹码去和其酒店竞争对手拼，通过协助业务部门更加关注员工认可、员工发展、员工薪酬，提升员工的效能，从而以更低的成本获取比竞争对手更高的效能，在推动员工发展的同时也推动酒店的发展，方可在酒店内部获得认同。

因此，人力资源部门要想在组织中有稳固的地位和更为长远的发展，就必须寻求一种方式，将自身的专业价值转化为组织的使用价值（见图10-2）。

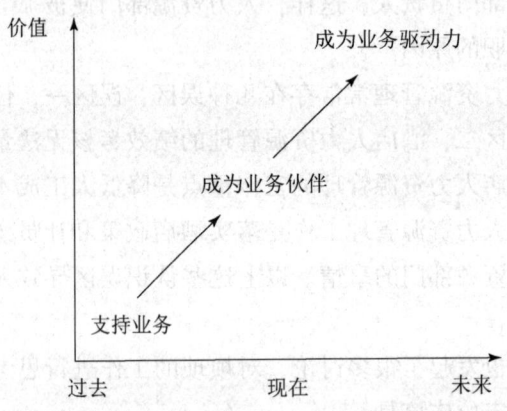

图10-2 人力资源部门的价值定位变化

项目二 业务伙伴式人力资源管理转型

一、业务伙伴式人力资源管理简介

（一）历史沿革与概念

业务伙伴式人力资源管理的概念最早由美国密歇根商学院教授戴维·尤里奇1997年提出。该模型也被称为"人力资源三支柱"模型（也称HR三支柱、HR三驾马车）。即：COE（专家中心）、HRBP（人力资源业务伙伴）和SSC（共享服务中心）。这是对企业人力资源管理组织和管控模式的创新。以三支柱为支撑的人力资源管理体系起源于公司战略，服务于公司业务，其核心理念是通过组织能力再造，让 HR 更好地为组织创造价值。

该模型提出后，由一些全球化公司经过实践证明，有效协助其公司绩效的达成。自 2000 年被引进中国后，其帮助腾讯、阿里巴巴、华为、联想等国内知名企业顺利发展，所以被它们大力推荐。如今，越来越多的企业管理者和人力资源从业者开始关注到 HR 三支柱。

（二）价值理念

该理论强调价值导向的管理理念。对于人力资源部门的价值，通常人们会认为：人力资源部门属于管控部门、统筹部门；人力资源部门是与企业中其他部门同等重要的部门；人力资源部门是既服务又制约的部门；人力资源部门是和财务部一样属于企业宏观全局规划的部门；人力资源部门是权力部门，是"衙门"；人力资源部门是提供支持的后勤部门；人力资源部门是为其他部门提供人力支持的部门；等等。

业务伙伴式人力资源管理模型的价值理念就是，人力资源是各部门的业务伙伴。这种价值理念与现在普遍存在的人力资源管理理念有很大差异。人力资源与企业中其他部门是伙伴关系，不是上下级关系，不是平级关系，也不是平等关系。人力资源部不能再以高高在上的姿态和企业中其他部门的员工讲话，不能要求其他各部门听从人力资源部门否则不给他们招聘新员工、不批准提升工资或职位变动申请、不批准激励方案等。权力或职能倾向的做法并不适合业务伙伴关系，应该用新的视角来理解人力资源管理的价值。

事实上，业务伙伴式人力资源管理模型在被各家企业运用时，呈现出不同的外在组织形态，而不是千篇一律的。但其最重要的，也是被大众所认识的是其内在核心的价值理念。各知名企业的具体应用情况如图 10-3 和图 10-4 所示：

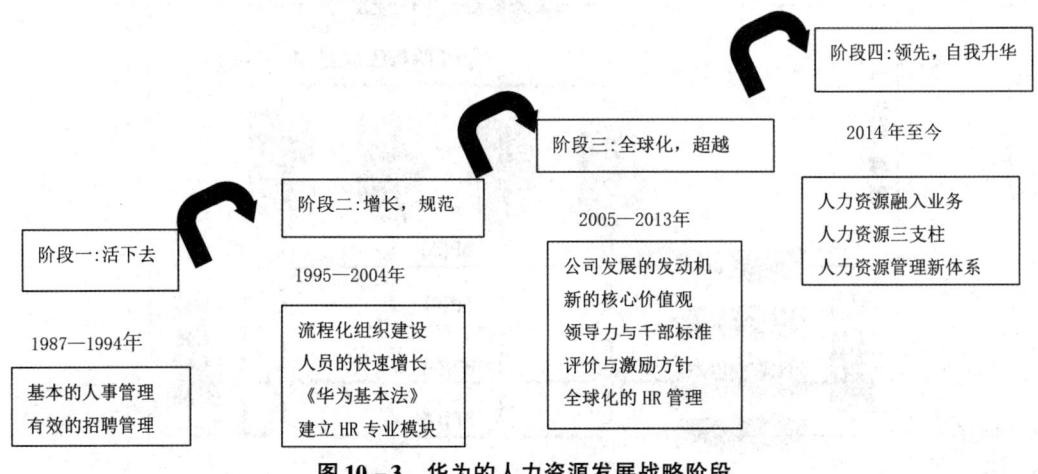

图 10-3 华为的人力资源发展战略阶段

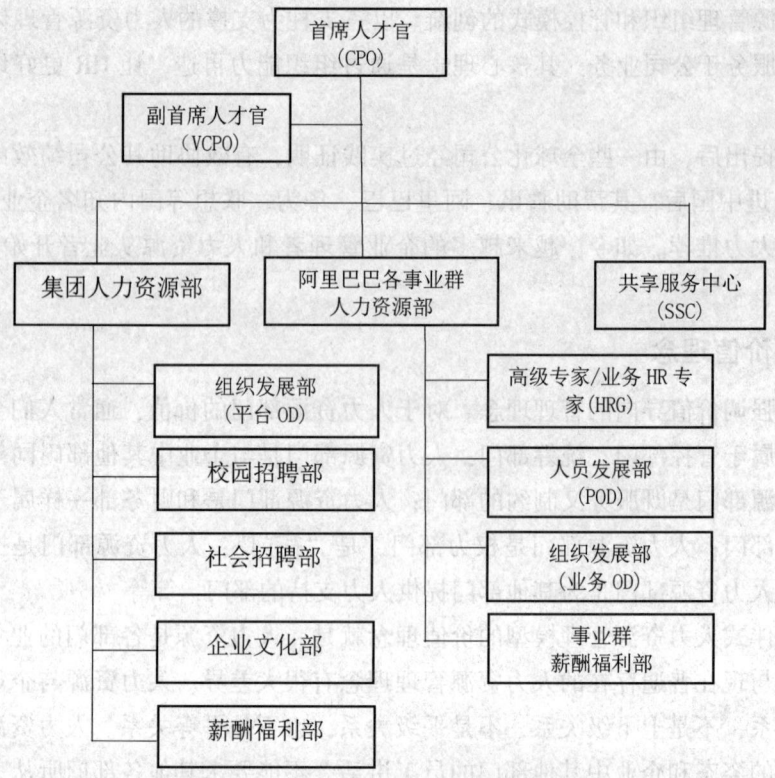

图10-4 阿里巴巴人力资源管理体系

二、业务伙伴式人力资源管理的主要内容

业务伙伴式人力资源管理模型由两个部分组成。其一是"四个角色",其二是"三支柱"。其中,"四个角色"是对人力资源管理的角色进行重新定位。而"三支柱"则是重构了人力资源管理的三项主要职能(见图10-5)。

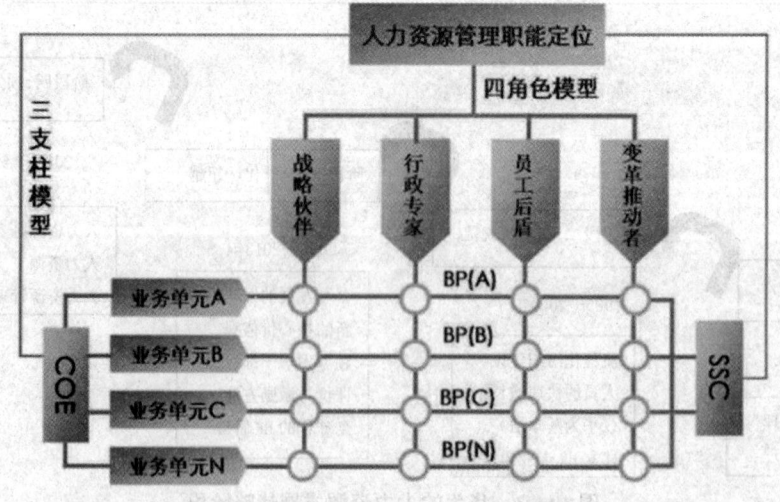

图10-5 业务伙伴式人力资源管理模型

(一) 四个角色

"四个角色"是指人力资源管理部门要扮演四种角色：战略合作伙伴、变革推动者、人力资源管理效率专家、员工支持者（见图10-6）。

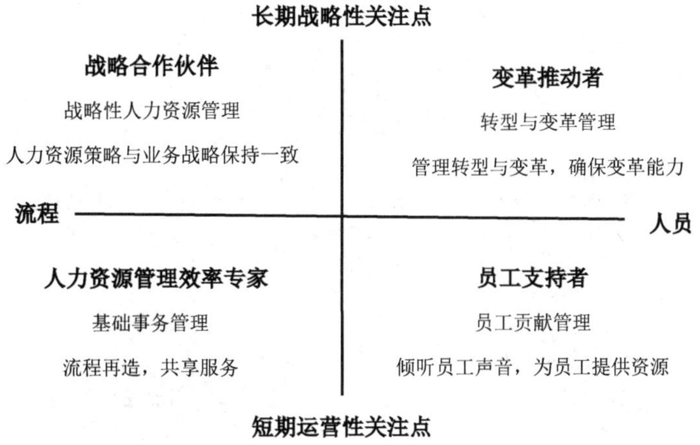

```
                    长期战略性关注点

       战略合作伙伴                    变革推动者
       战略性人力资源管理              转型与变革管理
       人力资源策略与业务战略保持一致   管理转型与变革，确保变革能力
  流程 ─────────────────────────────────────── 人员
       人力资源管理效率专家            员工支持者
       基础事务管理                    员工贡献管理
       流程再造，共享服务              倾听员工声音，为员工提供资源

                    短期运营性关注点
```

图10-6 业务伙伴式人力资源管理模型的"四个角色"

如图10-6所示，这"四个角色"形成纵横坐标轴，既关注长期战略，又关注短期运营；既关注流程，又关注人员。业务伙伴式人力资源管理模型提及"四个角色"，其中两个与长期战略规划有关，它们是战略合作伙伴和变革推动者。这里规划的是业务关系——企业长期战略是什么，配合企业的长期战略的人力资源战略是什么，即人力资源管理战略由企业战略决定，须与企业战略保持一致；而变革推动者是指推动，而不是指主导，两者是有区别的。人力资源扮演的是推动者的角色而不是主导角色，人力资源管理的是转型与变革，确保变革的成效，通过推动变革或管理变革去完成企业的长期战略规划与目标。

业务伙伴式人力资源管理模型同样关注运营，通过流程改造、共享服务等来提升基础事务工作的效率，同时通过倾听员工心声来为员工提供资源，是员工的支持者，从而提升员工的贡献度。

(二) 三支柱

三支柱模型中，专家中心的设计方案、业务伙伴的发现问题、共享服务中心的交付执行三个层面，每一个支柱都具有若干个角色定位。具体如下（见图10-7）：

1. 专家中心（COE）

解释：COE（Centre of Excellence of Expertise）人力资源管理领域专家，指的是精通某一领域的人力资源专家具有战略、专家、变革三个基本角色。

定位：提升公司人力资源政策、流程和方案的有效性，为HRBP服务业务提供技术支持，居于后台。

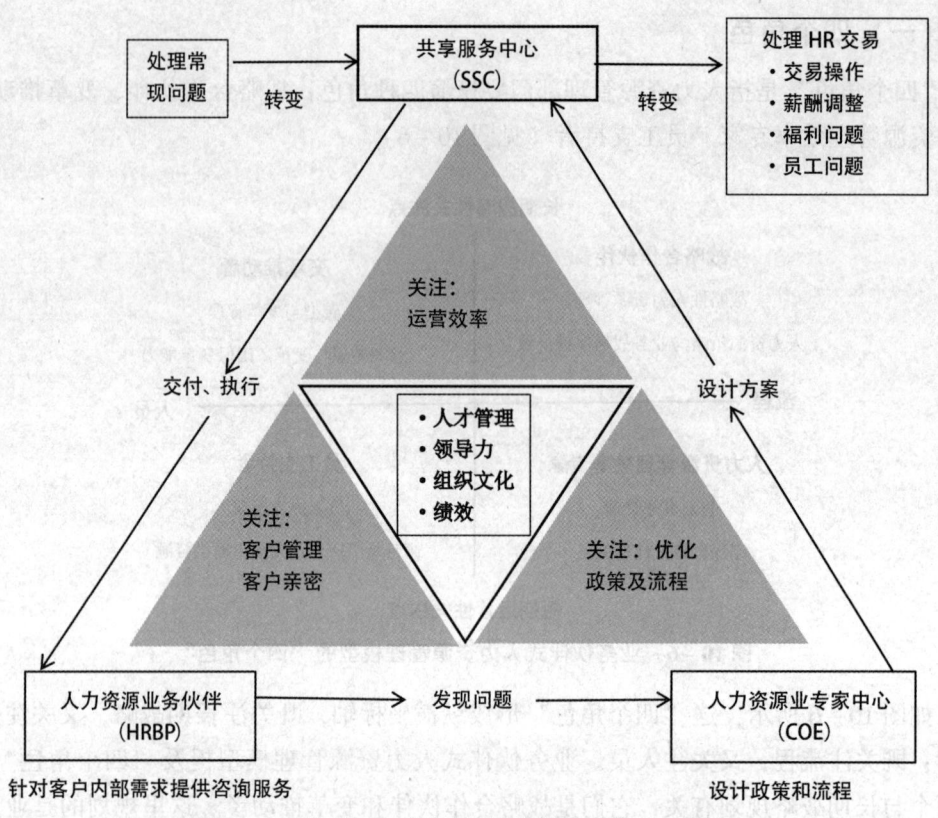

图10-7 业务伙伴式人力资源管理模型的"三支柱"

职责：主要负责顶层设计，对六大模块进行全盘规划与创新，并帮助HRBP解决业务单元的难题，以及指导SSC开展服务活动。关键职责为关于组织人力资源政策、制度和方案的设计者、管控者、技术专家，负责制定人力资源政策、流程和标准，提供专业咨询和支持。在工作关键点方面，专家中心需要密切关注行业动态和最佳实践，不断更新和完善人力资源政策和流程。为企业的长远发展提供战略支持。

2. 业务伙伴（BP）

解释：HRBP（Business Partner），即人力资源业务合作伙伴。作为组织各业务板块的沟通协调小能手、人力资源业务的合作伙伴。

定位：HRBP是派驻到各个业务单元进行HR管理的特派员和指导员，是HR与各板块沟通的桥梁。BP具有支持战略业务、变革推动的基本角色，居于中台。

职责：作为业务伙伴，BP深入各业务部门，了解其业务需求，为业务部门提供定制化的人力资源解决方案，以促进其业务的持续发展。在工作关键点方面，BP需要具备敏锐的洞察力和良好的沟通协调能力，能够准确理解业务需求并提供有效的人力资源支持。既要熟悉HR各个职能领域，又要了解业务需求，协助业务经理更好地使用各种人力资源管理制度与工具。HRBP的出现，标志着人力资源管理从传统的行政事务型向战略业务型转变，对于提升酒店整体绩效和竞争力具有重要意义。

3. 共享服务中心（SSC）

解释：HRSSC（HR Shared Service Centre），即人力资源共享服务中心，指将企业各业务单元中所有与人力资源管理有关的基础性行政工作统一处理。

定位：HR 标准服务提供者，更多地侧重于员工服务支持角色。确保服务交付的一致性，提供标准化、流程化的服务。

职责：负责集中统一处理各业务单元一系列基础日常事务性工作，如员工入职、离职、薪资发放等，统一处理可以提升效率，优化成本，保证质量，如考勤，薪资奖金福利核算与发放、社保和公积金管理、个税申报、人员信息管理、劳动合同管理、入离职手续、新员工培训、员工咨询与投诉等。在工作关键点方面，SSC 需要保证服务的准确性和高效性，确保员工能够得到及时、专业的服务。通过标准化、高效化的服务，降低企业运营成本，提升员工满意度。关键角色包括：员工呼叫中心、HR 流程事务处理中心、HRSSC 运营管理中心（包括质量、内控、数据、技术、供应商管理）。

以上这三个支柱相互依存，共同构成了企业人力资源管理的完整体系。专家、业务与服务三位一体，起源于战略、服务于业务，搭建共享平台，基于战略导向、问题解决、共享平台，持续创造价值，做出成果。

然而，在企业不同的发展阶段中，人力资源三支柱对组织的核心价值也会有所变化。在企业初创期，BP 的作用可能更加显著，他们需要深入了解业务需求，帮助企业快速搭建起适应市场的人力资源管理体系。而在企业成熟期，随着业务规模的扩大和管理的复杂化，专家中心（COE）和共享服务中心（SSC）的作用可能逐渐凸显。此外，由于行业的不同，三支柱的侧重点也会有所不同。

 课堂小练习

> 在不同行业中，人力资源三支柱的偏重和协作主导会有所不同。例如，在高科技行业中，人才是企业发展的核心驱动力，因此专家中心（COE）在人才管理策略的制定和实施方面可能扮演着更为重要的角色。而在传统制造业中，由于员工数量众多，日常事务性工作繁重，共享服务中心（SSC）的作用可能更加突出。
>
> 那么，酒店业的三支柱中，哪个支柱的作用会更突出呢？请写下你的观点。
>
> _____
> _____

总之，人力资源三支柱体系在现代企业中扮演着举足轻重的角色。它们之间的协同工作，使得企业能够根据不同行业和发展阶段的需求，灵活调整人力资源管理策略，实现组织的可持续发展。人力资源三支柱体系通过协同工作、灵活调整和核心价值的发挥，为企业的发展提供了有力的保障。在未来的发展中，企业应继续深化对人力资源三支柱体系的理解和应用，以适应不断变化的市场环境和业务需求，实现企业的可持续发展。

(三) 三支柱模型与人力资源管理传统六大模块的关系

传统的人力资源六大模块与三支柱的内在关系，是横向与纵向交织的关系。人力资源管理传统视角，横向维度一般是指六大模块：人力资源规划、招聘与配置、培训与开发、绩效管理、薪酬管理、劳动关系管理。从纵向维度思考：六大模块中的每一个模块都涉及高层：专家制定政策流程；中层：BP支持业务、HR管理执行；基层：共享服务平台、支持服务（见表10-1）。

传统的六大模块是从人力资源专业职能层面的划分，突出强调的专业分工与技术应用。在实践过程中，人力资源各模块并非单一的，而是综合交错的。而三支柱，则是整合了六大模块的内容，从战略视角、客户服务与共享平台的三个维度来统筹人力资源三大方向。其中整合了高层、中层与基层的职责权限。

表10-1 HR三支柱与职能模块的关系

人力资源系统 人力资源实践	COE	SSC	HRBP
招聘与配置	人才盘点与人才规划；雇主品牌；招聘渠道与资源	内部招聘供应商（简历搜索、评级）；招聘信息系统；数据化人力资源管理	承接COE招聘政策；招聘、猎聘、了解、反映业务侧用人需求
培训与开发	负责培训平台搭建；逐级培训、各专业组培训、领导力培训体系设计；导师制设计；职业发展体系设计	新员工培训；区域共性问题的针对性培训；COE培训计划承接；培训、职业发展信息系统	承接COE培训计划；业务培训需求挖掘与培训实施
绩效管理	牵头组织平衡计分卡（BSC）绩效管理；业内绩效管理最优实践研究；绩效评估方案	绩效评估信息系统	参与业务的关键绩效指标（KPI）设定；绩效评估落地实施；定制化绩效评估方案设计
薪酬福利管理	薪酬调研；薪酬策略；员工固定薪酬与短期激励、长期激励、福利；向业务提供支持；处理SSC升级给COE的员工咨询	录入计算薪酬数据；发薪；解答员工薪酬问询；窗口办事大厅	业务定制化薪酬方案落地
员工关系	员工关系政策及常见问题解答（FAQ）；解决SSC处理不了的员工咨询；任职、离职、异动流程管理；毕业生/实习生接收	员工关系答疑热线；窗口办事大厅；任职、离职、异动办理	承接COE的员工关系政策
人力资源规划	整体方案制定；组织设计；干部管理	数据化人力资源管理	人才诊断，配合业务的组织变革

三、酒店业务伙伴式人力资源管理的升级转型

正如前文所述，酒店人力资源管理在目前中国社会经济新常态下面临种种困扰。到了新的时代，必定需要做出一些调整，才能适应目前形势的要求，确保自己的部门和职业发展在组织中的地位。面向未来的酒店人力资源管理，应该是基于战略视角的、有大格局、大境界的管理者，应当是具有使命与愿景的、富有责任心，并且是专业精进、服务业务、创造更多价值的管理者。

关于酒店业人力资源管理如何转型升级为业务伙伴式人力资源管理模式，曾于多家国际酒店集团任人力资源总监的孔秋英老师专门潜心研究过。在其著作《创新现代酒店人力资源管理》一书中，有过详细的转型操作实施建议，并且提供了转型必备的十大工具。本教材只是简要摘取其中部分观点以对感兴趣的从业者和准从业者有所启发。

（1）首先，转型顺序上，根据酒店业的特点，孔老师建议酒店应先建立共享服务中心。其次，建立人力资源专家中心。最后，再建立业务伙伴中心。

（2）如何组织策划与实施人力资源三支柱的变革？酒店应当具备人力资源转型的前提条件，具有比较规范的人力资源管理基础，初步形成了战略管理的阶段雏形，得到内外部专家的支持，人力资源队伍的专业知识储备充足等。

现已采取业务伙伴式人力资源管理模型的基本是大型企业，鲜有小企业实践的案例。然而，业务伙伴式人力资源管理模型的精华在于其理念与价值，而不是标准的模型。因此，无论企业规模大小，均可采用该模型来实施人力资源管理的变革和转型。针对不同规模的酒店，孔老师建议并给出了不同的转型建议。

【课后复习总结】

1. 酒店业人力资源管理当前面临的挑战有哪些？
2. 为什么说业务伙伴式人力资源管理是酒店 HR 部门转型的趋势？
3. 酒店人力资源管理应如何开始进行业务伙伴式转型？

【课后案例分析训练】

某酒店的 HRBP 变革

随着酒店行业的快速发展和市场竞争的加剧，人力资源管理在酒店运营中扮演着越来越重要的角色。HRBP 作为连接业务部门与人力资源部门的重要桥梁，其角色和职责的变革成为推动酒店业人力资源管理的关键。本案例研究以某酒店集团为例，探讨其 HRBP 变革的背景、过程、成果及对其他酒店企业的借鉴意义。

1. 变革的背景与目标

随着酒店业务的快速扩张和市场竞争的加剧，某酒店集团意识到传统的人力资源管理方式已无法满足业务发展需求。因此，该集团决定实施HRBP变革，以提高人力资源管理的战略性和业务导向性，促进酒店业务的持续发展。变革目标包括：优化HRBP角色和职责、加强组织架构调整和团队协同合作、制定培训与发展计划及能力提升措施、创新绩效管理和激励机制、推动企业文化建设和内部沟通策略等。

2. HRBP角色转变与职责优化

该酒店集团对HRBP的角色和职责进行了重新定义和优化。HRBP被赋予更多的战略和业务导向性职责，如参与制定酒店业务战略、分析人力资源需求、制订招聘和培训计划、协助解决员工关系问题等。同时，HRBP还需要深入了解酒店业务运作，与业务部门保持紧密沟通，共同推动酒店业务的发展。

3. 组织架构调整与团队协同合作

为实现HRBP变革目标，该酒店集团对组织架构进行了相应调整。通过设立专门的HRBP团队，并明确各团队成员的职责和协作关系，以提高团队协同合作能力。此外，还加强了人力资源部门与其他部门之间的沟通与协作，确保人力资源政策在各部门的有效执行。

4. 培训与发展计划及能力提升措施

为确保HRBP具备必要的专业能力和素质，该酒店集团制定了培训与发展计划，以及能力提升措施。通过组织内部培训和外部学习机会，提高HRBP部门人员的战略思维、数据分析能力、沟通协调能力等关键能力。此外，该集团还鼓励HRBP参加专业认证考试和学术交流活动，不断提升自己的专业素养和综合能力。

5. 绩效管理和激励机制创新

在绩效管理和激励机制方面，该酒店集团也进行了创新。通过设定明确的绩效指标和考核标准，对HRBP的工作绩效进行全面评估。同时，引入多样化的激励机制，如奖金、晋升、培训机会等，以激发HRBP的积极性和创造力。

6. 企业文化推动及内部沟通策略

企业文化是推动HRBP变革的关键因素之一。该酒店集团注重培养积极向上的企业文化氛围，鼓励员工勇于创新、追求卓越。同时，该集团还加强了内部沟通策略的制定和实施，通过定期召开员工大会、发布内部通讯等方式，确保员工对HRBP变革的了解和支持。

7. 变革成果评估及后续持续改进措施

经过一段时间的实施和推进，该酒店集团的HRBP变革取得了显著成果。HRBP在促进酒店业务发展方面发挥了积极作用，酒店整体绩效和竞争力得到了提升。然而，变革过程中也存在一些问题和挑战，如部分HRBP对新角色的适应程度不够、组织架构调整不够灵活等。为持续改进和提升HRBP变革效果，该酒店集团将继续加强培训和发展计划、优化组织架构和团队协同合作等方面的工作。

思考：
你认为该集团的 HRBP 变革能获得成功吗？为什么？

分析提示：
本案例研究对其他酒店企业应对未来类似挑战提供了借鉴意义。首先，该酒店集团充分认识到 HRBP 在促进业务发展方面的重要作用，积极推动 HRBP 变革；其次，注重 HRBP 的专业能力和素质培养，通过制定培训与发展计划及能力提升措施来提高 HRBP 的综合素质；最后，还加强了组织架构调整和团队协同合作等方面的工作，以提高整个组织的协同作战能力。

参考文献

[1] 储倍. 酒店人力资源管理——理论、实践与工具 [M]. 武汉：华中科技大学出版社，2021.

[2] 孔秋英. 创新现代酒店人力资源管理——从职能中心到业务伙伴 [M]. 广州：广东旅游出版社，2017.

[3] 马海刚，彭剑锋，西楠. HR + 三支柱——人力资源管理转型升级与实践创新 [M]. 北京：中国人民大学出版社，2017.

[4] 张馨元，等. 酒店人力资源管理实务 [M]. 成都：西南财经大学出版社，2019.

[5] 周亚庆，黄浏英. 酒店人力资源管理 [M]. 北京：清华大学出版社，2019.

[6] 李丽，伍剑琴. 酒店人力资源管理 [M]. 武汉：华中科技大学出版社，2023.

[7] 董克用，李超平. 人力资源管理概论（第五版）[M]. 北京：中国人民大学出版社，2019.

[8] 彭剑锋. 人力资源管理概论（第三版）[M]. 上海：复旦大学出版社，2018.

[9] 《人力资源管理》编写组. 人力资源管理 [M]. 北京：高等教育出版社，2023.

[10] 舒建辉，宋波. 金盾酒店绩效管理——实例与操作 [M]. 武汉：华中科技大学出版社，2017.

[11] Hammer A & Karmakar S. Automation, AI and the future of work in India [J]. Employee Relations, 2021, 43 (6)：1327 – 1341.

[12] 张俊龙. 数字化时代背景下农商行人力资源管理工作的优化分析 [J]. 市场瞭望，2024 (5)：166 – 168.

[13] 刘洪波. 人力资源数字化转型：策略、方法、实践 [M]. 北京：清华大学出版社，2022.

[14] 王崇良，黄秋钧. 当 HR 遇见 AI：用人工智能重新定义人力资源管理 [M]. 北京：人民邮电出版社，2022.

[15] 马海刚. HR + 数字化——人力资源管理认知升级与系统创新 [M]. 北京：中国人民大学出版社，2021.

[16] 萧鸣政. 工作分析的方法与技术（第三版）[M]. 北京：中国人民大学出版社，2010.

[17] 刘婷婷. 人力资源规划与企业可持续发展的关系探究 [J]. 人才资源开发，2023 (19)：79 – 81.

[18] 佟蕾. 大数据时代国有企业人力资源规划问题及对策 [J]. 河北企业，2024 (5)：114 – 116.

[19] 陈谏，黄树辉，陈晶晶. 理才布局：人力资源规划［M］. 北京：电子工业出版社，2014.

[20] 易红燕，曾凡琪，薛兵旺. 酒店人力资源管理［M］. 武汉：华中科技大学出版社，2017.

[21] 刘洪波. 人力资源数字化转型［M］. 北京：清华大学出版社，2022.

[22] 刘凤瑜. 人力资源服务与数字化转型：新时代人力资源管理如何与新技术融合［M］. 北京：人民邮电出版社，2020.

[23] 朱建斌，蔡文. 人力资源管理数字化运营：基于 SAP SuccessFactors［M］. 上海：复旦大学出版社，2022.

[24] 吴怡，霍伟伟，罗文昊. 数字化背景下的战略性人力资源管理［M］. 上海：上海大学出版社，2024.

[25] Tirrel H. Winnen L. & Lanwehr R.（2021）. *Digitales Human Resource Management*. Springer Gabler.

[26] 韩薇. 企业数字化培训应用研究与实施要点分析［J］. 中国市场，2023（34）：191-194.

[27] 周晓春. 数字化时代企业人力资源管理的变革与挑战［J］. 四川劳动保障，2024（2）：86-87.

[28] 陈国权，王婧懿，林燕玲. 组织数字化转型的过程模型及企业案例研究［J］. 管理评论，2021，33（11）：28-42.

[29] 陈建生，吕雅慧，刘卫平，等. 人力资源开发与管理（第2版）［M］. 武汉：华中科技大学出版社，2022.

[30] 靳娟. 数字化人力资源管理［M］. 北京：首都经济贸易大学出版社，2024.

[31] 忻榕，陈威如，侯正宇. 平台化管理：数字时代企业转型升维之道［M］. 北京：机械工业出版社，2019.

[32] 马海刚. HR+数字化——人力资源管理认知升级与系统创新［M］. 北京：中国人民大学出版社，2021.

[33] 孙铭瞬，位瑛瑶. 基于数字化转型的企业绩效管理研究［J］. 商场现代化，2024（10）：95-97.

[34] 冯上帅. 大数据时代下国有企业人力资源管理数字化转型研究［J］. 商展经济，2024（8）：163-166.

[35] 陈春花，徐少春. 数字化加速度：工作方式、人力资源、财务的管理创新［M］. 北京：北京华章图文信息有限公司，2021.

[36] 薄丽娟. 人力资源规划在变革时代的作用和实践［J］. 商讯，2024（8）：175-178.

[37] 彭剑锋. 新一代人工智能对组织与人力资源管理的影响与挑战［J］. 中国人力资源开发，2023，40（7）：8-14.

[38] Minbaeva D. Human Resource Management in Emerging Markets [J]. 2018.

[39] Lengnick-Hall M L, Moritz S. The impact of e-HR on the human resource management function [J]. Journal of labor research, 2003, 24 (3): 365.

[40] Wang L, Zhou Y, Zheng G. Linking digital HRM practices with HRM effectiveness: The moderate role of HRM capability maturity from the adaptive structuration perspective [J]. Sustainability, 2022, 14 (2): 1003.

[41] Adisa T A, Adekoya O D, Abdulraheem I, 等. The Acceptance and Practicality of Digital HRM in Nigeria [M] //HRM in the Global South: A Critical Perspective. Cham: Springer International Publishing, 2022: 347-370.

[42] 钟树春, 吴先用, 李金梅. 职业生涯规划 [M]. 成都: 电子科技大学出版社, 2020.

[43] 李志刚. 旅游企业人力资源开发与管理 [M]. 北京: 北京大学出版社, 2011.

[44] Kathleen M Iverson. 饭店业人力资源管理 [M]. 张凌云, 译. 北京: 旅游教育出版社, 2003.

[45] 伍兹. 饭店业人力资源管理 [M]. 北京: 中国旅游出版社, 2013.

[46] 中国就业培训技术指导中心. 企业人力资源管理师 [M]. 北京: 中国劳动社会保障出版社, 2012.

[47] 徐文苑, 贺湘辉. 饭店人力资源管理 (第2版) [M]. 北京: 清华大学出版社、北京交通大学出版社, 2010.

[48] 荞麦. 高绩效时间管控 [M]. 北京: 人民邮电出版社, 2016.

[49] 刘善仕, 王雁飞. 人力资源管理 [M]. 北京: 机械工业出版社, 2015.

[50] 小比尔·马里奥特, 凯蒂·安·布朗. 毫无保留 [M]. 杭州: 浙江人民出版社, 2016.

[51] Robert H. Woods. 餐旅人力资源管理 [M]. 何珮芸, 黄培文, 编译. 台湾: 鼎茂出版社, 2008.

[52] 约翰 M. 伊万诺维奇. 人力资源管理 [M]. 北京: 机械工业出版社, 2011.

[53] 严伟, 戴欣佚. 旅游企业人力资源管理 [M]. 上海: 上海交通大学出版社, 2011.

[54] 蓝丹妹. W连锁酒店分店总经理胜任力模型构建及招聘应用研究 [D]. 深圳: 深圳大学, 2017.

[55] 赵颖. 一个HRD的真实一年 [M]. 北京: 清华大学出版社, 2016.

[56] 胡友宇, 龚伟, 王光健. 酒店人力资源管理实务 [M]. 北京: 清华大学出版社, 2017.

[57] 赵洪臣. 我是如何在世界500强做HR的 [M]. 北京: 清华大学出版社, 2016.

[58] 李江华. 世界500强人力资源总监是如何炼成的 [M]. 北京: 清华大学出版社, 2014.

[59] 玛丽·L. 谭克原. 饭店业人力资源管理［M］. 徐虹朱, 译. 大连：东北财经大学出版社, 2004.

[60] 赵嘉骏, 招戈, 刘丽. 现代饭店人力资源管理［M］. 北京：中国物资出版社, 2011.

[61] 沈文馥. 饭店人力资源管理［M］. 北京：机械工业出版社, 2015.

[62] 加里·德斯勒. 人力资源管理［M］. 刘昕, 译. 北京：中国人民大学出版社, 2017.

[63] 陈琦, 李玲. 酒店人力资源管理［M］. 上海：上海交通大学出版社, 2018.

策划编辑：段向民
责任编辑：武　洋
责任印制：钱　戍
封面设计：武爱听

图书在版编目（CIP）数据

酒店人力资源管理 / 张馨元，吴雁彬主编；张超等副主编. -- 北京：中国旅游出版社，2024.5

普通高等教育双一流课程精品教材系列　高等职业本科及应用型本科精品教材系列

ISBN 978-7-5032-7339-1

Ⅰ.①酒… Ⅱ.①张… ②吴… ③张… Ⅲ.①饭店-人力资源管理-高等职业教育-教材 Ⅳ.①F719.2

中国国家版本馆 CIP 数据核字（2024）第 104113 号

书　　名：	酒店人力资源管理
主　　编：	张馨元　吴雁彬
副 主 编：	张　超　王延玲　毛　雨　王信洋
出版发行：	中国旅游出版社
	（北京建国门内大街甲9号　邮编：100005）
	https://www.cttp.net.cn　E-mail: cttp@mct.gov.cn
	营销中心电话：010-57377103，010-57377106
	读者服务部电话：010-57377107
排　　版：	北京天韵科技有限公司
经　　销：	全国各地新华书店
印　　刷：	北京明恒达印务有限公司
版　　次：	2024年5月第1版　2024年5月第1次印刷
开　　本：	787毫米×1092毫米　1/16
印　　张：	22.75
字　　数：	400千
定　　价：	49.80元

ISBN 978-7-5032-7339-1

版权所有　翻印必究

如发现质量问题，请直接与营销中心联系调换